Lea Sophie Grohmann

Schriften zum Arbeitsrecht und Wirtschaftsrecht

Herausgegeben von Abbo Junker

Band 107

PETER LANG

Lea Sophie Grohmann

Mitbestimmungsvereitelung nach § 43 SEBG

PETER LANG

Bibliografische Information der Deutschen Nationalbibliothek
Die Deutsche Nationalbibliothek verzeichnet diese Publikation
in der Deutschen Nationalbibliografie; detaillierte bibliografische
Daten sind im Internet über http://dnb.d-nb.de abrufbar.

Zugl.: München, Univ., Diss., 2019

Gedruckt auf alterungsbeständigem, säurefreiem Papier.
Druck und Bindung: CPI books GmbH, Leck

D 19
ISSN 1433-4666
ISBN 978-3-631-81048-4 (Print)
E-ISBN 978-3-631-81777-3 (E-Book)
E-ISBN 978-3-631-81778-0 (EPDF)
E-ISBN 978-3-631-81779-7 (MOBI)
DOI 10.3726/b16783

Peter Lang – Berlin · Bern · Bruxelles · New York ·
Oxford · Warszawa · Wien

Diese Publikation wurde begutachtet.

www.peterlang.com

Vorwort

Diese Doktorarbeit entstand in den Jahren 2017 und 2018 unter Betreuung von Professor Rieble am Zentrum für Arbeitsbeziehungen und Arbeitsrecht (ZAAR), München. Sie befindet sich auf dem Rechtsstand ihrer Fertigstellung im September 2018.

Zuerst gebührt mein herzlicher Dank Professor Rieble für die hervorragende Betreuung und die konstruktiven Denkanstöße bei der Erstellung dieser Arbeit. Professor Junker danke ich für die freundliche Aufnahme in diese Schriftenreihe.

Mein großer Dank gilt allen Mitarbeitern des ZAAR, deren Einsatz mir die Arbeit unglaublich erleichtert hat. Vor allem Herrn Adrian Bromme danke ich nicht nur für seine wertvollen fachlichen Hinweise, sondern vor allem für seine persönliche Unterstützung.

Den größten persönlichen Dank schulde ich meinen lieben Eltern, Herrn Wolf Schwartz und meinem Bruder Jasper Grohmann, deren stetiger Rückhalt mir nicht nur diese Arbeit, sondern auch meine persönliche wie berufliche Entwicklung erst ermöglicht hat. Robert Wilcke danke ich für seinen unermüdlichen Beistand während des vergangenen Jahres.

Frankfurt am Main, 29. November 2019

Inhaltsverzeichnis

Abkürzungsverzeichnis

a.A.	Anderer Ansicht
a.E.	Am Ende
aaO	Am angegebenen Ort
AcP	Archiv für die civilistische Praxis
AEUV	EU-Arbeitsweisevertrag
AG	Aktiengesellschaft oder Die Aktiengesellschaft (Zeitschrift)
AGG	Allgemeines Gleichbehandlungsgesetz
AktG	Aktiengesetz
ArbGG	Arbeitsgerichtsgesetz
ArbRAktuell	Arbeitsrecht Aktuell
Art.	Artikel (plural: Artt.)
AÜG	Arbeitnehmerüberlassungsgesetz
AWD BB	Außenwirtschaftsdienst des Betriebs-Beraters
BAG	Bundesarbeitsgericht
BB	Betriebs-Berater
BetrVG	Betriebsverfassungsgesetz
BGB	Bürgerliches Gesetzbuch
BGH	Bundesgerichtshof
bzw.	Beziehungsweise
DB	Der Betrieb
DrittelbG	Drittelbeteiligungsgesetz
DStR	Deutsches Steuerrecht
EBRG	Europäische Betriebsrätegesetz
EBR-RL	Richtlinie 2009/38/EG des Europäischen Parlaments und des Rates vom 6. Mai 2009 über die Einsetzung eines Europäischen Betriebsrats oder die Schaffung eines Verfahrens zur Unterrichtung und Anhörung der Arbeitnehmer in gemeinschaftsweit operierenden Unternehmen und Unternehmensgruppen
EBR-RL (Alt)	Richtlinie 94/45/EG des Rates über die Einsetzung eines Europäischen Betriebsrates vom 22. September 1994
EuGH	Europäischer Gerichtshof
EUV	EU-Vertrag
EuZA	Europäische Zeitschrift für Arbeitsrecht
EuZW	Europäische Zeitschrift für Wirtschaftsrecht

FamFG	Familienverfahrensgesetz
FS	Festschrift
Fusionsrichtlinie	Richtlinie 2009/133/EG des Rates vom 19. Oktober 2009 über das gemeinsame Steuersystem von Fusionen, Spaltungen, Abspaltungen, Einbringung von Unternehmensteilen und den Austausch von Anteilen, die Gesellschaften verschiedener Mitgliedstaaten betreffen, sowie für die Verlegung des Sitzes einer Europäischen Gesellschaft oder einer Europäischen Genossenschaft von einem Mitgliedstaat in einen anderen Mitgliedstaat
Fusionsrichtlinie (Alt)	Richtlinie 90/434/EWG vom 23. Juli 1990 über das gemeinsame Steuersystem für Fusionen, Spaltungen, die Einbringung von Unternehmensanteilen und den Austausch von Anteilen, die Gesellschaften verschiedener Mitgliedstaaten betreffen
GG	Grundgesetz
GmbH	Gesellschaft mit beschränkter Haftung
GmbHG	Gesetz betreffend die Gesellschaften mit beschränkter Haftung
GWR	Gesellschafts- und Wirtschaftsrecht
HGB	Handelsgesetzbuch
IntVerschmRL	Richtlinie 2005/56/EG des Europäischen Parlaments und des Rates vom 26. Oktober 2005 über die Verschmelzung von Kapitalgesellschaften aus verschiedenen Mitgliedstaaten
JuS	Juristische Schulung
JZ	JuristenZeitung
KG	Kammergericht oder Kommanditgesellschaft
KGaA	Kommanditgesellschaft auf Aktien
Klauselrichtlinie	Richtlinie 93/13/EWG des Rates vom 5. April 1993 über missbräuchliche Klauseln in Verbraucherverträgen
KZfSS	Kölner Zeitschrift für Soziologie und Sozialpsychologie
LG	Landgericht
m.N.	Mit Nachweisen
m.w.N.	Mit weiteren Nachweisen
MgVG	Gesetz über die Mitbestimmung der Arbeitnehmer bei einer grenzüberschreitenden Verschmelzung
MitbestBeiG	Mitbestimmungsbeibehaltungsgesetz

MitbestG	Mitbestimmungsgesetz
MontanMitbestErgG	Montan-Mitbestimmungsergänzungsgesetz
Montan-MitbestG	Montan-Mitbestimmungsgesetz
NJW	Neue Juristische Wochenschrift
NZA	Neue Zeitschrift für Arbeitsrecht
NZA-RR	NZA Rechtsprechungsreport Arbeitsrecht
NZG	Neue Zeitschrift für Gesellschaftsrecht
OHG	Offene Handelsgesellschaft
OLG	Oberlandesgericht
RabelsZ	Rabels Zeitschrift für ausländisches und internationales Privatrecht
RdA	Recht der Arbeit
Richtlinie (EU) 2017/1132	Richtlinie (EU) 2017/1132 des Europäischen Parlaments und des Rates vom 14. Juni 2017 über bestimmte Aspekte des Gesellschaftsrechts
SCE	Societas Cooperativa Europaea
SCEAG	SCE-Ausführungsgesetz
SCEBG	SCE-Beteiligungsgesetz
SCE-RL	Richtlinie 2003/72/EG des Rates vom 22. Juli 2003 zur Ergänzung des Statuts der Europäischen Genossenschaft hinsichtlich der Beteiligung der Arbeitnehmer
SCE-VO	Verordnung (EG) Nr. 1435/2003 des Rates vom 22. Juli 2003 über das Statut der Europäischen Genossenschaft (SCE)
SE	Societas Europeas
SEAG	Gesetz zur Ausführung der Verordnung (EG) Nr. 2157/2001 des Rates vom 8. Oktober 2001 über das Statut der Europäischen Gesellschaft (SE) (SE-Ausführungsgesetz – SEAG)
SEBG	Gesetz über die Beteiligung der Arbeitnehmer in einer Europäischen Gesellschaft (SE-Beteiligungsgesetz – SEBG)
SEEG	Gesetz zur Einführung der Europäischen Gesellschaft
SE-RL	Richtlinie 2001/86/EG des Rates vom 8. Oktober 2001 zur Ergänzung des Statuts der Europäischen Gesellschaft hinsichtlich der Beteiligung der Arbeitnehmer
SE-VO	Verordnung (EG) Nr. 2157/2001 des Rates vom 8. Oktober 2001 über das Statut der Europäischen Gesellschaft (SE)

Slg.	Sammlung der Rechtsprechung des Gerichtshofs und des Gerichts Erster Instanz
StGB	Strafgesetzbuch
UmwBerG	Gesetz zur Bereinigung des Umwandlungsrechts (UmwBerG) vom 28. Oktober 1994 (BGBl. 1994 I S. 3210)
UmwG	Umwandlungsgesetz
UmwStG	Umwandlungssteuergesetz
VVaG	Versicherungsverein auf Gegenseitigkeit
WSI Mitteilungen	Zeitschrift des Wirtschafts- und Sozialwissenschaftlichen Instituts der Hans-Böckler-Stiftung
Z.B.	Zum Beispiel
ZAAR	Zentrum für Arbeitsbeziehungen und Arbeitsrecht
ZESAR	Zeitschrift für europäisches Sozial- und Arbeitsrecht
ZFA	Zeitschrift für Arbeitsrecht
ZfPW	Zeitschrift für die gesamte Privatrechtswissenschaft
ZGR	Zeitschrift für Unternehmens- und Gesellschaftsrecht
ZHR	Zeitschrift für das gesamte Handels- und Wirtschaftsrecht
ZIP	Zeitschrift für Wirtschaftsrecht
ZJS	Zeitschrift für das Juristische Studium
ZPO	Zivilprozessordnung

§ 1 Deutsches und unionsrechtliches Unternehmensmitbestimmungsrecht

A. Unternehmensmitbestimmung nach (originär) deutschem Recht

I. Begrenzung der Untersuchung auf die Unternehmensmitbestimmung in Bezug auf die Mitbestimmungsquote

Mitbestimmung kann innerbetrieblich stattfinden. In Deutschland richtet sich die betriebliche Mitbestimmung nach den Vorschriften des BetrVG, die dem sozialen Schutzbedürfnis der jeweiligen Arbeitnehmer am Arbeitsplatz und im Betrieb dienen.[1] Davon zu unterscheiden ist die Mitbestimmung im Unternehmen. Diese umfasst „jede durch Mitgliedschaft von Arbeitnehmervertretern in Unternehmensorganen vermittelte institutionelle Teilhabe der Belegschaft an Planungen und Entscheidungen des Unternehmens".[2] Die Vertreter der Arbeitnehmer werden in die Willensbildung des Leitungsorgans mit einbezogen.[3] Das Missbrauchsverbot des § 43 SEBG schützt die „Beteiligungsrechte" der Arbeitnehmer. Dies sind nach der Legaldefinition in § 2 Abs. 9 Satz 1 SEBG sowohl innerbetriebliche Unterrichtungs- und Anhörungsrechte als auch Mitbestimmungsrechte zur Einflussnahme der Arbeitnehmer auf die Angelegenheiten der Gesellschaft (§ 2 Abs. 12 SEBG). Zu den Beteiligungsrechten soll nach § 2 Abs. 9 Satz 2 SEBG weiter die Wahrnehmung dieser Rechte in den Konzernunternehmen der SE gehören.

Das Augenmerk dieser Untersuchung richtet sich auf die Vereitelung unternehmerischer Mitbestimmung, da hinsichtlich der betrieblichen Mitbestimmung nach § 47 Abs. 1 SEBG deutsches Mitbestimmungsrecht auf die SE mit Sitz in Deutschland nach ihrer Gründung Anwendung findet.[4] Den deutschen betrieblichen Mitbestimmungsanforderungen können sich Unternehmen im Gegensatz zur unternehmerischen Mitbestimmung durch „Flucht"[5] in die SE

---

1 *Ulmer/Habersack*/Henssler, Mitbestimmungsrecht, Einl MitbestG Rn. 5.
2 WKS/*Wißmann*, MitbestG, Vorbemerkung Rn. 1.
3 Fitting, BetrVG, § 1 Rn. 154.
4 Kritisch zur Fokussierung auf die Unternehmensmitbestimmung *Mader*, S. 66 f.
5 Kritisch zu diesem wertenden Begriff z.B. *Mader*, S. 35.

also nicht entziehen.[6] Der Begriff der „Mitbestimmung" bezieht sich nachfolgend nur auf die Unternehmensmitbestimmung. Innerhalb der Unternehmensmitbestimmung konzentriert sich die Untersuchung auf die Quote der Arbeitnehmervertreter im Aufsichts- bzw. Verwaltungsorgan der Gesellschaft.[7]

II. MitbestG, DrittelbG, Montan-MitbestG

1. Überblick: Abgestuftes Mitbestimmungssystem in Deutschland

In Deutschland regeln im Wesentlichen drei Gesetze die unternehmensbezogene Mitbestimmung. Während Personengesellschaften mitbestimmungsfrei sind, unterfallen Kapitalgesellschaften in den Rechtsformen der AG, KGaA, GmbH, des VVaG und der Genossenschaft mit mehr als 500 Arbeitnehmern dem DrittelbG (§ 1 Abs. 1 Nr. 1 bis Nr. 5 DrittelbG). Der Aufsichtsrat eines solchen Unternehmens muss zu einem Drittel aus Arbeitnehmervertretern bestehen. Übersteigt die Anzahl der beschäftigten Arbeitnehmer bei einer der genannten Kapitalgesellschaften – mit Ausnahme des VVaG – 2000 Arbeitnehmer, findet das MitbestG Anwendung. Der Aufsichtsrat ist im Anwendungsbereich des MitbestG paritätisch besetzt (§ 7 Abs. 1 MitbestG).

2. Besondere Zurechnungsvorschriften für KG und Konzern

a. Zurechnung der Arbeitnehmer einer KG zur Komplementärin nach § 4 Abs. 1 MitbestG

Die Attraktivität der Typenverbindung der GmbH & Co. KG ist durch ihre Vereinigung von Vorteilen der Kapitalgesellschaft (z.B. Haftungsbeschränkung und entbehrliche Nachfolgeregelung) und der Personengesellschaft (z.B. formloser Gesellschaftsvertrag) begründet.[8] Ihr Nachteil mag darin liegen, dass die an sich mitbestimmungsfreie KG nach § 4 Abs. 1 MitbestG mittelbar mitbestimmt wird, wenn die in dieser Vorschrift genannten Voraussetzungen für die Zurechnung der Arbeitnehmer der KG zu der in einer der in § 1 Abs. 1 Nr. 1 MitbestG aufgezählten Rechtsformen verfassten

---

6 Ähnlich *Drinhausen/Keinath*, BB 2011, 2699 (2700); *Sagan* in Bieder/Hartmann, 171 (196).

7 Daneben kann die Verkleinerung des Aufsichtsrats ohne Veränderung des Arbeitnehmervertreteranteils durch den Einsatz der SE erreicht werden, ausführlich z.B. *Deilmann/Häferer*, NZA 2017, 607 (608 ff.).

8 *Roth* in Baumbach/Hopt, Anh § 177a Rn. 3; *Servatius* in Henssler/Strohn, HGB Anhang Rn. 110.

Komplementärin vorliegen. Infolge des so eher möglichen Überschreitens des Schwellenwerts von 2000 Arbeitnehmern bei der (typischerweise nicht mit Arbeitnehmern für das operative Geschäft ausgestatteten) Komplementärin wird diese als nach § 164 HGB in der KG allein geschäftsführungsbefugte Gesellschafterin mitbestimmt. Diese Zurechnung der Arbeitnehmer einer Kommanditgesellschaft zur Komplementärin in der Rechtsform einer Kapitalgesellschaft sieht das DrittelbG nicht vor.[9]

b. *Zurechnung der Arbeitnehmer der Tochtergesellschaften zur Obergesellschaft im Konzern*

Darüber hinaus hält das MitbestG in § 5 Abs. 1 und Abs. 2 – auch insoweit weitergehend als das DrittelbG – Vorgaben zur Zurechnung von Arbeitnehmern von Konzernunternehmen zum herrschenden Unternehmen im faktischen Konzern vor. Das DrittelbG setzt demgegenüber für eine solche Zurechnung nach § 2 Abs. 2 DrittelbG mindestens einen Vertrags- oder Eingliederungskonzern voraus. Nach beiden Gesetzen sind die Arbeitnehmer der beherrschten Unternehmen unter den jeweiligen Voraussetzungen bei der Erfassung der Arbeitnehmerzahl des herrschenden Unternehmens mit Blick auf die Schwellenwerte zu berücksichtigen. Dabei kommt es auf die Rechtsform der beherrschten Unternehmen nicht an.[10] Als abhängige Unternehmen kommen daher nicht nur die SE, sondern auch Auslandsgesellschaften mit tatsächlichem Verwaltungssitz im Inland in Betracht.[11]

Herrschendes Unternehmen im Sinne des § 1 Abs. 1 Nr. 1 MitbestG kann die Konzernspitze mit Sitz außerhalb Deutschlands nicht sein.[12] Das der ausländischen Konzernmutter am nächsten stehende inländische Unternehmen, welches die gesetzlichen Voraussetzungen der Mitbestimmung erfüllt, gilt deswegen nach § 5 Abs. 3 MitbestG als herrschendes Unternehmen. Voraussetzung ist aber, dass es in die „einheitliche Leitung der nachgeordneten Konzernunternehmen eingeschaltet" ist und ihnen gegenüber Herrschaftsmöglichkeiten ausüben kann.[13] Dieses Unternehmen ist dann das im innerdeutschen Teilkonzern

---

9 *Bayer*, NJW 2016, 1930 (1932).

10 *Oetker* in Erfurter Kommentar, § 5 MitbestG Rn. 5 m.w.N.

11 *Habersack*, AG 2007, 641 (645).

12 Ausführlich unten, § 2A.I.3.a.cc.

13 *Ulmer/Habersack*/Henssler, § 5 MitbestG Rn. 69, umfassend und m.w.N. auch zum Streit, ob die Herrschaftsmöglichkeiten der Teilkonzernspitze aus einer kapitalmäßigen Verflechtung mit den ihr nachgeordneten Konzernunternehmen oder der sonstigen Ausübung von Leitungsmacht resultieren müssen.

zur Bildung eines mitbestimmten Aufsichtsrates verpflichtete Unternehmen (Teilkonzernspitze).[14]

3. *Mitbestimmungsfreiheit für Tendenzunternehmen*

Sowohl nach dem DrittelbG als auch dem MitbestG sind sogenannte „Tendenzunternehmen“[15] im Sinne des § 1 Abs. 2 Satz 1 Nr. 2 DrittelbG bzw. des § 1 Abs. 2 Nr. 2 MitbestG mitbestimmungsfrei. Dies sind nach den jeweiligen Legaldefinitionen Unternehmen, die unmittelbar und überwiegend politischen, koalitionspolitischen, konfessionellen, karitativen, erzieherischen, wissenschaftlichen oder künstlerischen Bestimmungen oder Zwecken der Berichterstattung oder Meinungsäußerung, auf die Artikel 5 Abs. 1 Satz 2 des GG anzuwenden ist, dienen. Ein Unternehmen dient unmittelbar einer geschützten Tendenz, wenn der Unternehmenszweck selbst auf diese ausgerichtet ist.[16] Nach der jüngeren Rechtsprechung des BAG muss die unmittelbar tendenzbezogene Tätigkeit im Unternehmen ein quantitatives Übergewicht aufweisen.[17] Es kommt darauf an, in welcher Größenordnung das Unternehmen seine personellen und sonstigen Mittel zur Verwirklichung seiner tendenzgeschützten Ziele regelmäßig einsetzt.[18] Auffassungen, die in Anlehnung an die frühere Rechtsprechung anhand qualitativ wertender Merkmale auf das „Gesamtgepräge“[19] des Unternehmens abstellen[20], müssen deswegen als überholt eingeordnet werden. Schwierigkeiten begegnet die Feststellung des Tendenzzwecks der Holdinggesellschaft (auch „Obergesellschaft“) in einem Konzern. Nicht auf den Konzern als Ganzes, sondern auf die Zwecksetzung der Obergesellschaft ist dabei tendenzschutzrechtlich abzustellen.[21] Bei einer Holdinggesellschaft, die selbst keine Arbeitnehmer beschäftigt, sondern allein die Anteilsbesitze der Gesellschafter an anderen Gesellschaften verwaltet[22], kommt es darauf an, ob „die Steuerungstätigkeit der

---

14 OLG Frankfurt, Beschluss vom 21. April 2008 – 20 W 342/07 – ZIP 2008, 878.

15 Z.B. *Habersack*/Henssler, § 1 MitbestG Rn. 58.

16 WKS/*Wißmann*, § 1 MitbestG Rn. 63 m.w.N.

17 Z.B. BAG, Beschluss vom 15. März 2006 – 7 ABR 24/05 – NZA 2006, 1422 (1425).

18 BAG, Beschluss vom 15. März 2006 – 7 ABR 24/05 – NZA 2006, 1422 (1425); BAG, Beschluss vom 21. Juni 1989 – 7 ABR 58/87 – NZA 1990, 402 (406).

19 BAG, Beschluss vom 29. Mai 1970 – 1 ABR 17/69 – NJW 1970, 1763 (1765).

20 WKS/*Wißmann*, § 1 MitbestG Rn. 64 mit einem Überblick über die verschiedenen Auffassungen.

21 BAG, Beschluss vom 30. Juni 1981 – 1 ABR 30/79 – NJW 1982, 125 (126).

22 *Emmerich*/Habersack, § 15 AktG Rn. 15 m.w.N.

Holding selbst Tendenzcharakter hat".[23] Abzustellen ist auf die von der Obergesellschaft ausgeübte Leitungsmacht.[24]

4. *Montanmitbestimmung*

Darüber hinaus existieren Regelungen zur Mitbestimmung im MontanMitbestG und im MontanMitbestErgG, insbesondere für Unternehmen des Kohlebergbaus und der Erzeugung von Eisen und Stahl. Das letztgenannte Gesetz regelt die Mitbestimmung in einem Unternehmen, das zwar selbst dem MontanMitbestG nicht unterfällt, aber ein diesem Gesetz unterfallendes Unternehmen innerhalb eines vom entsprechenden Unternehmenszweck geprägten Konzerns beherrscht (§ 3 Abs. 1 MontanMitbestErgG). Die Montanmitbestimmung ist die älteste und zugleich weitreichendste Form der Mitbestimmung.[25] Da ihnen nur noch eine niedrige zweistellige Anzahl von Unternehmen unterfallen[26], kann ihr genauer Regelungsgehalt außer Acht gelassen werden.

III. Mitbestimmungsbeibehaltungsvorschiften

1. *Punktueller Bestandsschutz bei Abspaltung oder Ausgliederung nach § 325 Abs. 1 UmwG*

Beachtung verdienen außerdem die bestehenden Mitbestimmungsbeibehaltungsvorschriften, vor allem die Vorschrift des § 325 Abs. 1 UmwG. Sie erklärt die vor dem Wirksamwerden einer Abspaltung oder Ausgliederung geltenden Vorschriften über die Beteiligung der Arbeitnehmer im Aufsichtsrat für weitere fünf Jahre anwendbar, wenn die Voraussetzungen dieser Vorschriften durch eine der bezeichneten Umwandlungen entfallen sind. Ziel der Vorschrift ist es, das gesetzliche Mitbestimmungsstatut beim übertragenden Rechtsträger im Falle einer Beeinträchtigung seiner Voraussetzungen infolge einer Umwandlung für die Dauer von fünf Jahren zu schützen.[27] § 325 Abs. 1 UmwG war im Gesetzgebungsverfahren höchst umstritten und seine letztgültige Fassung ist die im Rahmen des Vermittlungsausschusses gefundene Antwort auf die verstärkt geäußerte Sorge, dass durch das UmwBerG erheblich ausgeweitete Spektrum

---

23 *Rieble,* AG 2014, 224 (229); a.A. WKS/*Wißmann,* § 1 MitbestG Rn. 71 m.w.N.

24 *Rieble,* AG 2014, 224 (229).

25 *Kepper,* S. 15.

26 WKS/*Wißmann,* § 1 Montan-MitbestG Rn. 1.

27 *Oetker* in Erfurter Kommentar, § 325 UmwG Rn. 1 ff.; *Simon* in Semler/Stengler, § 325 UmwG Rn. 1.

an Umwandlungsmöglichkeiten fördere die Flucht aus der Unternehmensmitbestimmung.[28] Die Vorschrift gewährt den Bestandsschutz aber nur für den Fall der Abspaltung und der Ausgliederung. Versuche der SPD-Fraktion im Gesetzgebungsverfahren, alle Formen der Umwandlung einzubeziehen, haben sich nicht durchsetzen können.[29] Nicht zuletzt deswegen scheidet eine analoge Anwendung des § 325 Abs. 1 UmwG auf andere Umstrukturierungsmaßnahmen in Ermangelung einer unbeabsichtigten Regelungslücke aus.[30]

2. *Montan-Mitbestimmungsbeibehaltung*

Ferner sieht das MontanMitbestG in § 1 Abs. 3 die Fortgeltung des Montan-Mitbestimmungsregimes für die Dauer von sechs Jahren vor, wenn das Unternehmen die hierfür erforderliche Zahl von Arbeitnehmern nicht mehr beschäftigt oder den nach § 1 Abs. 1 MontanMitbestG vorausgesetzten Unternehmenszweck nicht mehr verfolgt. Nach § 16 Abs. 2 MontanMitbestErgG entfällt wiederum die Mitbestimmung im herrschenden Unternehmen erst, wenn in sechs aufeinanderfolgenden Geschäftsjahren ein dem MontanMitbestG unterfallendes Unternehmen nicht mehr beherrscht wird oder die sonstigen Voraussetzungen des § 3 MontanMitbestErgG entfallen sind.

B. Unternehmensmitbestimmung in der SE

I. Rechtlicher Rahmen

1. *Überblick über SEBG und SE-RL*

Die SE-VO und die SE-RL[31] sind das Ergebnis jahrzehntelanger Rechtssetzungsbemühungen zur Einführung einer eigenen europäischen Gesellschaftsform.[32] Die Verordnung gibt den gesellschaftsrechtlichen Rahmen vor (Gründung, Struktur und Organe der SE), die Richtlinie regelt die Mitbestimmung der

28 Stellungnahme des Bundesrates, abgedruckt in BT-Drs. 12/7265, S. 5; *Wißmann* in Widmann/Mayer, Umwandlungsrecht Bd. 4, § 325 UmwG Rn. 1.

29 *Däubler,* RdA 1995, 136 (141).

30 *Wißmann* in Widmann/Mayer, Umwandlungsrecht Bd. 4, § 325 UmwG Rn. 10.1 m.w.N., a.A. *Trittin/Gilles,* RdA 2011, 46 (48).

31 Sämtliche in der Arbeit zitierten Verordnungen und Richtlinien sind im Abkürzungsverzeichnis ausführlich bezeichnet.

32 Habersack/*Drinhausen,* Einl. SE-VO Rn. 12; ausführlich zu den Ursprüngen und der Entwicklung der Idee einer Europäischen Aktiengesellschaft *Mävers,* S. 87 ff.

Arbeitnehmer. Die europäischen Rechtsakte werden in Deutschland auf nationaler Ebene ergänzt durch das SEAG bzw. das SEBG. Das SEBG setzt die Vorgaben der SE-RL in nationales Recht um.[33] Es unterscheidet hinsichtlich des auf die SE anwendbaren Mitbestimmungsregimes zwischen im Wege der Verhandlungslösung vereinbarter Mitbestimmung (§ 21 SEBG) und Mitbestimmung kraft Gesetzes (§§ 22, 34–39 SEBG). Auf die Europäische Gesellschaft ist deutsches Unternehmensmitbestimmungsrecht nicht anwendbar (Art. 13 Abs. 2 SE-RL, § 47 Abs. 1 Nr. 1 SEBG).

2. *Entwicklung der SE-RL*

a. *Die ersten erfolglosen Verordnungsentwürfe bis zum Jahr 1975*

Die ersten Verordnungsentwürfe der Europäischen Kommission zur Schaffung einer Europäischen Aktiengesellschaft stammen aus den Jahren 1970 und 1975. Die Idee einer Europäischen Aktiengesellschaft war aber viel früher entstanden. Schon im Jahr 1952 unterbreitete der Europarat einen auf Widerspruch stoßenden Vorschlag für eine Europäische Gesellschaft, der sich jedoch nur auf bestimmte, im öffentlichen Sektor tätige Gesellschaften bezog.[34] Die Vorschläge *Thibièrges* und *Sanders* aus den Jahren 1959 waren weitreichender. Sie sahen die Schaffung eines eigenen Statuts für Europäische Aktiengesellschaften vor.[35] *Sanders* bemerkte, dass die Anziehungskraft einer solchen Gesellschaftsform umso größer werde, je mehr Bewegungsfreiheit den Beteiligten gewährt wird, um die Satzungen den Erfordernissen des Einzelfalls anzupassen.[36] Die Förderung der unternehmerischen Gestaltungsfreiheit war von Beginn an Ziel der Einführung einer Europäischen Aktiengesellschaft. Fragen der Mitbestimmung wurden weder zu diesem Zeitpunkt noch Jahre später von einer von der Europäischen Kommission mit der Fertigung eines Vorentwurfs eines Statuts einer Europäischen Gesellschaft beauftragten Sachverständigengruppe unter dem Vorsitz von *Sanders* berücksichtigt.[37]

Dieser Vorentwurf wurde im Jahr 1966 fertiggestellt.[38] Die Europäische Kommission übernahm ihn im Jahr 1970 mit wenigen wesentlichen Abweichungen, insbesondere zur Frage der Mitbestimmung, und legte ihn dem Europäischen

---

33 *Hohenstatt/Müller-Bonanni* in Habersack/Drinhausen, Vor §§ 1–3 SEBG Rn. 54.
34 *Lutter*, BB 2002, 1 Fn. 1 m.w.N.
35 *Bärmann*, S. 19 m.w.N.
36 *Sanders*, AWD BB 1960, 1 (3).
37 *Pipkorn*, ZHR 137 (1973), 35 (50).
38 *Pipkorn*, ZHR 137 (1973), 35 (50).

Parlament als Verordnungsentwurf vor.[39] Für die Kommission waren zu diesem Zeitpunkt die stark divergierenden Regelungen in den einzelnen Mitgliedstaaten zur Mitbestimmung der Arbeitnehmer noch Motiv, ein einheitliches und verbindliches Mitbestimmungsstatut für die SE auf den Weg zu bringen.[40] Der Entwurf enthielt unter Titel V eine umfassende Regelung zur Mitbestimmung der Arbeitnehmer in der SE.[41] So sollte etwa im Bereich der unternehmerischen Mitbestimmung eine drittelparitätische Zusammensetzung des Aufsichtsrates eingeführt werden (Art. 137 Abs. 1 des Entwurfs). Aus Sicht der Kommission gewährleiste eine solche Beteiligung eine wirkungsvolle Geltendmachung der Gesichtspunkte der Arbeitnehmervertreter im Aufsichtsrat.[42]

Auch wegen der Kritik an den weitreichenden Mitbestimmungsregeln konnten sich weder der erste Entwurf aus dem Jahr 1970 noch ein zweiter Entwurf aus dem Jahr 1975[43] durchsetzen. Letzterer sah in Art. 74a eine Zusammensetzung des Aufsichtsrates aus jeweils ein Drittel Arbeitgeber- und Arbeitnehmervertretern sowie ein Drittel aus Personen, die von beiden Gruppen von Vertretern hinzu gewählt werden, vor. Ursache für die schwierige Konsensfindung waren vor allem die in den Mitgliedstaaten stark divergierenden Mitbestimmungsstandards.[44] Ein dem deutschen Mitbestimmungsrecht vergleichbar weitreichendes Mitbestimmungsregime fand sich in keinem anderen Mitgliedstaat.[45]

b. Trennung zwischen gesellschaftsrechtlicher Verordnung und mitbestimmungsrechtlicher Richtlinie ab 1989

Die Europäische Kommission startete in den Jahren 1989[46] und 1991[47] weitere erfolglose Anläufe. Den Entwürfen ist vor allem die Trennung zwischen einer Verordnung zu den gesellschaftsrechtlichen Fragen der SE und einer die Arbeitnehmerbeteiligung regelnden Richtlinie neu.[48] Wegen der unterschiedlichen

---

39 *Lutter*, BB 2002, 1; Verordnungsentwurf abgedruckt in BT-Drs. 06/1109.

40 BT-Drs. 06/1109, S. 4.

41 *Lutter*, BB 2002, 1 Fn. 8.

42 BT-Drs. 06/1109, S. 55.

43 Entwurf abgedruckt in BT-Drs. 07/3713.

44 *Junker*, ZFA 2005, 1 (24).

45 *Junker*, ZFA 2005, 1 (24) und weiterführend zu den einzelnen Mitbestimmungsregimen (17 ff.); zum weitreichenden Standard deutscher Unternehmensmitbestimmung auch *Ramcke*, S. 38 f.

46 Entwurf der Kommission abgedruckt in BT-Drs. 11/5427.

47 Entwurf der Kommission abgedruckt in BT-Drs. 12/1004.

48 MüKoAktG/*Jacobs*, Vor § 1 SEBG Rn. 4.

Bestimmungen der Mitgliedstaaten und der daraus folgenden schwierigen Konsensfindung sollte die Stellung der Arbeitnehmer nunmehr in einer die Verordnung ergänzenden Richtlinie geregelt werden.[49] Beide Richtlinienentwürfe stellten unterschiedliche Mitbestimmungsmodelle zur Verhandlung, die vor allem Großbritannien zu weit und den deutschen Gewerkschaften nicht weit genug gingen.[50] In dem jeweiligen Art. 6 Abs. 8 der Richtlinienentwürfe war eine Auffangregelung vorgesehen, die auf das Mitbestimmungsmodell des Mitgliedstaats zurückgriff, das am weitesten fortgeschritten war.

Auf einen fruchtlosen Versuch der Kommission aus dem Jahr 1995, die Mitbestimmung durch ein betriebsverfassungsrechtliches Informations- und Konsultationsverfahren nach dem Vorbild der EBR-RL (Alt) zu ersetzen[51], folgte ein weiterer politischer Stillstand des Projekts SE.[52]

c. *Einführung der vorrangigen Verhandlungslösung mit Auffanglösung durch den Davignon-Bericht im Jahr 1997*

Trotzdem äußerten sich Vertreter der Wirtschaft in der ersten Hälfte der 1990er Jahre wieder positiv hinsichtlich der Einführung einer Europäischen Gesellschaft. Betont wurden nicht nur der Integrationswert der SE, sondern auch die durch die Einführung der Rechtsform erhofften Einsparpotenziale.[53] Vor diesem Hintergrund setzte die Kommission eine Sachverständigengruppe unter dem Vorsitz ihres ehemaligen Vizepräsidenten, *Etienne Davignon*, ein. Sie sollte eine Lösung für die Frage der Mitbestimmung in der SE finden. Inspiriert von der in der EBR-RL (Alt) gefundenen Verhandlungslösung schlug die Sachverständigengruppe im Jahr 1997 nach insgesamt neun Sitzungen für die Mitbestimmung in der SE eine vorrangige Vereinbarungslösung mit Auffangregeln vor („Davignon-Bericht“).[54] Dieser Vorschlag leistete einen wesentlichen Beitrag zur nachfolgenden Kompromissfindung und war für spätere die Verabschiedung der SE-VO und der SE-RL ausschlaggebend.[55]

---

49 BT-Drs. 11/5427, S. 2.

50 *Lutter*, BB 2002, 1 (2).

51 Eingehend *Kolvenbach*, EuZW 1996, 229.

52 *Lutter*, BB 2002, 1 (2).

53 MüKoAktG/*Oechsler*/*Mihaylova*, Vor Art. 1 SE-VO, Rn. 3.

54 Habersack/*Drinhausen*, Einl. SE-VO Rn. 25 f.; *Lutter*/Hommelhoff/Teichmann, Einl. SE-VO Rn. 16; BR-Drs. 572/97, insbesondere S. 22 (Abschlussbericht der Sachverständigengruppe „European System of Workers Involvement“).

55 *Breit*, S. 39 m.w.N.

d. Verabschiedung der SE-VO und der SE-RL in Nizza im Jahr 2001

Unter der luxemburgerischen, britischen, österreichischen und deutschen Ratspräsidentschaft wurde in der Folgezeit auf der Basis dieses Sachverständigenberichts weiterhin versucht, einen kompromissfähigen Vorschlag zu finden. Während der Sachverständigenbericht als Auffangregel für die unternehmerische Mitbestimmung noch einen Arbeitnehmeranteil von einem Fünftel der Sitze, mindestens aber zwei Sitze im Verwaltungsrat bzw. Aufsichtsrat vorsah[56], schlug der im Jahr 1998 folgende britische Kompromissvorschlag die Auffangregel nach dem Vorher-Nachher-Prinzip[57] vor.[58] Dagegen bestanden Vorbehalte aus Deutschland. Man befürchtete, deutsche Gesellschaften könnten bei der Gründung einer SE gemieden werden.[59] Auch die nachfolgenden Vorschläge unter österreichischer und deutscher Ratspräsidentschaft konnten sich nicht durchsetzen. Sie scheiterten am Widerstand Spaniens, das sich vorgeblich gegen das mit den Vorschlägen einhergehende Diktat eines Mitbestimmungssystems einer Minderheit (Deutschland) zur Wehr setzen wollte.[60]

Einstimmigkeit unter den Mitgliedstaaten konnte erst auf dem Europäischen Rat in Nizza vom 7. bis 8. Dezember 2000 erzielt werden, wobei unter anderem die Einführung des Art. 7 Abs. 3 SE-RL (mögliches Opting-Out hinsichtlich der Auffangregelung zur Beteiligung der Arbeitnehmer bei einer durch Verschmelzung gegründeten SE) ausschlaggebend für die Aufgabe des spanischen Widerstands war.[61] Sowohl die Richtlinie als auch die Verordnung wurden am 8. Oktober 2001 verabschiedet. Die Verordnung trat erst drei Jahre später, am 8. Oktober 2004, in Kraft.[62] An diesem Tag lief auch die Frist zur Umsetzung der Richtlinie in den Mitgliedstaaten ab.[63]

---

56 BR-Drs. 572/97, S. 18.

57 Zu diesem Prinzip ausführlich sogleich, § 1B.I.3.b.

58 Art. 8 i.V.m. Anhang Teil 2 des Britischen Kompromissvorschlags für die Richtlinie zur Ergänzung des Status der SE hinsichtlich der Beteiligung der Arbeitnehmer vom 1.4.1998, abgedruckt in RdA 1998, 239.

59 *Breit,* S. 41.

60 Zum Verlauf und den Beweggründen Spaniens *Breit,* S. 41.

61 MüKoAktG/*Oechsler/Mihaylova,* Vor Art. 1 SE-VO, Rn. 4.

62 Art. 70 SE-VO.

63 Art. 14 Abs. 1 SE-RL.

3. *Die Einführung der Missbrauchsklausel in Art. 11 SE-RL*

§ 43 SEBG setzt die Vorgaben des Art. 11 SE-RL um.[64] Nach Art. 11 SE-RL treffen die Mitgliedstaaten im Einklang mit den gemeinschaftlichen Rechtsvorschriften geeignete Maßnahmen, um zu verhindern, dass eine SE dazu missbraucht wird, Arbeitnehmern Beteiligungsrechte zu entziehen oder vorzuenthalten. Der Vorgänger zur heutigen Vorschrift des Art. 11 SE-RL fand spät, nämlich erst vor dem Hintergrund der auf den Davignon-Bericht folgenden Beratungen Ende der 1990er Jahre Eingang in die Richtlinienvorschläge. Diese bedürfen zum besseren Verständnis der Motivation für die Einführung des Verbots einer näheren Betrachtung. Dabei sind die Entwicklungen der Auffangregelung und der vorgesehenen Gründungswege von Bedeutung.

a. *Davignon-Bericht: Verzicht auf die Gründungsform der formwechselnden Umwandlung zur Mitbestimmungssicherung*

Sowohl der Davignon-Bericht als auch der ihm nachfolgende luxemburgische Kompromissvorschlag erfuhren Kritik für die als für zu zurückhaltend empfundene Auffangregelung. Zur Erinnerung: In Bezug auf die Unternehmensmitbestimmung war für den Fall des Scheiterns der Verhandlungslösung ein Arbeitnehmeranteil von einem Fünftel im Verwaltungs- oder Aufsichtsrat vorgesehen. Der Vorschlag unter luxemburgischer Ratspräsidentschaft traf insoweit keine vom Davignon-Bericht abweichende Regelung. Der Ausschuss für Beschäftigung und soziale Angelegenheiten des Europäischen Parlaments forderte in seiner Stellungnahme hierzu eine höhere Mindestquote der Arbeitnehmer im Aufsichtsrat.[65] Beiden Vorschlägen gemeinsam ist auch die Abkehr von der in früheren Entwürfen noch vorgesehenen Gründungsmöglichkeit der SE durch formwechselnde Umwandlung. Eine weit verbreitete Ansicht hielt den Ausschluss dieser Gründungsform für erforderlich, um der Umgehung von Mitbestimmung mithilfe eines europäischen Rechtsinstruments keinen Vorschub zu leisten.[66] Den Verzicht auf die Gründungsform der formwechselnden

---

64 MüKoAktG/*Jacobs*, § 43 SEBG Rn. 1.

65 Bericht des Ausschusses für Beschäftigung und soziale Angelegenheiten vom 6. November 1997 zum Abschlussbericht der Sachverständigengruppe „Europäische Systeme der Beteiligung der Arbeitnehmer“ (Davignon Bericht) (C4 0455/97), PE 244.250 endg, S. 5 f.

66 Vgl. zum Beispiel die Stellungnahmen des Europäischen Parlaments und die Stellungnahme des Wirtschafts- und Sozialausschusses zum Kompromissvorschlag der luxemburgischen Präsidentschaft, *Mävers*, S. 316 f.

Umwandlung als „Fluchtweg" aus der Mitbestimmung begrüßte auch das Europäische Parlament. Auch wenn es nicht explizit vor einer Missbrauchsgefahr warnte: Die Umgehung von Mitbestimmung mithilfe eines europäischen Rechtsinstruments galt es aus Sicht des Europäischen Parlaments auf jeden Fall zu verhindern.[67]

Der Wirtschafts- und Sozialausschusses der EU sah in einer Stellungnahme aus dem Jahr 1997 zum luxemburgischen Kompromissvorschlag nicht nur bei der Errichtung einer SE durch formwechselnde Umwandlung, sondern darüber hinaus durch Verschmelzung von Unternehmen Risiken der „Mitbestimmungsflucht". Daher müsse auch verhindert werden, dass die Mitbestimmung der Arbeitnehmer mithilfe eines europäischen Rechtsinstruments im Fall der Verschmelzung umgangen werden könne.[68]

b. Britischer Kompromissvorschlag: Einführung des Vorher-Nachher-Prinzips

Die folgende britische Ratspräsidentschaft strebte die Wiederaufnahme der Gründungsform der Umwandlung allen Bedenken zum Trotz an, was auf europäischer und deutscher Ebene erwartungsgemäß Kritik auslöste.[69] In diesem Zusammenhang bekräftigte der Deutsche Bundesrat seine ablehnende Haltung gegenüber der Gründungsform der Umwandlung.[70] Er schloss sich der Auffassung an, dass die Schaffung des rechtlichen Rahmens für die Gründung einer SE nicht zur „Flucht aus bewährten nationalen Mitbestimmungsregelungen mißbraucht" werden dürfe.[71] Gleichzeitig sah der britische Kompromissvorschlag aber erstmals das Vorher-Nachher-Prinzip[72] als Auffangregel vor. Sobald die Arbeitnehmer mindestens einer der beteiligten Gesellschaften unmittelbar vor der Eintragung der SE das Recht hatten, einen Teil der Mitglieder des Verwaltungs- oder Aufsichtsorgans der betreffenden Gesellschaften zu wählen, bestellen, empfehlen oder abzulehnen, so sollte dieses Recht in der SE fortgeschrieben

67 Bericht des Ausschusses für Beschäftigung und soziale Angelegenheiten vom 6. November 1997 zum Abschlussbericht der Sachverständigengruppe „Europäische Systeme der Beteiligung der Arbeitnehmer" (Davignon-Bericht) (C4-0455/97), PE 244.250 endg, S. 5.

68 *Kolvenbach*, NZA 1998, 1323 (1325); *Mävers*, S. 317.

69 *Mävers*, S. 338 f.

70 BR-Drs. 464/98, S. 2 i.V.m. BR-Drs. 572/97 (Beschluss), S. 1.

71 BR-Drs. 464/98, S. 1.

72 Der Begriff wird heute von Rechtsprechung (z.B. LG München, Beschluss vom 26. Juni 2018 – 38 O 15760/17 – ZIP 2018, 1546) und Literatur (z.B. *Servatius* in Henssler/Strohn, Internationales Gesellschaftsrecht, Rn. 311) verwendet.

werden.[73] Der Anteil dieser Mitglieder soll sich nach dem höchsten in einer der betreffenden Gesellschaften geltenden Anteil richten.[74] Der britische Kompromissvorschlag versuchte also die größere Flexibilität in den Gründungsmöglichkeiten mit schärferen Bestimmungen zur Mitbestimmungssicherung zu kombinieren.

c. *Österreichischer Kompromissvorschlag: Einführung einer Vorschrift gegen „Verfahrensmißbrauch"*

Trotz der Kritik hielt der dann unter österreichischer Ratspräsidentschaft fortentwickelte Kompromissvorschlag aus dem Jahr 1998 an der Gründungsform im Wege der Umwandlung fest. Die Mitbestimmungssicherung verschärfte er weiter. Im Fall einer durch Umwandlung gegründeten SE sollten die Verhandlungen über die Mitbestimmung gemäß dem neu eingefügten Art. 4 Abs. 4 des Richtlinienvorschlags nicht ergebnisoffen geführt werden können. Durch die Vereinbarung über die Beteiligung der Arbeitnehmer sollte in Bezug auf alle Komponenten der Mitbestimmung vielmehr (mindestens) das gleiche Ausmaß gewährleistet werden, das in der umzuwandelnden Gesellschaft besteht.[75] Wie der britische Vorschlag sah auch der österreichische Vorschlag hinsichtlich der unternehmerischen Mitbestimmung eine Auffangregelung vor, wonach sich der Anteil der Arbeitnehmer im Verwaltungs- oder Aufsichtsorgan der SE nach dem höchsten Anteil in den beteiligten Gründungsgesellschaften bemisst.[76] Speziell für die Gründung im Wege der Umwandlung und zur Gewährleistung bestehender nationaler Mitbestimmungsrechte der Arbeitnehmer fand eine Regelung Eingang in den Vorschlag und setzte sich am Ende durch, wonach die Auffangregeln immer dann anwendbar sein sollen, wenn in der umzuwandelnden Gesellschaft Mitbestimmungsrechte bestehen. Bei den anderen Gründungsformen müssen demgegenüber erst bestimmte Schwellenwerte in Bezug auf die von den Bestandsmitbestimmungsrechten begünstigten Arbeitnehmern erreicht

---

73 Anlage Teil 2, Nr. 4 lit. a) Satz 1 der geänderten Fassung des britischen Kompromissvorschlags für die Richtlinie zur Ergänzung des Statuts der SE hinsichtlich der Stellung der Arbeitnehmer vom 23.4.1998, Dok. 7816/98 SE, nicht amtlich veröffentlicht (im Folgenden: britischer Kompromissvorschlag); *Mävers*, S. 334 f.

74 Anlage Teil 2, Nr. 4 lit. a) Satz 2 des britischen Kompromissvorschlags; *Mävers* S. 335.

75 Art. 4 Abs. 4 des österreichischen Kompromissvorschlags für die Richtlinie zur Ergänzung des Statuts der SE hinsichtlich der Stellung der Arbeitnehmer vom 15.10.1998, Dok. 11997/98, nicht amtlich veröffentlicht (im Folgenden: österreichischer Kompromissvorschlag).

76 Anlage Teil 3, lit. a) des österreichischen Kompromissvorschlags; *Mävers*, S. 354.

werden, bevor die Auffangregelung Anwendung findet.[77] Die Umwandlung als Gründungsform konnte unter diesen Regelungen also nur unter Beibehaltung der bestehenden Mitbestimmung durchgeführt werden.[78]

Damit wollte die österreichische Ratspräsidentschaft den Bedenken gegenüber der Gründungsmöglichkeit einer SE durch Umwandlung entgegentreten.[79] Mit dieser Intention fügte erstmals der österreichische Kompromissvorschlag schließlich auch eine Regelung unter dem Titel „Verfahrensmißbrauch“ ein, die mit dem heutigen Art. 11 SE-RL vergleichbar ist.[80]

In Art. 10a des Vorschlags heißt es: „Die Mitgliedstaaten treffen im Einklang mit den gemeinschaftlichen Rechtsvorschriften geeignete Maßnahmen, um zu verhindern, dass die Verfahren zur Gründung einer SE mißbraucht werden, um den Arbeitnehmern Beteiligungsrechte wegzunehmen oder vorzuenthalten.“[81] Der Wortlaut gleicht beinahe der heute in Art. 11 SE-RL umgesetzten Regelung. Kleine Unterschiede bestehen indes: In ihrer ersten (österreichischen) Fassung setzte die Regelung auf eine Verhinderung des Missbrauchs der „Verfahren zur Gründung einer SE“, um den Arbeitnehmern Beteiligungsrechte „wegzunehmen“ oder vorzuenthalten. In der heute gültigen Fassung geht es nicht um die Verhinderung des Missbrauchs der Verfahren zur Gründung einer SE, sondern um die Verhinderung des Missbrauchs der SE. Ein weiterer sprachlicher Unterschied betrifft den verbotenen Erfolg: In der ersten Fassung ging es neben einem Vorenthalten um das Wegnehmen von Beteiligungsrechten, in der heutigen Fassung dagegen um ein Entziehen. Im Kompromissvorschlag des Rats unter deutscher Präsidentschaft ist der Wortlaut dann in Art. 10a mit dem Wortlaut des heutigen Art. 11 SE-RL identisch.[82]

4. *Umsetzungsprozess in Deutschland*

Einen ersten Vorschlag für die Umsetzung der SE-Richtlinie durch ein SE-Beteiligungsgesetz enthielt der Referentenentwurf aus dem Bundesjustizministerium vom 22. April 2004.[83] In § 43 des Entwurfs findet sich zur Umsetzung des

---

77 Art. 7 Abs. 2 lit. a) des österreichischen Kompromissvorschlags; *Mävers*, S. 352.

78 *Mävers*, S. 356.

79 *Mävers*, S. 351.

80 *Mävers*, S. 352; *Ramcke*, S. 79.

81 Art. 10a des österreichischen Kompromissvorschlags.

82 Art. 10a des deutschen Kompromissvorschlags für die Richtlinie zur Ergänzung des Statuts der SE hinsichtlich der Stellung der Arbeitnehmer vom 12.5.1999, Dok. 8194/99, nicht amtlich veröffentlicht.

83 Abgedruckt bei *Neye*, S. 327.

Art. 11 SE-RL ein dem heutigen Wortlaut des § 43 SEBG entsprechendes Missbrauchsverbot. Ausweislich der Begründung des Referentenentwurfs[84] soll mit ihr der Gefahr begegnet werden, dass die Rechtsform der SE ausgenutzt wird, um Arbeitnehmern Beteiligungsrechte vorzuenthalten oder zu entziehen. Bei der Konkretisierung des Missbrauchsbegriffs sei aber zu berücksichtigen, dass die SE-Verordnung gerade die grenzüberschreitende wirtschaftliche Tätigkeit erleichtern will. Die Nutzung der vorgesehenen Handlungsmöglichkeiten allein, einschließlich etwa der ausdrücklich vorgesehenen Sitzverlegung, würde daher den Vorwurf des Missbrauchs nicht begründen können.

Weder im folgenden Regierungsentwurf vom 26. Mai 2004[85] noch in der Stellungnahme des Bundesrates vom 9. Juli 2004 und der Gegenäußerung der Bundesregierung[86] finden sich weitergehende Erwägungen, Begründungen oder Diskussionen zur Umsetzung des Art. 11 SE-RL als Missbrauchsverbot in § 43 des Entwurfs. In der ersten Beratung im Bundestag Anfang Juli 2004[87] folgte die Überweisung an die Ausschüsse[88], am 18. Oktober 2004 fand eine öffentliche Anhörung des Rechtsausschusses unter der Beteiligung von acht Sachverständigen statt. Die Bedenken der Sachverständigen konzentrierten sich im Wesentlichen auf den Entwurf des § 35 SEBG in Bezug auf den Wechsel einer paritätisch mitbestimmten und dualistisch organisierten deutschen Gesellschaft in eine monistisch verfasste SE.[89] Überlegungen zum Missbrauchsverbot des § 43 SEBG wurden bei der Anhörung nicht angestellt. Allein der Sachverständige *Dietmar Hexel*[90] erwähnt die Strafvorschrift des § 45 Abs. 1 Nr. 2 SEBG und geht davon aus, dass sich die Vorschrift als wirksamer Schutzmechanismus für das System des deutschen Mitbestimmungsrechts erweisen werde.[91]

---

84 *Neye*, S. 404.

85 BT-Drs. 15/3405.

86 Beide abgedruckt in BT-Drs. 15/3656.

87 BT-Plenarprotokolle 15/118 und 15/119.

88 Federführend der Rechtsausschuss, mitberatend der Ausschuss für Wirtschaft und Arbeit, der Finanzausschuss sowie der Ausschuss für die Angelegenheiten der Europäischen Union, vgl. *Neye*, S. 3 und Plenarprotokoll 15/119, S. 3 f.

89 Protokoll der 58. Sitzung des Rechtsausschusses des Deutschen Bundestags am 18.10.2004, 15. Wahlperiode, S. 9 ff.

90 Als Mitglied des geschäftsführenden Bundesvorstands des Deutschen Gewerkschaftsbundes.

91 Protokoll der 58. Sitzung des Rechtsausschusses des Deutschen Bundestags am 18.10.2004, 15. Wahlperiode, S. 22.

In der der Anhörung vorausgegangenen gemeinsamen Stellungnahme verschiedene Spitzenverbände[92] wurde allerdings die Streichung der Vorschrift des § 43 SEBG vorgeschlagen. Die detaillierten und umfassenden Regelungen der Richtlinie und des SEBG-Entwurfs erübrigten ein separates Missbrauchsverbot. Die Vermutungsregel des § 43 Satz 2 SEBG in Zusammenhang mit der Strafvorschrift des § 45 Abs. 1 Nr. 2 SEBG führe zu einer für einen Straftatbestand unzulässigen Beweislastumkehr.[93]

In der zweiten Beratung im Bundestag am 29. Oktober 2004 äußerte sich der Abgeordnete *Uhl* (SPD) dahingehend, dass europäische Regelungen keinesfalls zu einem Wettlauf um die geringsten Arbeitnehmerrechte führen oder eine Flucht aus der deutschen Mitbestimmung ermöglichen dürften.[94]

Weitere Diskussionen des Entwurfs fanden nicht statt, er wurde noch in derselben Bundestagssitzung mit den Stimmen der damaligen Koalition (SPD und Bündnis 90/DIE GRÜNEN) gegen die Stimmen der CDU/CSU und FDP angenommen.[95] Der Bundesrat berief im weiteren Gesetzgebungsverfahren im November 2004 nach Art. 77 Abs. 2 GG einen Vermittlungsausschuss mit dem Ziel der grundlegenden Überarbeitung des Gesetzes ein.[96] Die Bedenken der von der CDU/CSU und FDP regierten Bundesländer konzentrierten sich auf die auch schon von den Sachverständigen aufgeworfenen Themen der Umsetzung der paritätischen Mitbestimmung in einer monistisch verfassten SE sowie darüber hinaus auf die unterbliebene Nutzung der in Art. 7 Abs. 3 SE-RL vorgesehenen Möglichkeit, auf die gesetzliche Auffangregelung im Fall der Gründung der SE durch Verschmelzung zu verzichten. Nachdem das Vermittlungsverfahren ohne Einigung abgeschlossen worden war[97], blieb auch der auf Antrag Hessens eingelegte Einspruch des Bundesrats[98] ohne Erfolg und wurde von der Mehrheit der Bundestagsabgeordneten zurückgewiesen.[99]

92 BDA (Bundesvereinigung der Deutschen Arbeitgeberverbände), BDI (Bundesverband der Deutschen Industrie), DIHK (Deutscher Industrie- und Handelskammertag), GDV (Gesamtverband der Deutschen Versicherungswirtschaft), Bundesverband deutscher Banken und Deutschen Aktieninstitut; *Ramcke*, S. 221 m.w.N.

93 Protokoll der 58. Sitzung des Rechtsausschusses des Deutschen Bundestags am 18.10.2004, 15. Wahlperiode, S. 76 (Gemeinsame Stellungnahme zum Entwurf eines Gesetzes zur Einführung der Europäischen Gesellschaft).

94 BT-Plenarprotokoll 15/136, S. 12507 (C).

95 BT-Plenarprotokoll 15/136, S. 12508 (A).

96 BR-Drs. 850/40, BR-Plenarprotokoll 15/806.

97 BR-Drs. 989/04.

98 BR-Drs. 15/4555.

99 BT-Plenarprotokoll 15/149, S. 14036 (B).

Die Verkündung des Gesetzes zur Einführung der Europäischen Gesellschaft im Bundesgesetzblatt[100] erfolgte wenige Monate nach Ablauf der Frist zur Umsetzung der SE-Richtlinie bis spätestens 8. Oktober 2004 am 28. Dezember 2004.

5. Zielsetzung der SE-VO und der SE-RL bzw. des SEBG

a. Zielsetzung der SE-VO und Abhängigkeit von der SE-RL

Mit der Einführung der SE-VO verfolgt der Verordnungsgeber das Ziel, den Binnenmarkt zu vollenden[101], indem er eine unionsrechtliche Aktiengesellschaft als Rechtsform zur Verfügung stellt. Die unternehmerische Gestaltungsfreiheit bei der Planung und Durchführung grenzüberschreitender Tätigkeiten und Zusammenschlüssen zwischen Gesellschaften verschiedener Mitgliedstaaten sollen gestärkt werden (Erwägungsgrund (1) und (5) SE-VO).[102] Die Einführung der SE durch die Verordnung war aber nur vor dem Hintergrund der Einigung über die Richtlinie zur Arbeitnehmerbeteiligung möglich. Die Entwicklung der Verordnung und der Richtlinie bedingten einander.[103] In Erwägungsgrund (19) SE-VO findet diese Abhängigkeit ihren Ausdruck. Danach stellen die Bestimmungen der Richtlinie eine untrennbare Ergänzung der Verordnung dar und müssen zum gleichen Zeitpunkt anwendbar sein.

b. Zielsetzung der SE-RL und des SEBG

Das SEBG dient der Umsetzung der SE-RL, auf welche sich die Mitgliedstaaten der Europäischen Union nach langen kontroversen Verhandlungen über das auf die SE anwendbare Mitbestimmungsrecht schlussendlich einigen konnten.[104] Vor dem Hintergrund der in den Mitgliedstaaten stark divergierenden Mitbestimmungssysteme erklärt die SE-RL ihr Ziel, zu gewährleisten, dass die Gründung einer SE nicht zur Beseitigung oder zur Einschränkung der Gepflogenheiten der Arbeitnehmerbeteiligung führt, die in den an der Gründung einer SE beteiligten Gesellschaften herrschen (Erwägungsgrund (3) SE-RL). Erworbene Beteiligungsrechte sollen gesichert werden. Die vor der Gründung der SE bestehenden Rechte der Arbeitnehmer sollen nach Erwägungsgrund (18) SE-RL

---

100 BGBl. I S. 3675.

101 Dieses Ziel erkennt auch das OLG Düsseldorf, Beschluss vom 30. März 2009 – I-3 Wx 248/08 – DNotZ 2009, 699 (700) an.

102 Für die Erleichterung der grenzüberschreitenden wirtschaftlichen Tätigkeit durch die SE auch BT-Drs. 15/3405, S. 57.

103 *Ramcke,* S. 80 f.

104 Eben, § 1B.I.2.

deshalb Ausgangspunkt für die Gestaltung ihrer Beteiligungsrechte in der SE sein (Vorher-Nachher-Prinzip). Diese Formulierungen übernimmt das SEBG in § 1 Abs. 1. In § 1 Abs. 3 SEBG ist weiter festgelegt, dass bei der Auslegung der Vorschriften des SEBG die Förderung dieses Ziels im Blick behalten werden soll.

II. Entstehungswege der SE

Die Anforderungen an die Arbeitnehmermitbestimmung in der SE hängen von der jeweiligen Gründungsform der SE ab.[105] Art. 2 SE-VO zählt vier Möglichkeiten sogenannter primärer Gründungsformen einer SE abschließend[106] auf; Art. 3 Abs. 2 SE-VO normiert eine sekundäre Gründungsform.[107]

1. Gründung durch Verschmelzung

Nach Art. 2 Abs. 1, Art. 17 bis 31 SE-VO und §§ 5 ff. SEAG können Aktiengesellschaften im Sinne des Anhangs I (in Deutschland die AG), die jeweils nach dem Recht eines Mitgliedstaats gegründet worden sind, eine SE durch Verschmelzung gründen, wenn mindestens zwei von ihnen dem Recht verschiedener Mitgliedstaaten unterliegen. Die Verschmelzung kann durch Aufnahme (Art. 17 Abs. 2 lit. a) SE-VO) oder durch Neugründung (Art. 17 Abs. 2 lit. b) SE-VO) erfolgen. Das weitere Verfahren richtet sich nach Art. 18 bis Art. 31 SE-VO, wobei auf die nationalen Bestimmungen des Staats, in dem die SE ihren Sitz begründet, zur Ergänzung zurückgegriffen wird (Art. 15 Abs. 1 SE-VO).[108]

2. Gründung einer Holding-SE

Nach Art. 2 Abs. 2, Artt. 32 bis 34 SE-VO und §§ 9 ff. SEAG können Aktiengesellschaften und Gesellschaften mit beschränkter Haftung im Sinne des Anhangs II (in Deutschland die AG und die GmbH), die nach dem Recht eines Mitgliedstaats gegründet worden sind und ihren Sitz sowie ihre Hauptverwaltung innerhalb der Europäischen Union haben, eine Holding-SE gründen. Voraussetzung ist, dass mindestens zwei von ihnen entweder dem Recht verschiedener Mitgliedstaaten unterliegen (Art. 2 Abs. 2 lit. a) SE-VO) oder seit mindestens zwei Jahren eine dem Recht eines anderen Mitgliedstaats unterliegende Tochtergesellschaft

---

105 Schon BT-Drs. 15/3405, S. 41.

106 Manz/Mayer/*Schröder*, Art. 2 SE-VO Rn. 10 m.w.N.

107 *Caspar* in Spindler/Stilz, Art. 2 SE-VO Rn. 1.

108 Einen Überblick über den Ablauf der Gründung einer SE durch Verschmelzung gibt *Marsch-Barner* in Habersack/Drinhausen, Art. 17 SE-VO Rn. 9 ff.

oder eine Zweigniederlassung in einem anderen Mitgliedstaat haben (Art. 2 Abs. 2 lit. b) SE-VO). Bei der Holding-Gründung tauschen die Anteilseigner der Gründungsgesellschaften ihre Anteile in Aktien der neuen SE als dann beherrschendes Unternehmen der Gründungsgesellschaften.[109]

3. *Gründung einer Tochter-SE*

Weiter können Gesellschaften im Sinne des Art. 54 Unterabs. 2 AEUV, also sowohl Kapital- als auch Personengesellschaften[110], sowie juristische Personen des öffentlichen oder privaten Rechts, die nach dem Recht eines Mitgliedstaats gegründet worden sind und ihren Sitz sowie ihre Hauptverwaltung in der Europäischen Union haben, eine Tochter-SE nach Art. 2 Abs. 3, Art. 35 und Art. 36 SE-VO gründen.[111] Voraussetzung ist wiederum, dass mindestens zwei der Gründergesellschaften entweder dem Recht verschiedener Mitgliedstaaten unterliegen (Art. 2 Abs. 3 lit. a) SE-VO) oder seit mindestens zwei Jahren eine dem Recht eines anderen Mitgliedstaats unterliegende Tochtergesellschaft oder eine Zweigniederlassung in einem anderen Mitgliedstaat haben (Art. 2 Abs. 3 lit. b) SE-VO).

4. *Formwechselnde Umwandlung in eine SE*

Nach Artt. 2 Abs. 4, 37 SE-VO, kann eine Aktiengesellschaft, die nach dem Recht eines Mitgliedstaats gegründet worden ist und ihren Sitz sowie ihre Hauptverwaltung in der Europäischen Union hat, in eine SE umgewandelt werden, wenn sie seit mindestens zwei Jahren eine dem Recht eines anderen Mitgliedsstaats unterliegende Tochtergesellschaft hat. Hierbei handelt es sich nach der Gründung einer Vorrats-SE als Tochter um die am häufigsten praktizierte Gründungsform.[112]

Entgegen der Terminologie des UmwG regelt die „Umwandlung" nach der SE-VO nur den Formwechsel in die SE. Umwandlungen nach deutschem Verständnis umfassen vor allem Formwechsel, Spaltung und Verschmelzung (§ 1 Abs. 1 UmwG). Von letztgenanntem Verständnis wird im Rahmen dieser Untersuchung ausgegangen. Wenn die Umwandlung im unionsrechtlichen Sinn

---

109 *Scholz* in Habersack/Drinhausen, Art. 32 SE-VO Rn. 4 und zu dem Ablauf der Gründung Rn. 5 ff.

110 Geiger/Khan/*Kotzur*, EUV/AEUV, Art. 54 Rn. 2.

111 Zu den Details der Gründung z.B. *Habersack*/Drinhausen, Art. 2 SE-VO Rn. 18.

112 ETUI-Studie 2017, Folie 11, abrufbar unter http://www.worker-participation.eu/European-Company-SE/Facts-Figures (letzter Abruf: 4. September 2018).

Untersuchungsgegenstand ist, wird der klarstellende Zusatz der „formwechselnden“ Umwandlung verwendet.

Nach Art. 37 Abs. 2 SE-VO hat die formwechselnde Umwandlung einer Aktiengesellschaft in eine SE weder die Auflösung der AG noch die Gründung einer neuen juristischen Person zur Folge. Rechtsfolge ist vielmehr der Rechtsformwechsel der AG in eine SE.[113] Die formwechselnde Umwandlung ist insoweit mit dem Formwechsel nach §§ 190 ff. UmwG vergleichbar.[114] Anders als bei den zuvor genannten Gründungsvarianten besteht bei der formwechselnden Umwandlung nach Art. 2 Abs. 4 SE-VO also rechtliche und wirtschaftliche Kontinuität.[115]

5. *Gründung einer SE-Tochter*

Schließlich kann die Gründung einer SE nach Art. 3 Abs. 2 SE-VO sekundär erfolgen, nämlich durch Gründung einer SE-Tochter durch eine bestehende SE. Die bestehende SE kann die Tochter eigenständig und ohne Beteiligung eines weiteren Gründungsmitglieds gründen. Für die Gründungsfragen sind nach Art. 15 Abs. 1 SE-VO die aktienrechtlichen Vorschriften im anvisierten Sitzstaat entscheidend.[116]

III. Vorrangige Verhandlungslösung zur Regelung der Mitbestimmung

Nach Erwägungsgrund (8) der SE-RL soll die anzuwendende Mitbestimmungsregelung vorrangig durch eine Vereinbarung zwischen den betroffenen Parteien bestimmt werden. Demgemäß bezeichnet die Richtlinie in Art. 7 die in Deutschland in den §§ 22–39 SEBG umgesetzten Mitbestimmungsregeln kraft Gesetzes auch als „Auffangregelung“.

1. *Bedeutung des Verhandlungsverfahrens für die Gründung der SE*

Nach Art. 16 Abs. 1 SE-VO erwirbt die SE Rechtspersönlichkeit am Tag ihrer Eintragung in das Handelsregister. Die Gründung der SE ist also erst mit der Eintragung vollzogen.[117] Eine SE kann nach Art. 12 Abs. 2 SE-VO aber erst

113 MüKoAktG/*Oechsler*/*Mihaylova*, Art. 2 SE-VO Rn. 42.
114 Schmitt/*Hörtnagel*/Stratz, Art. 37 SE-VO, Rn. 2.
115 *Bücker* in Habersack/Drinhausen, Art. 37 SE-VO Rn. 3 m.w.N.
116 *Lächler*, S. 28.
117 *Diekmann* in Habersack/Drinhausen, Art. 16 SE-VO Rn. 5.

eingetragen werden, wenn eine Vereinbarung über die Beteiligung der Arbeitnehmer gemäß Art. 4 SE-RL (§§ 13 Abs. 1, 21 SEBG) geschlossen worden ist, ein Beschluss nach Art. 3 Abs. 6 SE-RL (§ 16 SEBG) gefasst worden ist oder die Verhandlungsfrist nach Art. 5 SE-RL (§ 20 Abs. 1 SEBG) abgelaufen ist, ohne dass eine Vereinbarung zustande gekommen ist. Die Eintragung der SE in das Handelsregister ist folglich von der Errichtung des besonderen Verhandlungsgremiums und der Initiierung der Verhandlungsphase abhängig.

2. *Einsetzung eines besonderen Verhandlungsgremiums*

Die Durchführung des Verhandlungsverfahrens erfordert zuerst die Errichtung des Verhandlungsgremiums auf Arbeitnehmerseite.[118] Das Gremium ist nach den Vorgaben des Art. 2 lit. g) SE-RL in Teil 2 des SEBG als besonderes Verhandlungsgremium bezeichnet.

Zum Zweck der Errichtung des Gremiums informieren die Leitungen der beteiligten Gesellschaften die jeweiligen Arbeitnehmervertretungen und Sprecherausschüsse, auch diejenigen der Tochtergesellschaften, über das Gründungsvorhaben und fordern sie zur Bildung des besonderen Verhandlungsgremiums auf (§ 4 Abs. 1 und Abs. 2 SEBG). Die Aufforderung muss spätestens[119] nach Offenlegung des der jeweiligen Gründungsform der SE entsprechenden Gründungsplans erfolgen (§ 4 Abs. 2 Satz 3 SEBG). Die Mitglieder des besonderen Verhandlungsgremiums, dessen Zusammensetzung §§ 5–7 SEBG regeln, werden von einem Wahlgremium gewählt. Die Zusammensetzung stellt sich nach § 5 Abs. 1 SEBG wie folgt dar: Für jede angefangenen 10 Prozent der Gesamtarbeitnehmerzahl aller an der Gründung der SE beteiligten Gesellschaften und später zur SE gehörenden Tochtergesellschaften enthalten die Arbeitnehmer eines Mitgliedstaats einen Sitz.[120] Die Zusammensetzung des Wahlgremiums und die Durchführung der Wahl wiederum regeln §§ 8–10 SEBG. Innerhalb von zehn Wochen nach der nach § 4 Abs. 2 und Abs. 3 SEBG vorgeschriebenen Information soll die Wahl oder die Bestellung der Mitglieder des besonderen Verhandlungsgremiums erfolgen (§ 11 Abs. 1 SEBG). Die Durchführung des Verhandlungsverfahrens kann nach erfolglosem Ablauf dieser Frist gleichwohl beginnen, wenn sie aus Gründen, die die Arbeitnehmervertreter zu vertreten haben, überschritten wird (§ 11 Abs. 1 Satz 1 SEBG).

---

118 *Oetker* in Lutter/Hommelhoff/Teichmann, § 4 SEBG Rn. 1; ausführlich zur Einleitung des Verfahrens, wenn die SE keine Arbeitnehmer haben wird, *Forst*, S. 110–125.

119 *Oetker* in Lutter/Hommelhoff/Teichmann, § 4 SEBG Rn. 14.

120 *Grundmann*, Europäisches Gesellschaftsrecht, Rn. 1084 Fn. 143.

3. Durchführung der Verhandlungen

Unverzüglich nach der pflichtgemäßen (§ 11 Abs. 1 Satz 2 SEBG) Unterrichtung der Leitungen der beteiligten Gesellschaften über die gewählten bzw. bestellten Mitglieder des besonderen Verhandlungsgremiums durch das Wahlgremium, laden die Leitungen zur konstituierenden Sitzung des besonderen Verhandlungsgremiums ein (§ 12 Abs. 1 SEBG). Mit der Einladung beginnen die Verhandlungen, die ohne abweichende Vereinbarung (§ 20 Abs. 2 SEBG) höchstens sechs Monate dauern (§ 20 Abs. 1 SEBG).

4. Mögliche Verhandlungsausgänge

a. Abschluss einer (auch Mitbestimmungsrechte vermindernden) Mitbestimmungsvereinbarung

Das SEBG statuiert kaum inhaltliche Vorgaben für die Verhandlungen.[121] Ein Einigungszwang besteht nicht.[122] Können die Parteien eine einvernehmliche Lösung über die Arbeitnehmerbeteiligung erreichen, bestimmen § 21 Abs. 1 und Abs. 2 SEBG nur den Mindestinhalt dieser Vereinbarung. Die Parteien können auf Mitbestimmung ganz verzichten oder die in den Gründungsgesellschaften bestehenden Mitbestimmungsrechte verringern.

Ersteres folgt aus § 21 Abs. 3 SEBG.[123] Die Vorschrift konkretisiert den Inhalt der Vereinbarung hinsichtlich der unternehmerischen Mitbestimmung „für den Fall", dass die Vereinbarung eine solche umfasst. Das SEBG legt das Recht der Unternehmensmitbestimmung damit „in die Verfügungsgewalt der Beteiligten".[124] Allein im Fall der SE-Gründung durch formwechselnde Umwandlung sieht § 21 Abs. 6 SEBG vor, dass in der Vereinbarung in Bezug auf „alle Komponenten" der Arbeitnehmerbeteiligung das gleiche Ausmaß gewährleistet werden muss, das in der Gesellschaft besteht, die in eine SE umgewandelt werden soll. Nach § 2 Abs. 8 i.V.m. Abs. 12 SEBG stellt die unternehmerische Mitbestimmung eine solche Komponente der Arbeitnehmerbeteiligung dar. Der vollständige Verzicht auf Mitbestimmungsrechte oder die Minderung bestehender Mitbestimmungsrechte ist im Fall der Gründung durch formwechselnde Umwandlung ausdrücklich ausgeschlossen (§§ 21 Abs. 6, 15 Abs. 5 SEBG).

---

121 *Hohenstatt/Müller-Bonanni* in Habersack/Drinhausen, § 21 SEBG Rn. 8.

122 *Rieble,* BB 2006, 2018 (2020).

123 *Evers/Hartmann* in Manz/Mayer/Schröder, § 21 SEBG Rn. 33.

124 *Grobys,* NZA 2005, 84 (88) m.w.N.

Die Möglichkeit der Minderung bestehender Mitbestimmungsrechte bei den übrigen Gründungswegen folgt nicht nur aus einem Erst-Recht-Schluss gegenüber der bestehenden Möglichkeit des vollständigen Verzichts auf Mitbestimmung, sondern auch aus § 15 Abs. 3 SEBG, der ein solches Verhandlungsergebnis explizit erwähnt. Während für die Beschlussfassung im besonderen Verhandlungsgremium normalerweise eine einfache Mehrheit genügt (§ 15 Abs. 2 SEBG), ist zum Beschluss einer Minderung der Mitbestimmungsrechte nach § 15 Abs. 3 SEBG unter Umständen eine Zweidrittelmehrheit erforderlich. Es kommt darauf an, ob bestimmte, auf die Gründungsform der SE abgestimmte Schwellenwerte überschritten werden. Bei einer durch Verschmelzung entstehenden SE müssen sich die zu mindernden Mitbestimmungsrechte auf 25 Prozent der Gesamtzahl der Arbeitnehmer der beteiligten Gesellschaften und der betroffenen Tochtergesellschaften erstrecken, um die Zweidrittelmehrheit erforderlich zu machen (§ 15 Abs. 2 Nr. 1 SEBG). Bei einer SE, die als Holding-Gesellschaft oder als Tochtergesellschaft gegründet wird, liegt der Schwellenwert bei 50 Prozent (§ 15 Abs. 2 Nr. 2 SEBG).

b. Abbruch- oder Nichtaufnahmebeschluss

Ein weiterer möglicher Verlauf der Verhandlungsphase kann der von dem besonderen Verhandlungsgremium ebenfalls mit erforderlicher Zweidrittelmehrheit gefasste Beschluss des Abbruchs oder gar der anfänglichen Nichtaufnahme der Verhandlungen sein (§ 16 Abs. 1 SEBG). Die Regeln über die Arbeitnehmerbeteiligung kraft Gesetzes in §§ 22 bis 38 SEBG finden dann keine Anwendung (§ 16 Abs. 2 SEBG). Hinsichtlich der betrieblichen Mitbestimmung verbleibt es bei den Vorschriften für die Unterrichtung und Anhörung der Arbeitnehmer, die in den Mitgliedstaaten gelten, in denen die Arbeitnehmer der SE beschäftigt sind (§ 16 Abs. 1 Satz 3 SEBG) und den Regelungen des Europäischen Betriebsräte-Gesetzes (§ 47 Abs. 1 Nr. 2 SEBG). Auf der Unternehmensebene hingegen mündet der Beschluss in eine mitbestimmungsrechtliche „Nulllösung“, also eine mitbestimmungsfreie SE.[125] Im Gründungsfall der formwechselnden Umwandlung kann ein solcher Beschluss aber nicht gefasst werden, wenn in der umzuwandelnden Gesellschaft Mitbestimmungsrechte der Arbeitnehmer bestehen (§ 16 Abs. 3 SEBG).[126]

125 *Grobys*, NZA 2005, 84 (87).

126 BT-Drs. 15/3405, S. 50.

5. *Wiederaufnahme der Verhandlungen nach § 18 SEBG*

Die Fälle, in denen die Vereinbarung nach erfolgter Gründung neu ausgehandelt werden soll, sind nach § 21 Abs. 1 Nr. 6 SEBG in der schriftlichen Vereinbarung festzulegen. Enthält die Vereinbarung entgegen dieser Vorschrift hierzu keine oder lückenhafte Angaben oder findet in der SE die Mitbestimmung kraft Gesetzes Anwendung[127], kommt es für die Wiederaufnahme der Verhandlungen auf die Vorschrift des § 18 SEBG an. Das SEBG sieht verschiedene Situationen vor, in denen es erforderlich ist, die Verhandlungen über die Beteiligung der Arbeitnehmer nach erfolgreicher Gründung der SE wiederaufzunehmen.

a. *Wiederaufnahme der Verhandlungen nach Abbruch- oder Nichtaufnahmebeschluss*

Nach § 18 Abs. 1 und Abs. 2 SEBG werden frühestens zwei Jahre nach einem Beschluss nach § 16 Abs. 1 SEBG auf schriftlichen Antrag von mindestens 10 Prozent der Arbeitnehmer der SE einschließlich ihrer Tochtergesellschaften ein besonderes Verhandlungsgremium erneut gebildet und die Verhandlungen wiederaufgenommen. Auch wenn in diesen Verhandlungen keine Einigung erzielt wird, finden die Vorschriften über die betriebliche und unternehmensbezogene Mitbestimmung kraft Gesetzes in den §§ 22 ff. SEBG keine Anwendung. Die Vorschrift des § 18 Abs. 1 SEBG setzt Art. 3 Abs. 6 UAbs. 4 SE-RL um.[128]

b. *Wiederaufnahme der Verhandlungen infolge geplanter struktureller Änderungen*

Sind strukturelle Änderungen der SE geplant, die geeignet sind, Beteiligungsrechte der Arbeitnehmer zu mindern, finden auf Veranlassung der Leitung der SE oder des SE-Betriebsrats Verhandlungen über die Beteiligung der Arbeitnehmer der SE statt (§ 18 Abs. 3 Satz 1 SEBG). Im Gegensatz zur Wiederaufnahme der Verhandlungen nach einem Abbruch- oder Nichtaufnahmebeschluss sind die Regeln über die Mitbestimmung kraft Gesetzes im Fall erfolgloser Verhandlungen anzuwenden (§ 18 Abs. 3 Satz 3 SEBG). Die Abschaffung der unternehmerischen Mitbestimmung durch strukturelle Änderungen entgegen dem Willen der Arbeitnehmervertreter ist damit theoretisch unmöglich. Ohne die Anforderungen an eine strukturelle Änderung an dieser Stelle näher zu konkretisieren, kann jedenfalls festgehalten werden, dass § 18 Abs. 3 SEBG im Rahmen von

---

127 *Köstler* in Theisen/Wenz, S. 369.

128 MüKoAktG/*Jacobs*, § 18 SEBG Rn. 1.

Umstrukturierungsvorgängen, die strukturelle Änderungen für die SE bedeuten, Bestandsschutz für die Arbeitnehmerbeteiligung auch über den Gründungsvorgang der SE hinweg zu gewähren in der Lage ist und insoweit einer Mitbestimmungsbeibehaltungsvorschrift ähnlich ist.

Dabei ist die Vorschrift des § 18 Abs. 3 SEBG durch die SE-RL nicht vorgegeben.[129] In Erwägungsgrund (18) der Richtlinie heißt es nur, dass der Ansatz des Vorher-Nachher-Prinzips nicht nur für die Neugründung einer SE, sondern auch für strukturelle Veränderungen einer bereits gegründeten SE und für die von den strukturellen Änderungsprozessen betroffenen Gesellschaften gilt. Demgemäß erklärt das SEBG die Grundsätze zur Sicherung der Beteiligungsrechte der Arbeitnehmer in § 1 Abs. 4 SEBG für auf strukturelle Änderungen einer gegründeten SE anwendbar.

6. *Beteiligungsverfahren bei der Sekundärgründung einer SE?*

Ob auch bei der Sekundärgründung einer SE-Tochter durch eine bestehende SE erneut ein Arbeitnehmerbeteiligungsverfahren durchzuführen ist, ist umstritten.[130]

a. *Teleologische Auslegung: Reichweite des Schutzzwecks der SE-RL*

Vertreter der Ansicht, dass ein solches erforderlich sei, berufen sich auf das erklärte Ziel der SE-RL, erworbene Rechte der Arbeitnehmer zu schützen.[131] Nach dieser Ansicht gefährdeten die Einsatzmöglichkeiten einer beteiligungsfrei gegründeten SE-Tochter die bei der Gründungs-SE bestehende Beteiligung der Arbeitnehmer vor allem dann, wenn die sekundär gegründete SE wirtschaftliche Aktivitäten der Gründungs-SE übernimmt oder wenn die Gründungs-SE ihre Anteile an der Tochter veräußert.[132] Die Vertreter dieser Auffassung erkennen allerdings an, dass weder die SE-VO noch das SEBG Regelungen über die Etablierung der Arbeitnehmerbeteiligung oder eine Auffangregelung bei dieser Gründungsform enthalten und schlagen vor, die Regelungen zur Gründung einer Tochter-SE entsprechend anzuwenden.[133]

---

129 MüKoAktG/*Jacobs*, § 18 SEBG Rn. 1.

130 *Forst*, S. 181 ff. m.w.N.; *Ramcke*, S. 112 m.w.N.; *von der Höh*, S. 199 m.w.N.

131 Vgl. etwa *Kienast* in Jannott/Frodermann, Kap. 13 Rn. 245, umfangreiche Nachweise bei *Forst*, S. 182; MüKoAktG/*Jacobs*, Vor § 1 SEBG Rn. 11 Fn. 26; *von der Höh*, S. 206.

132 *Oetker* in Lutter/Hommelhoff/Teichmann, § 1 SEBG Rn. 10.

133 *Kienast* in Jannott/Frodermann, Kap. 13 Rn. 245.

Die Gegenansicht argumentiert, dass die SE-RL und das SEBG eine Perpetuierung des Mitbestimmungsniveaus der Mutter-SE in jeder zukünftigen SE-Tochter gerade nicht bezweckten und die Durchführung des Beteiligungsverfahrens daher nicht erforderlich sei.[134] Diese Auffassung erfordert eine teleologische Reduktion des Art. 12 Abs. 2 SE-VO, da nach Abs. 1 der Vorschrift „jede SE" zu ihrer Gründung eingetragen werden muss, die Eintragung aber nach Abs. 2 ohne Durchführung des Beteiligungsverfahrens nicht möglich ist.[135] Die Regelungen der SE-RL bzw. des SEBG sind also nach beiden Auffassungen rechtsfortbildend anzupassen. Das Argument der letztgenannten Auffassung, die Vorschriften der SE-RL und des SEBG nähmen die Sekundärgründung der SE gar nicht explizit in Bezug[136], verblasst vor diesem Hintergrund. Gleichwohl ist ihr im Ergebnis zuzustimmen:

b. *Systematische Auslegung: Differenzierung der SE-VO und der SE-RL zwischen Primär- und Sekundärgründung*

Zwar unterstreicht die SE-VO die Bedeutung der Wahrung der Beteiligungsrechte der Arbeitnehmer dadurch, dass sie gesellschaftsrechtlich wegen der Eintragungssperre des Art. 12 Abs. 2 SE-VO sichergestellt ist.[137] Die SE-VO differenziert aber nach ihrer Regelungssystematik zwischen den primären Gründungsformen, die abschließend in Art. 2 SE-VO beschrieben sind und der Sekundärgründung, die davon getrennt in Art. 3 Abs. 2 SE-VO behandelt wird. Die SE-RL selbst erkennt die Gefahr der Beseitigung oder der Einschränkung der bestehenden Mitbestimmungssysteme ausweislich ihres Erwägungsgrundes (10) nur für die Fälle der Primärgründung an.

c. *Wesen des Vorher-Nachher-Prinzips: Einmaliger Bestandsschutz für mitgliedstaatliches Mitbestimmungsrecht*

Dies ist konsequent, kommt das Konzept des Bestandsschutzes der SE-RL doch explizit den einzelnen Mitgliedstaaten entgegen[138]: Mit diesem Konzept reagiert der europäische Gesetzgeber auf die in den Mitgliedstaaten bestehende

---

134 *Hohenstatt/Müller-Bonanni* in Habersack/Drinhausen, § 3 SEBG Rn. 9; MüKoAktG/*Jacobs*, Vor § 1 SEBG Rn. 13; *Seibt*, ZIP 2005, 2248 (2249); ausführlich mit weitergehenden Argumenten *Forst*, S. 183 ff.; *Ramcke*, S. 112 ff.

135 *Hohenstatt/Müller-Bonanni* in Habersack/Drinhausen, § 3 SEBG Rn. 8 aE; MüKo-AktG/*Jacobs*, § 34 SEBG Rn. 13.

136 *Hohenstatt/Müller-Bonanni* in Habersack/Drinhausen, § 3 SEBG Rn. 9.

137 OLG Düsseldorf, Beschluss vom 30. März 2009 – Az. 3 Wx 248/08 – RdA 2010, 55.

138 Oben, § 1B.I.5.

Vielfalt an Regelungen und Gepflogenheiten für die Arbeitnehmerbeteiligung (Erwägungsgrund (5) SE-RL). Der Bestand an Beteiligungsrechten, den die SE-RL zu schützen sucht, ist also mitgliedstaatlichen Ursprungs. Gerade die Divergenz der mitgliedstaatlichen Beteiligungsrechte war es, die den europäischen Gesetzgeber zur Einführung des Verhandlungsmodells mit Auffanglösung veranlasste.[139]

Das in Erwägungsgrund (18) explizit erwähnte Vorher-Nachher-Prinzip knüpft in Bezug auf die vor der Gründung der SE bestehenden Beteiligungsrechte bei zusammenhängender Betrachtung der zitierten Erwägungsgründe also an die auf mitgliedstaatlichem Recht fußenden Beteiligungsrechte an. Das Konzept des Bestandsschutzes der Arbeitnehmerbeteiligung bei Gründung der SE soll aber darüber hinaus nicht etwa verhindern, dass mit der einmal gegründeten SE grundsätzlich nach Belieben verfahren werden darf. Das ergibt sich zunächst aus Erwägungsgrund (18) der SE-RL bzw. § 18 Abs. 3 SEBG. Vorgänge, die sich nach der Primärgründung abspielen, sind mitbestimmungsrechtlich nur dann von Relevanz, wenn sie als strukturelle Änderung zu qualifizieren sind. Ob die Gründung einer SE-Tochter eine strukturelle Änderung der Mutter-SE begründet, ist Frage der Auslegung des § 18 Abs. 3 SEBG.[140] Raum für eine entsprechende Anwendung der Vorschriften zur Gründung einer Tochter-SE, wie sie Vertreter der erstgenannten Auffassung vorschlagen, bleibt also schon mangels Regelungslücke nicht.

d. Schutzzweck der SE-VO: Gewährleistung unternehmerischer Gestaltungsfreiheit

Die grundsätzliche Gestaltungsfreiheit der Gesellschafter der gegründeten SE ergibt sich vor allem aber aus dem von der Europäischen Union mit Einführung der SE verfolgten Ziel, die grenzüberschreitende unternehmerische Tätigkeit zu erleichtern.[141] Die Möglichkeit der Gründung einer SE-Tochter in Art. 3 Abs. 2 SE-VO ist dabei nur eine Variante der Handlungsmöglichkeiten, die jede SE zur Entfaltung ihrer unternehmerischen Tätigkeit hat. Sie musste ausdrücklich normiert werden, da das Recht der Mitgliedstaaten die Gründungsvariante naturgemäß nicht von sich aus vorhalten kann. Ein bewusster Einbezug in die Vorschriften zur Arbeitnehmerbeteiligung bei

139 Ausführlich oben, § 1B.I.2.

140 Zum Merkmal der strukturellen Änderungen unten, § 6B.I.1.c.aa.[2].

141 Oben, § 1B.I.5.a.

Primärgründung einer SE kann daraus nicht gefolgert werden, zumal die SE auch Tochtergesellschaften nach dem Recht des Sitzstaats nach Belieben gründen kann und zwar auch solche, die den Mitbestimmungsgesetzen des Sitzstaats etwa wegen ihrer Rechtsform nicht unterfallen. Denn die SE ist hinsichtlich aller gesellschaftsrechtlichen Belange wie eine mitgliedstaatliche Aktiengesellschaft zu behandeln, Art. 10 SE-VO. Es liefe dem auf größtmögliche unternehmerische Freiheit angelegten Verordnungszweck[142] zuwider, die Gründung einer SE-Tochter höheren Anforderungen in Bezug auf die Beteiligungsrechte der Arbeitnehmer zu unterwerfen als den in mitgliedstaatlichen Rechtsformen gegründeten SE-Tochtergesellschaften. Darüber hinaus kann eine SE mit Sitz in Deutschland ohne Weiteres auch Beteiligte an – innerstaatlichen wie grenzüberschreitenden – Umwandlungsvorgängen außerhalb des in Art. 66 SE-VO explizit geregelten Formwechsels sein und zum Beispiel eine Tochtergesellschaft deutscher Rechtsform im Wege der Abspaltung oder Ausgliederung gründen.[143] Mitbestimmungsrechtlich stellt sich dann wiederum nur die Frage, ob hierin strukturelle Änderungen der SE zu sehen sind, die eine Neuverhandlungsmöglichkeit nach § 18 Abs. 3 SEBG auslösen.

e. Abschließender Schutz durch §§ 18 Abs. 3, 43 SEBG

Den Vertretern der Auffassung, das Arbeitnehmerbeteiligungsverfahren sei auch bei der Sekundärgründung einer SE durchzuführen, ist also entgegenzuhalten, dass die Beteiligungsrechte der Arbeitnehmer in der Gründungs-SE auch ohne Rückgriff auf eine beteiligungsfreie SE-Tochter gefährdet werden können. Andere Sicherungsinstrumente in Bezug auf die Mitbestimmungsrechte der Arbeitnehmer der bestehenden SE als § 43 und § 18 Abs. 3 SEBG sind auch in diesen Fällen nicht von der SE-RL vorgegeben: Eine Perpetuierung der Mitbestimmungsrechte der Arbeitnehmer der SE für alle ihrer Gründung folgenden Maßnahmen sieht das Konzept der SE-RL und des SEBG gerade nicht vor. Die Sicherungsinstrumente des § 43 und § 18 Abs. 3 SEBG sind aber auch im Rahmen der Gründung einer SE-Tochter ohne eigenes Beteiligungsverfahren auf die Mutter-SE anwendbar. Prüfungsgegenständlich sind dann der potenzielle Missbrauch bzw. die strukturelle Änderung der Mutter-SE wegen der nachfolgenden Gründung der SE-Tochter.

---

142 OLG Düsseldorf, Beschluss vom 30. März 2009 – Az. 3 Wx 248/08 – RdA 2010, 55.

143 Habersack/*Drinhausen*, Art. 66 SE-VO Rn. 34–43.

IV. Gesetzliche Auffanglösung zur Unternehmensmitbestimmung

1. Allgemeine Voraussetzungen der Anwendbarkeit der gesetzlichen Auffanglösung

Der Rückgriff auf die gesetzliche Auffanglösung zur Beteiligung der Arbeitnehmer kraft Gesetzes in §§ 22–39 SEBG ist nach §§ 22 Abs. 1, 34 Abs. 1 SEBG nur möglich, wenn die Parteien dies im Rahmen der Verhandlungen nach §§ 13 Abs. 1, 21 SEBG vereinbaren oder der in § 20 Abs. 1 SEBG vorgesehene sechsmonatige Verhandlungszeitraum erfolglos verstreicht. Außerdem darf das besondere Verhandlungsgremium die Verhandlungen nicht freiwillig gar nicht aufgenommen oder abgebrochen und einen entsprechende Beschluss nach § 16 SEBG gefasst haben (§§ 34 Abs. 1, 22 SEBG). Weiter müssen besondere Voraussetzungen vorliegen, die von der Gründungsform abhängen. Der europäische Gesetzgeber stuft die Gefahr der Beseitigung oder der Einschränkung bestehender Mitbestimmungsrechte bei der SE-Gründung durch formwechselnde Umwandlung oder Verschmelzung höher ein als bei einer Gründung im Wege der Errichtung einer Holdinggesellschaft oder einer gemeinsamen Tochtergesellschaft (Erwägungsgrund (10) zur SE-RL).[144] Die Voraussetzungen für die Anwendbarkeit der gesetzlichen Mitbestimmungsregeln (§ 34 SEBG) sowie die Regelungen zum Umfang der Mitbestimmung (§ 35 SEBG) sind daher bei den einzelnen Gründungsformen abgestuft.[145]

2. Besondere Anwendbarkeitsvoraussetzungen je nach Gründungsform

a. Formwechselnde Umwandlung in eine SE

Im Fall einer SE-Gründung durch formwechselnde Umwandlung finden die Regelungen über die Mitbestimmung kraft Gesetzes nach §§ 35 bis 38 SEBG schon dann Anwendung, wenn in der umzuwandelnden Gesellschaft Bestimmungen über die Mitbestimmung der Arbeitnehmer galten (§ 34 Abs. 1 Nr. 1 SEBG). Die Vorschrift hält wie die Regelungen der §§ 15 Abs. 5, 16 Abs. 3, 21 Abs. 6 SEBG einen besonders strengen Bestandsschutz für den Gründungsfall der formwechselnden Umwandlung vor.[146] Die strengeren Regeln beruhen auf der Überlegung, dass die Identität der Belegschaft im Fall der formwechselnden Umwandlung erhalten bleibt.[147] Für eine

---

144 MüKoAktG/*Jacobs*, § 34 SEBG Rn. 1.
145 MüKoAktG/*Jacobs*, § 34 SEBG Rn. 1.
146 KK-AktG/*Feuerborn*, § 34 SEBG Rn. 18.
147 BT-Drs. 15/3405, S. 51; KK-AktG/*Feuerborn*, § 21 SEBG Rn. 72; oben, § 1B.I.3.

Veränderung der Beteiligungsrechte der Arbeitnehmer besteht deswegen kein Anlass.[148]

b. Gründung durch Verschmelzung

Bestanden in einer oder mehreren der an einer SE-Gründung durch Verschmelzung beteiligten Gesellschaften Mitbestimmungsrechte, regelt § 34 Abs. 1 Nr. 2 SEBG, wann die Regeln zur Mitbestimmung kraft Gesetzes in der SE Anwendung finden. Dies ist der Fall, wenn entweder die Mitbestimmungsrechte sich auf mindestens 25 Prozent der Gesamtzahl der Arbeitnehmer aller beteiligten Gesellschaften und betroffenen Tochtergesellschaften erstreckten oder bei Nichterreichen der Quote das besondere Verhandlungsgremium einen entsprechenden Beschluss fasst.

c. Gründung einer Holding-SE oder einer Tochter-SE

Im Fall einer durch Errichtung einer Holding-Gesellschaft oder einer Tochtergesellschaft gegründeten SE finden die Regeln zur Mitbestimmung kraft Gesetzes Anwendung, wenn entweder vor der Eintragung der SE in einer oder mehreren beteiligten Gesellschaften Mitbestimmungsrechte vorhanden waren und sie sich auf mindestens 50 Prozent der Gesamtzahl der Arbeitnehmer aller beteiligten Gesellschaften und betroffenen Tochtergesellschaften erstreckten oder die Quote nicht erreicht wird, aber das besondere Verhandlungsgremium einen entsprechenden Beschluss fasst (§ 34 Abs. 1 Nr. 3 SEBG).

d. Berücksichtigung kraft Konzernzurechnung bestehender Beteiligungsrechte der Arbeitnehmer in Tochtergesellschaften

Bei der Gründung der SE durch formwechselnde Umwandlung reicht es nach § 34 Abs. 1 Nr. 1 SEBG aus, wenn in der umzuwandelnden Gesellschaft Mitbestimmung vorhanden ist.[149] Woran diese anknüpft, ist unerheblich. § 34 Abs. 1 Nr. 1 SEBG unterscheidet für die Anwendbarkeit der Auffangregeln insbesondere nicht danach, ob das für die Mitbestimmung im Aufsichtsorgan der umzuwandelnden Gesellschaft maßgebliche Überschreiten der entsprechenden Schwellenwerte nur unter Berücksichtigung der nach §§ 2 Abs. 2 DrittelbG, 5 Abs. 1 MitbestG zugerechneten Arbeitnehmer der Tochtergesellschaften festgestellt werden kann, oder ob die Anzahl der Arbeitnehmer der umzuwandelnden Gesellschaft allein die Schwellenwerte übersteigt.

---

148 Nagel/*Freis*/Kleinsorge, § 21 SEBG Rn. 32.

149 *Hohenstatt/Müller-Bonanni* in Habersack/Drinhausen, § 34 SEBG Rn. 7.

Außer bei der Gründung der SE durch formwechselnde Umwandlung kommt es aber, wie eben gesehen, nach § 34 Abs. 1 Nr. 2, Nr. 3 SEBG für die Anwendbarkeit der jeweiligen Auffangregelungen auf die Erstreckung der in der Gründungsgesellschaft vorhandenen Mitbestimmung auf eine bestimmte Quote der Gesamtzahl der Arbeitnehmer an. Dies gilt jedenfalls dann, wenn die Anwendung der gesetzlichen Auffangregelung nicht über einen entsprechenden Beschluss des besonderen Verhandlungsgremiums nach § 34 Abs. 1 Nr. 2 lit. b), Nr. 3 lit. b) SEBG herbeigeführt werden kann. Dabei werden für die Ermittlung der Quote nach dem Wortlaut der Vorschriften auch die Arbeitnehmer von betroffenen Tochtergesellschaften der beteiligten Gesellschaften berücksichtigt.

Damit sind insoweit auch die kraft Konzernzurechnung nach § 2 Abs. 2 DrittelbG bzw. § 5 Abs. 1 MitbestG bei den Arbeitnehmern der Tochtergesellschaft bestehenden Mitbestimmungsrechte zu berücksichtigen. Das deutsche Umsetzungsgesetz geht dabei über den Wortlaut der entsprechenden Richtlinienvorschrift des Art. 7 Abs. 2 lit. b) Abschnitt 1 und lit. c) Abschnitt 1 SE-RL hinaus.[150] Dieser berücksichtigt für die Quote nur die Arbeitnehmer der „beteiligten Gesellschaften", nach Art. 2 lit. c) SE-RL also derjenigen Gesellschaften, die an der Gründung der SE unmittelbar beteiligt sind. Die deutsche Abweichung erfolgte nach der Begründung des Regierungsentwurfs, um „die Wahlrechte der Arbeitnehmer im Konzern zu erhalten".[151] Manche halten das deutsche Umsetzungsgesetz insoweit trotzdem für europarechtlich zulässig, da die Abweichung von der Richtlinie aus Arbeitnehmersicht günstiger sei als die Regelung der Richtlinie.[152] Jedenfalls im Anwendungsbereich einer vollharmonisierend wirkenden Richtlinienvorschrift wäre aber auch eine aus Sicht der Arbeitnehmer günstige Abweichung unzulässig.[153]

Entscheidend für die Richtlinienkonformität der Vorschrift spricht nicht nur der in Erwägungsgrund (18) Satz 1 SE-RL etablierte „fundamentale Grundsatz" der Richtlinie, erworbene Rechte der Arbeitnehmer über ihre Beteiligung an Unternehmensentscheidungen zu sichern.[154] Vor allem ist die Anwendbarkeit der Auffangregelung auch in Fällen, in denen die erforderliche Quote von Arbeitnehmern, auf die sich die Mitbestimmung erstreckte, in der Gründungsgesellschaft nicht erreicht wird, in der Richtlinie in Art. 7 Abs. 2 lit. b) Abschnitt 2 und

---

150 *Habersack,* AG 2007, 641 (643).

151 BT-Drs. 15/3405, S. 54.

152 *Hohenstatt/Müller-Bonanni* in Habersack/Drinhausen, § 34 SEBG Rn. 9; MüKoAktG/*Jacobs,* § 34 SEBG Rn. 11 m.w.N.; a.A. *Habersack,* AG 2007, 641 (643) m.w.N.

153 Hierzu ausführlich unten, § 3B.III.3.e.aa.

154 MüKoAktG/*Jacobs,* § 34 SEBG Rn. 11.

lit. c) Abschnitt 2 SE-RL selbst angelegt. Dazu muss nur das besondere Verhandlungsgremium einen entsprechenden Beschluss fassen. Dieses setzt sich aber auch nach der SE-RL nicht nur aus Arbeitnehmern der Gründungsgesellschaft, sondern auch der betroffenen Tochtergesellschaften zusammen (Art. 3 Abs. 2 lit. a) SE-RL).[155] Gerade wenn in der Gründungsgesellschaft, wie etwa bei einer Holdinggesellschaft, keine oder nur wenige Arbeitnehmer beschäftigt sind und sich das besondere Verhandlungsgremium deswegen vor allem aus Arbeitnehmern der Tochtergesellschaften zusammensetzt, ist es unwahrscheinlich, dass das Gremium die Anwendbarkeit der Auffangregelung zum Erhalt des durch die Konzernzurechnungsvorschriften begründeten Mitbestimmungsstatuts in der Holdinggesellschaft nicht beschließt. Dann widerspricht es auch nicht der Regelungsintension des Richtliniengebers, die Arbeitnehmer der Tochtergesellschaften bei der Ermittlung der für die Anwendbarkeit der Auffangregelung maßgeblichen Quote von Anfang an zu berücksichtigen.

Davon zu unterscheiden ist die Situation, in der in einer Gründungsgesellschaft kein mitbestimmtes Organ vorhanden ist, die Arbeitnehmer der Gründungsgesellschaft aber bisher kraft der Konzernzurechnungsvorschriften Inhaber aktiver und passiver Wahlrechte im Aufsichtsorgan einer Obergesellschaft waren.[156] Die Anwendbarkeitsvoraussetzungen der Auffangregelung des SEBG liegen dann von vornherein nicht vor, da in der Tochtergesellschaft eine oder mehrere Formen der Mitbestimmung nicht bestanden (§ 34 Abs. 1 und Abs. 2 SEBG).

e. *Berücksichtigung kraft § 4 Abs. 1 MitbestG bestehender Beteiligungsrechte in der KG*

Da § 34 Abs. 1 Nr. 1 SEBG im Fall der Gründung der SE durch formwechselnde Umwandlung allein darauf abstellt, ob in der umzuwandelnden Gesellschaft Bestimmungen über die Mitbestimmung galten, genügt es für die Anwendbarkeit der Auffangregelung, dass die Mitbestimmung in einer umzuwandelnden Komplementärin einer KG allein durch die Zurechnung der Arbeitnehmer der KG nach § 4 Abs. 1 MitbestG ausgelöst wurde.

Bei den sonstigen Formen der Gründung der SE stellt sich aber die Frage, ob für die Ermittlung der Quote der Arbeitnehmer, auf die sich die Mitbestimmung erstrecken muss, damit die Auffangregelung auch ohne einen entsprechenden Beschluss des besonderen Verhandlungsgremiums anwendbar ist, auch

155 Dieses Argument auch bei *Mader*, S. 181.

156 In Bezug auf § 18 Abs. 3 SEBG ebenso *Rieble*, BB 2006, 2018 (2022).

die Arbeitnehmer der KG berücksichtigt werden können. Dann müsste die KG „beteiligte Gesellschaft“ oder „betroffene Tochtergesellschaft“ nach § 34 Abs. 1 Nr. 2 lit. a), Nr. 3 lit. a) SEBG sein.

Soll die Komplementärin der KG die SE (vor allem durch Verschmelzung) gründen, ist die KG nach der Legaldefinition in § 2 Abs. 2 SEBG jedenfalls nicht beteiligte Gesellschaft, da sie nicht unmittelbar an der Gründung der SE beteiligt ist.

Die KG kann aber betroffene Tochtergesellschaft der Komplementärin im Sinne der Legaldefinition des § 2 Abs. 3, Abs. 4 SEBG sein. Nach § 2 Abs. 3 SEBG sind Tochtergesellschaften rechtlich selbstständige Unternehmen, auf die eine andere Gesellschaft einen beherrschenden Einfluss im Sinne von Art. 3 Abs. 2 bis Abs. 7 EBR-RL (umgesetzt in § 6 EBRG[157]) ausüben kann. Bei dieser Prüfung sind die für den Beherrschungsbegriff des § 17 AktG entwickelten Maßstäbe größten Teils übertragbar.[158] Für eine Beherrschung der KG durch die Komplementärin genügt es nach diesen Grundsätzen, wenn die Kapitalgesellschaft einzige Komplementärin ist, die alleinige Geschäftsführungsbefugnis hat, über 50 Prozent der Anteile an einer KG verfügt und die Gesellschafterbeschlüsse der KG regelmäßig mit einfacher Mehrheit gefasst werden.[159] Jedenfalls in diesen Fällen[160] sind die Arbeitnehmer der KG bei der Ermittlung der Quote von Arbeitnehmern, auf die sich die in der Komplementärin vorhandene Mitbestimmung erstreckt, zu berücksichtigen.

3. *Umfang der gesetzlichen Mitbestimmungsrechte*

a. *Maßgeblichkeit der Mitbestimmungsquote*

Den Umfang der Mitbestimmungsrechte regelt § 35 SEBG, wonach sich im Kern der höchste in den Gründungsgesellschaften bestehende Arbeitnehmervertreteranteil in der SE durchsetzt. Er wird festgeschrieben.[161] Die Vorschrift sichert dabei nur den Bestand des Sitzanteils der Arbeitnehmervertreter.[162]

157 *Annuß*/Kühn/Rudolph/Rupp, § 6 EBRG Rn. 1.

158 Ulmer/Habersack/*Henssler*, § 2 SEBG Rn. 4 m.w.N.

159 LG München, Urteil vom 23. April 2009 - 5 HK O 542/09 - GWR 2009, 322.

160 Zur praktischen Wahrscheinlichkeit *Winter/Marx/De Decker*, NZA 2016, 334 (336 f.).

161 In Literatur (z.B. *Rieble*, BB 2006, 2018 (2020)) und Rechtsprechung (z.B. LG Frankfurt, Beschluss vom 23. November 2017 - 3-05 O 63/17 (nicht rechtskräftig) - ZIP 2018, 932) werden auch die Begriffe „einfrieren“ und „zementieren“ verwendet.

162 *Rieble*, BB 2006, 2018 (2021); manche Stimmen in der Literatur vertreten hingegen die Auffassung, dass sich im Fall der formwechselnden Umwandlung weitergehend auch die konkrete Zahl der Arbeitnehmervertreter im Aufsichtsrat in der SE fortsetze, WKS/*Kleinsorge*, EU-Recht, Rn. 123 m.w.N.

Das folgt schon aus ihrem eindeutigen Wortlaut in § 35 Abs. 2 SEBG. Die absolute Zahl der Mitglieder des Aufsichts- oder Verwaltungsrats regelt das SEBG nicht, in dieser Frage herrscht Satzungsautonomie.[163] Die Größe des Organs bestimmt sich nach den §§ 17 Abs. 1, 23 Abs. 1 SEAG.[164] Deutlich wird dies auch in der Vorschrift des Art. 3 Abs. 4 SE-RL.[165] Danach liegt eine „Minderung" der Mitbestimmung nur dann vor, wenn der „Anteil" der Mitglieder der Organe geringer ist als der höchste in den beteiligten Gesellschaften geltende Anteil.[166] Lediglich mittelbar beeinflusst das SEBG die Größe des Organs. Wenn etwa paritätische Mitbestimmung gelten soll, bedarf es abweichend von §§ 17 Abs. 1 Satz. 3, 23 Abs. 1 Satz 3 SEAG einer geraden Zahl von Organmitgliedern.[167]

b. Maßgeblichkeit der Gründungsform

§ 35 SEBG differenziert für die mitbestimmte SE zwischen der Gründung durch formwechselnde Umwandlung (§ 35 Abs. 1 SEBG) und der Gründung durch Verschmelzung oder Errichtung einer Tochter- oder Holdinggesellschaft (§ 35 Abs. 2 SEBG). Die Regelung zur Mitbestimmung, die in der Gesellschaft vor der formwechselnden Umwandlung bestanden hat, bleibt in der SE erhalten (§ 35 Abs. 1 SEBG).[168] Der Umfang der Mitbestimmung bei den übrigen Gründungsformen bestimmt sich nach § 35 Abs. 2 SEBG: Die Arbeitnehmer der SE, ihrer Tochtergesellschaften und Betriebe oder ihr Vertretungsorgan haben das Recht, einen Teil der Mitglieder des Aufsichts- oder Verwaltungsorgans der SE zu wählen oder zu bestellen oder deren Bestellung zu empfehlen oder abzulehnen. Die Zahl dieser Arbeitnehmervertreter bemisst sich nach dem höchsten Anteil an Arbeitnehmervertretern, der in den Organen der beteiligten Gesellschaften „vor der Eintragung der SE"[169] bestanden hat.

---

163 *Habersack,* ZHR 171 (2007), 613 (632).

164 KK-AktG/*Feuerborn,* § 35 SEBG Rn. 6; MüKoAktG/*Jacobs,* § 35 SEBG Rn. 3.

165 *Kallmeyer,* AG 2003, 197 (199).

166 *Kallmeyer,* AG 2003, 197 (199).

167 MüKoAktG/*Jacobs,* § 35 SEBG Rn. 4.

168 Zu den Problemen bei der Übertragung der paritätischen Mitbestimmung auf eine monistisch strukturierte SE, MüKoAktG/*Jacobs,* § 35 SEBG Rn. 16.

169 Hierzu sogleich, § 1B.IV.3.d.

c. *Normierte oder tatsächliche Mitbestimmung als Anknüpfungspunkt?*

aa. Wertung des § 96 Abs. 4 AktG

In allen an der Gründung der SE beteiligten Gesellschaften ist damit das Verhältnis vom Arbeitnehmervertreteranteil zum Anteil von Vertretern der Anteilseigner in dem entsprechenden Organ zu ermitteln. Dabei kann nach dem Wortlaut des § 35 SEBG entweder auf die in den Gründungsgesellschaften tatsächlich praktizierte Mitbestimmung oder auf die wegen der tatsächlichen Verhältnisse rechtlich vorgeschriebene Mitbestimmung abgestellt werden. Zumeist wird – nunmehr auch in erstinstanzieller Rechtsprechung des Landgerichts Frankfurt am Main und des Landgerichts München – unter Berufung auf das aktienrechtliche Status-Quo Prinzip (§ 96 Abs. 4 AktG) vertreten, es komme allein auf die tatsächlich praktizierte Mitbestimmung an.[170]

Das Landgericht Frankfurt am Main hat den Feststellungsantrag eines Aktionärs hinsichtlich der Pflicht, einen mitbestimmten Aufsichtsrat zu bilden, der erst vier Tage vor der Eintragung der formwechselnden Umwandlung der betroffenen Gesellschaft in eine SE im Handelsregister überhaupt anhängig war, zunächst umgedeutet: Da zum Zeitpunkt der Entscheidung des Gerichts die Umwandlung schon vollzogen war, bestehe kein Rechtsschutzbedürfnis für die Überprüfung der (offenkundig gesetzeswidrigen) Zusammensetzung des Aufsichtsrates der Gründungsgesellschaft. Das Begehren des Antragstellers sei nunmehr auf eine entsprechende Feststellung für die SE gerichtet.[171] Das Statusverfahren im Sinne des § 98 AktG sei nach § 17 Abs. 4 SEAG, Art. 9 Abs. 1 lit. c) (ii) SE-VO sei einer SE statthaft.[172] Der Antrag sei aber in der Sache unbegründet, da es für die Zusammensetzung des Aufsichtsrates im Rahmen der §§ 34 Abs. 1 Nr. 1, 35 Abs. 1 SEBG allein auf die tatsächliche Handhabung der Mitbestimmung ankomme. Wird die gesetzeswidrige Zusammensetzung des Aufsichtsrates nicht

170 LG München, Beschluss vom 26. Juni 2018 – 38 O 15760/17 – ZIP 2018, 1546; LG Frankfurt, Beschluss vom 21. Dezember 2017 – 3-05 O 81/17 – GWR 2018, 276; LG Frankfurt, Beschluss vom 23. November 2017 – 3-05 O 63/17 (nicht rechtskräftig) – ZIP 2018, 932; *Hohenstatt/Müller-Bonanni* in Habersack/Drinhausen, § 35 SEBG Rn. 2; MüKoAktG/*Jacobs,* § 34 SEBG Rn. 5, § 35 SEBG Rn. 2.

171 LG Frankfurt, Beschluss vom 23. November 2017 – 3-05 O 63/17 (nicht rechtskräftig) – ZIP 2018, 932.

172 LG Frankfurt, Beschluss vom 23. November 2017 – 3-05 O 63/17 (nicht rechtskräftig) – ZIP 2018, 932; ebenso LG München, Beschluss vom 26. Juni 2018 – 38 O 15760/17 – ZIP 2018, 1546.

rechtzeitig bis zur Eintragung der SE korrigiert, werde dieser Zustand nach der Auffassung des Landgerichts Frankfurt am Main eingefroren.[173] Diese Rechtsprechung bestätigte dieselbe Kammer in einer weiteren Entscheidung, bei der das Statusverfahren überhaupt erst nach der Eintragung der Umwandlung in die SE anhängig war.[174] Ähnlich entschied das Landgericht München, nach dessen Auffassung das auf Rechtssicherheit ausgerichtete Status-quo-Prinzip aus § 96 Abs. 4 AktG für die auf die tatsächlich praktizierte Mitbestimmung ausgerichtete Auslegung des SEBG spreche.[175]

bb. Wertung der SE-RL

Die Auffassungen des Landgerichts Frankfurt am Main und des Landgerichts München überzeugen nicht. Zwar ist es in der Gründungsphase der SE notwendig, zunächst auf die tatsächlich praktizierte Mitbestimmung abzustellen, da erstens das angewandte Mitbestimmungsstatut bis zum Abschluss eines Verfahrens nach § 98 AktG Bestandsschutz erfährt (§ 96 Abs. 4 AktG) und zweitens der rechtssichere Bezug eines Mitbestimmungsniveaus für die Durchführung des Verhandlungsverfahrens erforderlich ist.[176] Die Auffassung der bezeichneten Gerichte führt aber zu dem Ergebnis, dass selbst ein noch in der Gründungsphase der SE angestrengtes Statusverfahren bei gesetzeswidriger Besetzung des Aufsichtsrates, das nicht vor Eintragung der SE rechtskräftig beendet werden kann, keine Beachtung mehr für die Mitbestimmung in der SE findet. Auch einstweiligen Rechtsschutz sieht das aktienrechtliche Statusverfahren nicht vor.[177] Eine solche Konservierung des gesetzeswidrigen Mitbestimmungsstatuts „sehenden Auges“ ist mit dem Zweck der SE-RL, die Beteiligungsrechte der Arbeitnehmer zu schützen, unvereinbar.[178] Außerdem lassen die Gerichte außer Betracht, dass die Möglichkeit der Herbeiführung einer gerichtlichen Entscheidung über die Zusammensetzung des Aufsichtsrates der Gründungsgesellschaft auch noch nach der Initiierung der Gründung einer SE in § 98 Abs. 1 AktG gesetzlich vorgesehen ist. Es ist unlogisch, wenn

---

173 LG Frankfurt, Beschluss vom 21. Dezember 2017 – 3-05 O 81/17 – GWR 2018, 276; LG Frankfurt, Beschluss vom 23. November 2017 – 3-05 O 63/17 (nicht rechtskräftig) – ZIP 2018, 932.

174 LG Frankfurt, Beschluss vom 21. Dezember 2017 – 3-05 O 81/17 – GWR 2018, 276.

175 LG München, Beschluss vom 26. Juni 2018 – 38 O 15760/17 – ZIP 2018, 1546 (1548).

176 Beide Argumente *Rieble*/Junker, S. 111 f.

177 LG Berlin, Beschluss vom 9. März 2018 – 102 O 72/17 – ZIP 2018, 1692.

178 Ähnlich *Rieble*/Junker, S. 112.

das Gesetz die Durchführung eines solchen Verfahrens ermöglicht, sein Ergebnis aber von den Gerichten nicht zu berücksichtigen wäre. Das gilt erst Recht für die Fälle, in denen das Statusverfahren sogar noch vor der Initiierung der Gründung der SE eingeleitet wurde, eine rechtskräftige Entscheidung aber bis zur Eintragung der SE nicht vorliegt. Nach der Auffassung des Landgerichts Frankfurt am Main wäre das festzuschreibende Mitbestimmungsstatut vom Zufall der Reihenfolge der Eintragung der SE und der gerichtlichen Entscheidung im gegebenenfalls schon vor der Eintragung anhängigen Verfahren nach § 98 AktG abhängig. Das überzeugt nicht. Jedenfalls ein vor oder noch in der Gründungsphase der SE angestrengtes Statusverfahren muss auch für die in der SE geltende Auffangregelung Berücksichtigung finden.

cc. Tatsächliche Mitbestimmung unter Vorbehalt eines Statusverfahrens

Die Mitbestimmung kraft Gesetzes knüpft dann zwar bis zum Abschluss des Verfahrens an die tatsächlichen Verhältnisse an, muss aber gegebenenfalls nachträglich modifiziert werden.[179] Da die Unternehmensleitung am besten einschätzen kann, ob das in der Gründungsphase der SE gelebte Mitbestimmungsregime in der Gründungsgesellschaft den rechtlichen Anforderungen genügt, spricht auch nichts dagegen, darüber hinaus selbst ein erst nach der Eintragung der SE angestrengtes Statusverfahren mit dem Ziel zuzulassen, das (vermeintlich) festgeschriebene Mitbestimmungsstatut in der SE zu überprüfen.[180] Die Unternehmensleitung kann etwaigen Rechtsunsicherheiten durch ein frühzeitig in eigener Initiative angestrengtes Statusverfahren begegnen.[181] Festzuhalten bleibt, dass sich die Auffangregelung nur vorläufig an der tatsächlich praktizierten Mitbestimmung orientiert.[182] Das Landgericht Berlin hat die Entscheidung, ob es für die Auffangregelung auf das tatsächlich praktizierte oder das rechtlich mögliche Mitbestimmungsstatut ankommt, jüngst offen gelassen und die Entscheidungen des Landgerichts Frankfurt am Main jedenfalls nicht aufgegriffen.[183]

---

179 Bereits *Rieble*/Junker, S. 112 ff.

180 *Rieble*/Junker, S. 113.

181 Ulmer/*Habersack*/Henssler, § 35 SEBG Rn. 15; *Rieble*/Junker, S. 113.

182 Bereits *Rieble*/Junker, S. 112 ff.

183 LG Berlin, Beschluss vom 9. März 2018 – 102 O 72/17 – ZIP 2018, 1692.

dd. Folge: Neuverhandlungen nach ermessensreduziertem § 18 Abs. 3 SEBG analog bei erfolgreichem Statusverfahren nach Beendigung der Verhandlungsphase

Kommt es zu einer rechtskräftigen Feststellung der gesetzeswidrigen Aufsichtsorganbesetzung im Statusverfahren nach Beendigung der Verhandlungsphase, sind die Verhandlungen zur Mitbestimmung nach § 18 Abs. 3 SEBG analog erneut durchzuführen. Das in § 18 Abs. 3 SEBG eingeräumte Ermessen[184] der Leitung der SE und des SE-Betriebsrats zur Veranlassung von Neuverhandlungen ist in diesem Fall auf Null reduziert. Dies muss unabhängig davon gelten, ob die SE bereits eingetragen ist oder sich noch in Gründung befindet oder ob die Mitbestimmung in der SE kraft Mitbestimmungsvereinbarung oder gesetzlicher Auffanglösung geregelt wird bzw. geregelt werden soll. Die Voraussetzungen einer analogen Anwendung des § 18 Abs. 3 SEBG sind in allen Fällen gegeben:

[1] Regelungslücke bei erfolgreich beendetem Statusverfahren nach Beendigung der Verhandlungsphase

Die analoge Anwendung des § 18 Abs. 3 SEBG setzt eine planwidrige Regelungslücke und eine vergleichbare Interessenlage des geregelten und zu regelnden Sachverhalts voraus.[185] Dabei ist vom Standpunkt des Gesetzes und seiner Regelungsabsicht aus zu beurteilen, ob eine Gesetzeslücke im Sinne einer planwidrigen Unvollständigkeit des Gesetzes vorhanden ist.[186]

[a] Keine Regelung in § 18 Abs. 1 oder Abs. 3 SEBG

Weder § 18 Abs. 1 noch § 18 Abs. 3 SEBG etablieren nach ihrem Wortlaut eine Neuverhandlungsmöglichkeit im Fall einer dem Ende der Verhandlungsphase nachfolgenden gerichtlichen Feststellung nach § 98 Abs. 1 AktG einer von der tatsächlich praktizierten Mitbestimmung abweichenden normierten Mitbestimmung.

§ 18 Abs. 1 SEBG knüpft allein an einen Nichtaufnahme- oder Abbruchbeschluss des besonderen Verhandlungsgremiums nach § 16 Abs. 1 SEBG an und passt überdies im Übrigen nicht, da nach der Vorschrift Neuverhandlungen frühestens zwei Jahre nach einem solchen Beschluss durchgeführt werden können und im Fall des Scheiterns der Verhandlungen kein Rückgriff auf die Mitbestimmung kraft Gesetzes vorgesehen ist (§ 18 Abs. 2 SEBG).

---

184 Ausführlich hierzu unten, § 5B.II.3.a.bb.

185 *Danwerth*, ZfPW 2017, 230 (233) m.w.N.; *Möllers*, S. 216 ff.

186 BGH, Urteil vom 13. November 2001 – X ZR 134/00 – BGHZ 149, 165 (174).

Ohne die Anforderungen an eine „strukturelle“ Änderung der SE an dieser Stelle näher zu bestimmen, kann jedenfalls die gerichtliche Feststellung im Rahmen eines Verfahrens nach § 98 Abs. 1 AktG schon nicht als Änderung der SE qualifiziert werden. Auch aus § 18 Abs. 3 SEBG kann in unmittelbarer Anwendung keine Neuverhandlungsmöglichkeit in der fraglichen Situation hergeleitet werden. Einen „allgemeinen Neuverhandlungsanspruch“ sieht das SEBG zudem nicht vor.[187] Vielmehr ist die Vorschrift des § 18 SEBG nach ihrer Systematik sogar als abschließend zu begreifen.[188] Die Rechtsfolge der benannten gerichtlichen Feststellung regelt das SEBG auch an anderer Stelle nicht. Ebenso wenig berücksichtigt § 98 AktG die Konsequenzen eines erfolgreichen Antrags im Statusverfahren für die im Wege der vorrangigen Verhandlungslösung mit Auffangregelung zu treffende Mitbestimmungsregelung in der SE.

[b] Keine Abhilfe durch das Registergericht bei erfolgreicher Beendigung des Statusverfahrens vor Eintragung der SE

Ist die SE noch nicht eingetragen und liegt eine (rechtskräftige) Entscheidung des Landgerichts im Statusverfahren nach § 98 Abs. 1 AktG vor, kann auch das Registergericht keine Abhilfe schaffen, da es die Eintragung der SE trotzdem vornehmen muss. Das Verfahren der Eintragung richtet sich nach deutschem Recht, Art. 9 Abs. 1 lit. c) ii) SE-VO, § 3 SEAG. Zuständig ist das Handelsregister am Amtsgericht, in dessen Bezirk die SE ihren Sitz haben soll.[189] In gesellschaftsrechtlicher Hinsicht bestimmt sich der Prüfungsumfang des Registergerichts nach den spezifischen Bestimmungen der SE-VO und über die Generalverweisung in Art. 15 Abs. 1 SE-VO nach dem deutschen Gründungsrecht (insbesondere § 38 AktG).[190] Dabei prüft das Registergericht die normierten Eintragungsvoraussetzungen unter formellen und materiellen Gesichtspunkten.[191] Weder die SE-VO noch § 38 AktG bestimmen aber die Durchführung der Verhandlungen vor dem Hintergrund der gesetzesmäßigen tatsächlichen Besetzung des Aufsichtsorgans der Gründungsgesellschaft ausdrücklich als Eintragungsvoraussetzung.

Lediglich Art. 12 Abs. 2 SE-VO enthält hinsichtlich der Arbeitnehmerbeteiligung eine besondere Bestimmung, nach der die Eintragung der SE erst erfolgen

187 ArbG Stuttgart, Beschluss vom 29. April 2004 – 12 BV 109/07; MüKoAktG/*Jacobs*, § 18 SEBG Rn. 1.

188 ArbG Stuttgart, Beschluss vom 29. April 2004 – 12 BV 109/07.

189 KK-AktG/*Kiem*, Art. 12 SE-VO Rn. 7.

190 KK-AktG/*Kiem*, Art. 12 SE-VO Rn. 19.

191 MüKoAktG/*Schäfer*, Art. 12 SE-VO Rn. 7.

darf, wenn eine Beteiligungsvereinbarung abgeschlossen wurde, das besondere Verhandlungsgremium die Nichtaufnahme oder den Abbruch aufgenommener Verhandlungen beschlossen hat oder die sechsmonatige Verhandlungsfrist fruchtlos verstrichen ist. Das Registergericht prüft diese Voraussetzungen aber nur in formaler Hinsicht.[192] Ohne den formal korrekten Versuch von Mitbestimmungsverhandlungen kann die SE nicht eingetragen werden.[193] Die Beschränkung auf eine formelle Prüfung folgt erstens aus dem Wortlaut der Vorschrift und zweitens aus der ausdrücklich ausschließlichen Zuständigkeit der Arbeitsgerichte für die Prüfung der materiellen Rechtmäßigkeit des Verhandlungsverfahrens als Angelegenheit aus dem SEBG nach § 2a Abs. 1 Nr. 3e) ArbGG.[194] Auch aus Art. 12 Abs. 2 SE-VO folgt also keine Prüfungskompetenz des Registergerichts in Bezug auf die Durchführung des Verhandlungsverfahrens vor dem Hintergrund der gesetzesmäßigen Aufsichtsratsbesetzung.

Da die Eintragung der SE also selbst durch ein erfolgreich vorab beendetes Statusverfahren nach § 98 Abs. 1 AktG nicht verhindert werden kann, kommt es auf den Zeitpunkt der (rechtskräftigen) Beendigung des Statusverfahrens und erst Recht seiner Einleitung gar nicht an. In jedem Fall kommt es zur Eintragung der SE, sodass die Neuverhandlungen nach § 18 Abs. 3 SEBG analog gegebenenfalls erst danach durchzuführen sind. Dies ist ein weiteres Argument dafür, auch ein überhaupt erst nach der Eintragung der SE eingeleitetes Statusverfahren noch zu berücksichtigen.[195]

[2] Planwidrigkeit der Regelungslücke

Die festgestellte Regelungslücke ist in Bezug auf die Berücksichtigung eines nach Beendigung der Verhandlungsphase erfolgreich durchgeführten Statusverfahrens planwidrig. Erstens ist der Gesetzgeber der Möglichkeit der Durchführung eines solchen Verfahrens nicht entgegengetreten, sodass es bei systematischer Betrachtung einer kraft Rechtsfortbildung zu entwickelnden Lösung bedarf, wie das Ergebnis des Verfahrens Berücksichtigung finden kann. Zweitens widerspräche es dem Sinn und Zweck der SE-RL und des SEBG und damit dem Plan

---

192 ArbG Stuttgart, Beschluss vom 24. Oktober 2007 – 12 BVGa 4/07; KK-AktG/*Kiem*, Art. 12 SE-VO Rn. 33, Rn. 38; *Rieble*/Junker, S. 95; *Schürnbrand* in Habersack/Drinhausen, Art. 12 SE-VO Rn. 22 m.w.N.

193 *Rieble*/Junker, S. 77.

194 MüKoAktG/*Schäfer*, Art. 12 SE-VO Rn. 7 m.w.N. und differenzierend für die Kontrolle der Rechtmäßigkeit des Verhandlungsverfahrens; *Schürnbrand* in Habersack/Drinhausen, Art. 12 SE-VO Rn. 21 f.

195 So schon *Rieble*/Junker, S. 113, vgl. oben § 1B.IV.3.c.cc.

des Gesetzgebers, die Sicherung der Beteiligungsrechte der Arbeitnehmer zu gewährleisten, das Ergebnis des Statusverfahrens unberücksichtigt zu lassen. Da die Verhandlungen immer mit Blick auf den Inhalt der (hypothetischen) Auffangregelung geführt werden[196], gilt dies unabhängig davon, ob eine Mitbestimmungsvereinbarung erzielt wurde. Jedes Verhandlungsergebnis fußt bei tatsächlich gesetzeswidriger Aufsichtsorganbesetzung auf unrichtiger Verhandlungsgrundlage. Nur verpflichtende Neuverhandlungen vermögen diesen Makel zu heilen. Auch kommt der direkte Rückgriff auf die gesetzlich richtige Auffanglösung nicht in Betracht, da er dem in der SE-RL angelegten Prinzip des Vorrangs der Verhandlungslösung widerspräche. Die Parteien würden ihrer kraft Gesetz eingeräumten Gestaltungsfreiheit in Bezug auf die Mitbestimmungsvereinbarung beraubt.

[3] Vergleichbare Interessenlage

Die analoge Anwendung einer Gesetzesvorschrift kommt nur dann in Frage, wenn der zur Beurteilung stehende Sachverhalt mit dem vergleichbar ist, den der Gesetzgeber geregelt hat.[197] In Abweichung vom Vorher-Nachher-Prinzip ermöglicht § 18 Abs. 3 SEBG die Neuverhandlung der Mitbestimmungsvereinbarung, wenn geplante strukturelle Änderungen eine Minderung der Beteiligungsrechte zur Folge haben könnten.[198] Die zur Beurteilung stehenden Sachverhalte unterscheiden sich zunächst. Denn die gerichtliche Entscheidung nach § 98 Abs. 1 AktG kann schon zu einem Zeitpunkt ergehen, in dem die SE mangels Eintragung noch gar nicht besteht und damit keine „Änderung" erfahren kann. Die Gleichbehandlung der Sachverhalte ist aber maßgebend durch den passenden Schutzzweck des § 18 Abs. 3 SEBG gerechtfertigt. Dieser ist es, die Minderung der Rechte der vorhandenen Arbeitnehmer der SE und der im Rahmen der strukturellen Änderungen hinzutretenden Arbeitnehmer zu verhindern.[199] Im Fall der gerichtlichen Feststellung der gesetzeswidrigen tatsächlichen Besetzung des Aufsichtsorgans der maßgeblichen Gründungsgesellschaft gilt es ebenfalls, die Minderung der Beteiligungsrechte der Arbeitnehmer der (zukünftigen) SE durch Zementierung des gesetzeswidrigen Mitbestimmungsniveaus zu verhindern. Anstelle struktureller Änderungen tritt also die gerichtliche Entscheidung im Verfahren nach § 98 Abs. 1 AktG.

---

196 *Rieble*/Junker, S. 108.

197 BGH, Urteil vom 13. Juli 1988 – IVa ZR 55/87 – NJW 1988, 2734.

198 *Hohenstatt/Müller-Bonanni* in Habersack/Drinhausen, § 18 SEBG Rn. 4.

199 BT-Drs. 15/3405, S. 50 f.; MüKoAktG/*Jacobs*, § 18 SEBG Rn. 6.

[4] Abwägung der betroffenen Interessen

Allerdings genügt es für die analoge Anwendung einer Gesetzesvorschrift nicht, dass auf der Seite eines der Beteiligten (hier: der Arbeitnehmer) das gleiche Interesse vorliegt, das der Gesetzgeber in der einen anderen Fall betreffenden Gesetzesvorschrift schützen wollte. Bei einer solchen Betrachtungsweise würden die Interessen der anderen Beteiligten vernachlässigt werden. Es muss vielmehr geprüft werden, ob der Gesetzgeber bei einer Interessenabwägung, bei der er sich von den gleichen Grundsätzen hätte leiten lassen wie beim Erlass der entsprechend anzuwendenden Gesetzesvorschrift, zu dem gleichen Abwägungsergebnis gekommen wäre.[200]

Bei der Verfassung der Vorschrift des § 18 Abs. 3 SEBG musste der Gesetzgeber das Interesse der Gesellschafter und der Unternehmensleitungen am rechtssicheren Bestand des festgeschriebenen Mitbestimmungsniveaus mit dem Interesse der Arbeitnehmer an der Sicherung ihrer Beteiligungsrechte abwägen. Diese Abwägungsentscheidung hat der Gesetzgeber jedenfalls im Fall „struktureller Änderungen" zugunsten der Arbeitnehmer getroffen. Unabhängig von ihrer weiteren Interpretation ist strukturellen Änderungen einer SE eigen, dass sie immer von der Unternehmensleitung veranlasst werden und die Arbeitnehmer ihre Durchführung nicht beeinflussen können, sodass es einleuchtet, die Arbeitnehmer zumindest vor ihren Konsequenzen für die Mitbestimmung zu schützen. Genauso wenig können die Arbeitnehmer den Zeitpunkt der Beendigung der Verhandlungsphase und den Zeitpunkt der gerichtlichen Entscheidung im Verfahren nach § 98 Abs. 1 AktG beeinflussen, was auch für eine Abwägungsentscheidung zugunsten der Interessen der Arbeitnehmer spricht. Den Arbeitnehmern ist allenfalls entgegenzuhalten, dass sie bis zum Zeitpunkt der Initiierung der Gründung der SE von der Möglichkeit nach § 98 Abs. 1 AktG, das gesetzesmäßige Mitbestimmungsniveau herbeizuführen, keinen Gebrauch gemacht haben.[201] Allerdings drohte bis zu diesem Zeitpunkt auch nicht die Zementierung des gesetzeswidrigen Mitbestimmungsniveaus, da eine solche Zementierung im auf die deutsche Gründungsgesellschaft anwendbaren Mitbestimmungsrecht überhaupt nicht vorgesehen ist. Das spricht dafür, den Arbeitnehmern im Wege des § 98 Abs. 1 AktG gerade nach Initiierung der Gründung der SE eine Möglichkeit einzuräumen, auf die drohende Zementierung zu reagieren. Die deswegen auch in dieser Situation zugunsten der Arbeitnehmer zu treffende Abwägungsentscheidung benachteiligt die Unternehmensleitungen

200 Dieser Absatz BGH, Urteil vom 13. Juli 1988 – IVa ZR 55/87 – NJW 1988, 2734.

201 In diese Richtung wohl *Grabow*, BB 2012, 902 (903).

nicht in unbilliger Weise, da sie selbst als Antragsberechtigte nach § 98 Abs. 2 Nr. 1 AktG Rechtssicherheit hinsichtlich des richtigen Mitbestimmungsniveaus herbeiführen könnten.[202]

d. Maßgeblicher Zeitpunkt für das Eingreifen des Konservierungseffekts

Neben der inhaltlichen Bezugsgröße für die Auffangregelung ist auch das zeitliche Moment, nach welchem sie sich richtet, zu bestimmen. Anknüpfungspunkt kann dabei vor allem das (gegebenenfalls im Verfahren nach § 98 AktG festzustellende gesetzesmäßige) Mitbestimmungsniveau zum Zeitpunkt der Beendigung der Verhandlungsphase oder dasjenige zum Zeitpunkt der Eintragung der SE sein.[203]

aa. Zeitpunkt der Eintragung der SE

Das Landgericht Frankfurt am Main geht in seinen besagten Entscheidungen jedenfalls indirekt davon aus, dass es für die Auffangregelung auf das zum Zeitpunkt der Eintragung der SE geltende Mitbestimmungsniveau ankommt, da es eine Korrektur einer gesetzeswidrigen Besetzung des Aufsichtsrates im Rahmen der Gründungsphase der SE bis zu diesem Zeitpunkt für beachtenswert hält.[204] Dafür spricht, dass die Auffangregelung zur Unternehmensmitbestimmung im Anhang, Teil 3 lit. a) und b) SE-RL an den höchsten maßgeblichen Anteil der Arbeitnehmervertreter im Verwaltungs- oder im Aufsichtsorgan anknüpft, der „vor der Eintragung der SE“ bestand.

bb. Zeitpunkt des Endes der Verhandlungsphase

Die in der Literatur stärker vertretene Meinung stellt auf die Verhältnisse in den Gründungsgesellschaften zum Ende der Verhandlungsphase ab.[205] Mit den Vorgaben der SE-RL und dem Wortlaut des § 34 SEBG ist die Auffassung jedenfalls zu vereinbaren, da auch das Ende der Verhandlungsphase „vor der Eintragung der SE“ liegt.

---

202 Eben § 1B.IV.3.c.cc mit Verweis auf *Rieble*/Junker, S. 113.

203 *Rieble*/Junker, S. 106 mit noch differenzierter Betrachtung.

204 LG Frankfurt, Beschluss vom 21. Dezember 2017 – 3–05 O 81/17 – GWR 2018, 276; LG Frankfurt, Urteil vom 23. November 2017 – 3–05 O 63/17 (nicht rechtskräftig) – ZIP 2018, 932.

205 *Hohenstatt/Müller-Bonanni* in Habersack/Drinhausen, § 35 SEBG Rn. 2; MüKoAktG/*Jacobs*, § 35 SEBG Rn. 8, Rn. 11; *Rieble*/Junker, S. 108 ff.; a.A. *Kleinmann/Kujath* in Manz/Mayer/Schröder, § 35 SEBG Rn. 3.

[1] Abhängigkeit der Verhandlungen vom Inhalt der Auffangregelung

Für die Maßgeblichkeit des Verhandlungsende spricht, dass die Verhandlungen auf verschiedene Weise von der gesetzlichen Auffangregelung abhängig sind, sodass letztere nach Ende der Verhandlungsphase inhaltlich keine Änderung mehr erfahren sollte: Erstens ist sowohl die Verhandlungsposition der Unternehmensleitung als auch des besonderen Verhandlungsgremiums von der kraft Auffangregelung auch im Fall des Scheiterns der Verhandlungen maßgeblichen Mitbestimmungsregelung abhängig.[206] Zweitens werden den Mitbestimmungsvereinbarungen und den Verhandlungen hierüber z.B. nach § 15 Abs. 5 und Abs. 3 SEBG durch das in den Gründungsgesellschaften vorhandene Mitbestimmungsniveau inhaltliche Vorgaben gemacht: Im Fall der Gründung der SE durch Umwandlung darf das Mitbestimmungsniveau durch die Vereinbarung schon nicht abgesenkt werden (§ 15 Abs. 5 SEBG), im Übrigen ist für eine Verringerung des Anteils der Arbeitnehmervertreter im entsprechenden Aufsichtsorgan eine qualifizierte Mehrheit des besonderen Verhandlungsgremiums erforderlich (§ 15 Abs. 3 SEBG).[207]

[2] Wertung des § 5 Abs. 4 SEBG

Die Systematik des SEBG sieht die Berücksichtigung von nach der Beendigung der Verhandlungsphase eintretenden Änderungen ebenfalls nicht vor. Denn auch die Vorschrift des § 5 Abs. 4 SEBG berücksichtigt für die Zusammensetzung des besonderen Verhandlungsgremiums Änderungen in der Struktur der Arbeitnehmerzahl der relevanten Gesellschaften nur während der Verhandlungsphase. Das SEBG nimmt also in Kauf, dass die Mitbestimmungsvereinbarung von einem Gremium verhandelt wird, das vom Zeitpunkt der Eintragung der SE aus betrachtet unrichtig besetzt war. Dann widerspricht es der Systematik des SEBG nicht, wenn das (normierte) Mitbestimmungsniveau festgeschrieben wird, das zum Zeitpunkt der Eintragung der SE schon überholt ist. Damit ist richtigerweise auf den Zeitpunkt der Beendigung der Verhandlungsphase für das Eingreifen des Konservierungseffekts abzustellen.

[3] Folgenbetrachtung: Ungerechtfertigte Ungleichbehandlung von Mitbestimmung kraft Auffangregelung und Mitbestimmung kraft Vereinbarung

Außerdem führte die Anknüpfung an die Verhältnisse bis zur Eintragung der SE für die gesetzliche Auffangregelung zu einer ungerechtfertigten unterschiedlichen

206 *Rieble*/Junker, S. 108, S. 112.

207 *Rieble*/Junker, S. 108 f.

Behandlung der Mitbestimmung kraft Auffangregelung und kraft verhandelter Mitbestimmungsvereinbarung. Denn wollte man die im Zeitraum zwischen Beendigung der Verhandlungsphase und Eintragung der SE eintretenden Änderungen auch bei erfolgreich abgeschlossener Mitbestimmungsvereinbarung berücksichtigen, müsste sich auch für diesen Fall eine Pflicht zur Neuverhandlung begründen lassen. Die Annahme einer Neuverhandlungsmöglichkeit für den Fall solcher nachträglicher Änderungen, zum Beispiel nach § 18 Abs. 3 SEBG analog, kommt aber schon in Ermangelung einer planwidrigen Regelungslücke nicht in Betracht. Vielmehr entspricht es gerade dem vom Richtliniengeber in der SE-RL vorgesehenen Vorher-Nachher-Prinzip und der an der Auffangregelung orientierten Verhandlungslösung, dass an einen bestimmten Zeitpunkt für die Zementierung des Mitbestimmungsniveaus angeknüpft werden soll. Damit nehmen die SE-RL und das SEBG in Kauf, dass Änderungen, die nach diesem Zeitpunkt stattfinden, keine Berücksichtigung mehr finden können. Anders als im Fall der Durchführung der Verhandlungen vor dem Hintergrund einer tatsächlich gesetzeswidrigen Besetzung des Aufsichtsrates[208], streiten auch keine schützenswerten Interessen der Arbeitnehmerseite dafür, Änderungen zwischen dem Ende der Verhandlungsphase und der Eintragung der SE im Rahmen von Neuverhandlungen zu berücksichtigen.

cc. Erforderliche Beschränkung der Kontrolle des Mitbestimmungsniveaus im Statusverfahren auf den Zeitpunkt des Endes der Verhandlungsphase

Allerdings kann die in der SE (im Fall des erfolgreichen Abschlusses einer Mitbestimmungsvereinbarung hypothetisch) greifende gesetzliche Auffangregelung auch Änderungen erfahren, wenn man, wie soeben befürwortet[209], eine das Gründungsverfahren begleitende oder sogar nachgehende Kontrolle des Mitbestimmungsstatuts in der maßgeblichen Gründungsgesellschaft erlaubt. Da es zu einer rechtskräftigen Entscheidung im Verfahren nach § 98 Abs. 1 AktG nicht notwendigerweise vor Abschluss der Verhandlungsphase kommt, kann sich also nachträglich herausstellen, dass die Verhandlungen erfolgreich oder erfolglos vor dem Hintergrund einer unrichtigen (hypothetischen) Mitbestimmung kraft Auffangregelung geführt worden sind. Neuverhandlungen nach ermessensreduziertem § 18 Abs. 3 SEBG analog sind die Folge.[210] Dies spricht aber nicht dafür,

208 Eben, § 1B.IV.3.c.
209 Eben, § 1B.IV.3.c.
210 Eben, § 1B.IV.3.c.dd.

Änderungen bei der (hypothetischen) gesetzesmäßigen Mitbestimmung bis zum Zeitpunkt der Eintragung der SE zu berücksichtigen und auch für diesen Fall Neuverhandlungen nach § 18 Abs. 3 SEBG analog durchzuführen. Vielmehr muss sich die Kontrolle der Aufsichtsratsbesetzung der Gründungsgesellschaft im Statusverfahren nach § 98 Abs. 1 AktG auf die Verhältnisse bis zum Zeitpunkt des Endes der Verhandlungsphase beschränken.

4. *Entscheidung über die Form der Mitbestimmung*

Das SEBG unterscheidet in § 2 Abs. 12 zwei Formen der Mitbestimmung. Die Mitbestimmung kann durch die Wahrnehmung des Rechts, entweder einen Teil der Mitglieder des Aufsichts- oder Verwaltungsorgans der Gesellschaft zu wählen oder zu bestellen (Nr. 1, Repräsentationsmodell) oder die Bestellung eines Teils oder aller Mitglieder des Aufsichts- oder Verwaltungsorgans der Gesellschaft zu empfehlen oder abzulehnen (Nr. 2, Kooptationsmodell), erfolgen.[211] § 34 Abs. 2 Satz 1 SEBG ordnet für den Fall, dass mehr als eine Form der Mitbestimmung in den verschiedenen beteiligten Gesellschaften bestand, eine Entscheidung des besonderen Verhandlungsgremiums zur anwendbaren Form der Mitbestimmung an. Bestanden in den an der Gründung beteiligten Gesellschaften identische Formen der Mitbestimmung oder war nur eine Gesellschaft mitbestimmt, wird diese Form der Mitbestimmung auf die SE übertragen.[212] Allerdings wird derzeit in den Mitgliedstaaten ohnehin nur das Repräsentationsmodell angewendet.[213]

5. *Sitzverteilung unter den Mitgliedstaaten und Besetzung der zugewiesenen Sitze*

Schließlich regelt § 36 SEBG die Verteilung der Sitze im Aufsichts- oder Verwaltungsorgan der SE auf die Mitgliedstaaten und die Bestimmung der Arbeitnehmervertreter. Nach § 36 Abs. 1 SEBG erfolgt die Verteilung durch den SE-Betriebsrat und richtet sich nach dem jeweiligen Anteil der in den einzelnen Mitgliedstaaten beschäftigten Arbeitnehmer der SE einschließlich ihrer Tochtergesellschaften und Betriebe. Um Bruchteile von Sitzen zu vermeiden, wird dabei das d'Hondtsche Höchstzahlverfahren angewendet.[214] Können bei diesem Verfahren ein oder mehrere Mitgliedstaaten keinen Sitz erhalten, hat

---

211 MüKoAktG/*Jacobs*, § 2 SEBG Rn. 24.
212 KK-AktG/*Feuerborn*, § 34 SEBG Rn. 34.
213 MüKoAktG/*Jacobs*, § 2 SEBG Rn. 24.
214 *Hohenstatt/Müller-Bonanni* in Habersack/Drinhausen, § 36 SEBG Rn. 2 m.w.N.; MüKoAktG/*Jacobs*, § 36 SEBG Rn. 2.

der SE-Betriebsrat eine in seinem Ermessen stehende Entscheidung zu treffen, wem der letzte zu verteilende Sitz zugewiesen wird (§ 36 Abs. 1 Satz 3 SEBG). In Betracht kommt nach Satz 4 insbesondere die Zuweisung an den bislang unberücksichtigten Mitgliedstaat, in dem die SE ihren Sitz haben wird.

Die Besetzung der zugewiesenen Sitze in den Mitgliedstaaten erfolgt entweder nach eigens dort getroffenen Regelungen oder in Ermangelung solcher Regelungen durch den SE-Betriebsrat (§ 36 Abs. 2 SEBG).

Für auf das Inland fallende Sitze hat der Bundesgesetzgeber eine solche Regelung in § 36 Abs. 3 SEBG geschaffen. Hiernach ermittelt ein Wahlgremium, das sich aus den Arbeitnehmervertretungen der SE, ihrer Tochtergesellschaften und Betriebe zusammensetzt, die auf das Inland entfallenden Arbeitnehmervertreter. Das Wahlgremium selbst wird über die Verweisungsnorm in § 36 Abs. 3 Satz 2 SEBG nach den Vorgaben der §§ 8 bis 10 SEBG einberufen bzw. besetzt. Als Arbeitnehmervertreter wählbar sind entsprechend dieser Verweisung nach § 6 Abs. 2 SEBG die Arbeitnehmer der SE, ihrer Tochtergesellschaften und Betriebe sowie Gewerkschaftsvertreter.

V. Zusammenfassung

Der europäische Gesetzgeber macht hinsichtlich des Umfangs unternehmerischer Mitbestimmung in einer SE nur einzelne Vorgaben. Die Parteien können ohne Weiteres vereinbaren, die SE von unternehmerischer Mitbestimmung freizuhalten oder bestehende Rechte zu mindern. Eine solche Entscheidung erfordert eine qualifizierte Mehrheit im Verhandlungsgremium. Durch Beschluss des Abbruchs- oder der Nichtaufnahme der Verhandlungen durch das Verhandlungsgremium entsteht ebenfalls eine mitbestimmungsfreie SE. Lediglich im Fall der Gründung durch formwechselnde Umwandlung muss das gleiche Ausmaß an Arbeitnehmerbeteiligung gewahrt werden, das in der umzuwandelnden Gesellschaft bestand.

Ohne Zustimmung des Verhandlungsgremiums kann das vorhandene Mitbestimmungsstatut grundsätzlich also nicht verschlechtert werden.[215] Die gesetzlichen Auffangregelungen zur unternehmerischen Mitbestimmung finden nur Anwendung, wenn der Verhandlungszeitraum erfolglos verstreicht oder die Parteien es vereinbaren.

Das kraft Auffangregelung etablierte europäische Mitbestimmungsrecht ist „Mitbestimmungskonservierungsrecht".[216] Es wird durch das Vorher-Nachher-Prinzip der Richtlinie geprägt. Dieses Grundprinzip der Sicherung erworbener

215 *Rieble*, BB 2006, 2018 (2019); *Feldhaus/Vanscheidt*, BB 2008, 2246 (2247) m.w.N.
216 *Henssler*, ZHR 173 (2009), 222 (231).

Beteiligungsrechte entfaltet sogar Wirkung über die Gründungsphase der SE hinaus: Im Fall sogenannter struktureller Änderungen einer bereits gegründeten SE soll das Vorher-Nachher-Prinzip sowohl für die SE als auch für die von den strukturellen Änderungen betroffenen Gesellschaften gelten.[217]

Unabhängig von der Gründungsform der SE wird durch die Auffangregeln stets das weitreichendste Mitbestimmungsregime in Bezug auf die Sitzanteilsgewährleistung für die Arbeitnehmervertreter in die SE übertragen. Dies gilt allerdings nur im Fall der Gründung durch formwechselnde Umwandlung uneingeschränkt. Bei allen anderen Gründungsformen muss ein bestimmter Schwellenwert an von Mitbestimmungsrechten begünstigen Arbeitnehmern erreicht werden, der die Anwendbarkeit der Auffangregelung rechtfertigt oder das besondere Verhandlungsgremium die Anwendung beschließen.

C. Sonstiges Unternehmensmitbestimmungsrecht

I. Unternehmensmitbestimmung in der SCE

Zwei Jahre nach Inkrafttreten der europäischen Regelungen zur SE hat der Rat der Europäischen Union die SCE-VO und die SE-RL erlassen. Die europarechtlichen Vorgaben setzt das Gesetz zur Einführung der Europäischen Genossenschaft und zur Änderung des Genossenschaftsrechts vom 14. August 2006 um, dessen Struktur dem SEEG entspricht, also ein SCE-Ausführungsgesetz und ein SCE-Beteiligungsgesetz enthält.[218] Die Regelungen zur Arbeitnehmerbeteiligung in der SCE-RL und dem SCEBG orientieren sich inhaltlich an der SE-RL bzw. dem SEBG. Sie sind von dem Grundsatz des Schutzes erworbener Rechte der Arbeitnehmer durch das Vorher-Nachher-Prinzip, dem Vorrang für Verhandlungslösungen zwischen dem besonderen Verhandlungsgremium und der Unternehmensseite sowie bei deren Scheitern von einer gesetzlichen Auffangregelung geprägt.[219] § 45 SCEBG enthält ein Missbrauchsverbot, dessen Wortlaut § 43 SEBG entspricht. Auch bei den im Gesetzesentwurf angestellten Erwägungen zu § 45 SCEBG hat sich der Bundesgesetzgeber von seinen Erwägungen zu § 43 SEBG inspirieren lassen: Die Begründungen lauten identisch.[220]

---

217 BT-Drs. 15/3405, S. 42.

218 WKS/*Kleinsorge*, EU-Recht, Rn. 154.

219 WKS/*Kleinsorge*, EU-Recht, Rn. 154.

220 BT-Drs. 16/1025, S. 79.

II. Unternehmensmitbestimmung bei grenzüberschreitenden Verschmelzungen

1. Richtlinienentwicklung im Bereich grenzüberschreitender Verschmelzung von Kapitalgesellschaften

Die Vorschriften zur Beteiligung der Arbeitnehmer in der SE im SEBG werden flankiert durch die Vorschriften des MgVG. Das Gesetz beruht auf der IntVerschmRL aus dem Jahr 2005.[221] Wie bei der Verfassung der Regelungen zur SCE orientierte sich der europäische Gesetzgeber auch hinsichtlich der Regelungen der Mitbestimmung bei grenzüberschreitenden Verschmelzungen an dem Regelungsvorbild der SE.[222] Die IntVerschmRL wurde zwischenzeitlich durch die Artt. 118 bis 134 der Richtlinie (EU) 2017/1132 ersetzt, ohne dass sich dabei inhaltliche Änderungen hinsichtlich der Mitbestimmungsregeln bei grenzüberschreitenden Verschmelzungen von Kapitalgesellschaften ergeben – nachstehend werden deswegen die Artikel der IntVerschmRL genannt.

2. Mitbestimmung in der aus der grenzüberschreitenden Verschmelzung hervorgehenden Gesellschaft

a. Anwendbarkeit des Mitbestimmungsrechts des Sitzstaats

Die IntVerschmRL erlaubt nach Art. 1 die Verschmelzung von Kapitalgesellschaften, die nach dem Recht eines Mitgliedstaats gegründet worden sind und ihren satzungsmäßigen Sitz, ihre Hauptverwaltung oder ihre Hauptniederlassung in der Europäischen Union haben, sofern mindestens zwei der Gesellschaften dem Recht verschiedener Mitgliedstaaten unterliegen. §§ 122a bis 122l UmwG setzen die (gesellschaftsrechtlichen) Vorgaben der Richtlinie um.[223] Aussagen zu anderen Umwandlungsarten (grenzüberschreitender Formwechsel oder grenzüberschreitende Spaltung) und der Mitbestimmungssicherung in diesen Fällen enthält die Richtlinie nicht. Für den Fall der Verschmelzung ordnet sie in Art. 16 Abs. 1 die Anwendbarkeit des Mitbestimmungsrechts desjenigen Mitgliedstaats an, in dem die aus der Verschmelzung hervorgehende Gesellschaft ihren Sitz hat.

---

221 Ulmer/*Habersack*/Henssler, Einl MgVG Rn. 1.

222 *Habersack*, ZHR 171 (2007), 613 (617).

223 *Drinhausen* in Semler/Stengel, § 122a UmwG Rn. 1–2; *Polley* in Henssler/Strohn, § 122a UmwG Rn. 1.

b. *Vorrangiges Verhandlungsmodell mit Auffanglösung*

Unter bestimmten, in Art. 16 Abs. 2 IntVerschmRL ausgeführten Bedingungen, findet jedoch vorrangig ein sich am Vorbild der SE-RL orientierendes Verhandlungsmodell mit Auffanglösung statt. Sowohl hinsichtlich der Konzeption der Verhandlungs- als auch der Auffanglösung bestehen allerdings Unterschiede zwischen SEBG und SCEBG einerseits und MgVG andererseits.[224] Ein dem § 43 SEBG entsprechendes ausdrückliches Missbrauchsverbot enthalten weder das MgVG noch die IntVerschmRL.

Das MgVG findet nach seinem § 3 Abs. 1 nur auf aus einer grenzüberschreitenden Verschmelzung hervorgehende Gesellschaften mit Sitz im Inland Anwendung. Für Hinausverschmelzungen (unter Beteiligung von Kapitalgesellschaften) richtet sich das Verfahren zur Festlegung der Arbeitnehmerbestimmung nach dem in Umsetzung des zu Art. 16 IntVerschmRL ergangenen Recht des Sitzstaats der aufnehmenden EU-ausländischen Gesellschaft.[225]

§ 5 MgVG setzt die Vorgaben des Art. 16 Abs. 2 IntVerschmRL um und normiert den Vorrang des Verhandlungsmodells mit Auffanglösung für drei Fälle. Im Kern findet danach das Mitbestimmungsrecht des zukünftigen Sitzstaats keine Anwendung, wenn erstens eine der an der Verschmelzung beteiligten Gesellschaften durchschnittlich mehr als 500 Arbeitnehmer beschäftigt und in dieser Gesellschaft Mitbestimmungsrechte bestanden (§ 5 Nr. 1 MgVG), wenn zweitens das Mitbestimmungsrecht des zukünftigen Sitzstaats nicht mindestens den Anteil an Arbeitnehmervertretern im entsprechenden Organ der Gesellschaft vorsieht, der bislang vorhanden war (§ 5 Nr. 2 MgVG), oder wenn drittens das Mitbestimmungsrecht des zukünftigen Sitzstaats für Arbeitnehmer in Betrieben der aus der grenzüberschreitenden Gesellschaft hervorgehenden Gesellschaft, die sich in anderen Mitgliedstaaten befinden, nicht den gleichen Anspruch auf Ausübung von Mitbestimmungsrechten vorsieht, wie sie den Arbeitnehmern im zukünftigen Sitzstaat gewährt werden (§ 5 Nr. 3 MgVG). Der EuGH hat ausdrücklich festgestellt, dass es genügt, wenn alternativ einer der Tatbestände des § 5 Nr. 1 bis Nr. 3 MgVG erfüllt ist.[226]

Das auf Verhandlungsmodell und Auffangregelung basierende Mitbestimmungsrecht der IntVerschmRL ist demnach nicht anwendbar, wenn keine der

---

224 *Habersack*, ZHR 171 (2007), 614 (623), ausführlich auch *Wißmann* in Widmann/Mayer, Umwandlungsrecht Bd. 7, Anhang 2, Rn. 105.

225 *Morgenroth/Salzmann*, NZA-RR 2013, 449 (454).

226 (Für die entsprechende Richtlinienvorschrift) EuGH, Urteil vom 20. Juni 2013 – C-635/11 Rn. 44; *Thüsing/Forst* in Habersack/Drinhausen, § 5 MgVG Rn. 2.

an der grenzüberschreitenden Verschmelzung beteiligten Gesellschaften vor der Verschmelzung mitbestimmt war.[227] Dann bleibt es bei der Anwendung des Mitbestimmungsrechts des zukünftigen Sitzstaats, Art. 16 Abs. 1 IntVerschmRL. Eine Zementierung des Mitbestimmungsstatuts erfolgt dann nicht.[228]

c. *Ausgestaltung der gesetzlichen Auffangregelung*

Die Auffangregeln zur Mitbestimmung kraft Gesetzes in §§ 23 bis 28 MgVG orientieren sich konzeptionell an den entsprechenden Vorschriften des SEBG und des SCEBG. Ein entscheidender Unterschied gegenüber dem SEBG bzw. SCEBG besteht darin, dass die Leitungen der an der Verschmelzung beteiligten Unternehmen nach § 23 Abs. 1 Nr. 3 MgVG das zeit- und kostenintensive Verhandlungsverfahren durch einseitigen Verzicht auf Verhandlungen mit dem besonderen Verhandlungsgremium vermeiden und sich direkt für die Anwendung der gesetzlichen Auffanglösung entscheiden können.[229] Die Auffanglösung kommt grundsätzlich zu Anwendung, wenn eine oder mehrere der beteiligten Gesellschaften mitbestimmt und ein gewisser Prozentsatz der Arbeitnehmer aller beteiligten Gesellschaften und Tochtergesellschaften von der Mitbestimmung erfasst waren.[230] Im Anwendungsbereich der IntVerschmRL muss sich die Mitbestimmung auf ein Drittel der besagten Arbeitnehmer beziehen (§ 23 Satz 2 MgVG, Art. 16 Abs. 3 lit. 2) IntVerschmRL). Die Auffangregeln schreiben den höchsten Anteil an Arbeitnehmervertretern, der in den Organen der beteiligten Gesellschaften bestanden hat, in der aus der Verschmelzung hervorgehenden Gesellschaft fort.

3. *Die SE als an einer grenzüberschreitenden Verschmelzung beteiligte Gesellschaft*

Während sich die Neugründung einer SE und das für sie geltende Mitbestimmungsrecht ausschließlich nach den Vorschriften der SE-VO bzw. des SEBG richten, kann eine bereits gegründete SE an einer grenzüberschreitenden Verschmelzung im Anwendungsbereich des MgVG beteiligt sein. Selbst wenn die SE als aufnehmender Rechtsträger bestehen bleibt, ist allein das Mitbestimmungsrecht des MgVG auf die neue SE anzuwenden.[231]

---

227 *Müller-Bonanni/Müntefering*, BB 2009, 1699 (1702).

228 *Ege/Grzimek/Schwarzfischer*, DB 2011, 1205 (1210); *Müller-Bonanni/Müntefering*, BB 2009, 1699 (1702).

229 *Morgenroth/Salzmann*, NZA-RR 2013, 449 (450 f.).

230 *Habersack*, ZHR 171 (2007), 613 (625).

231 *Thüsing/Forst* in Habersack/Drinhausen, Einl MgVG Rn. 31.

4. *Mitbestimmungsbeibehaltung bei nachfolgender innerstaatlicher Verschmelzung*

Anders als das SEBG und das SCEBG enthält das MgVG keine Vorschrift über die obligatorische Wiederaufnahme von Verhandlungen und das Eingreifen der Auffangregelung im Fall des Scheiterns oder der Nichtaufnahme der Verhandlungen (§ 18 Abs. 3 SEBG bzw. § 18 Abs. 3 SCEBG).[232] Nach § 22 Abs. 2 MgVG soll in der Mitbestimmungsvereinbarung festgelegt werden, dass auch vor strukturellen Änderungen der aus der grenzüberschreitenden Verschmelzung hervorgehenden Gesellschaft Verhandlungen über die Mitbestimmung der Arbeitnehmer aufgenommen werden sollen. Da die Unternehmensleitung den Abschluss einer Mitbestimmungsvereinbarung durch Ausübung ihres Rechts, für das unmittelbare Eingreifen der Auffangregelung zu optieren, von vornherein verhindern kann, erweist sich diese Vorschrift als stumpfes Schwert.[233]

Eine besondere Mitbestimmungsbeibehaltungsvorschrift enthält aber § 30 Satz 2 MgVG[234]. Sein Ziel ist es, dem im Anwendungsbereich des MgVG ebenfalls etablierten Vorher-Nachher-Prinzips Bestandsschutz für weitere drei Jahre nach der grenzüberschreitenden Verschmelzung für den speziellen Fall nachfolgender innerstaatlicher Verschmelzungen zu gewähren.[235]

Nach Art. 16 Abs. 7 IntVerschmRL ist eigentlich die aus der grenzüberschreitenden Verschmelzung hervorgegangene Gesellschaft dazu verpflichtet, sicherzustellen, dass die Mitbestimmungsrechte der Arbeitnehmer im Fall nachfolgender innerstaatlicher Verschmelzungen für die Dauer von drei Jahren nach Wirksamwerden der grenzüberschreitenden Verschmelzung geschützt werden. Der deutsche Gesetzgeber hat sich zur Umsetzung dieser Vorschrift dazu entschlossen, die Fortgeltung des infolge der grenzüberschreitenden Verschmelzung entstandenen Mitbestimmungsniveaus während eines Zeitraums von drei Jahren in § 30 Satz 2 MgVG selbst anzuordnen.[236]

Wegen des Territorialitätsprinzips erfasst die Vorschrift nur die Fälle der „Hereinverschmelzung", weil nur dann die der grenzüberschreitenden (Herein)Verschmelzung nachfolgende innerstaatliche Verschmelzung

232 *Habersack*, ZHR 171 (2007), 613 (636).

233 *Habersack*, ZHR 171 (2007), 613 (636).

234 Zu den Diskussionen um dessen Unionsrechts- und Verfassungswidrigkeit vgl. *Thüsing/Forst* in Habersack/Drinhausen, § 30 MgVG Rn. 6–11.

235 BR-Drs. 540/06, S. 64; *Morgenroth/Salzmann*, NZA-RR 2013, 449 (451).

236 BR- Drs. 540/06, S. 63; kritisch hierzu *Thüsing/Forst* in Habersack/Drinhausen, § 30 MgVG Rn. 6 ff. m.w.N.

im Anwendungsbereich des MgVG stattfindet.[237] Wird eine Gesellschaft aus Deutschlang hinausverschmolzen, ist die in Umsetzung des Art. 16 Abs. 7 IntVerschmRL geschaffene Mitbestimmungssicherung des Rechts der aufnehmenden Gesellschaft anzuwenden.[238] Wie die IntVerschmRL und das auf ihr beruhende MgVG ist auch dessen § 30 bislang lückenhaft in Bezug auf andere Umwandlungsarten, die der grenzüberschreitenden Verschmelzung nachgehen und zu einer Absenkung des Mitbestimmungsniveaus führen können.

III. Mitbestimmungsbeibehaltung bei grenzüberschreitendem Austausch von Anteilen und Einbringung von Unternehmensteilen

Eine weitere unionsrechtlich veranlasste Regelung zur Mitbestimmungsbeibehaltung enthält § 1 MitbestBeiG. Durch das in Umsetzung der Fusionsrichtlinie (Alt) geänderte Umwandlungsrecht wurden verschiedene grenzüberschreitende Vorgänge von bestehenden steuerrechtlichen Belastungen befreit. Diese Vorgänge (Einbringung von Unternehmensteilen/Austausch von Anteilen) hat das MitbestBeiG zum Gegenstand.[239] Die Vorschrift des § 1 MitbestBeiG beruht auf Art. 11 Abs. 1 lit. b) Fusionsrichtlinie (Alt). Sie enthält eine mitbestimmungsrechtliche Fiktion, deren Anwendung das betroffene Unternehmen dadurch ausschließen kann, dass es die von der Fusionsrichtlinie vorgesehenen steuerlichen Erleichterungen für die Einbringung von Anteilen (§ 21 UmwStG), Betrieben oder Teilbetrieben (§ 20 UmwStG) nicht in Anspruch nimmt. Andernfalls haben die an dem Vorgang beteiligten oder an ihm nicht beteiligten (aber über die Vorschriften zur Konzernzurechnung von dem Vorgang mitbestimmungsrechtlich betroffenen[240]) Unternehmen das im Zeitpunkt des mitbestimmungsschädlichen Vorgangs bestehende[241] Mitbestimmungssystem beizubehalten. Das Mitbestimmungsstatut wird aber nicht, wie bei Gründung einer SE oder der grenzüberschreitenden Verschmelzung statisch festgeschrieben. Fällt das Unternehmen im Laufe der späteren Entwicklung trotz der Fiktion aus dem bisherigen Mitbestimmungssystem heraus, greift die Fiktion nicht mehr.[242]

---

237 *Thüsing/Forst* in Habersack/Drinhausen, § 30 MgVG Rn. 3 m.w.N.

238 *Habersack*, ZHR 171 (2007), 613 (638).

239 BT-Drs. 12/3280, S. 4.

240 BT-Drs. 12/3280, S. 5.

241 Zum Streit, ob es insoweit auf die tatsächlich praktizierte Mitbestimmung oder die gesetzlich normierte Mitbestimmung ankommt, *Wißmann* in Widmann/Mayer, Umwandlungsrecht Bd. 7, Anhang 2, Rn. 162.

242 BT-Drs. 12/3280, S. 6.

IV. Ausblick: Mögliche Vereinheitlichung des Mitbestimmungsrechts bei grenzüberschreitenden Umwandlungen durch den Vorschlag zur Änderung der Richtlinie (EU) 2017/1132

1. Kein absehbarer Konsens über die Einführung eines einheitlichen europäischen Mitbestimmungsrechts

Das zwischen den Mitgliedstaaten der Europäischen Union deutlich vorhandene Mitbestimmungsgefälle wird in absehbarer Zukunft nicht kraft eines europäischen Mitbestimmungsrechts vereinheitlicht werden. Trotz jahrzehntelanger Bemühungen setzte sich selbst für die SE am Ende das Verhandlungsmodell mit Auffanglösung durch, die vom durch das mitgliedstaatliche Recht vorgegebenen Mitbestimmungsstandard der betroffenen Gesellschaften anhängig ist.[243] Im Jahr 2016 befasste sich der Ausschuss für Beschäftigung und soziale Angelegenheiten mit einem Entwurf seines Vorsitzenden *Thomas Händel* zu einer Entschließung des Europäischen Parlaments zur Arbeitnehmervertretung in Leitungsgremien in Europa. Der Entwurf sieht vor allem die Aufforderung an die Kommission vor, Standards für die Regeln der Arbeitnehmervertretung auf Aufsichtsratsebene zu entwickeln, die als universelles Modell in Form einer Richtlinie auf alle Richtlinien im europäischen Gesellschaftsrecht anwendbar sind. Der Entwurf empfiehlt dabei eine paritätische Aufsichtsratsbesetzung. Außerdem soll für die SE sichergestellt werden, dass die Aufsichtsratsbeteiligung der Arbeitnehmervertreter nicht alleine von den Verhältnissen bei der Gründung abhängig ist, sondern auch künftige Entwicklungen und insbesondere Veränderungen bei der Anzahl der Beschäftigten berücksichtigt werden.[244] Schon bei den Beratungen innerhalb des Beschäftigungsausschusses stieß dieser Vorschlag auf Kritik. Ob und wie in dieser Sache weiter verfahren wird, ist derzeit ungewiss. Besonders aus der Perspektive deutscher Unternehmen bleiben Mitbestimmungsvermeidungsstrategien weiter interessant. Denn die in Deutschland bestehende Vertretung der Arbeitnehmer in den Aufsichtsräten ist wohl die weitest reichende Form der Mitbestimmung: Eine hälftige Vertretung wie nach dem MitbestG ist nirgends gesetzlich vorgeschrieben, in Großbritannien oder Irland fehlt eine gesetzliche Regelung gar völlig.[245]

---

243 *Habersack*, ZHR 171 (2007), 613 (635).

244 Europäisches Parlament, Ausschuss für Beschäftigung und soziale Angelegenheiten, Entwurf eines Berichts über die Arbeitnehmervertretung in Leitungsgremien in Europa (2015/2222(INI)), S. 7–8.

245 *Wißmann* in Widmann/Mayer, Umwandlungsrecht Bd. 7, Anhang 2 Rn. 127.

2. *Ausbleibende Richtlinie zur grenzüberschreitenden Verlegung von Unternehmenssitzen*

Die Planungen zu einem Entwurf der schon seit 2003 als notwendig erachteten Richtlinie zur Verlegung des Satzungssitzes schreiten ebenfalls nicht voran.[246] Im Koalitionsvertrag der Bundesregierung vom 14. März 2018 heißt es zwar, man befürworte eine Harmonisierung der Regelungen über die grenzüberschreitende Sitzverlegung von Kapitalgesellschaften („Sitzverlegungsrichtlinie")[247], einen entsprechenden Richtlinienentwurf hat die Europäische Kommission bislang aber noch nicht veröffentlicht. Das Europäische Parlament betont in einer diesbezüglichen Entschließung aus dem Jahr 2012, dass die Sitzverlegung nicht zur Umgehung von steuerrechtlichen und sozialen Bedingungen führen dürfe. Namentlich die Mitbestimmungsrechte der Arbeitnehmer sollen von der Verlegung unberührt bleiben. Das Mitbestimmungsrecht des Aufnahmestaats solle nur dann Anwendung finden, wenn es zumindest den gleichen Grad an Mitbestimmung vorsieht, wie er im Herkunftsmitgliedstaat vorgesehen sei.[248] Im Fall einer Sitzverlegung einer mitbestimmten deutschen Kapitalgesellschaft in einen anderen Mitgliedstaat dürfte diese Voraussetzung wegen des im europäischen Vergleich hohen deutschen Mitbestimmungsstandards fast nie erfüllt sein. Die Große Koalition will sich dafür einsetzen, dass bei grenzüberschreitenden Sitzverlagerungen von Gesellschaften die nationalen Vorschriften über die Mitbestimmung „gesichert" werden.[249] Schon seit längerer Zeit wird im Schrifttum allerdings die Umgestaltung der Richtlinie über grenzüberschreitende Verschmelzungen zu einer „allgemeinen Mobilitätsrichtlinie im Sinne einer grenzüberschreitenden Umwandlungsrichtlinie" als mögliche Alternative zu einer Sitzverlegungsrichtlinie diskutiert.[250] Der europäische Gesetzgeber wird vor dem Hintergrund des fast bedingungslosen Bekenntnisses des EuGH zur Niederlassungsfreiheit aufgefordert, in Anlehnung an die IntVerschmRL auch bei sonstigen grenzüberschreitenden Umwandlungsprozessen die Anwendung

246 WKS/*Kleinsorge,* EU-Recht, Rn. 252 ff., ausführlich zur jüngeren Entwicklung *Stiegler,* DB 2014, 525 (529).

247 Koalitionsvertrag zwischen CDU, CSU und SPD vom 14. März 2018, S. 131, abrufbar unter https://www.bundesregierung.de/Content/DE/StatischeSeiten/Breg/koalitionsvertrag-inhaltsverzeichnis.html (letzter Abruf: 4. September 2018).

248 Entschließung vom 2. Februar 2012 – 2013/C 239 E/03 (Empfehlung 7).

249 Koalitionsvertrag zwischen CDU, CSU und SPD vom 14. März 2018, S. 52, abrufbar unter https://www.bundesregierung.de/Content/DE/StatischeSeiten/Breg/koalitionsvertrag-inhaltsverzeichnis.html (letzter Abruf: 4. September 2018).

250 *Stiegler,* DB 2014, 525 (529).

eines Verhandlungsmodells mit Auffangregelung zum Schutz nationalen Mitbestimmungsrechts ausdrücklich zu regeln.[251] Alternativ wird vorgeschlagen, zur die Sicherung der inländischen unternehmerischen Mitbestimmung eine sinngemäße Anwendung des Gesetzes über die Mitbestimmung der Arbeitnehmer bei einer grenzüberschreitenden Verschmelzung (MgVG) auch für die anderen grenzüberschreitenden Umwandlungsarten in Betracht zu ziehen.[252]

3. *Vorschlag zur Änderung der Richtlinie (EU) 2017/1132 in Bezug auf grenzüberschreitende Umwandlungen*

a. *Zielsetzung des Richtlinienentwurfs mit Blick auf die Mitbestimmung der Arbeitnehmer*

Mit dem Vorschlag zur Änderung der Richtlinie (EU) 2017/1132 in Bezug auf grenzüberschreitende Umwandlungen, Verschmelzungen und Spaltungen vom 25. April 2018 (im Folgenden: Vorschlag zur Änderung der Richtlinie (EU) 2017/1132) verfolgt die Europäische Kommission nun den soeben dargelegten Ansatz, grenzüberschreitende Umwandlungen auch jenseits von Verschmelzungen umfassend zu kodifizieren. „Umwandlung" im Sinne des Richtlinientitels meint die Umwandlungsart des Formwechsels. Nachstehend werden mit dem Begriff der Umwandlung weiterhin alle drei Umwandlungsarten im Sinne des nationalen Verständnisses in Bezug genommen und der Formwechsel als solcher bezeichnet.

Durch den Vorschlag sollen der Richtlinie (EU) 2017/1132 Regelungen für grenzüberschreitende Formwechsel (Artt. 86a bis 86u) und Spaltungen durch Neugründung (Artt. 160a bis 160v) hinzugefügt sowie einige der bestehenden Vorschriften zur grenzüberschreitenden Verschmelzung ergänzt bzw. weitere hinzugefügt werden. Mit dem Änderungsvorschlag will die Kommission nach Erwägungsgrund (3) auf die gewachsene Rechtsprechung des EuGH reagieren, wonach es mit der Niederlassungsfreiheit vereinbar ist, wenn ein Unternehmen seinen Sitz isoliert ins EU-Ausland verlegt, um die entsprechende Rechtsform im Zuzugstaat anzunehmen, obwohl es seine unternehmerische Tätigkeit (auch) weiterhin im Herkunftsstaat entfaltet.[253] Die mit der Niederlassungsfreiheit einhergehenden Privilegien will die Kommission nach Erwägungsgrund (6) nur unter angemessener Berücksichtigung der Rechte der Arbeitnehmer (sowie

---

251 *Morgenroth/Salzmann,* NZA-RR 2013, 449 (456).

252 *Kindler,* NZG 2018, 1 (5).

253 Insbesondere jüngst EuGH, Urteil vom 25. Oktober 2017 – Rs. C-106/16 „Polbud" – NJW 2017, 3639. Zu dieser Rechtsprechung ausführlich sogleich, § 2A.I.1.b.bb.

Gläubiger und Minderheitsgesellschafter) fördern. Sie stellt im Erwägungsgrund (7) ausdrücklich fest, dass die nach derzeitigem Rechtsstand bestehende Möglichkeit, ein Unternehmen in die Rechtsform eines anderen Mitgliedstaats formwechselnd umzuwandeln, in missbräuchlicher Weise genutzt werden kann, um die Mitbestimmungsrechte der Arbeitnehmer zu umgehen. Um mögliche Missbrauchsfälle zu bekämpfen, sollen die Mitgliedstaaten sicherstellen, dass Unternehmen mithilfe grenzüberschreitender formwechselnder Umwandlungen nicht künstliche Konstruktionen wählen, um Rechte der Arbeitnehmer zu beeinträchtigen. Dieselben Überlegungen stellt die Kommission in Erwägungsgrund (40) hinsichtlich der Umwandlungsart der grenzüberschreitenden Spaltung von Unternehmen an, die die Richtlinie zusammen mit der grenzüberschreitenden formwechselnden Umwandlung auch in gesellschaftsrechtlicher Hinsicht erstmalig regeln soll.

b. *Unternehmensmitbestimmung bei grenzüberschreitendem Formwechsel und grenzüberschreitender Spaltung*

aa. Anwendbarkeit des Mitbestimmungsrechts des Sitzstaats

Der Richtlinienvorschlag orientiert sich hinsichtlich der Unternehmensmitbestimmung an den Vorgaben der IntVerschmRL für die grenzüberschreitende Verschmelzung, geht aber stellenweise auch darüber hinaus. In Art. 86l Abs. 1 bzw. Art. 160n Abs. 1 des Vorschlags zur Änderung der Richtlinie (EU) 2017/1132 wird zunächst das Mitbestimmungsrecht des Zuzugstaats oder des künftigen Sitzstaats auf die aus dem grenzüberschreitenden Formwechsel bzw. der grenzüberschreitenden Spaltung hervorgehende Gesellschaft für anwendbar erklärt.

bb. Anwendbarkeit des Verhandlungsmodells mit Auffanglösung

Von diesem Grundsatz ist aber nach dem jeweiligen Abs. 2 der zitierten Vorschriften in bestimmten Fällen abzuweichen und ein Verhandlungsverfahren mit Auffanglösung durchzuführen. Dies soll erstens und insoweit anders als bei grenzüberschreitenden Verschmelzungen der Fall sein, wenn die den Formwechsel oder die Spaltung durchführende Gesellschaft sechs Monate vor der Veröffentlichung des entsprechenden Umwandlungsplans eine Anzahl von Arbeitnehmern beschäftigt, die vier Fünftel des jeweiligen Schwellenwertes entspricht, der nach dem bislang auf die Gesellschaft anwendbaren Recht Unternehmensmitbestimmung nach sich zieht. Für deutsche Gesellschaften bedeutet dies, dass die Regeln zur Mitbestimmung nach dem Richtlinienvorschlag vor allem auch dann anwendbar sind, wenn das Unternehmen mindestens 400 Arbeitnehmer beschäftigt, aber noch nicht drittelbeteiligt ist.

Die zwei weiteren Fälle, in denen auf das Verhandlungsverfahren mit Auffanglösung zurückgegriffen werden muss, sind wie bei grenzüberschreitenden Verschmelzungen ausgestaltet: Sie betreffen Situationen, in denen entweder das Mitbestimmungsrecht des zukünftigen Sitzstaats nicht mindestens den Anteil an Arbeitnehmervertretern im entsprechenden Organ der Gesellschaft vorsieht, der bislang vorhanden war (Art. 86l Abs. 2 lit. a), Art. 160n Abs. 2 lit. a) des Vorschlags zur Änderung der Richtlinie (EU) 2017/1132) oder das Mitbestimmungsrecht des zukünftigen Sitzstaats für Arbeitnehmer in Betrieben der aus der Umwandlungsmaßnahme hervorgehenden Gesellschaft, die sich in anderen Mitgliedstaaten befinden, nicht den gleichen Anspruch auf Ausübung von Mitbestimmungsrechten vorsieht, wie sie den Arbeitnehmern im zukünftigen Sitzstaat gewährt werden (Art. 86l Abs. 2 lit. b), Art. 160n Abs. 2 lit. b) des Vorschlags zur Änderung der Richtlinie (EU) 2017/1132).

cc. Durchführung des Verhandlungsverfahrens

Für die Durchführung des Verhandlungsverfahrens verweist der Richtlinienvorschlag, wie auch die IntVerschmRL, auf die Vorschriften der SE-RL (Art. 86l Abs. 3, Art. 160n Abs. 3 des Vorschlags zur Änderung der Richtlinie (EU) 2017/1132). Anders als im Anwendungsbereich der IntVerschmRL hat es die Leitung des von dem Formwechsel oder der Spaltung betroffenen Unternehmens nicht in der Hand, das Verhandlungsverfahren durch einen einseitigen Verzicht auf Verhandlungen zu vermeiden und sich direkt für die Anwendung der Auffanglösung zu entscheiden (Art. 86l Abs. 4, Art. 160n Abs. 4 des Vorschlags zur Änderung der Richtlinie (EU) 2017/1132).

dd. Ausgestaltung der gesetzlichen Auffangregelung

Hinsichtlich der Ausgestaltung der Auffangregelung orientiert sich der Vorschlag zur Änderung der Richtlinie (EU) 2017/1132 sowohl für den grenzüberschreitenden Formwechsel als auch für die grenzüberschreitende Spaltung an den für die Gründungsform der formwechselnden Umwandlung vorgesehenen Regelungen der SE-RL (Art. 86l Abs. 3 lit. e), Abs. 4 lit. c), Art. 160n Abs. 3 lit. e), Abs. 4 lit. c) des Vorschlags zur Änderung der Richtlinie (EU) 2017/1132 i.V.m. Art. 7 Abs. 1 UAbs. 1, Anhang Teil 3 lit. a) SE-RL). Damit findet die Auffanglösung unabhängig vom Erreichen einer bestimmten Quote der von Mitbestimmungsrechten bislang begünstigten Arbeitnehmer Anwendung. Fortgeschrieben wird der bisher bestehende Anteil an Arbeitnehmervertretern im entsprechenden Organ der umzuwandelnden oder zu spaltenden Gesellschaft.

c. *Mitbestimmungsbeibehaltung bei nachfolgenden grenzüberschreitenden oder innerstaatlichen Umwandlungsmaßnahmen*

Die Mitgliedstaaten haben schließlich die erforderlichen Maßnahmen zu treffen, um sicherzustellen, dass das durch Vereinbarung oder Auffanglösung in der aus dem grenzüberschreitenden Formwechsel bzw. der Spaltung hervorgehenden Gesellschaft festgelegte Mitbestimmungsniveau für die Dauer von drei Jahren ab Wirksamwerden der Umwandlungsmaßnahme auch im Fall von nachfolgenden innerstaatlichen wie grenzüberschreitenden Umwandlungsmaßnahmen (gleich welcher Art) beibehalten wird (Art. 86l Abs. 7, Art. 160n Abs. 7 des Vorschlags zur Änderung der Richtlinie (EU) 2017/1132). Die insoweit im Rahmen der IntVerschmRL bestehende und bereits identifizierte Lücke[254] bei der Mitbestimmungsbeibehaltung nach Art. 16 Abs. 7 IntVerschmRL in Bezug auf andere Umwandlungsmaßnahmen als grenzüberschreitende Verschmelzungen, soll im Bereich von grenzüberschreitendem Formwechsel und grenzüberschreitender Spaltung also gar nicht erst aufkommen. Dies ist das ausdrückliche Ziel des Richtlinienänderungsvorschlags: Das System der Arbeitnehmerbestimmung solle während eines Zeitraums von drei Jahren nach der Reorganisation, wenn es eine erneute Restrukturierung der bezeichneten Art vornehmen will, nicht ausgehöhlt werden. In ihrer Begründung zum Richtlinienänderungsvorschlag bezeichnet die Kommission die Vorschrift sogar als „Missbrauchsbekämpfungsbestimmung".[255]

d. *Vorkehrungen gegen Rechtsmissbrauch (präventiver Ansatz)*

Wie schon die IntVerschmRL enthält auch der Vorschlag zur Änderung der Richtlinie (EU) 2017/1132 kein dem Art. 11 SE-RL entsprechendes Missbrauchsverbot. Er spart, wie die entsprechende Vorschrift in der IntVerschmRL, den Art. 11 SE-RL bei der Verweisung in Art. 86l Abs. 3 lit. f) bzw. Art. 160n Abs. 3 lit. f) auf die SE-RL aus. Anders als im Rahmen der IntVerschmRL macht das Sinn. Denn im Gegensatz zur IntVerschmRL sieht der Änderungsvorschlag ein System zur Verhinderung von Missbrauch selbst vor. Es ist präventiver Art.

Nach dem Vorschlag soll ein mehrstufiges Verfahren etabliert werden, mit dessen Hilfe die Prüfung der Rechtmäßigkeit der grenzüberschreitenden Umwandlung (Formwechsel und Spaltung zur Neugründung) unter Berücksichtigung

254 Oben, § 1C.II.4.

255 Begründung zum Vorschlag für eine Richtlinie des Europäischen Parlaments und des Rates zur Änderung der Richtlinie (EU) 2017/1132 in Bezug auf grenzüberschreitende Umwandlungen, Verschmelzungen und Spaltungen, 2018/0114 (COD), S. 23.

aller relevanten Fakten und Informationen durch die zuständige Behörde des Wegzugsmitgliedstaats und anschließend durch diejenige des Zuzugsmitgliedstaats sichergestellt wird. Ein wesentliches Element des Verfahrens soll darin bestehen, die grenzüberschreitende Umwandlung zu verhindern, wenn festgestellt wird, dass diese missbräuchlich wäre, „also in Fällen, in denen es sich um eine künstliche Gestaltung handelt, mit der (…) die gesetzlichen oder vertraglichen Rechte von Arbeitnehmern (…) in ungerechtfertigter Weise beeinträchtigt würden" (vgl. auch Art. 86c Abs. 3, Art. 160d Abs. 3 des Vorschlags zur Änderung der Richtlinie (EU) 2017/1132).[256]

Im Rahmen des ersten Verfahrensschritts wird, wie auch schon im Anwendungsbereich der IntVerschmRL nach §§ 122c, 122e UmwG, ein Umwandlungs- bzw. Spaltungsplan und vor allem ein Bericht für die Arbeitnehmer über die Auswirkungen der grenzüberschreitenden Umwandlung erstellt (Artt. 86d, 86f, Artt. 160e, 160h des Vorschlags zur Änderung der Richtlinie (EU) 2017/1132). Mittlere und große Gesellschaften müssen darüber hinaus bei der zuständigen Behörde die Benennung eines unabhängigen Sachverständigen beantragen, der einen schriftlichen Bericht über die Umwandlungsmaßnahme erstellt (Artt. 86g, 160i des Vorschlags zur Änderung der Richtlinie (EU) 2017/1132). Dieser Bericht wiederum bildet die faktische Grundlage für die Bewertung, die die zuständige Behörde (im zweiten Verfahrensschritt) unter anderem in Bezug auf das Missbrauchsrisiko vornimmt. Die Prüfung der Rechtmäßigkeit der Umwandlung durch die Behörde folgt, nachdem die Gesellschafterversammlung die Umwandlungsmaßnahme beschlossen hat. Anders als im Anwendungsbereich der IntVerschmRL ist die Behörde in dieser Phase ausdrücklich verpflichtet, innerhalb eines Monats zu prüfen, ob eine „künstliche Gestaltung" nach Art. 86c Abs. 3 des Vorschlags zur Änderung der Richtlinie (EU) 2017/1132 vorliegt, also mit der Maßnahme das Ziel verfolgt wird, die gesetzlichen oder vertraglichen Rechte der Arbeitnehmer unrechtmäßig zu beschneiden (Art. 86m Abs. 7 lit. c), Art. 160o Abs. 7 lit. c) des Vorschlags zur Änderung der Richtlinie (EU) 2017/1132).

Hat die Behörde danach ernsthafte Bedenken, dass die Umwandlung rechtswidrig sein könnte, hat sie eine eingehende Missbrauchsprüfung durchzuführen und innerhalb von zwei Monaten mit einer endgültigen Entscheidung über die Ausstellung der Vorabentscheidung abzuschließen. Dabei hat die Behörde alle relevanten Tatsachen und Umstände eingehend zu prüfen und mindestens

---

256 Begründung zum Vorschlag für eine Richtlinie des Europäischen Parlaments und des Rates zur Änderung der Richtlinie (EU) 2017/1132 in Bezug auf grenzüberschreitende Umwandlungen, Verschmelzungen und Spaltungen, 2018/0114 (COD), S. 23.

Folgendes zu berücksichtigen: die Merkmale der Niederlassung im Zuzugsmitgliedstaat, insbesondere den Zweck, die Branche, die Investition, den Nettoumsatz und den Gewinn oder Verlust, die Zahl der Arbeitnehmer, die Gliederung der Bilanz, den Steuersitz, die Vermögenswerte und ihre Belegenheit, den gewöhnlichen Arbeitsort der Arbeitnehmer und besonderer Arbeitnehmergruppen, den Ort, an dem die Sozialabgaben zu entrichten sind, sowie Geschäftsrisiken, die die umgewandelte Gesellschaft im Zuzugsmitgliedstaat und im Wegzugsmitgliedstaat trägt. Dabei sollen diese Elemente nur Anhaltspunkte im Rahmen der Gesamtprüfung sein (Art. 86n Abs. 1 UAbs. 2, Art. 160p Abs. 1 UAbs. 2 des Vorschlags zur Änderung der Richtlinie (EU) 2017/1132).

Die Vorabentscheidung der jeweiligen Behörde des Wegzugsmitgliedstaats haben die Zuzugsmitgliedstaaten bei ihrer Prüfung der Rechtmäßigkeit der Umwandlungsmaßnahme als schlüssigen Beweis für die ordnungsgemäße Erledigung und Durchführung (auch) des eben beschriebenen Prüfungsverfahrens anzuerkennen (Artt. 86p Abs. 5, 160r Abs. 5 des Vorschlags zur Änderung der Richtlinie (EU) 2017/1132). Erst nach der Durchführung dieser Rechtmäßigkeitsprüfung und Genehmigung kann die Umwandlungsmaßnahme eingetragen und damit wirksam werden (Artt. 86r, 160t des Vorschlags zur Änderung der Richtlinie (EU) 2017/1132).

Diesen präventiven Ansatz zur Verhinderung eines rechtsmissbräuchlichen Einsatzes des grenzüberschreitenden Formwechsels oder der grenzüberschreitenden Spaltung implementiert der Vorschlag zur Änderung der Richtlinie (EU) 2017/1132 für die Umwandlungsform der grenzüberschreitenden Verschmelzung nicht und schafft insoweit keine Rechtsvereinheitlichung. Das Missbrauchspotenzial wird bei grenzüberschreitenden Verschmelzungen ausweislich der Begründung des Vorschlags geringer eingeschätzt als bei grenzüberschreitendem Formwechsel und grenzüberschreitender Spaltung.[257]

e. *Erweiterung der Mitbestimmungsbeibehaltung bei grenzüberschreitenden Verschmelzungen*

Konsequenterweise sucht der Vorschlag zur Änderung der Richtlinie (EU) 2017/1132 immerhin die besagte Lücke im Bereich der schon bestehenden Regelung zur Mitbestimmungsbeibehaltung bei grenzüberschreitender Verschmelzung von Kapitalgesellschaften in Art. 16 Abs. 7 IntVerschmRL (Art. 133 Abs. 7

257 Begründung zum Vorschlag für eine Richtlinie des Europäischen Parlaments und des Rates zur Änderung der Richtlinie (EU) 2017/1132 in Bezug auf grenzüberschreitende Umwandlungen, Verschmelzungen und Spaltungen, 2018/0114 (COD), S. 23.

Richtlinie (EU) 2017/1132) zu schließen. Die letztgenannte Richtlinienvorschrift und der zu ihrer Umsetzung erlassene § 30 Satz 2 MgVG ordnen bislang nur bei der grenzüberschreitenden Verschmelzung nachfolgenden innerstaatlichen Verschmelzungen die Fortgeltung des bestehenden Umfangs der Mitbestimmung für die Dauer von drei Jahren an. Die Vorschrift trifft aber keine Aussage zu nachfolgenden innerstaatlichen Umwandlungsvorgängen anderer Art oder zu nachfolgenden weiteren grenzüberschreitenden Umwandlungsvorgängen irgendeiner Art. Mit der Änderung (18) soll Art. 133 Abs. 7 Richtlinie (EU) 2017/1132 neuformuliert werden und dabei innerstaatliche wie grenzüberschreitende Verschmelzungen, Spaltungen und Formwechsel erfassen. In allen Fällen muss dann das bestehende Mitbestimmungsniveau für die Dauer von drei Jahren, nachdem die vorangegangene grenzüberschreitende Umwandlung wirksam wurde, beibehalten werden.

§ 2 Bedeutung der SE für die mitbestimmungsrelevante Umstrukturierung von Unternehmen

In diesem Kapitel werden die Möglichkeiten zur Veränderung der Mitbestimmungsquote im Aufsichtsorgan eines deutschen Unternehmens ohne Einsatz einer SE und mit Einsatz einer SE gegenübergestellt und so der Mehrwert der SE für die Mitbestimmungsbeeinflussung identifiziert. Dabei werden beispielhafte Fallgruppen möglicher Umstrukturierungsmaßnahmen unter Einsatz einer SE gebildet und die für die Qualifizierung der Maßnahmen als Verstoß gegen § 43 SEBG erheblichen Interpretationsaufgaben definiert.

A. Veränderung der Mitbestimmungsquote ohne Einsatz einer SE

Nachstehend werden zunächst die bestehenden innerdeutschen und grenzüberschreitenden Möglichkeiten zur Veränderung der Mitbestimmungsquote im Aufsichtsorgan eines deutschen Unternehmens ohne Einsatz einer SE aufgezeigt, wobei sich die Untersuchung hinsichtlich der grenzüberschreitenden Möglichkeiten auf das EU-Ausland beschränkt.

I. Bestehende Mitbestimmungsvermeidungsstrategien

Anknüpfungspunkt für jede Veränderung der Mitbestimmungsquote im Aufsichtsorgan eines deutschen Unternehmens sind die Anwendungsvoraussetzungen des DrittelbG bzw. des MitbestG.[258] Nachstehend werden gangbare Wege dargestellt, ohne sie im Hinblick auf ihre Wirtschaftlichkeit zu bewerten.

1. Wechsel in eine mitbestimmungsfreie Rechtsform

a. Innerdeutscher Wechsel der Rechtsform

Der Anwendungsbereich sowohl des DrittelbG als auch des MitbestG ist begrenzt: In sachlicher Hinsicht auf die abschließend in § 1 Abs. 1 Nr. 1 MitbestG bzw. § 1 Abs. 1 DrittelbG aufgezählten Rechtsformen, in räumlicher Hinsicht auf Unternehmen, die ihren Sitz im Inland haben.[259] Eine Möglichkeit zur

258 Überblick bei *Rieble*, BB 2006, 2018 (2019).
259 MüKoAktG/*Gach*, § 1 MitbestG Rn. 6, Rn. 13.

vollständigen Mitbestimmungsvermeidung stellt daher der Wechsel des Unternehmens in eine mitbestimmungsfreie Rechtsform dar. Dafür kommen zwar vor allem ausländische Kapitalgesellschaften in Betracht.[260] Ohne grenzüberschreitenden Rechtsformwechsel möglich und gleichwohl mit einem Verlust der Mitbestimmung verbunden ist der innerdeutsche Wechsel einer mitbestimmten Gesellschaft in eine dem DrittelbG oder dem MitbestG nicht unterfallende deutsche Rechtsform. Insbesondere den direkten Weg einer mitbestimmten Kapitalgesellschaft in eine mitbestimmungsfreie Personengesellschaft durch Formwechsel sieht das UmwG in seinen §§ 228 ff. ausdrücklich vor. Da in der Personengesellschaft kein Aufsichtsrat mehr zu bilden ist, endet die Amtszeit der bisherigen Aufsichtsratsmitglieder mit dem Wirksamwerden des Formwechsels.[261] Der Wechsel der Rechtsform kann daneben auch bei Gelegenheit anderer im Wege der Universalsukzession erfolgenden Umstrukturierungsmaßnahmen nach dem UmwG erfolgen, zum Beispiel bei einer Verschmelzung oder Spaltung durch Neugründung nach den §§ 36 ff. bzw. §§ 135 ff. UmwG, wenn die aus der Umwandlung hervorgehende Zielgesellschaft in einer mitbestimmungsfreien Rechtsform gegründet wird. In Bezug auf Abspaltung und Ausgliederung hilft dann auch nicht die Mitbestimmungsbeibehaltungsvorschrift des § 325 Abs. 1 UmwG weiter, da sie allein die Mitbestimmung im Aufsichtsrat des übertragenden Rechtsträgers zu konservieren sucht. Das Mitbestimmungsstatut des übernehmenden Rechtsträgers richtet sich ohne umwandlungsrechtliche Besonderheiten nach den allgemeinen Mitbestimmungsgesetzen.[262]

b. Grenzüberschreitender Wechsel der Rechtsform innerhalb der EU

aa. Verschmelzung von Kapitalgesellschaften

Im Rahmen grenzüberschreitender Umstrukturierungen kann sich ein deutsches mitbestimmtes Unternehmen des territorialen Anwendungsbereichs der Mitbestimmungsgesetze nicht durch die schlichte Verlegung des Verwaltungssitzes ins Ausland begeben. Die Verlegung des Verwaltungssitzes ins Ausland betrifft die Rechtspersönlichkeit eines solchen Unternehmens mit Satzungssitz im Inland nicht, ebenfalls ohne Einfluss ist sie auf das Mitbestimmungsstatut der deutschen Gesellschaft.[263] Erforderlich ist vielmehr, dass die deutsche Gesellschaft die ausländische Rechtsform annimmt.

---

260 *Bauer/Haußmann/Krieger*, Teil 4 B Rn. 81.
261 *Simon* in Semler/Stengel, § 203 UmwG Rn. 2.
262 *Moll* in Henssler/Strohn, § 325 UmwG Rn. 4.
263 *Oetker* in Erfurter Kommentar, § 1 MitbestG Rn. 2.

Der Wechsel der Rechtsform kann im Anwendungsbereich der IntVerschmRL im Wege der grenzüberschreitenden Verschmelzung von Kapitalgesellschaften von Deutschland ins EU-Ausland erfolgen. Das MgVG ist dann nicht anwendbar, da die aus der Verschmelzung hervorgehende Gesellschaft ihren Sitz nicht im Inland hat (§ 3 Abs. 1 MgVG). Dann ist im Einzelfall zu betrachten, wie der Sitzstaat die (verbindlichen) Vorgaben des Art. 16 Abs. 2 IntVerschmRL umgesetzt hat. Für deutsche Gesellschaften wird diese Umstrukturierungsmaßnahme gerade wegen der Verbindlichkeit der Richtlinienvorschrift nur von geringem Interesse sein. Ohne die Billigung durch eine Mehrheit von zwei Dritteln der Mitglieder des Verhandlungsgremiums ist im Anwendungsbereich der IntVerschmRL eine Verringerung des Anteils der Arbeitnehmer im Aufsichtsrat nämlich nicht möglich, sofern sich die höhere Mitbestimmung auf mindestens 25 Prozent der Gesamtzahl der an der Verschmelzung beteiligten Gesellschaften und der betroffenen Tochtergesellschaften erstreckt (Art. 16 Abs. 3 lit. a) IntVerschmRL i.V.m. Art. 3 Abs. 4 SE-RL).

Nur, wenn sowohl die EU-ausländische aufnehmende als auch die zu verschmelzende deutsche Gesellschaft bislang mitbestimmungsfrei waren und das Mitbestimmungsrecht des zukünftigen Sitzstaats aus deutscher Perspektive günstiger ist, kann sich dem deutschen Mitbestimmungsrecht durch präventive grenzüberschreitende Verschmelzung entzogen werden – ohne allerdings die Mitbestimmungsfreiheit festzuschreiben.[264] Denn das Mitbestimmungsrecht in der aus der Verschmelzung hervorgegangenen Gesellschaft richtet sich dann nach dem Recht des neuen Sitzstaats (§ 4 MgVG).

bb. Umwandlungsmöglichkeiten im Übrigen nach geltender Rechtslage

Für Mitbestimmungsvermeider noch bedeutsamer sind die bislang noch ungeregelten Umwandlungsarten des grenzüberschreitenden Formwechsels und der grenzüberschreitenden Spaltung. Mit ihrer Hilfe kann sich ein deutsches mitbestimmtes Unternehmen seiner Mitbestimmung in Gänze entledigen, wenn das Unternehmen infolge der Umwandlung eine Rechtsform des Zuzugstaats annimmt und den deutschen Mitbestimmungsgesetzen deswegen nicht mehr unterfällt. Obwohl bisher weder der grenzüberschreitende Formwechsel noch die grenzüberschreitende Spaltung unionsrechtlich geregelt sind, können die Umwandlungsvorgänge (jedenfalls theoretisch) erfolgreich durchgeführt werden:

---

264 *Müller-Bonanni/Müntefering*, BB 2009, 1699 (1702).

[1] Uneingeschränkte Möglichkeit der Durchführung grenzüberschreitender Formwechsel und Spaltungen

In Ermangelung einfachgesetzlicher Vorgaben haben die Gerichte, allen voran der EuGH, in der Vergangenheit für grenzüberschreitende Umwandlungen vor allem unter Rückgriff auf die primärrechtlich kodifizierte Niederlassungsfreiheit einen Rechtsrahmen geschaffen. Der EuGH hatte sich besonders in den Rechtssachen *Vale*[265], *Cartesio*[266] und *Sevic*[267] mit der Reichweite der Niederlassungsfreiheit (Art. 49 AEUV) im Bereich grenzüberschreitender Umwandlungen zu befassen. Die Rechtssachen sind dabei nicht im tatsächlichen Detail, aber hinsichtlich ihrer rechtlichen Aussagen vergleichbar.

In der Rechtssache *Sevic* entschied der EuGH, dass die Hereinverschmelzung einer EU-ausländischen Personen- oder Kapitalgesellschaft dort möglich sein muss, wo der Zuzugstaat inländischen Gesellschaften die Umwandlung im Wege der Verschmelzung ermöglicht. Die Vorschriften der IntVerschmRL waren zum Zeitpunkt der Entscheidung im betroffenen Mitgliedstaat (Deutschland) noch nicht umgesetzt.[268] Nach dem Urteil stellt eine Ausgrenzung EU-ausländischer Gesellschaften von der innerstaatlich vorgesehenen Möglichkeit der Verschmelzung eine unzulässige Beschränkung der Niederlassungsfreiheit dar.[269] Streitgegenständlich waren also nur die Umwandlungsart der Verschmelzung und die Perspektive des Zuzugstaats. Der EuGH stellte jedoch fest, dass auch alle anderen grenzüberschreitenden Gesellschaftsumwandlungen den Zusammenarbeits- und Umgestaltungsbedürfnissen von Gesellschaften mit Sitz in verschiedenen Mitgliedstaaten entsprechen.[270] Gründe, die eine unterschiedliche Behandlung der einzelnen Umwandlungsarten rechtfertigen, bestehen keine. Nach richtiger Ansicht sind deswegen auch Herein-Formwechsel nach Deutschland und grenzüberschreitende Spaltungen auf deutsche Gesellschaften als übernehmende Rechtsträger zulässig.[271]

---

265 EuGH, Urteil vom 12. Juli 2012 – Rs. C-378/10 „Vale"– NZG 2012, 871.

266 EuGH, Urteil vom 16. Dezember 2008 – Rs. C-210/06 „Cartesio" – Slg. I 2008, 9664.

267 EuGH, Urteil vom 13. Dezember 2005 – Rs. C-411/03 „Sevic" – Slg. I 2005, 10825.

268 *Drinhausen* in Semler/Stengel, Einl C Rn. 26.

269 EuGH, Urteil vom 13. Dezember 2005 – Rs. C-411/03 „Sevic" – Slg. I 2005, 10825 Rn. 23.

270 EuGH, Urteil vom 13. Dezember 2005 – Rs. C-411/03 „Sevic" – Slg. I 2005, 10825 Rn. 19.

271 *Drinhausen* in Semler/Stengel, Einl C Rn. 28 m.w.N.; für die Spaltung *Louven*, ZIP 2006, 2021 (2023) m.w.N.

Aus einem obiter dictum in der Rechtssache *Cartesio*[272] sowie den Ausführungen des EuGH in der Rechtssache *Vale* ist für den grenzüberschreitendenden Formwechsel zu entnehmen, dass dieser sowohl aus der Perspektive des Wegzugstaats (Heraus-Formwechsel) als auch des Zuzugstaats (Herein-Formwechsel) grundsätzlich von der Niederlassungsfreiheit geschützt ist.[273] Deutlich formulierte der EuGH jüngst in der Rechtssache *Polbud*[274]: Die Niederlassungsfreiheit umfasst den Anspruch einer nach dem Recht eines Mitgliedstaats gegründeten Gesellschaft auf Umwandlung in eine dem Recht eines anderen Mitgliedstaats unterliegende Gesellschaft, soweit die Voraussetzungen des Rechts jenes anderen Mitgliedstaats eingehalten sind.[275] Diesem berechtigten Anspruch der Gesellschaft sind also Wegzug- und Zuzugstaat unterworfen.

[2] Insbesondere: Entbehrlichkeit der Aufnahme einer wirtschaftlichen Tätigkeit im Sitzstaat

Da im streitgegenständlichen Sachverhalt der Rechtssache *Vale* sowohl Verwaltungs- als auch Satzungssitz zur Durchführung des grenzüberschreitenden Formwechsels verlegt wurden, schlussfolgerten manche, die Niederlassungsfreiheit schütze nicht den (Heraus-)Formwechsel in eine ausländische Rechtsform unter Beibehaltung des inländischen Verwaltungssitzes.[276] Deswegen war in der Vergangenheit umstritten, ob die Mitgliedstaaten infolge der *Vale*-Entscheidung dazu verpflichtet sind, grenzüberschreitende Umwandlungsmaßnahmen nur dann anzuerkennen, wenn eine reale wirtschaftliche Tätigkeit im Zuzugsstaat aufgenommen wird.[277] Der EuGH hat wiederum in der Rechtssache *Polbud* diesbezüglich Klarheit geschaffen und den von ihm entwickelten Grundsatz, dass eine grenzüberschreitende Umwandlung vom Wegzugstaat hinzunehmen ist, solange die Anforderungen des Zuzugstaats eingehalten werden, konsequent angewandt: Genügt nach den Vorschriften des Zuzugstaats die bloße Satzungssitzverlegung zur Gründung der Gesellschaft im Zuzugstaat im Rahmen einer

---

272 EuGH, Urteil vom 16. Dezember 2008 – Rs. C-210/06 „Cartesio" – Slg. I 2008, 9664 Rn. 111 f.

273 EuGH, Urteil vom 12. Juli 2012 – Rs. C-378/10 „Vale" – NZG 2012, 871 (873); *Drinhausen* in Semler/Stengel, Einl C Rn. 29; *Winter/Marx/De Decker*, DStR 2017, 1664; für die Zulässigkeit eines Herein-Formwechsels einer französischen SARL in eine GmbH KG Berlin, Beschluss vom 21. März 2016 – 22 W 64/15 – NZG 2016, 834.

274 EuGH, Urteil vom 25. Oktober 2017 – Rs. C-106/16 „Polbud" – NJW 2017, 3639.

275 EuGH, Urteil vom 25. Oktober 2017 – Rs. C-106/16 „Polbud" – NJW 2017, 3639 (3641).

276 *Drinhausen* in Semler/Stengel, Einl C Rn. 29 aE.

277 *Drygala/von Bressensdorf*, NZG 2016, 1161 (1165) m.w.N.

formwechselnden Umwandlung, so ist diese vom Wegzugstaat hinzunehmen, selbst wenn die Gesellschaft ihre Geschäftstätigkeit weiterhin ausschließlich in diesem ausübt.[278] Dabei knüpft der EuGH an die von ihm schon in der Rechtssache *Centros* getroffene Wertung an. Dort entschied er, dass die Gründung einer Gesellschaft in einem Mitgliedstaat selbst dann von der Niederlassungsfreiheit geschützt sei, wenn von Anfang an beabsichtigt war, sich in einem anderen Mitgliedstaat niederzulassen, um ausschließlich dort die Geschäftstätigkeit auszuüben.[279] Dann muss auch die isolierte Sitzverlegung zur formwechselnden Umwandlung in den Anwendungsbereich der Grundfreiheit fallen, selbst wenn von Anfang an beabsichtigt war, den Verwaltungssitz im Wegzugstaat zu belassen.

Vor diesem Hintergrund hat das OLG Frankfurt die grundlegende Bedeutung der europäischen Niederlassungsfreiheit für den Hinausformwechsel, also den grenzüberschreitenden Formwechsel einschließlich Satzungssitzverlegung von Deutschland ins EU-Ausland, bestätigt. Die entgegenstehenden Vorschriften des UmwG (§§ 1 Abs. 1 Nr. 4, 191 Abs. 2 UmwG) seien entsprechend unionsrechtskonform auszulegen.[280] Bestand in der formwechselnden deutschen Gesellschaft ein mitbestimmtes Aufsichtsorgan und sieht der Zuzugstaat kein entsprechendes Mitbestimmungsrecht für die Zielrechtsform vor, kann der grenzüberschreitende Formwechsel (und gleiches gilt für die grenzüberschreitende Spaltung) zu einer Verminderung oder dem vollständigen Verlust der Mitbestimmungsrechte der in Deutschland verbleibenden Belegschaft führen. Die vereinzelt vorgeschlagene entsprechende Anwendung der Regelungen des MgVG für den Fall des grenzüberschreitendes Formwechsels[281] hat sich weder in Schrifttum noch Rechtsprechung etabliert.

cc. Umwandlungsmöglichkeiten im Übrigen nach dem Vorschlag zur Änderung der Richtlinie (EU) 2017/1132

Die Möglichkeiten deutscher Gesellschaften, sich durch grenzüberschreitenden Formwechsel oder durch grenzüberschreitende Spaltung durch Neugründung (mit der Folge des Formwechsels) den deutschen Mitbestimmungsgesetzen zu entziehen, könnten sich zukünftig im Anwendungsbereich des Vorschlags zur Änderung der Richtlinie (EU) 2017/1132 drastisch reduzieren. Nach dem Richtlinienvorschlag ist eine präventive Durchführung einer der beiden Umwandlungsmaßnahmen mit

278 EuGH, Urteil vom 25. Oktober 2017 – Rs. C-106/16 „Polbud" – NJW 2017, 3639 (3641).

279 EuGH, Urteil vom 9. März 1999 – Rs. 212/97 „Centros" – Slg. 1999, I-1459 Rn. 29.

280 OLG Frankfurt, Beschluss vom 3. Januar 2017 – 20 W 88/15 – BB 2017, 1229 (1230).

281 *Winter/Marx/De Decker*, DStR 2017, 1664 (1668 f.).

Zuzug in einen „mitbestimmungsfeindlichen" Mitgliedstaat, um das Hereinwachsen in die deutsche Mitbestimmung langfristig zu vermeiden, weiterhin möglich. Die Mitbestimmungsfreiheit unabhängig von der Entwicklung des Mitbestimmungsrechts im Zuzugstaat festzuschreiben, gelingt hierdurch aber nicht.

Außerdem ist zu beachten, dass das Verhandlungsverfahren schon dann zwingend durchzuführen ist, wenn das noch mitbestimmungsfreie Unternehmen schon 400 Arbeitnehmer beschäftigt. Freilich droht dem Unternehmen im Fall des Scheiterns der Verhandlungen dann nicht eine zwangsweise Einführung von Unternehmensmitbestimmung durch die Auffangregelung. Diese orientiert sich an dem vor der Umwandlung bestehendem – in diesem Fall nicht vorhandenen – Mitbestimmungsniveau (Art. 86l Abs. 3 lit. e), Abs. 4 lit. c) bzw. Art. 160n Abs. 3 lit. e), Abs. 4 lit. c), jeweils i.V.m. Anhang SE-RL, Teil 3 lit. a) des Vorschlags zur Änderung der Richtlinie (EU) 2017/1132). Ob die obligatorischen Durchführung des Verhandlungsverfahrens sinnvoll ist, mag in diesem Fall fragwürdig erscheinen, ist doch die Verhandlungsposition des besonderen Verhandlungsgremiums ohne das „Damoklesschwert" der mitbestimmungskonservierenden Auffanglösung erheblich geschwächt. Allerdings kommt es nach dem präventiven Ansatz des Richtlinienvorschlags in diesen Fällen dann jedenfalls zu einer Missbrauchskontrolle der Umwandlung durch die zuständige Behörde nach Art. 86m Abs. 7 lit. c) bzw. Art. 160o Abs. 7 lit. c) des Vorschlags zur Änderung der Richtlinie (EU) 2017/1132.

Ist ein deutsches Unternehmen einmal mitbestimmt, kann es sich im Anwendungsbereich des Vorschlags zur Änderung der Richtlinie (EU) 2017/1132 von der Mitbestimmung nicht mehr, wie bislang, befreien, da sich bei einem Scheitern der obligatorischen Verhandlungen die Auffangregelung durchsetzt. Die Möglichkeit, sich durch Umwandlungsmaßnahmen in eine EU-ausländische Rechtsform zu begeben und sich dadurch der Mitbestimmung zu entledigen, entfällt im Anwendungsbereich des Vorschlags zur Änderung der Richtlinie (EU) 2017/1132 bei Vorliegen ihrer Voraussetzungen vollständig. Etwas anderes gilt nur für den unwahrscheinlichen Fall, dass eine aus Arbeitnehmersicht nachteilige Veränderung des bestehenden Mitbestimmungsstatuts im Wege der Verhandlungen vereinbart wird.

2. *Steuerung der Arbeitnehmerzahl*

a. *Reduzierung der Arbeitnehmerzahl durch Stellenabbau oder Vermeidung des Stellenausbaus*

Zunächst ist der schlichte Abbau von Arbeitsplätzen geeignet, ein Absinken der Arbeitnehmerzahlen unter die mitbestimmungsrechtlichen Schwellenwerte herbeizuführen.[282] Der Arbeitsplatzabbau kann durch den kurzweiligen Einsatz von Leiharbeitnehmern kompensiert werden, da diese im Rahmen der mitbestimmungsrechtlichen Schwellenwerte nach § 14 Abs. 2 Satz 6 AÜG[283] erst zu berücksichtigen sind, wenn ihre Einsatzdauer sechs Monate übersteigt. Vor dem Hintergrund des starken deutschen Kündigungsschutzrechts erscheint der präventive (inländische) Einstellungsstopp bei Annäherung an die Schwellenwerte aus Arbeitgebersicht attraktiver.

b. Reduzierung der Arbeitnehmerzahl durch Betriebsübertragungen (innerstaatlich und grenzüberschreitend)

aa. Reduzierung der Arbeitnehmerzahl im Wege des „Asset Deals"

Auch die Veräußerung einzelner Betriebe oder Betriebsteile kann zur Folge haben, dass die relevanten Schwellenwerte von 500 oder 2000 Arbeitnehmern dauerhaft unterschritten werden und die Besetzung des Aufsichtsrates entsprechend angepasst werden kann. Hierzu werden rechtsgeschäftlich einzelne Bestandteile des Vermögens des Unternehmens durch Übereignung bzw. Abtretung übertragen („Asset Deal").[284] Im Gegensatz zu den Umstrukturierungsmaßnahmen nach dem UmwG erfolgt der Vermögensübertrag also durch Einzelrechtsnachfolge.[285] Ein weiterer entscheidender Unterschied ist, dass für solche Betriebsübertragungen keine dem § 325 Abs. 1 UmwG vergleichbare Mitbestimmungsbeibehaltungsvorschrift vorhanden ist.

Die einzelnen Vermögensgegenstände müssen in ihrer Gesamtheit einen Betrieb oder Betriebsteil im Sinne des § 613a Abs. 1 BGB[286] ausmachen. Mit der Veräußerung von Betrieben oder Betriebsteilen einher geht dann der Übergang der Arbeitsverhältnisse der Arbeitnehmer auf den Erwerber nach § 613a Abs. 1 BGB und damit die Reduzierung der Arbeitnehmerzahl beim Veräußerer – sofern die Arbeitnehmer nicht widersprechen (§ 613a Abs. 6 Satz 1 BGB). Dabei ist der Wirkungsbereich des § 613a BGB nicht auf das Gebiet der Bundesrepublik Deutschland beschränkt. Die Vorschrift ist auch bei grenzüberschreitenden Betriebsübergängen anwendbar.[287] Insbesondere ist es auch unschädlich, wenn

282 *Zange* in Arens/Düwell/Wichert, § 14 Rn. 113.
283 Zur unklaren Rechtslage vor dessen Einführung *Rieble,* NZA 2012, 485.
284 *Bauer/Haußmann/Krieger,* Teil 1 A Rn. 9.
285 *Picot* in Römermann, § 21 Rn. 71.
286 Hierzu *Preis* in Erfurter Kommentar, § 613a BGB Rn. 5 ff.
287 BAG, Urteil vom 26. Mai 2011 – 8 AZR 37/10; *Raif/Ginal,* GWR 2013, 217.

der Erwerber nur seinen Satzungssitz im EU-Ausland innehat, seine wirtschaftliche Tätigkeit nach Durchführung des Unternehmenskaufs aber ausschließlich oder im Wesentlichen in Deutschland entfaltet und dort sein Verwaltungssitz zu verorten ist. Denn die Niederlassungsfreiheit garantiert der Gesellschaft ausländischen Rechts, einen Verwaltungssitz in Deutschland zu wählen, ohne hierdurch den Anforderungen der Mitbestimmungsgesetze zu unterliegen.[288] Erfüllt die Veräußerung aber die Anforderungen an eine in den §§ 20 Abs. 1 und 21 Abs. 1 UmwstG bezeichnete Einbringung von Betrieben oder Teilbetrieben oder von Anteilen und liegen die weiteren Voraussetzungen des § 1 MitbestBeiG vor, wird der durch den Vorgang ausgelöste Verlust der Arbeitnehmer als nicht geschehen behandelt.

bb. Ungeeignetheit des „Share Deals" zur Reduzierung der Arbeitnehmerzahl

Ohne Einfluss auf die Unternehmensmitbestimmung ist grundsätzlich aber der Erwerb oder die Veräußerung von Beteiligungen („Share Deal").[289] Hierdurch wird allein die Gesellschafterzusammensetzung beeinflusst, der Bestand der Arbeitsverhältnisse und insbesondere die Arbeitgeberstellung der Gesellschaft bleiben unberührt.[290] Ausnahmen bestehen nur insoweit, als mitbestimmungsrechtliche Vorschriften unmittelbar oder mittelbar an die Gesellschafterstellung anknüpfen. Durch Gesellschafterwechsel können vor allem die Voraussetzungen der Vorschrift des § 4 Abs. 1 MitbestG entfallen, oder das für die Zurechnung nach § 2 Abs. 2 DrittelbG, § 5 Abs. 1 MitbestG erforderliche Konzernverhältnis beendet werden.[291]

c. *Reduzierung der Arbeitnehmerzahl durch Abschluss unechter Betriebsführungsverträge*

Betriebsübertragungen, die die Rechtsfolge des § 613a Abs. 1 BGB auslösen und so zur Verringerung der Arbeitnehmerzahl beitragen, sind aus Sicht des Unternehmens dann nicht erstrebenswert, wenn es sich der Vermögensgegenstände, die den entsprechenden (Teil-)betrieb nach § 613a Abs. 1 BGB auszumachen geeignet sind, nicht endgültig begeben will. Dem Unternehmen eröffnet sich in einer solchen Situation aber die Möglichkeit, sogenannte unechte

---

288 *Habersack*, AG 2007, 641 (644).

289 Arens/*Düwell*/Wichert, § 5 Rn. 2.

290 Arens/*Düwell*/Wichert, § 5 Rn. 2.

291 Dazu noch unten, § 2A.I.3.

Betriebsführungsverträge mit Betriebsführungsgesellschaften abzuschließen. Die Reduzierung der Arbeitnehmerzahlen gelingt dabei durch die Vermeidung der Arbeitgeberstellung. Der Vertragstypus „trennt die Belegschaft von den Betriebsmitteln".[292] Es ist zwischen „echten" und „unechten" Betriebsführungsverträgen zu unterscheiden: Nur bei letztgenannten tritt mit Abschluss des Betriebsführungsvertrags ein Betriebsinhaberwechsel mit der Rechtsfolge des § 613a Abs. 1 Satz 1 BGB ein.[293] Die in der Eigentümergesellschaft bestehenden Arbeitsverhältnisse gehen auf die Betriebsführungsgesellschaft über, sodass ein Unterschreiten der mitbestimmungsrechtlich relevanten Schwellenwerte in der Eigentümergesellschaft herbeigeführt werden kann. Dafür muss der Betriebsführer gegenüber dem Eigentümer des Betriebs zur Betriebsführung im eigenen Namen berechtigt und verpflichtet sein.[294] Weisungsbefugnisse des Auftraggebers im Innenverhältnis, die eine Einflussnahmemöglichkeit sicherstellen, schaden dabei nicht.[295] Entscheidend ist für den Tatbestand des Betriebsinhaberwechsels, wer im Außenverhältnis (nicht nur gegenüber dem Personal)[296] als Inhaber auftritt.[297] Vorsicht ist geboten, wenn durch die Ausgestaltung des Innenverhältnisses eine Konzernierung nach § 18 Abs. 1 AktG begründet wird, mit der Folge, dass die Vorschrift des § 5 Abs. 1 MitbestG Anwendung findet und die für die Mitbestimmung in der Obergesellschaft relevante Arbeitnehmerzahl konzernweit ermittelt wird. Die Voraussetzungen einer Beherrschung dürfen zur Vermeidung dieses Ergebnisses durch den Betriebsführungsvertrag nicht geschaffen werden.[298]

d. Steuerung der Arbeitnehmerzahl durch grenzüberschreitende Betriebsverlagerungen

Für die Zahl der Arbeitnehmer, die das Unternehmen beschäftigt, kommt es auf die Personen an, die in einem inländischen Betrieb des Unternehmens eingegliedert

---

292 *Rieble,* NZA 2010, 1145.

293 *Willemsen*/Hohenstatt/Schweibert/Seibt, G Rn. 77 f.

294 *Willemsen*/Hohenstatt/Schweibert/Seibt, G Rn. 78.

295 BAG, Urteil vom 10. Mai 2012 – 8 AZR 434/11 – NZA 2012, 1161 (1167); BAG, Urteil vom 20. November 1984 – 3 AZR 584/83 – NJW 1985, 1574; *Richter* in MüArbR Bd. 1, § 25 Rn. 17, a.A. *Ginal/Reif,* GWR 2017, 131 (133).

296 So aber *Willemsen*/Hohenstatt/Schweibert/Seibt, G Rn. 78.

297 BAG, Urteil vom 27. September 2012 – 8 AZR 826/11 – NZA 2013, 961 (963); LAG Baden-Württemberg, Urteil vom 26. Februar 2016 – 17 Sa 58/15 Rn. 64 (zitiert nach beck-online); *Arendt* in Schaub, § 117 Rn. 28.

298 *Rieble,* NZA 2010, 1145 (1148) und weitergehend zur Gestaltung eines geeigneten Betriebsführungsvertrags.

sind.[299] In im Ausland angesiedelten Betrieben tätige Arbeitnehmer können nur berücksichtigt werden, wenn ihr Auslandseinsatz nicht dauerhafter Natur ist und ihr Arbeitsverhältnis ansonsten dem deutschen Recht unterliegt.[300] Die schlichte Verlagerung einer Betriebsstätte ins Ausland kann also entweder zum Unterschreiten der Schwellenwerte führen, weil die aus Deutschland mitgebrachten Arbeitnehmer im Anwendungsbereich der deutschen Mitbestimmungsgesetze nicht mehr berücksichtigungsfähig sind. Sie kann aber auch präventiv erfolgen, das erstmalige Überschreiten der Schwellenwerte also verhindern, weil die im Ausland eigens eingestellten Arbeitnehmer von vornherein nicht berücksichtigungsfähig sind. Eine nicht mitbestimmte deutsche Gesellschaft kann die Mitbestimmung also durch Verlagerung ihres Personalwachstums ins Ausland vermeiden.[301]

3. *Vermeidung der Zurechnungsvorschriften nach § 2 DrittelbG und §§ 4, 5 MitbestG*

a. *Vermeidung der Konzernzurechnungsvorschriften*

aa. Beendigung des Konzernverhältnisses

Mit der Schwächung oder dem Verlust der Mitbestimmung einher kann auch die Beendigung von Konzernverhältnissen gehen, beispielsweise durch Anteilsveräußerung oder Auflösung von im Konzern stehenden Unternehmen, wenn danach bei einer Gesamtbetrachtung der im Konzern verbleibenden Arbeitnehmer die relevanten Schwellenwerte nicht mehr erreicht werden.[302] Dies kann typischerweise durch Übertragung von Anteilen auf ein (auch ausländisches) Unternehmen erreicht werden, durch welche das Konzernverhältnis gelöst wird, das bis dahin zwischen dem betroffenen Unternehmen und dem herrschenden Unternehmen bestanden hat.[303] Die Arbeitnehmer der im Wege eines Share Deals veräußerten Tochtergesellschaft verlieren ihre Mitbestimmungsrechte in Bezug auf den bei ihrer vormaligen Obergesellschaft bestehenden Aufsichtsrat in jedem Fall. Handelt es sich bei dem Käufer um eine den Mitbestimmungsgesetzen nicht unterfallende (also insbesondere ausländische) Gesellschaft, besteht auch keine Aussicht der Arbeitnehmer der Tochtergesellschaft, über ihre Zugehörigkeit zur neuen Obergesellschaft in den Genuss von Mitbestimmungsrechten im Aufsichtsorgan dieser Gesellschaft zu kommen.

299 WKS/*Wißmann*, MitbestG, § 1 Rn. 34.
300 MüKoAktG/*Gach*, § 1 MitbestG, Rn. 22.
301 *Bayer*, NJW 2016, 1930 (1932) m.w.N.
302 Willemsen/Hohenstatt/Schweibert/*Seibt*, F Rn. 60.
303 *Wißmann* in Widmann/Mayer, Umwandlungsrecht Bd. 7, Anhang 2 Rn. 130.

Für die bislang mitbestimmte deutsche Obergesellschaft interessanter dürfte es allerdings sein, wenn mit der abgestoßenen Tochtergesellschaft die Konzernzurechnung nach § 2 Abs. 1 DrittelbG bzw. § 5 Abs. 1 MitbestG in Gänze obsolet würde, weil die maßgeblichen Schwellenwerte konzernweit nicht mehr erreicht werden.[304] Hierzu genügt freilich auch eine Veräußerung der Anteile an der entsprechenden Tochtergesellschaft an einen inländischen Käufer.

bb. Speziell im Anwendungsbereich des DrittelbG: Aufspaltung in einen faktischen Konzern

Fällt ein Unternehmen in den Anwendungsbereich des DrittelbG, kann die Mitbestimmung durch Aufspaltung des Unternehmens in Gesellschaften mit weniger als 500 Arbeitnehmern verhindert werden, da es nach § 2 Abs. 2 DrittelbG keine Zurechnung im faktischen Konzern gibt.[305] Nur bei Abschluss eines Beherrschungsvertrags zwischen der Obergesellschaft und der Tochtergesellschaft oder der Eingliederung der letztgenannten in das herrschende Unternehmen kommt es nach § 2 Abs. 2 Satz 2 DrittelbG zu einer Zurechnung der Arbeitnehmer des Konzernunternehmens zum herrschenden Unternehmen.

cc. Verlassen des räumlichen Anwendungsbereichs deutscher Mitbestimmungsgesetze durch die Tochter- oder Obergesellschaft

Die Konzernzurechnung kann aber auch ohne Beendigung des Konzernverhältnisses vermieden werden. Die zu übertragende Gesellschaft kann im Konzern verbleiben, wenn sie dem räumlichen Anwendungsbereich der deutschen Mitbestimmungsgesetze durch Verlegung ihres Satzungssitzes ins Ausland entzogen wird, wobei damit nach §§ 4 Abs. 1 GmbHG, 5 Abs. 1 AktG der Verlust der Rechtsform der GmbH bzw. der AktG zwingend einhergeht. Der deutschen Konzernspitze werden die Arbeitnehmer dieser dann im Ausland ansässigen Tochtergesellschaft nicht zugerechnet.[306] Nach Maßstab der *Polbud* Entscheidung des EuGH steht dem nicht entgegen, dass der Verwaltungssitz der Tochtergesellschaft im Inland verbleibt. Erfolgt die Sitzverlegung im Wege einer grenzüberschreitenden Verschmelzung und zukünftig gegebenenfalls auch im Wege einer Spaltung oder eines Formwechsels, sind allerdings die Regelungen zur Fortschreibung der Mitbestimmung nach der IntVerschmRL bzw. dem Vorschlag zu Änderung der Richtlinie (EU) 2017/1132 zu beachten. Der bloße Wechsel der

304 *Wißmann* in Widmann/Mayer, Umwandlungsrecht Bd. 7, Anhang 2 Rn. 134.
305 *Henssler*, ZFA 2018, 174 (177 f.).
306 Wlotzke/Wißmann/*Koberski*/Kleinsorge, § 5 Rn. 18.

Gesellschaft in eine den Mitbestimmungsgesetzen nicht unterfallende Rechtsform unter Beibehaltung des Satzungssitzes in Deutschland indes bliebe für die Berücksichtigung ihrer Arbeitnehmer folgenlos. Denn § 5 MitbestG erfasst auch abhängige Unternehmen, die in anderen als den in § 1 Abs. 1 Nr. 1 MitbestG benannten Rechtsformen verfasst sind.[307]

Außerdem kann durch den Erwerb der bisherigen Obergesellschaft durch eine über einen Treuhänder (mitbestimmungsfrei) gegründete Gesellschaft ausländischen Rechts ein mitbestimmungsfreies Durchregieren auf die deutschen Tochtergesellschaften außerhalb des Anwendungsbereichs der Konzernzurechnungsvorschriften ermöglicht werden.[308]

dd. Verlassen des sachlichen Anwendungsbereichs deutscher Mitbestimmungsgesetze durch die Obergesellschaft

Der Obergesellschaft steht die schon eben erwähnte Möglichkeit des innerdeutschen Rechtsformwechsels, also vor allem in eine mitbestimmungsfreie Personengesellschaft, offen, um den sachlichen Anwendungsbereich deutscher Mitbestimmungsgesetze zu verlassen. Dabei erfreut sich vor allem die Wahl einer Stiftung als Trägerin des Unternehmens besonderer Beliebtheit (z.B. Aldi Nord und Aldi Süd).[309]

Mit dem Verlassen des sachlichen und räumlichen Anwendungsbereichs deutscher Mitbestimmungsgesetze einher geht der grenzüberschreitende Wechsel der Obergesellschaft in eine mitbestimmungsfreie Rechtsform. Dieser Weg zur Durchbrechung der Vorschriften zur Konzernzurechnung steht freilich auch der Obergesellschaft zur Verfügung, die Möglichkeiten unterscheiden sich dann nicht von den oben dargestellten innerdeutschen und grenzüberschreitenden Möglichkeiten des Rechtsformwechsels.[310]

ee. Gänzlicher Verzicht auf inländische Tochtergesellschaften zur Vermeidung des § 5 Abs. 3 MitbestG

Aus der Perspektive eines ausländischen Unternehmens kann schließlich die Mitbestimmung in deutschen Tochtergesellschaften durch die Zurechnung innerhalb des Teilkonzerns nach § 5 Abs. 3 MitbestG von vorherein verhindert

307 Wlotzke/Wißmann/*Koberski*/Kleinsorge, § 5 Rn. 17.
308 *Wollburg/Banerjea*, ZIP 2005, 277 (280 f.).
309 *Henssler*, ZFA 2018, 174 (178); für die Stiftung & Co. KG *Bayer*, NJW 2016, 1930 (1933).
310 Oben, § 2A.I.1.

werden, indem gänzlich auf inländische Tochtergesellschaften verzichtet wird.[311] Diese Strategie wird insbesondere von US-Firmen (z.B. Mc Donalds, American Express oder McKinsey) praktiziert, die ihren deutschen Marktauftritt lediglich über rechtlich unselbstständige Zweigniederlassungen organisieren.[312]

b. Vermeidung der Zurechnung innerhalb der Kapitalgesellschaft & Co. KG

Die Vermeidung der Zurechnungsvorschrift des § 4 Abs. 1 MitbestG kann entweder durch Einsatz einer dem MitbestG nicht unterfallenden (ausländischen) Kapitalgesellschaft (oder einer deutschen Stiftung[313]) als Komplementärin erfolgen oder durch einen Gesellschafterwechsel bei der Komplementärgesellschaft, der die nach § 4 Abs. 1 Satz 1 MitbestG nötige Mehrheitskongruenz der Gesellschafterkreise der Kommanditgesellschaft und der Komplementärin auflöst.[314]

aa. Einsatz einer ausländischen Komplementärgesellschaft

Die Variante des Einsatzes einer ausländischen Komplementärgesellschaft kann ebenfalls durch zahlreiche Gestaltungsmöglichkeiten verwirklicht werden.[315] Dabei kommt neben dem auf verschiedene Weise durchführbaren Wechsel der bisherigen in der Rechtsform einer deutschen Kapitalgesellschaft verfassten Komplementärin in eine Gesellschaft ausländischen Rechts[316] auch die schlichte Übertragung der Komplementärstellung durch Abtretung der Anteile an der KG an die ausländische Gesellschaft in Betracht. Da die nunmehr unter ausländischer Rechtsform firmierende Komplementärin nicht in den Anwendungsbereich deutscher Mitbestimmungsgesetze fällt[317], bleibt auch für die Zurechnungsvorschrift des § 4 Abs. 1 MitbestG kein Raum. Die deutsche KG wiederum wird als Personengesellschaft ohnehin nicht mitbestimmt.[318]

§ 4 MitbestG hat wegen der zahlreichen Gestaltungsmöglichkeiten seine praktische Bedeutung weitgehend verloren: Die Anzahl der mitbestimmten Komplementärinnen in einer KG in der Rechtsform der AG oder GmbH wird mit aktuell 17 angegeben.[319] Für diese Gesellschaften stellt sich im Anwendungsbereich der

---

311 *Henssler,* ZFA 2018, 174 (178).
312 *Henssler,* ZFA 2018, 174 (178); hierzu auch *Bayer,* NJW 2016, 1930 (1932) m.w.N.
313 Z.B. *Winter/Marx/De Decker,* NZA 2016, 334 (335).
314 *Bauer/Haußmann/Krieger,* Teil 4 B Rn. 82.
315 Beispiele bei *Bayer,* NJW 2016, 1930 (1933).
316 Hierzu oben, § 2A.I.1.b.
317 *Zange* in Arens/Düwell/Wichert, § 14 Rn. 129.
318 *Zange* in Arens/Düwell/Wichert, § 14 Rn. 129.
319 *Henssler,* ZFA 2018, 174 (178).

IntVerschmRL und möglicherweise künftig des Vorschlags zur Änderung der Richtlinie (EU) 2017/1132 die Frage, ob die in der Komplementärin kraft der Zurechnungsvorschrift des § 4 Abs. 1 Satz 1 MitbestG vorhandene Mitbestimmung bei entsprechenden Umstrukturierungsmaßnahmen der Komplementärin jedenfalls durch die entsprechenden Auffangregeln fortgeschrieben wird.

bb. Beseitigung der nach § 4 Abs. 1 Satz 1 MitbestG erforderlichen Mehrheitsverhältnisse

Für die Variante der Beseitigung der Mehrheitskongruenz (die Mehrheit der Kommanditisten muss die Mehrheit der Anteile oder Stimmen an der Komplementärin inne haben)[320] genügt es zum Beispiel, wenn einer von mehreren Kommanditisten die Anteile an der Komplementärin zu 100 Prozent übernimmt.[321]

II. Rechtmäßigkeit der bestehenden Mitbestimmungsvermeidungsstrategien

1. Zulässigkeit der Mitbestimmungsvermeidung nach deutschem Recht

a. Wertungen der deutschen Mitbestimmungsgesetze

Bei der Bewertung der möglichen Mitbestimmungsvermeidungsstrategien nach deutschrechtlichem Maßstab ist zuvorderst die vom Gesetzgeber bewusst lückenhafte Ausgestaltung des MitbestG und des DrittelbG zu beachten. Er hat die Anwendbarkeit des deutschen Mitbestimmungsrechts in den Vorschriften des § 1 Abs. 1 MitbestG und § 1 Abs. 1 DrittelbG an eine bestimmte Rechtsform und die Zahl der Arbeitnehmer geknüpft. Ein genereller Bestandsschutz für die einmal eingeführte Mitbestimmung gibt es nicht, vielmehr hat der Gesetzgeber nur punktuelle Mitbestimmungsbeibehaltungsregeln geschaffen.[322] Eine analoge Anwendung der Mitbestimmungsregeln auf Unternehmen in anderer deutscher Rechtsform ist also schon in Ermangelung einer Regelungslücke nicht angezeigt.[323] In Bezug auf eine etwaige analoge Anwendung des § 4 Abs. 1 MitbestG auf die KGaA hat der BGH ausdrücklich entschieden, dass es nicht Aufgabe der Gerichte sein kann, den auf politischem Wege gefundenen Mitbestimmungskompromiss durch Rechtsfortbildung zu korrigieren. Vielmehr ist es nach der

---

320 *Bauer/Haußmann/Krieger*, Teil 4 B Rn. 82.

321 *Zange* in Arens/Düwell/Wichert, § 14 Rn. 126.

322 Hierzu oben, § 1A.III, *Ulmer/Habersack*/Henssler, § 1 MitbestG Rn. 26.

323 MüKoAktG/*Gach*, § 1 MitbestG Rn. 6.

Auffassung des Gerichts allein Sache des Gesetzgebers, das Mitbestimmungsgesetz den neuen Gegebenheiten anzupassen.[324] Erst Recht sehen die originär deutschen Mitbestimmungsgesetze keine dem § 43 SEBG vergleichbare Vorschrift vor. Da der Einwand des Rechtsmissbrauchs in Deutschland als methodisch begründbares Institut anerkannt ist,[325] bedarf es einer solchen aber auch nicht.

Der Gesetzgeber wollte mit der Einführung der Mitbestimmungsgesetze die Gestaltungsfreiheit der Anteilseigner jedenfalls nicht dahingehend beschränken, dass ihre Ausübung nicht eine Beeinträchtigung der Mitbestimmung verursachen dürfe.[326] Die Wahl einer mitbestimmungsfreien Rechtsform oder der nachträgliche Wechsel in eine solche begegnen daher selbst dann keinen Bedenken, wenn sie ersichtlich zur Vermeidung der Mitbestimmung dient.[327] Der Gesetzgeber hat ein solches Verhalten durch die abschließende Aufzählung der mitbestimmungsfähigen Rechtsformen in Kauf genommen.[328] Deswegen begründet die Absicht der Tatbestandsvermeidung nach *Henssler* „weder einen Sittenwidrigkeitsvorwurf noch einen Gestaltungsmissbrauch".[329] Entgegenzutreten ist somit der Auffassung, eine unternehmerische Maßnahme könne sittenwidrig sein, wenn einziger Grund für ihre Vornahme die Verkürzung der Arbeitnehmerrechte ist und eine sonstige Optimierung unternehmensrelevanter Daten (Vermeidung persönlicher Haftung, Steueroptimierung, usw.) nicht erreicht wird.[330] In einem solchen Verhalten liegt keine „sittenwidrige Umgehung" des Mitbestimmungsgesetzes. Das LG Düsseldorf hat allerdings – freilich ohne sich, soweit erkennbar, hiermit im Schrifttum oder Rechtsprechung durchzusetzen – die zumindest theoretische Möglichkeit einer „sittenwidrigen Umgehung des Mitbestimmungsgesetzes" anerkannt, wenn die hierauf gerichtete Absicht das alleinige Motiv der gesellschaftsrechtlichen Veränderung gewesen wäre.[331]

Das Territorialitätsprinzip wiederum steht der (auch analogen) Anwendung deutscher Mitbestimmungsgesetze auf ausländische Unternehmen entgegen.[332] Auch die Wahl einer mitbestimmungsfreien ausländischen Rechtsform fällt also aus deutschrechtlicher Perspektive in die Gestaltungsfreiheit der Anteilseigner.

---

324 BGH, Beschluss vom 24. Februar 1997 – II ZB 11/96 – NJW 1997, 1923 (1925).
325 Dazu noch unten, § 3C.II.1.
326 *Ballerstedt*, ZGR 1977, 133 (141).
327 *Lutter*, ZGR 1977, 195 (201); *Ulmer/Habersack*/Henssler, § 1 MitbestG Rn. 30.
328 *Henssler*, ZFA 2000, 241 (245).
329 *Henssler*, ZFA 2000, 241 (245).
330 So aber *Lutter*, ZGR 1977, 195 (202).
331 LG Düsseldorf, Beschluss vom 30. Oktober 1979 – 25 Akt E 1/77 – BB 1980, 854.
332 WKS/*Wißmann*, § 1 MitbestG Rn. 18.

Ebenso lässt sich die Zahl der Arbeitnehmer in einem Unternehmen ohne rechtliche Bedenken gezielt unter 501 oder 2001 halten oder das Unterschreiten der Schwellenwerte, zum Beispiel durch Betriebsaufspaltungen (oder, wie oben dargestellt,[333] durch Betriebsverlagerungen ins Ausland usw.), erst herbeiführen.[334] *Henssler* konstatiert wiederum, dass die mit den – zwangsläufig willkürlich gegriffenen – festen Schwellenwerten verbundenen Ungerechtigkeiten „vom Gesetzgeber bewusst aus Gründen der Praktikabilität und Vereinfachung in Kauf genommen werden".[335] Auch Maßnahmen, die „ausschließlich durch das Ziel motiviert" sind, das Erreichen der Schwellenwerte zu vermeiden oder rückgängig zu machen, sind folgerichtig erlaubt.[336]

b. Wertungen des Umwandlungsgesetzes

Der Gesetzgeber hat bei der Fassung des UmwG nach seinem aktuellen Stand die möglichen Folgen einzelner Umwandlungsmaßnahmen auch für die Unternehmensmitbestimmung erkannt und gebilligt.[337] Insbesondere der ersatzlose Wegfall der Mitbestimmung im Fall des Wechsels der Rechtsform zu einer Personengesellschaft (gleich durch welche Umwandlungsart) wird vom Gesetz gebilligt.[338] Dementsprechend kann auch ein mitbestimmungsschädliches Vorgehen, das nicht von § 325 Abs. 1 UmwG erfasst wird, regelmäßig keinen rechtlichen Bedenken begegnen. Auch eine analoge Anwendung der Vorschrift auf andere mitbestimmungsschädliche Vorgänge kommt nicht in Betracht, da eine planwidrige Regelungslücke nicht zu identifizieren ist.[339] Entsprechend formuliert das OLG Naumburg in einer Entscheidung, in der es um einen den (mitbestimmten) Aufsichtsrat in seiner Gänze entfallen lassenden Umwandlungsvorgang einer AG in eine GmbH ging. Der Gesetzgeber habe den Wegfall der Mitbestimmung als mögliche Folge der Ausübung des gesetzlich vorgesehenen Umwandlungsrechts in Kauf genommen, eine unzulässige Rechtsausübung nach § 242 BGB könne hierin nicht gesehen werden. Insbesondere dürfe dem Unternehmen nicht die bestmögliche Gestaltung seiner Struktur nach wirtschaftlichen Notwendigkeiten

---

333 Oben, § 2A.I.2.

334 *Bayer*, ZGR 1977, 173 (179 f.); *Ulmer/Habersack*/Henssler, § 1 MitbestG Rn. 30.

335 *Henssler*, ZFA 2000, 241 (245).

336 *Henssler*, ZFA 2000, 241 (245).

337 BT-Drs. 12/6699, S. 75 ff.

338 *Henssler*, ZFA 2000, 241 (249); in diese Richtung Willemsen/Hohenstatt/Schweibert/*Seibt*, F Rn. 93 aE.

339 *Wißmann* in Widmann/Mayer, Umwandlungsrecht Bd. 4, § 325 Rn. 10.1.

verwehrt werden.[340] Allerdings verhalten sich die Entscheidungsgründe widersprüchlich zu der Frage, ob es einer besonderen Veranlassung für eine mitbestimmungsrelevante Umwandlung bedarf.[341] Einerseits betont das Gericht, dass das UmwG die Umwandlung von keinen besonderen Motiven der Gesellschafter abhängig macht. Andererseits hebt es hervor, dass im streitgegenständlichen Sachverhalt die Umwandlungsmaßnahme jedenfalls wirtschaftlich notwendig war.[342]

c. *Möglicher Rechtsmissbrauchseinwand?*

Für den Einwand eines Rechtsmissbrauchs (oder einer unzulässigen Gesetzesumgehung) verbleibt, diese Wertungen vorausgeschickt, bei der Beurteilung von Mitbestimmungsvermeidungsmaßnahmen nach deutschrechtlichen Maßstäben nur wenig Spielraum. Auf die rechtsmethodisch fragwürdige Differenzierung zwischen Rechtsmissbrauch und Gesetzesumgehung braucht an dieser Stelle nicht weiter eingegangen werden.[343] Da das absichtliche Vermeiden des Eintritts der Tatbestandsvoraussetzungen der Mitbestimmungsgesetze den Vorwurf des Missbrauchs oder der (sittenwidrigen) Gesetzesumgehung, anders als das LG Düsseldorf meint[344], nicht nach sich zieht, kommt das erfolgreiche Berufen auf einen solchen Einwand nur in Konstruktionen in Betracht, die über die bloße Tatbestandsvermeidung hinausgehende Kriterien erfüllen. Nach diesem Ansatz schlägt *Henssler* vor, dass ein Gestaltungsmissbrauch zum Beispiel erst dann vorliegen soll, „wenn verdeckt die vom Gesetz an sich erfasste Unternehmensgröße beibehalten und die Arbeitnehmerzahl damit nur scheinbar abgesenkt wird, wie dies etwa bei einer exzessiven Beschäftigung von Fremdpersonal oder Scheinselbstständigen angedacht werden könnte".[345]

Dementsprechend könnte auch dem Abschluss eines unechten Betriebsführungsvertrags mit dem Einwand des Gestaltungsmissbrauchs begegnet werden, wenn dem Betriebsführungsvertrag der Charakter eines „Strohmanngeschäfts" zukommt. Dies soll nach *Willemsen* der Fall sein, wenn der bisherige Betriebsinhaber weiterhin die Fäden im Hintergrund ziehe und der einzige Zweck der Maßnahme sei, sich gegenüber dem Personal lästiger Verpflichtungen zu

340 OLG Naumburg, Urteil vom 6. Februar 1997 – 7 U 236/96 – NZA-RR 1997, 177 (179).
341 *Henssler*, ZFA 2000, 241 (243).
342 OLG Naumburg, Urteil vom 6. Februar 1997 – 7 U 236/96 – NZA-RR 1997, 177 (179).
343 Hierzu noch unten § 3C.III.2.c.
344 Eben § 2A.II.1.a.
345 *Henssler*, ZFA 2000, 241 (246).

entledigen.[346] Als unzulässig könnten auch Konstruktionen qualifiziert werden, bei denen sich ein Unternehmen vor der Spaltung nur vorrübergehend in eine nicht mitbestimmungsfähige Rechtsform umwandelt, um dann nach der Spaltung in die ursprüngliche Rechtsform zurückzukehren, ohne dass dieses Vorgehen eine andere Erklärung als die Vermeidung der Mitbestimmungssicherung nach § 325 Abs. 1 UmwG haben kann.[347]

Den aufgezählten Beispielen gemein ist jedenfalls, dass sie über die Vermeidung des Eintritts der Tatbestandsmerkmale der Mitbestimmungsgesetze hinausgehende Kriterien erfüllen: Es werden entweder durch mehrstufige Konstruktionen nur vorübergehende Situationen geschaffen, die sich mitbestimmungsrechtlich günstig auswirken und keinem anderen Zweck als der Mitbestimmungsvermeidung dienen, oder es werden dauerhafte Situationen geschaffen, in denen das vermiedene Tatbestandsmerkmal bei tatsächlicher Betrachtung weiter als erfüllt gelten kann. Weder die aufgezeigten Möglichkeiten zum Wechsel der Rechtsform, zur Steuerung der Arbeitnehmerzahl, zur Vermeidung der Arbeitgeberstellung oder des Eingreifens der Zurechnungsvorschriften im Konzern und in der KG[348] sind ohne Weiteres geeignet, diese über die bloße Tatbestandsvermeidung hinausgehenden Anforderungen an einen Rechtsmissbrauch zu erfüllen.

2. *Zulässigkeit der Mitbestimmungsvermeidung nach Unionsrecht*

a. *EuGH: Fast uneingeschränkte Anerkennung unternehmerischer Entscheidungsfreiheit*

Der EuGH hat entschieden, dass der Umstand, dass eine Gesellschaft in einem Mitgliedstaat nur gegründet wurde, um in den Genuss vorteilhafter Rechtsvorschriften zu kommen, keinen Missbrauch der Niederlassungsfreiheit begründet, und zwar auch dann nicht, wenn die betreffende Gesellschaft ihre Tätigkeit hauptsächlich oder ausschließlich in einem anderen Mitgliedstaat ausübt.[349] Diesen Ansatz verfolgte der EUGH auch in den bereits dargestellten Entscheidungen *Sevic, Vale, Cartesio* und *Polbud,* die die Zulässigkeit grenzüberschreitender Umwandlungsvorgänge betrafen. Der EuGH kalkuliert dabei die aus der konsequenten Anwendung der Niederlassungsfreiheit resultierenden Folgen für den Minderheitenschutz, insbesondere für den Bestand der

346 Zum Ganzen *Willemsen*/Hohenstatt/Schweibert/Seibt, G Rn. 81.

347 *Wißmann* in Widmann/Mayer, Umwandlungsrecht Bd. 4, § 325 UmwG Rn. 19.

348 Oben, § 2A.I.

349 EuGH, Urteil vom 30. September 2003 – Rs. 167/01 „Inspire Art" – NJW 2003, 3331 (3333) mit Verweis unter anderem auf die Rechtssache *Centros* (Fn. 603).

Unternehmensmitbestimmung in der von der Umstrukturierungsmaßnahme betroffenen Gesellschaft, ein. Er überlässt es ausdrücklich den Mitgliedstaaten, Maßnahmen zu ergreifen, um zu verhindern, dass sich seine Staatsangehörigen unter Missbrauch der durch den Vertrag geschaffenen Erleichterungen der Anwendung des nationalen Rechts entziehen.[350] Deutschland hat solche Maßnahmen nicht getroffen.

Der EuGH fügt weiter hinzu, dass es nach seiner ständigen Rechtsprechung für sich allein keinen Missbrauch darstellt, wenn eine Gesellschaft ihren – satzungsmäßigen oder tatsächlichen – Sitz nach dem Recht eines bestimmten Mitgliedstaats begründet, um in den Genuss günstigerer Rechtsvorschriften zu kommen.[351] Von der Niederlassungsfreiheit ist ein solches Verhalten ausdrücklich umfasst.[352] Damit verweist der EuGH zum Einen auf seine Entscheidungen mit Bezug zum Missbrauchsverbot, in denen er die Anforderungen an ein unionsrechtswidriges missbräuchliches Verhalten sukzessive konkretisiert hat. Zum anderen positioniert er sich eindeutig dahin, dass die bloße Tatsache der isolierten Sitzverlegung einen Rückgriff auf die Missbrauchskriterien nicht veranlasst.[353] Die dargestellten Mitbestimmungsvermeidungsmaßnahmen, insbesondere der grenzüberschreitende Formwechsel mit der Folge des Verlusts der für die Anwendbarkeit deutscher Mitbestimmungsgesetze erforderlichen Rechtsform, begegnen nach dieser Rechtsprechung keinen rechtlichen Bedenken.

Diese Entwicklung der Rechtsprechung des EuGH fand teilweise auch Erwähnung in den Beratungen über das deutsche Umsetzungsgesetz zur SE-VO und zur SE-RL. *Röttgen* konstatierte während der zweiten Beratung des Entwurfs, dass der Europäische Gerichtshof in mehreren Entscheidungen geurteilt habe, dass Unternehmen gezielt eine ausländische Rechtsform wählen können, um nationale unternehmensrechtliche Bestimmungen zu umgehen. Hierin läge kein Missbrauch.[354]

---

350 EuGH, Urteil vom 25. Oktober 2017 – Rs. C-106/16 „Polbud" – NJW 2017, 3639 (3641) Rn. 39.

351 EuGH, Urteil vom 25. Oktober 2017 – Rs. C-106/16 „Polbud" – NJW 2017, 3639 (3641) Rn. 40.

352 EuGH, Urteil vom 25. Oktober 2017 – Rs. C-106/16 „Polbud" – NJW 2017, 3639 (3641) Rn. 41.

353 EuGH, Urteil vom 25. Oktober 2017 – Rs. C-106/16 „Polbud" – NJW 2017, 3639 (3641) Rn. 41.

354 Plenarprotokoll 15/136, S. 12499 (D).

b. *Wertungen des unionsrechtlichen Mitbestimmungsrechts*

Das Unionsrecht hat sich seither aber fortentwickelt. Der großzügigen Rechtsprechung des EuGH zur Reichweite der Niederlassungsfreiheit stehen heute die Regeln der IntVerschmRL entgegen. Grenzüberschreitende Verschmelzungen können in ihrem Geltungsbereich grundsätzlich nicht mehr zu Verringerung des Mitbestimmungsniveaus in den beteiligten Gesellschaften führen, obwohl ein solches Ergebnis nach der Rechtsprechung des EuGH mit der Niederlassungsfreiheit vereinbar gewesen wäre. Unter den oben dargestellten Voraussetzungen[355] ist das aus der SE bekannte Verhandlungsmodell mit Auffangregelung anwendbar. Für die Gründung einer SCE hat sich zur Regelung der Arbeitnehmerbeteiligung ebenfalls das Modell der Verhandlungslösung mit Auffangregelung durchgesetzt.[356] Das Mitbestimmungsrecht der SCE ist, wie bei der SE, vom Grundsatz des Schutzes erworbener Rechte der Arbeitnehmer durch das Vorher-Nachher-Prinzip geprägt.

c. *Mögliche zukünftige Entwicklungen durch den Vorschlag zur Änderung der Richtlinie (EU) 2017/1132*

Die aus der Rechtsprechung des EuGH und der Untätigkeit der Mitgliedstaaten resultierenden umfassenden Möglichkeiten der mitgliedstaatlichen Gesellschaften, Mitbestimmungsrechte einzuschränken oder sich ihrer zu entledigen, hat die Europäische Kommission erkannt und jüngst einen Anlauf gestartet, ihnen zu begegnen.[357] Mit dem Vorschlag zur Änderung der Richtlinie (EU) 2017/1132 will der europäische Gesetzgeber die Mitbestimmungsvermeidungsmöglichkeiten im Bereich der sonstigen grenzüberschreitenden Umwandlungsarten spürbar reduzieren und das Regelungsregime für grenzüberschreitenden Formwechsel und grenzüberschreitende Spaltung den vorhandenen Regelungen zur grenzüberschreitenden Verschmelzung anpassen. Der bisher mögliche vollständige Verlust der Mitbestimmung im vormals mitbestimmten Unternehmen durch eine der benannten Umwandlungen wird – kommt es zur Umsetzung des Vorschlags zur Änderung der Richtlinie (EU) 2017/1132 – ausgeschlossen sein. Die Mitbestimmung nach dem DrittelbG kann wiederum konserviert werden. Das erstmalige Hineinwachsen in die deutsche Mitbestimmung kann durch alle grenzüberschreitenden Umwandlungsarten zwar verhindert werden, die Mitbestimmungsfreiheit aber nicht konserviert werden.

---

355 § 1C.II.2.

356 § 1C.I.

357 Ausführlich zum Richtlinienvorschlag oben, § 1C.IV.3.

Mitbestimmungsvermeidung der missbräuchlichen Art will die Kommission verhindern, da sie nach ihrem Verständnis mit Unionsrecht nicht vereinbar ist. In ihrer Begründung zum Vorschlag zur Änderung der Richtlinie (EU) 2017/1132 führt die Kommission ausdrücklich aus, dass Ziel des Änderungsentwurfs sei, die Arbeitnehmer hiervor zu schützen.[358]

Beachtenswert ist, dass nach dem Änderungsentwurf ein Missbrauchspotenzial der bezeichneten Umwandlungsarten anerkannt wird, obwohl er für sie gleichzeitig das aus der SE-RL bekannte Verhandlungsmodell mit Auffanglösung etabliert. Es muss also nach dem Konzept der Kommission im Anwendungsbereich des Vorschlags zur Änderung der Richtlinie (EU) 2017/1132 Fälle geben, in denen trotz Verhandlungslösung und Auffangregelung ein Rechtsmissbrauch vorliegen kann. Dieser Gedanke lässt sich auch auf die SE-RL übertragen. Andernfalls wären die im Änderungsvorschlag vorgeschriebene präventive Prüfung durch die zuständige Behörde, ob es sich bei der Maßnahme um eine künstliche Konstruktion mit dem Ziel der Beschneidung von Arbeitnehmerrechten handelt bzw. die Vorschrift des Art. 11 SE-RL[359] überflüssig.

3. *Zusammenfassung*

Dem deutschen Mitbestimmungsrecht sind die Möglichkeiten seiner Vermeidung aufgrund seiner Lückenhaftigkeit immanent. Sie werden vom Gesetzgeber toleriert. Auch wenn das deutsche Mitbestimmungsrecht in materieller Hinsicht das weitreichendste in den Mitgliedstaaten sein mag[360], werden Mitbestimmungsbeeinflussungsmaßnahmen wohlwollend bewertet und seine Wirkkraft dadurch relativiert. Mitbestimmung in Deutschland ist ein gewähltes Schicksal. Den Unternehmen bleibt es unbenommen, die Arbeitnehmerzahlen absichtlich kurz unter den relevanten Schwellenwerten zu halten oder sie gezielt zu verringern, um der Mitbestimmung zu entgehen. Auch der Einsatz mitbestimmungsfreier Rechtsformen kann beliebig vorgenommen werden. Zu den vom deutschen Recht tolerierten Mitbestimmungsvermeidungsstrategien gehört auch die Umwandlung einer Gesellschaft in eine EU-ausländische Rechtsform.

---

358 Begründung zum Vorschlag für eine Richtlinie des Europäischen Parlaments und des Rates zur Änderung der Richtlinie (EU) 2017/1132 in Bezug auf grenzüberschreitende Umwandlungen, Verschmelzungen und Spaltungen, 2018/0114 (COD), S. 4.

359 Für Art. 11 SE-RL in diese Richtung auch *Sagan* in Boecken/Düwell/Diller/Hanau, § 43 SEBG Rn. 2.

360 Eine paritätische Mitbestimmung ist anderswo nicht vorgesehen, *Rieble*, BB 2006, 2018 (2020).

Das deutsche Recht gibt also eine Vielzahl von zulässigen Möglichkeiten vor, ein bestimmtes mitbestimmungsverringerndes- oder abschaffendes Ergebnis auch ohne Einsatz der SE zu erzielen.

Der Mitbestimmungsverringerung oder -abschaffung durch grenzüberschreitende Umwandlungen wurde jedenfalls für Verschmelzungen vom Unionsgesetzgeber durch die IntVerschmRL Einhalt geboten. Die präventive Flucht vor den deutschen Mitbestimmungsgesetzen ist freilich auch im Anwendungsbereich der IntVerschmRL weiterhin möglich. Mit dem Vorschlag zur Änderung der Richtlinie (EU) 2017/1132 könnten zukünftig auch grenzüberschreitender Formwechsel oder grenzüberschreitende Spaltung nicht mehr zur Absenkung des Mitbestimmungsniveaus in einer deutschen Gesellschaft führen – sollte es zu seiner Verabschiedung kommen. Mitbestimmungsbefürworter bekämen dann Rückenwind vom Unionsrecht. Ohne ein eigenes materielles Mitbestimmungsrecht zu etablieren, beziehen der Unionsgesetzgeber bzw. jüngst die Kommission doch immer stärker Position und machen sich mit der IntVerschmRL und nun dem Vorschlag zur Änderung der Richtlinie (EU) 2017/1132 Arbeitnehmermitbestimmung zum eigenen Anliegen. Weder unter Rückgriff auf originär unionsrechtliche Rechtsformen wie die SE oder die SCE, noch unter Rückgriff auf die Vorzüge des Binnenmarktes und die Niederlassungsfreiheit im Rahmen grenzüberschreitender Umwandlungen sollen die bestehenden Mitbestimmungsregeln in einem mitgliedstaatlichen Unternehmen (gegen den Willen des besonderen Verhandlungsgremiums) abgeschafft werden können. Den von Umwandlungsmaßnahmen unabhängigen grenzüberschreitenden Einsatz mitbestimmungsfreier Rechtsformen, z.B. die Bestellung einer Auslandskapitalgesellschaft als Komplementärin einer KG oder den Erwerb, toleriert das Unionsrecht aber.[361] Unionsrechtliches Mitbestimmungsrecht ist lückenhaftes Mitbestimmungsbeibehaltungsrecht.[362]

III. Zwischenergebnis: Entbehrlichkeit der SE für die Veränderung der Mitbestimmungsquote

Die *de lege lata* bestehenden Möglichkeiten der Abschaffung oder Verringerung der Mitbestimmung im Aufsichtsorgan von deutschen Unternehmen sind, auch ohne Einsatz der SE, vorhanden. Die Mitbestimmung kann sowohl durch innerstaatliche als auch grenzüberschreitende Maßnahmen, insbesondere den Einsatz

361 *Bayer*, NJW 2016, 1930 (1933).

362 Für die SE schon oben, § 1B.V.

von Auslandsgesellschaften[363], verringert oder gänzlich abgeschafft werden. Nur im Rahmen grenzüberschreitender Verschmelzungen nach den §§ 122a UmwG i.V.m. den Vorschriften des MgVG kann ein niedriges Mitbestimmungsniveau nach dem DrittelbG konserviert oder das Unternehmen bei bestehender Mitbestimmungsfreiheit schlicht dem Anwendungsbereich deutscher Mitbestimmungsgesetze entzogen werden. Die Zementierung vorhandener paritätischer Mitbestimmung ist indes nicht erstrebenswert. Ein höheres Mitbestimmungsniveau, in das noch hineingewachsen werden könnte, sieht ohnehin kein Mitgliedstaat vor.[364]

B. Veränderung der Mitbestimmungsquote unter Einsatz einer SE

I. Konservierung des mitbestimmungsrechtlichen Status Quo

1. Konservierung des Mitbestimmungsstatuts ohne Vorbereitungshandlungen

a. Konservierungseffekt als Gründungsmotiv

Kennzeichnend für das auf die SE anwendbare Mitbestimmungsrecht ist die Möglichkeit, das in den Gründungsgesellschaften bestehende Mitbestimmungsstatut einzufrieren, da die Mitbestimmung in der gegründeten SE entweder durch die Vereinbarung nach § 21 SEBG oder durch die Auffangregelung der §§ 34 ff. SEBG festgeschrieben wird, sich aber nie im Anwendungsbereich des mitgliedstaatlichen Mitbestimmungsrechts fortentwickelt (§ 47 Abs. 1 Nr. 1 SEBG). Die vorhandene Mitbestimmungsquote wird dann zwar durch den Einsatz der SE nicht verändert, ein späteres Über- oder Unterschreiten der im Sitzstaat der SE maßgeblichen Schwellenwerte ist für ihr Mitbestimmungsstatut aber ohne Belang.[365] Verschiedene deutsche Unternehmen, die den Weg in die SE gesucht haben, benennen diesen Effekt als ein Motiv für die Umstrukturierung. Gleichzeitig werden der SE aber auch positive Effekte im Hinblick auf die Schaffung einer „European Corporate Identity", die bessere Integration internationaler Aktivitäten oder die Verringerung der Aufsichtsratsgröße zugeschrieben.[366] Eine im Jahr 2009 vorgenommene Untersuchung von *Eidenmüller/Engert/*

363 *Rehberg*, ZGR 2005, 859 (864).

364 *Junker*, ZFA 2005, 1 (24).

365 *Rieble*, BB 2006, 2018 (2022).

366 Übersicht über die Zielsetzungen bei wesentlichen SE-Gründungsvorgängen in Deutschland bei Willemsen/Hohenstatt/Schweibert/*Seibt*, F Rn. 175.

Hornuf ergab, dass die Möglichkeiten der Vermeidung oder Verringerung der unternehmerischen Mitbestimmung neben dem positiven europäischen Image der SE und der Wahlmöglichkeit eines monistischen Leitungssystems das größte Motiv für die Wahl der SE als Rechtsform ist.[367]

b. Gründung der SE vor dem Überschreiten der maßgeblichen Schwellenwerte

Der Gang in eine SE drängt sich im Anwendungsbereich des deutschen Mitbestimmungsrechts also zunächst in solchen Unternehmen auf, die die Schwellenwerte von 500 oder 2000 Arbeitnehmern noch nicht überschritten haben. Sind die Schwellenwerte noch nicht überschritten, berührt ein späterer Personalaufbau in der SE oder der Erwerb neuer operativer Tochtergesellschaften mit eigenen Arbeitnehmern durch die SE als Obergesellschaft ihr Mitbestimmungsstatut jedenfalls nicht mehr. Nur bei Erfüllung der Voraussetzungen des § 18 Abs. 3 SEBG, die im Einzelnen umstritten sind[368], kann es zu einer Neuverhandlungsmöglichkeit hinsichtlich der Arbeitnehmerbeteiligung kommen. Das festgeschriebene Mitbestimmungsstatut steht also unter dem Vorbehalt der Neuverhandlungen.

c. Gründung der SE vor dem Verlust des Tendenzschutzes

Konserviert werden kann aber nicht nur die auf einer bestimmten Arbeitnehmerzahl beruhende Mitbestimmungsfreiheit. Ein Unternehmen, das wegen des in § 1 Abs. 2 Nr. 2 DrittelbG bzw. § 1 Abs. 4 MitbestG gewährleisteten sogenannten Tendenzschutzes mitbestimmungsfrei ist, kann sich zum Beispiel durch die formwechselnde Umwandlung in die SE diese Mitbestimmungsfreiheit auch für eine zukünftige Geschäftsentwicklung haltbar machen, die den Tendenzschutz nach deutschem Mitbestimmungsrecht entfallen ließe. Die vormals als AG firmierende Axel Springer SE hat es vorgemacht. Ohne Umschweife bekennt der Vorstand in seinem Bericht über die Umwandlung in eine SE, dass hierdurch ermöglicht werde, die mitbestimmungsfreie Struktur des Aufsichtsrates dauerhaft beizubehalten.[369] Vor allem für die Obergesellschaft eines Konzerns, die ihren Tendenzschutz zu verlieren befürchtet, weil sie über eine steigende Anzahl von tendenzfreien Töchtern Kontrolle erwirbt und ihre Leitungsmacht

---

367 Hierzu wurden unmittelbar an der Gründung von SEs in Deutschland beteiligte Personen in strukturierten Telefoninterviews befragt. Ergebnisse der Untersuchung bei *Eidenmüller/Engert/Hornuf*, AG 2009, 845 (846).

368 Hierzu unten, § 6B.I.1.c.aa.[2].

369 *Rieble*, AG 2014, 224 (225) m.w.N.

langfristig nicht mehr überwiegend tendenzbezogen ausüben kann, drängt sich der Weg in die SE geradezu auf.[370]

d. Gründung der SE vor der gesetzesmäßigen Anpassung der Aufsichtsratsbesetzung?

Die Gründung einer SE bietet sich indes nicht an, um das tatsächlich praktizierte, gesetzeswidrige Mitbestimmungsstatut festzuschreiben, da der Zementierungseffekt richtigerweise nur das rechtliche gebotene Mitbestimmungsstatut betrifft und die Durchführung eines entsprechenden Statusverfahrens nach § 98 Abs. 1 AktG auch noch nach Eintragung der SE zulässig ist. Die Unternehmensleitung kann bei gesetzeswidriger tatsächlicher Aufsichtsorganbesetzung höchstens darauf spekulieren, dass es im Rahmen der Gründungsphase der SE und danach nicht zur Initiierung eines Statusverfahrens kommt, da für die Durchführung des Verhandlungsverfahrens und den Inhalt der gesetzlichen Auffangregelung ohne erfolgreichen Abschluss eines Statusverfahrens jedenfalls vorläufig an die tatsächlich praktizierte Mitbestimmung anzuknüpfen ist.[371]

2. Konservierung des Mitbestimmungsstatuts mit Vorbereitungshandlungen

a. Mehrstufigkeit der Umstrukturierungen als ihr besonderes Merkmal

Davon zu unterscheiden sind Umstrukturierungen, in denen eine mitbestimmte Gesellschaft zunächst Maßnahmen ohne den Einsatz einer SE trifft, um die bestehende Mitbestimmung abzuschaffen oder zu vermindern und erst in einem zweiten Schritt den Weg in eine SE sucht und den Konservierungseffekt ausnutzt. Diese Mitbestimmungsbeeinflussungsmaßnahmen sind durch ihre Mehrstufigkeit gekennzeichnet. In Betracht kommen für den ersten Schritt der Mitbestimmungsbeeinflussung die oben aufgezeigten,[372] ohne Einsatz einer SE möglichen Maßnahmen. Die gesellschaftsrechtlichen Möglichkeiten, ein vormals in einer deutschen, mitbestimmten Rechtsform verfasstes Unternehmen mitsamt seiner Arbeitnehmer in eine mitbestimmungsfreie SE mit oder ohne Sitz in Deutschland zu führen, sind also zahlreich vorhanden. Allerdings sind auf erster Stufe nur diejenigen Maßnahmen relevant, deren Durchführung die spätere Gründung der SE nicht vereitelt. Insbesondere muss die Gesellschaft bei

370 *Rieble,* AG 2014, 224 (230 f.).
371 Oben, § 1B.IV.3.c.
372 § 2A.I.

beabsichtigter SE-Gründung durch Verschmelzung und Formwechsel einerseits und Gründung einer Holding-AG andererseits in der Rechtsform der AG bzw. AG oder GmbH verbleiben, Art. 2 Abs. 1, Abs. 2 und Abs. 4 SE-VO i.V.m. Anhang I und II. Nur die Gründung einer Tochter-SE ist einem weiten Kreis von Rechtsträgern, unter anderem der KGaA und den Personenhandelsgesellschaften[373] möglich, Art. 2 Abs. 3 SE-VO i.V.m. Art. 54 UAbs. 2 AEUV.

b. Beispiel: Übernahme einer deutschen Gesellschaft durch mitbestimmungsfreie EU-ausländische Gesellschaft mit anschließender Umwandlung in die SE

Ein Beispiel für eine solche Möglichkeit, durch eine mehrstufige Gestaltung eine letztlich mitbestimmungsfreie SE mit Sitz in Deutschland zu schaffen, besteht durch Vorschaltung eines Asset Deals.[374] Hier wird eine deutsche AG von einer mitbestimmungsfreien EU-ausländischen Aktiengesellschaft im Rahmen eines Asset Deals übernommen.[375] Die übernehmende Gesellschaft kann nach Durchführung des Asset Deals durch formwechselnde Umwandlung eine SE gründen, wenn sie seit mindestens zwei Jahren eine dem Recht eines anderen EU-Mitgliedstaats unterliegende Tochtergesellschaft hat.[376] Auch wenn sich der Sitz der durch Umwandlung gegründeten SE dann zunächst im Mitgliedstaat der umgewandelten Gründungsgesellschaft befinden muss (Art. 37 Abs. 3 SE-VO), kommt eine spätere Sitzverlegung „zurück" nach Deutschland in Betracht (Art. 8 Abs. 1 SE-VO).[377]

II. Veränderung des mitbestimmungsrechtlichen Status Quo durch mehrstufige Umstrukturierungsmaßnahmen

Mithilfe der SE kann nicht nur ein bestehendes Mitbestimmungsstatut konserviert werden. Jedenfalls mittelbar durch ihren Einsatz kann die Mitbestimmung auch abgeschafft oder vermindert werden. Kennzeichnend auch für diese Vorgänge ist die Mehrstufigkeit der Umstrukturierungsmaßnahmen:

---

373 *Müller-Graf* in Streinz, EUV/AEUV, Art. 54 AEUV Rn. 4.

374 *Kallmeyer,* AG 2003, 197 (201); *Weiss/Wöhlert,* NZG 2006, 121 (123).

375 *Weiss/Wöhlert,* NZG 2006, 121 (123).

376 *Weiss/Wöhlert,* NZG 2006, 121 (123).

377 Zum Ganzen *Weiss/Wöhlert,* NZG 2006, 121 (123).

1. Bildung einer mitbestimmungsfreien Konzernspitze

Eine deutsche Obergesellschaft eines Konzerns kann sich durch Einsatz einer SE dem Anwendungsbereich der Vorschriften zur Konzernzurechnung nach § 2 Abs. 2 DrittelbG, § 5 Abs. 1 MitbestG entziehen. Ihnen unterfallen nur solche herrschenden Unternehmen, die in einer der in den § 1 Abs. 1 DrittelbG bzw. § 1 Abs. 1 Nr. 1 MitbestG abschließend benannten Rechtsformen verfasst sind. Die Rechtsform der SE gehört nicht dazu. Die Gestaltungsoptionen sind im Einzelnen wiederum vielfältig, ihre abschließende Darstellung[378] an dieser Stelle aber nicht zielführend. Lediglich übergreifende Fallgruppen sollen dargestellt werden:

a. Repositionierung einer konzerninternen Tochtergesellschaft

Für die Umstrukturierung der Konzernspitze kann entweder auf eine konzernintern mitbestimmungsfrei gegründete SE, die als Konzernspitze „repositioniert“[379] wird, oder auf eine externe mitbestimmungsfreie SE zurückgegriffen werden. So ist es einer mitbestimmungsfreien Tochtergesellschaft eines Konzerns zum Beispiel möglich, eine mitbestimmungsfreie SE durch Verschmelzung mit einer Tochtergesellschaft aus einem anderen Mitgliedstaat zu gründen. Durch den nachfolgenden Verkauf der Anteile an der bisherigen Obergesellschaft durch ihre Aktionäre an die nunmehr als SE firmierende Tochter kann letztere zur neuen Obergesellschaft umstrukturiert werden. Die SE kann über den Umweg der zwischengeschalteten alten Obergesellschaft (Zwischengesellschaft) auch die Tochtergesellschaften „durchregieren“, auf die Zwischengesellschaft als sogenannte Teilkonzernspitze ist dann aber die Vorschrift des § 5 Abs. 3 MitbestG anwendbar, sodass die Arbeitnehmer der Tochtergesellschaften weiterhin Beteiligungsrechte im Aufsichtsorgan der Zwischengesellschaft ausüben können. Durch den weitestgehenden Entzug von Einflussnahmemöglichkeiten der Zwischengesellschaft auf die Geschäftsführung der Tochtergesellschaften wäre dann sicherzustellen, dass die Mitbestimmung in der Zwischengesellschaft bloße Formalität ist.[380]

---

378 Einen detailreichen Überblick schafft *Ramcke,* S. 356 ff.

379 *Hoffmann,* AG Rechts-Report 2016, 167 (168).

380 *Oetker* in Erfurter Kommentar, § 5 MitbestG Rn. 21 m.w.N. zur strengeren Rechtsprechung.

b. *Verschmelzung der ehemaligen Obergesellschaft auf die repositionierte Tochtergesellschaft*

Wird die Zwischengesellschaft hingegen auf die Erwerber-SE verschmolzen („Upstream Verschmelzung"),[381] erübrigt sich die Anwendung des § 5 Abs. 3 MitbestG. Dann liegt im Anwendungsbereich des SEBG die Annahme einer Neuverhandlungsmöglichkeit der Arbeitnehmerbeteiligung bei der SE nach § 18 Abs. 3 SEBG aber nahe und muss gegebenenfalls berücksichtigt werden.

c. *Erwerb einer Konzernobergesellschaft durch eine (Vorrats-)SE*

Die Konzernspitze kann aber auch durch den Einsatz einer mitbestimmungsfreien (konzernexternen) SE, insbesondere einer Vorrats-SE[382], welche die der Unternehmensmitbestimmung unterliegenden Konzernobergesellschaft erwirbt, mitbestimmungsfrei gestaltet werden.[383] Die Erwerber-SE könnte mitbestimmungsfrei bleiben, jedenfalls wenn man der im Schrifttum überwiegenden Ansicht einer restriktiven Auslegung des Tatbestandsmerkmals der „strukturellen Änderungen" in § 18 Abs. 3 SEBG folgt und für den Fall des bloßen Beteiligungserwerbs durch die Vorrats-SE keine Neuverhandlungsmöglichkeit ausgelöst sieht.[384] Noch einfacher liegt der Fall, wenn auf die Vorrats-SE nicht das SEBG, sondern das Umsetzungsgesetz eines anderen Mitgliedstaats Anwendung findet, welches für den Fall der strukturellen Änderungen eine Neuverhandlungsmöglichkeit überhaupt nicht vorsieht.[385] Die SE kann über den Umweg der zwischengeschalteten alten Obergesellschaft auch die Tochtergesellschaften „durchregieren". Die Ausführungen zu § 5 Abs. 3 MitbestG und einer Verschmelzung der Zwischengesellschaft auf die SE gelten entsprechend.

d. *Erwerb der Tochtergesellschaften durch eine (Vorrats-)SE*

Schließlich kann eine (Vorrats-)SE als Holding-Gesellschaft positioniert werden, indem die von einem Treuhänder gehaltene SE die Anteile der Tochtergesellschaften

---

381 Willemsen/Hohenstatt/Schweibert/*Seibt,* F Rn. 184.

382 Zu den Gestaltungsmöglichkeiten unter Einsatz einer Vorrats-SE ausführlich *Hörtig,* S. 167 ff.; *von der Höh,* S. 259 ff.

383 *Wollburg/Banerjea,* ZIP 2005, 277 (281).

384 Willemsen/Hohenstatt/Schweibert/*Seibt,* F Rn. 178, Fn. 488 m.w.N.; näher hierzu unten, § 6B.I.1.c.aa.[2].

385 Zum Beispiel in Großbritannien und Irland, vgl. die Übersicht über die mitgliedstaatlichen Umsetzungsgesetze der SE-RL, abrufbar unter http://www.worker-participation.eu/European-Company-SE/Countries-Transposition/Compare-countries-transposition (letzter Abruf: 4. September 2018).

von ihren Aktionären erwirbt.[386] Vereinzelt wird dabei die Frage aufgeworfen, ob dies eine unzulässige Umgehung der Gründungsvoraussetzungen der Holding-SE ist, wenn es sich um eine deutsche (mitbestimmte) Tochtergesellschaft und eine Tochtergesellschaft EU-ausländischen Rechts handelt.[387]

2. Errichtung einer SE & Co. KG

a. Bestellung einer (Vorrats-)SE als Komplementärin

Der Einsatz einer SE kann auch dazu dienen, die Mitbestimmung in der Komplementärin einer KG nach § 4 Abs. 1 MitbestG zu verhindern. Anders als der Wechsel der Rechtsform der Komplementärin in eine mitbestimmungsfreie Rechtsform EU-ausländischen Rechts, die nach geltender Rechtslage vor der möglichen Verabschiedung des Vorschlags zur Änderung zur Richtlinie (EU) 2017/1132 noch zum Verlust bestehender Mitbestimmung in der Komplementärin führt[388], helfen etwa die formwechselnde Umwandlung der Komplementärin in eine SE[389] und die grenzüberschreitende Verschmelzung der Komplementärin zu einer SE in Bezug auf das in der Komplementärin anwendbare Mitbestimmungsstatut (meistens) nicht weiter. Denn wie bereits festgestellt[390], kommt es bei der formwechselnden Umwandlung der Komplementärin zur Anwendbarkeit der gesetzlichen Auffangregelung auch dann, wenn die Mitbestimmung in der Komplementärgesellschaft nur auf der Zurechnung der KG-Arbeitnehmer nach § 4 Abs. 1 MitbestG beruht. Auch bei der SE-Gründung durch Verschmelzung (und im Übrigen) finden die Beteiligungsrechte der Arbeitnehmer der KG aus § 4 Abs. 1 MitbestG für die Anwendbarkeit der Auffangregelung Berücksichtigung, wenn die Komplementärin die KG beherrscht.[391]

Es muss also eine bereits bestehende mitbestimmungsfreie SE als persönlich haftende Gesellschafterin bestellt werden. Hierzu können die Kommanditisten der KG die Aktien einer Vorrats-SE oder einer anderen mitbestimmungsfrei gegründeten SE erwerben und sie sodann als Komplementärin in der KG

386 *Wollburg/Banerjea*, ZIP 2005, 277 (280 f.).

387 *Feldhaus/Vanscheidt*, BB 2008, 2246 (2249) m.w.N.; hierzu unten, § 6B.I.4.d.

388 Vgl. oben, § 2A.I.3.b.

389 Zum bei einer als GmbH verfassten Komplementärin erforderlichen Doppelformwechsel *Winter/Marx/De Decker*, NZA 2016, 334 (335 f.).

390 Oben, § 1B.IV.2.e.

391 Oben, § 1B.IV.2.e; zur Frage, ob die Arbeitnehmer der KG bei der Bildung des Verhandlungsgremiums zu berücksichtigen sind *Winter/Marx/De Decker*, NZA 2016, 334 (336).

aufnehmen[392], also die Abtretung der KG-Anteile durch die bisherige Komplementärin an die SE veranlassen. Ob die mitbestimmungsschädliche Wirkung dieser Maßnahme letztlich durch das Auslösen der Neuverhandlungsmöglichkeit nach § 18 Abs. 3 SEBG mit Aufnahme der bislang mitbestimmungsfreien SE als Komplementärin der KG torpediert wird, ist wiederum umstritten.[393] Dieselbe Frage stellt sich, wenn stattdessen die bisherige Komplementärin auf die von den Kommanditisten erworbene Vorrats-SE verschmolzen wird und die Komplementärbeteiligung auf diesem Weg auf die SE übergeht.[394]

b. Nachfolgende Umstrukturierung der SE & Co. KG zur SE

Fragwürdig dürfte die Anwendbarkeit des § 18 Abs. 3 SEBG vor allem sein, wenn wie folgt weiter verfahren wird: Der neuen SE & Co. KG ist es möglich, sich in eine (weiterhin mitbestimmungsfreie) SE umzustrukturieren. Dazu kann die KG ihr Vermögen im Wege der Einzelübertragung (Asset Deal) auf die SE übertragen und anschließend aufgelöst werden oder die KG auf die SE zur Aufnahme verschmolzen werden. Die SE kann nach Art. 9 Abs. 1 lit. c) (ii) SE-VO anerkanntermaßen Beteiligte einer Verschmelzung nach nationalem Recht sein.[395] Vor allem aber können alle Kommanditisten austreten oder ihre Anteile an die Komplementärin abtreten, sodass allein die Komplementär-SE als Gesellschafterin verbleibt („Anwachsung").[396] Die KG erlischt sodann kraft Gesetz, §§ 105 Abs. 3, 161 Abs. 2 HGB, § 738 Abs. 1 Satz 1 BGB, da die erforderliche Mehrzahl von Gesellschaftern nicht mehr vorhanden ist – übrig bleibt die SE.[397] Stand die KG zu Beginn als Obergesellschaft an der Spitze eines Konzerns, stellt die beschriebene Vorgehensweise eine weitere Möglichkeit zur Bildung einer mitbestimmungsfreien Konzernspitze dar.

C. Mehrwert der SE für die Mitbestimmungsvermeidung

Der Vergleich der unter Einsatz der SE bestehenden Möglichkeiten zur Veränderung der Mitbestimmungsquote mit den Möglichkeiten ohne Einsatz einer SE führt zu folgendem Ergebnis: Der Einsatz einer SE erweitert die bestehenden

---

392 MüKoAktG/*Jacobs*, § 18 SEBG Rn. 18; *Sigle* in FS Hommelhoff, 1123 (1125); *Winter/Marx/De Decker*, NZA 2016, 334 (335).

393 Auch hierzu unten, § 6B.II.

394 Zu dieser Vorgehensweise *Winter/Marx/De Decker*, NZA 2016, 334 (335).

395 *Drygala* in Lutter, UmwG, § 3 Rn. 20.

396 *Freiherr v. Proff*, DStR 2016, 2227 (2230).

397 *Freiherr v. Proff*, DStR 2016, 2227.

Optionen zur Mitbestimmungsvermeidung in Bezug auf die Mitbestimmungsquote im jeweiligen Aufsichtsorgan durch den bei ihrer Gründung vorgesehenen uneingeschränkten Zementierungseffekt. Die bestehenden Möglichkeiten zur Mitbestimmungsverringerung oder -abschaffung werden durch den Einsatz der SE ergänzt.

I. Qualitativer Mehrwert der SE für die Mitbestimmungsvermeidung durch uneingeschränkten Zementierungseffekt

Als wesentlicher Mehrwert der SE kann der Konservierungseffekt auf den mitbestimmungsrechtlichen Status Quo bei der Gründung der SE identifiziert werden. Dieser Konservierungseffekt ist im Anwendungsbereich des SEBG stärker ausgeprägt als im Anwendungsbereich des MgVG bzw. bei Hinausverschmelzungen des entsprechenden mitgliedstaatlichen Umsetzungsgesetzes. Während der Konservierungseffekt bei der SE-Gründung immer eintritt, kommt es bei grenzüberschreitenden Verschmelzungen nur zur Verhandlungslösung mit Auffangregelung und damit zum Eintritt des Konservierungseffekts, wenn überhaupt einer der an der Verschmelzung beteiligten Gesellschaften mitbestimmt war.[398] Die bestehende Mitbestimmungsfreiheit einer deutschen Gesellschaft kann also nur durch eine Verschmelzung (oder einen Formwechsel) zu einer SE, nicht aber durch eine grenzüberschreitende Hinaus- oder Hereinverschmelzung im Anwendungsbereich der IntVerschmRL konserviert werden.[399] Entsprechende Überlegungen könnten zukünftig im Anwendungsbereich des Vorschlags zur Änderung der Richtlinie (EU) 2017/1132 für grenzüberschreitende Formwechsel und Spaltungen gelten.

Anders liegt (zukünftig) der Fall, wenn die an der Verschmelzung, Spaltung oder dem Formwechsel beteiligte deutsche Gesellschaft nicht gänzlich mitbestimmungsfrei, sondern „nur“ drittelbeteiligt ist. Das spätere Hineinwachsen in die paritätische Mitbestimmung wird dann im Anwendungsbereich der IntVerschmRL sowie des Vorschlags einer Änderungsrichtlinie (EU) 2017/1132 wie bei Gründung einer SE verhindert, die Drittelbeteiligung also festgeschrieben. Die Unternehmensleitung kann bei grenzüberschreitenden Verschmelzungen die Auffanglösung, die sich dann an der Drittelbeteiligung orientiert (Art. 16 Abs. 3 lit. h) IntVerschmRL i.V.m. Anhang, Teil 3 lit. b) SE-RL, §§ 23 ff. MgVG), nach § 23 Abs. 1 Nr. 3 MgVG sogar einseitig herbeiführen. Im Anwendungsbereich des SEBG und des Vorschlags einer Änderungsrichtlinie (EU) 2017/1132

398 Oben, § 1C.II.2.b.

399 *Morgenroth/Salzmann*, NZA-RR 2013, 449 (453).

ist ihr das nicht möglich, der mindestens sechs Monate andauernde Verhandlungsprozess ist dann „auszusitzen".

II. Quantitativer Mehrwert der SE für die Mitbestimmungsverringerung oder -abschaffung

Mitbestimmungsverringerung oder -abschaffung ist mit der SE nur bei Durchführung mehrstufiger Umstrukturierungsmaßnahmen möglich. Dabei muss zunächst immer eine SE mitbestimmungsfrei gegründet werden oder eine bereits mitbestimmungsfrei gegründete SE eingesetzt werden. Mitbestimmungsverringerung oder -abschaffung ist aber auch schon ohne Einsatz der SE möglich, indem die tatsächlichen Anknüpfungspunkte für die Anwendung deutscher Mitbestimmungsgesetze (Rechtsform, Territorialität, Arbeitnehmerzahl) beeinflusst werden. Die SE schafft insoweit Mehrwehrt in quantitativer Hinsicht, da die Anzahl der Möglichkeiten, eine den deutschen Mitbestimmungsgesetzen nicht unterfallende Rechtsform einzusetzen, oder die betroffene Gesellschaft dem räumlichen Anwendungsbereich der Gesetze zu entziehen, vergrößert wird.

D. Ergebnis

I. Potenzielle Verstöße gegen § 43 SEBG und Identifikation erheblicher Interpretationsfragen

1. Präventive Gründung der SE zur Mitbestimmungskonservierung (mit oder ohne Vorbereitungshandlungen)

Die Gründung einer SE kann präventiv erfolgen, um eine bestehende Mitbestimmungsfreiheit oder ein niedriges Mitbestimmungsniveau nach dem DrittelbG vor allem dann zu konservieren, wenn die Anwendbarkeit eines weitreichenderen Mitbestimmungsrechts wegen entsprechenden Arbeitnehmerzuwachses bevorsteht. Dabei geht es dann nicht um die Flucht aus der Mitbestimmung, sondern vor der Mitbestimmung.[400] Bei Würdigung des Wortlauts des § 43 Satz 1 SEBG stellt sich die Frage, ob der Zementierungseffekt ohne Weiteres ausgenutzt werden darf oder hierin ein Verstoß gegen das Missbrauchsverbot zu sehen ist. Denn nach § 43 Satz 1 SEBG darf die SE nicht dazu missbraucht werden, den Arbeitnehmern Beteiligungsrechte zu entziehen oder vorzuenthalten. Es ist jedenfalls nicht von vornherein ausgeschlossen, dass ein bloßes Ausnutzen des

---

400 *Hoffmann*, AG Rechts-Report 2016, 167 (168).

Zementierungseffekts als ein tatbestandliches „Vorenthalten" begriffen werden muss. Dann müssen die Fragen beantwortet werden, ob und wie zukünftige Entwicklungen (vor allem das Überschreiten der maßgeblichen Schwellenwerte nach der SE-Gründung) Berücksichtigung finden. Wenn die Konservierung eines aus Sicht der Unternehmensleitung günstigeren Mitbestimmungsstatuts überhaupt nur durch vorbereitende Umstrukturierungsmaßnahmen ermöglicht wird, bestehende Mitbestimmungsrechte also erst vermindert oder beseitigt werden, ist zu klären, ob Maßnahmen im Vorfeld bei der Prüfung des Tatbestandsmerkmals des Vorenthaltens berücksichtigungsfähig sind.

Zu beantworten sowohl bei der Konservierung des Mitbestimmungsstatuts ohne als auch mit Vorbereitungshandlungen ist dann auch die Frage, wann im Fall eines Vorenthaltens von Beteiligungsrechten darüber hinaus auch eine „missbräuchliche" Verwendung der SE zu diesem Zweck vorliegt. Außerdem ist zu entscheiden, wie mit der Tatsache umzugehen ist, dass die Zementierung zumindest einer Mitbestimmung nach dem DrittelbG bislang auch schon bei Verschmelzungen im Anwendungsbereich der IntVerschmRL möglich ist und daher kein SE-spezifisches Phänomen ist. Diese Frage stellt sich umso drängender, wenn man berücksichtigt, dass die Zementierung der Drittelbeteiligung zukünftig auch bei anderen grenzüberschreitenden Umwandlungsarten nach dem Vorschlag zur Änderung der Richtlinie (EU) 2017/1132 möglich sein könnte.

2. *Veränderung des mitbestimmungsrechtlichen Status Quo durch mehrstufige Umstrukturierungsmaßnahmen*

Erst Recht drängt sich auf diesen ersten Blick ein potenzieller Verstoß gegen § 43 SEBG für die Fälle auf, in denen Arbeitnehmer einer vormals mitbestimmten deutschen Gesellschaft sich durch mehrstufige Umstrukturierungsmaßnahmen unter Einsatz einer SE mit einem schlussendlich mitbestimmungsfreien Arbeitgeber oder zumindest einer Beherrschung ihres Arbeitgebers durch eine nunmehr mitbestimmungsfreie Obergesellschaft konfrontiert sehen. Die Annahme eines „Entziehens" von Beteiligungsrechten liegt dann jedenfalls nicht fern. Da die Veränderung des Mitbestimmungsstatuts ausschließlich durch mehrstufige Umstrukturierungsmaßnahmen zu erreichen ist, wird zu klären sein, ob und wie der SE-Gründung vorangegangene Umstrukturierungsmaßnahmen bei der Prüfung eines Entziehens Berücksichtigung finden. Dasselbe gilt für der Gründung nachfolgende Umstrukturierungsmaßnahmen. Letztgenannte Interpretationsfrage ist vor allem für die Fälle relevant, in denen eine mitbestimmungsfreie (Vorrats-)SE erst nach ihrer Gründung zum Beispiel als Konzernspitze oder als

Komplementärin einer KG eingesetzt wird. Einer besonderen Untersuchung bedarf im Hinblick auf der SE-Gründung nachfolgende Maßnahmen die Bedeutung „struktureller Änderungen" im Sinne des § 18 Abs. 3 SEBG, der auf den § 43 Satz 2 SEBG verweist. Nach letztgenannter Vorschrift wird Missbrauch vermutet, wenn ohne Durchführung eines Verfahrens nach § 18 Abs. 3 SEBG innerhalb eines Jahres nach Gründung der SE strukturelle Änderungen stattfinden, die bewirken, dass den Arbeitnehmern Beteiligungsrechte vorenthalten oder entzogen werden.

Wie auch beim Tatbestandmerkmal des Vorenthaltens stellt sich die Frage, wann ein Entziehen als missbräuchlich im Sinne des § 43 SEBG zu qualifizieren ist. Außerdem mündet die oben getroffene Feststellung, dass der Einsatz einer SE gegenüber schon bisher vorhandenen Strategien zur Verringerung oder Abschaffung der Mitbestimmung in deutschen Gesellschaften einen bloß quantitativen Mehrwert schaffen kann, in die Frage, ob die vorhandenen alternativen Umstrukturierungsmaßnahmen und ihre rechtliche Bewertung bei der Interpretation des Begriffs „missbrauchen" in § 43 Satz 1 SEGB Berücksichtigung finden können.

Schließlich ist mit Blick auf die Bildung einer mitbestimmungsfreien Konzernspitze zu untersuchen, ob das Missbrauchsverbot des § 43 SEBG überhaupt die Beteiligungsrechte der Arbeitnehmer der Tochtergesellschaften der einst mitbestimmten Obergesellschaft in Schutz nimmt.

II. Zusammenfassende Aufstellung der Interpretationsaufgaben im Anwendungsbereich des § 43 SEBG

Aus den bei Einsatz einer SE vorhandenen Möglichkeiten, die Mitbestimmungsquote im Aufsichtsorgan eines deutschen Unternehmens zu beeinflussen, resultieren die beschriebenen potenziellen Anwendungsbereiche des § 43 SEBG. Ob die dargestellten Einsatzmöglichkeiten der SE zur Mitbestimmungsbeeinflussung Verstöße gegen das Missbrauchsverbot des § 43 Satz 1 SEBG begründen, hängt von der Beantwortung der soeben aufgezeigten Interpretationsfragen ab. Ihre Beantwortung ist Ziel der nachstehenden Untersuchung. Für den Gang der Untersuchung lassen sich die für die Handhabbarmachung des § 43 SEBG erheblichen Interpretationsfragen wie folgt zusammenfassen:

1. Wann liegt ein tatbestandliches Vorenthalten vor und sind Vorgänge vor und nach der Gründung der SE für die Feststellung eines tatbestandlichen Vorenthaltens relevant? Kann das bloße Ausnutzen des Konservierungseffekts (mit oder ohne Vorbereitungshandlungen) hierunter fallen?
2. Wann liegt ein tatbestandliches Entziehen vor?

3. Welche vor und nach der Gründung der SE stattfindenden Vorgänge sind für die Feststellung eines Entziehens in zeitlicher und gegenständlicher Hinsicht berücksichtigungsfähig?
4. Welche Aussage trifft dabei § 43 Satz 2 i.V.m. § 18 Abs. 3 SEBG hinsichtlich der Berücksichtigungsfähigkeit von der Gründung der SE nachfolgenden Vorgängen in zeitlicher und gegenständlicher Hinsicht?
5. Sind zusätzliche Anforderungen an die Qualifizierung eines tatbestandlichen Entziehens oder Vorenthaltens als missbräuchlich zu stellen und wenn ja, welche?
6. Ist die rechtliche Bewertung alternativer Mitbestimmungsbeeinflussungsmöglichkeiten ohne Einsatz der SE mit gleichem Effekt für die Bewertung des Einsatzes einer SE zum Entziehen der Vorenthalten von Beteiligungsrechten als missbräuchlich berücksichtigungsfähig?
7. Sind auch die „nur" kraft Konzernzurechnung bzw. kraft § 4 Abs. 1 MitbestG vermittelten Beteiligungsrechte von Arbeitnehmern von § 43 SEBG geschützt?

§ 3 Einfluss unionsrechtlicher Vorgaben auf die Interpretation von § 43 SEBG

Bevor der Anwendungsbereich des § 43 SEBG bestimmt werden kann, ist zu untersuchen, welchen Einfluss der unionsrechtliche Rechtsrahmen, insbesondere die Vorschrift des Art. 11 SE-RL auf die Interpretation des § 43 SEBG hat.

A. Erfordernis richtlinienkonformer Interpretation des § 43 SEBG

I. Grad der Interpretationsbedürftigkeit des § 43 SEBG

Zunächst wird untersucht, ob § 43 SEBG mit dem Instrument der Auslegung allein handhabbar zu machen ist oder ein darüber hinaus gehendes Interpretationsbedürfnis der Vorschrift besteht.

1. *Auslegung und Konkretisierung als unterschiedliche Interpretationsmethoden*

a. *Grenzen der Interpretationsmethode der Auslegung*

Die Ermittlung des Inhalts des § 43 SEBG erfolgt zunächst im Wege der Auslegung. Diese erfolgt anhand des von *von Savigny* entwickelten klassischen Auslegungskanons, der die Elemente der sprachlich-grammatikalischen, logisch-systematischen, historischen und teleologischen Auslegung enthält.[401] Der mögliche Wortsinn stellt anerkanntermaßen die Grenze der zulässigen Auslegungsergebnisse dar.[402] Jenseits dieser Grenze beginnt die Rechtsfortbildung, zu der nicht nur die Ergänzung (also gesetzesimmanente Rechtsfortbildung[403]) eines lückenhaften Gesetzes im Wege der Analogie, sondern auch die Entwicklung von Rechtssätzen aus Generalklauseln, die Wertbegriffe verwenden, gehören.[404] Das Ergebnis der letztgenannten, über den Plan des Gesetzes hinausgehenden

---

401 BVerfG, Beschluss vom 17. Mai 1960 – 2 BvL 11/59 – BVerfGE 11, 126 (130); BGH, Urteil vom 30. Juni 1966 – KZR 5/65 – BGHZ 46, 74 (76); Staudinger/*Honsell*, Einl zum BGB Rn. 138 a.E.

402 *Rüthers/Höpfner*, JZ 2005, 21.

403 *Larenz/Canaris*, S. 187.

404 Staudinger/*Honsell*, Einl zum BGB Rn. 126 f.

Rechtsfortbildung[405], stellt zum Beispiel die im Zivilrecht anerkannte und aus § 242 BGB hergeleitete Lehre vom Rechtsmissbrauch dar.[406]

b. Konkretisierung jenseits der Grenzen der Auslegung

Insbesondere bei der Interpretation von Generalklauseln, wie zum Beispiel der Vorschrift des § 242 BGB, ist im Schrifttum häufig die Rede von deren „Konkretisierung". Die Abgrenzbarkeit des Instruments der Konkretisierung von den Methoden der Auslegung und Rechtsfortbildung ist viel diskutiert. Schon die Abgrenzbarkeit von Auslegung von Konkretisierung ist in Schrifttum wie Rechtsprechung umstritten. Für die Auslegung ist charakteristisch, „dass der Auslegende dem Gesetz nichts hinzuzufügen, sondern es lediglich so zu verstehen sucht, wie es sich jedem Kundigen darbietet".[407] Nach *Göldner* ist Auslegung „Analyse, Reproduktion, ‚Explicitmachen' einer schon ‚implicit' vorgegebenen Rechtssubstanz"; Konkretisierung ist „Synthese, Produktion, rechtsgestaltende Neubildung, Neuerkennen des Unbekannten".[408] Dann ist Auslegung nicht mit Konkretisierung gleichzusetzen.[409] Trotzdem bedient sich Normkonkretisierung jedenfalls auch der Methoden der Auslegung.[410] Das BVerfG und der BGH verwenden die Begriffe teilweise synonym.[411]

Normkonkretisierung kann als Rechtsfortbildung verstanden werden: Die Fortbildungsleistung besteht im „bestimmter machen" der Norm.[412] Denn das Bedürfnis nach Konkretisierung von Normen beruht auf deren bewussten und geplanten Unvollständigkeit.[413] Dies unterscheidet den Vorgang der Normkonkretisierung von der rechtsfortbildenden Lückenfüllung im Wege der Analogie oder teleologischen Extension, bei der eine planwidrige Unvollständigkeit des Gesetzes korrigiert werden soll.[414] Der Gesetzgeber tritt mit Verfassung ausfüllungsbedürftiger, besonders unbestimmter Normen Entscheidungen wissentlich an die Rechtsprechung ab. Er erteilt der Rechtsprechung „ein Mandat zu

---

405 *Larenz/Canaris*, S. 187.
406 *Larenz/Canaris*, S. 241.
407 *Geserich*, DStR-Beih 2011, 59 m.w.N.
408 *Göldner*, S. 100 f.
409 *Ipsen*, S. 73.
410 *Röthel*, S. 144 f.
411 *Röthel*, S. 131 m.w.N.
412 *Röthel*, S. 126.
413 *Röthel*, S. 125.
414 *Röthel*, S. 125 f.

richterlicher Rechtsgestaltung".[415] Je unbestimmter die anzuwenden Normen sind, umso höher ist der Anteil der Richterrechtsbildung.[416]

c. *Generalklauseln als ein Beispiel konkretisierungsbedürftiger Normen*

Generalklauseln als „offen gelassene Gesetzgebung"[417] sind damit ein wichtiges Anwendungsbeispiel für die Methode der Normkonkretisierung. In der deutschen Methodenlehre existiert wiederum keine einheitliche Definition des Begriffs der Generalklausel. Sie gelten als „besonders allgemein gehaltene", „vage" Normen.[418] Generalklauseln werden auch als „Richtlinie" für unterschiedlichste Situationen beschrieben, die für die Behandlung eines konkreten Sachverhalts aber keine präzisen Vorgaben machen.[419] *Weber* ist der Auffassung, eine Vorschrift sei nur dann als Generalklausel anzuerkennen, wenn sie auf außerrechtliche, moral-ethische Begriffe verweise.[420] Denn bei den allermeisten der in Rechtsnormen verwendeten Begriffe bleibe nach seiner Auffassung ein in Randbereichen kaum auszuschließendes Element der Anwendungsunschärfe bestehen.[421] Dieses Verständnis entspricht der Funktion von Generalklauseln zur Förderung der Einzelfallgerechtigkeit durch den Richter als Rechtsanwender. Nicht jede Besonderheit des Einzelfalls kann der Gesetzgeber beherrschen oder gar gesetzlich regeln.[422] Mit dem Hilfsmittel der Generalklausel erlaubt der Gesetzgeber zudem eine rasche Reaktion auf den Wandel der Verhältnisse.[423] Generalklauseln stärken auch die Anpassungsfähigkeit der Rechtsordnung.[424] Gerade bei der Verwendung moral-ethischer Begriffe hängt eine im Einzelfall als gerecht empfundene Entscheidung von den Umständen des konkreten Sachverhalts ab.

2. *Konkretisierungsbedürfnis der Tatbestandsmerkmale des § 43 SEBG*

Dies vorangestellt, sind die Tatbestandsmerkmale des § 43 SEBG mit dem Instrument der Auslegung allein nicht handhabbar zu machen:

---

415 *Röthel*, S. 161; S. 50 f. m.w.N.
416 *Ipsen*, S. 64 Fn. 11 m.w.N.
417 *Hedemann*, S. 58.
418 *Müller/Christensen*, Juristische Methodik I, S. 310 Rn. 314.
419 *Weber*, AcP 192 (1992), 516 (522) m.w.N.
420 *Weber*, AcP 192 (1992), 516 (524 f.).
421 *Weber*, AcP 192 (1992), 516 (523).
422 *Weber*, AcP 192 (1992), 516 (521).
423 *Weber*, AcP 192 (1992), 516 (521).
424 *Schmidt*, Konkretisierung, S. 20 m.w.N. zur „Flexibilitätsfunktion" von Generalklauseln.

a. Ausfüllung der unbestimmten Tatbestandsmerkmale

§ 43 SEBG wird vereinzelt zögerlich als „generalklauselartig“ formuliert beschrieben.[425] Ob § 43 SEBG letztlich als Generalklausel im methodischen Sinn qualifiziert werden kann[426] oder lediglich unbestimmte Rechtsbegriffe enthält, kann dahinstehen. In jedem Fall sind konkretisierende Wertentscheidungen bei der Interpretation der Tatbestandsmerkmale zu treffen. Vor allem das Tatbestandsmerkmal „missbrauchen“ stellt einen sogenannten normativen Begriff dar, der „wertungsausfüllungsbedürftig“ ist und eine „implizite ‚Wertungsermächtigung‘“[427] enthält.[428] Den sogenannten objektiv-normativen Begriffen bleibt dabei „eine Eigenart [...] gewahrt, der deskriptiven Begriffen häufig abgeht: Mit den Wertungen, auf die sie Bezug nehmen, können sie sich der besonderen Lagerung der Umstände des Einzelfalls elastisch anpassen“.[429] Von der Intensität der Konkretisierung der Tatbestandsmerkmale hängt die Größe des verbleibenden Spielraums der konkreten Abwägung im Einzelfall ab. Je detaillierter vor allem die Anforderungen an ein missbräuchliches Verhalten kraft konkretisierender Rechtsfortbildung ausgeformt werden können, umso weniger Entscheidungsfreiheit verbleibt dem Rechtsanwender in jedem Einzelfall.

b. Insbesondere: Ausgleich der Ziele der SE-RL und der SE-VO

Das Verb „missbrauchen“ bedeutet im allgemeinen Sprachgebrauch, etwas „(vorsätzlich) falsch, der eigentlichen Bestimmung zuwiderlaufend gebrauchen; in unredlicher, unerlaubter Weise [für eigennützige Zwecke] gebrauchen“.[430] Sein Anwendungsbereich ist also bestimmbar, solange der eigentliche Zweck des Instituts, das missbraucht wird, bestimmbar ist. Zweck der Einführung der SE war, wie schon gesehen, die Verwirklichung des Binnenmarkts. Grenzüberschreitende Tätigkeit soll erleichtert und möglichst große unternehmerische Handlungsvielfalt ermöglicht werden.[431] Die SE-RL hingegen bezweckt die Sicherung der Beteiligungsrechte der Arbeitnehmer.[432] SE-VO und SE-RL sind also „auf

---

425 Z.B. Ulmer/Habersack/*Henssler*, § 43 SEBG Rn. 1; KK-AktG/*Feuerborn*, § 43 SEBG Rn. 2 m.w.N.; *von der Höh*, S. 296.

426 Dafür *Ramcke*, S. 219 ff., S. 539.

427 Hierzu *Röthel*, S. 28 f. m.w.N.

428 Ähnlich für Art. 11 SE-RL *Mader*, S. 159; *Ramcke*, S. 65.

429 *Engisch*, S. 224 m.w.N.

430 Duden, Bedeutungswörterbuch, S. 647.

431 Oben, § 1B.I.5.a.

432 Oben, § 1B.I.5.b.

divergierende Ziele angelegt“[433]. Die bei der Subsumtion der Tatbestandsmerkmale des § 43 SEBG zu treffenden richterlichen Wertentscheidungen bestehen damit in dem vorzunehmenden Ausgleich des Ziels der SE-RL, die Beteiligungsrechte der Arbeitnehmer zu sichern und dem der SE-VO, die grenzüberschreitende wirtschaftliche Tätigkeit zu erleichtern. Auch der Gesetzgeber weist die deutschen Gerichte daraufhin, bei der „Konkretisierung“ des Missbrauchsbegriffs das benannte Ziel der SE-VO zu berücksichtigen, ohne ihnen allerdings weitere Kriterien an die Hand zu geben.[434]

3. *Konkretisierungsbedürfnis der Rechtsfolgenseite des § 43 SEBG*

Der Gesetzgeber hat in § 45 Abs. 1 Nr. 2 SEBG den Verstoß gegen § 43 Satz 1 SEBG strafrechtlich sanktioniert. Zivilrechtliche Rechtsfolgen eines Verstoßes gegen das Missbrauchsverbot des § 43 SEBG hat er nicht geregelt. Er überlässt die Frage, ob § 43 SEBG auch zivilrechtliche Rechtsfolgen auszulösen geeignet ist, der Interpretation der Vorschrift durch die Judikative.

II. Anforderungen an die mitgliedstaatlichen Gerichte bei der Interpretation von Umsetzungsgesetzen

1. *Richtlinienkonforme Auslegung und Konkretisierung von Umsetzungsgesetzen*

Nationale Gerichte müssen bei der Auslegung einer unionsrechtlich veranlassten Rechtsvorschrift die europäische Herkunft des Rechts beachten und „das nationale Recht im Lichte des Wortlauts und des Zwecks der Richtlinie auszulegen“.[435] Die nationalen Gerichte sind indes nicht gezwungen, ihr Recht „contra legem“ auszulegen.[436] „Die Grenzen der Auslegung bestimmen sich [...] nach der nationalen Methodenlehre.“[437] Dieser Grundsatz der richtlinienkonformen Auslegung findet seine Grundlage in Art. 4 Abs. 3 EUV i.V.m. Art. 288 Abs. 3 AEUV und ist von der ständigen Rechtsprechung sowohl des EuGH als auch der nationalen Gerichte anerkannt.[438]

---

433 *Kübler* in FS Raiser, 247 (249).

434 BT-Drs. 438/04, S. 143.

435 EuGH, Urteil vom 10. April 1984 – Rs. 14/83 „Von Colson und Kamann“- Slg. 1984, 1891 Rn. 26; *Schmidt*, Konkretisierung, S. 13 m.w.N.

436 *Kroll-Ludwigs/Ludwigs*, ZJS 2009, 123 (124).

437 *Kroll-Ludwigs/Ludwigs*, ZJS 2009, 123 (124).

438 Callies/*Ruffert*, Art. 288 AEUV Rn. 77; *Geismann* in von der Groeben/Schwarze/Hatje, Europäisches Unionsrecht, Art. 288 AEUV Rn. 55 m.w.N. aus der Rechtsprechung.

Da der EuGH nicht zwischen Auslegung und Konkretisierung von Normen differenziert[439] und selbst im deutschen Recht eine höchstrichterliche Tendenz zum synonymen Gebrauch der Begriffe zu erkennen ist[440], gilt auch im Rahmen von konkretisierungsbedürftigen mitgliedstaatlichen Umsetzungsvorschriften, wie etwa § 43 SEBG, nichts anderes.[441] Normkonkretisierung kann, wie oben festgestellt[442], als Rechtsfortbildung verstanden werden. Das Erfordernis richtlinienkonformer Rechtsfortbildung ist vom BGH und Teilen der Literatur anerkannt.[443]

Die nationalen Gerichte der EU-Mitgliedstaaten wenden zum Zweck der richtlinienkonformen Auslegung und Konkretisierung des mitgliedstaatlichen Rechts Unionsrecht an und legen es aus. Die Letztentscheidungsbefugnis hinsichtlich des Inhalts des Unionsrechts kommt dabei aber grundsätzlich dem EuGH zu. Art. 344 AEUV sichert die ausschließliche Zuständigkeit des EuGH für die Auslegung des gesamten primären und sekundären Unionsrechts.[444] Er ist Inhaber der Auslegungshoheit.[445] Aus der Auslegungshoheit des EuGH folgt kein Ausschluss der nationalen Gerichte von der Auslegung des Unionsrechts. Ihre Befugnis zur Auslegung des Unionsrechts ist dem Auftrag richtlinienkonformer Auslegung nationalen Rechts inhärent.[446] Erst im Rahmen dieser für die richtlinienkonforme Interpretation des Umsetzungsgesetzes notwendigen Auslegung der Richtlinienvorschrift wird im Fall einer generalklauselartigen Richtlinienvorschrift, die selbst nicht nur auslegungs-, sondern auch konkretisierungsbedürftig ist, die Frage nach dem zuständigen Konkretisierungsakteur und dem Konkretisierungsmaßstab[447] virulent.

---

439 *Mittwoch,* S. 165 f. m.w.N.; *Ramcke,* S. 71 m.w.N.; *Schmidt,* Konkretisierung, S. 30.

440 Eben, § 3A.I.1.b.

441 Für Art. 11 SE-RL so auch *Mader,* S. 30.

442 Eben, § 3A.I.1.b.

443 Allerdings nur für den Fall gesetzesimmanenter Rechtsfortbildung, BGH, Urteil vom 26. November 2008 – VIII ZR 200/05 – EuR 2009, 790 (792); *Kahl* in Callies/Ruffert, Art. 4 EUV Rn. 98 m.w.N. in Fn. 495.

444 *Herrmann* in Streinz, Art. 344 AEUV Rn. 1 f. m.w.N.

445 *Henninger,* S. 264.

446 Ähnlich *Kruis,* der der Pflicht der nationalen Gerichte, das Unionsrecht uneingeschränkt anzuwenden, ihre Befugnis entnimmt, ebenjenes auszulegen, S. 145 f.

447 Dazu noch unten, § 3B.III.

2. *Besonderheiten richtlinienkonformer Interpretation mitgliedstaatlicher Umsetzungsgesetze*

a. *EuGH: Sinn und Zweck der Richtlinie als Schwerpunkt der Auslegung*

Um richtlinienkonforme Ergebnisse zu erreichen, hat sich der mitgliedstaatliche Richter nach der Rechtsprechung des EuGH zunächst „desselben methodischen Instrumentariums zu bedienen, das ihm bei der Entscheidung von Fällen im Rahmen des autonomen nationalen Rechts zur Verfügung steht".[448] Nach der deutschen Rechtsmethodik ist der nach der Vereinigungslehre des Bundesverfassungsgerichts maßgebliche „objektivierte Wille des Gesetzgebers" anhand des bereits beschriebenen[449] Auslegungskanons zu ermitteln.[450]

Die Auslegung mithilfe der im jeweiligen nationalen Recht entwickelten Methoden hat sich nach der Rechtsprechung des EuGH dann aber soweit wie möglich am Wortlaut und Zweck der Richtlinie auszurichten.[451] So wird das mit der Richtlinie verfolgte Ziel erreicht.[452] Die Ziele, die Strukturen und die prägenden Begriffe jeder Richtlinie sind maßstäblich für die Auslegung des mitgliedstaatlichen Rechts.[453] Dieses Prinzip hat der deutsche Gesetzgeber in § 1 Abs. 3 SEBG sogar ausdrücklich festgeschrieben. Danach sind die Vorschriften des SEBG so auszulegen, dass die Ziele der Europäischen Union, die Beteiligung der Arbeitnehmer in der SE sicherzustellen, gefördert werden.

b. *Berücksichtigung des Art. 11 SE-RL im Rahmen der historischen, systematischen und teleologischen Auslegung des § 43 SEBG*

Für deutsche Gerichte bedeutet die Rechtsprechung des EuGH, dass sie § 43 SEBG anhand der klassischen Kriterien auszulegen haben, „wobei die inhaltliche Beeinflussung durch die Richtlinie im Wege der richtlinienorientierten Auslegung als Unterfall der historisch und systematischen Auslegung zu

---

448 *Roth/Jopen* in Riesenhuber, § 13 Rn. 31 m.w.N.

449 Oben, § 3A.I.1.a.

450 BVerfG, Urteil vom 21. Mai 1952 - 2 BvH 2/52 - BVerfGE 1, 299 (312); vgl. zur Abgrenzung zu einer rein subjektiven oder objektiven Auslegungstheorie *Henninger,* S. 53; *Teichmann,* S. 31 ff.

451 EuGH, Urteil vom 10. Oktober 2013 - C-306/12 „Spedition Welter" - NJW 2014, 44 (45); EuGH, Urteil vom 4. Juli 2006 - C-212/04 „Adeneler u.a." - Slg. 2006, I-6057 Rn. 108, Rn. 111; *Roth/Jopen* in Riesenhuber, § 13 Rn. 31 m.w.N.

452 EuGH, Urteil vom 13. November 1990 - Rs. 106/89 „Marleasing" - Slg. 1990, I-4135 Rn. 8; *Schroeder* in Streinz, Art. 288 AEUV Rn. 128 m.w.N.

453 *Schroeder* in Streinz, Art. 288 AEUV Rn. 125.

berücksichtigen ist“[454]. Im Rahmen der teleologischen Auslegung des Umsetzungsgesetzes ist die Richtlinie mit der von ihr verfolgten Zielrichtung zu berücksichtigen.[455] Nur wenn im Rahmen dieser Auslegung mehrere Auslegungsergebnisse zulässig sind, wovon eines gegen die Richtlinie verstößt, kommt die richtlinienkonforme Auslegung im engeren Sinn zum Tragen – das Gericht hat dann dem richtlinienkonformen Auslegungsergebnis Vorrang einzuräumen.[456] Den EuGH muss das Gericht nach Art. 267 AEUV erst anrufen, wenn nach seiner Auffassung mehrere Auslegungsergebnisse denkbar sind und nicht offensichtlich ist, dass alle Auslegungsergebnisse mit der Richtlinie zu vereinbaren sind oder gegen diese verstoßen.[457]

B. Erfordernis unionsrechtsautonomer Interpretation des Art. 11 SE-RL

Die richtlinienkonforme Interpretation des § 43 SEBG erfordert die Interpretation des Art. 11 SE-RL durch die nationalen Gerichte. Deswegen ist zu prüfen, welche Vorgaben die nationalen Gerichte bei der Interpretation unionsrechtlicher Vorschriften zu beachten haben.

I. Grad der Interpretationsbedürftigkeit des Art. 11 SE-RL

1. (Partielle) Unergiebigkeit der Auslegung des Art. 11 SE-RL auf Tatbestands- und Rechtsfolgenseite

a. Unbestimmte wertausfüllungsbedürftige Begriffe auf Tatbestandsseite

Wie auch bei der Vorschrift des § 43 SEBG kann von vornherein festgestellt werden, dass Art. 11 SE-RL mit dem Instrument der (unionsrechtsautonomen) Auslegung allein nicht handhabbar zu machen ist. Da § 43 Satz 1 SEBG auf Tatbestandsseite nur den Wortlaut des Art. 11 SE-RL wiedergibt, kann auf die im Rahmen von § 43 SEBG getroffenen Feststellungen zur Konkretisierungsbedürftigkeit der Tatbestandsmerkmale, insbesondere des Begriffs des „Missbrauchens“, verwiesen werden.[458] Die Interpretationsbedürftigkeit des Art. 11 SE-RL ist dabei sogar noch stärker ausgeprägt als jene des § 43 SEBG, da die

454 *Höpfner,* S. 320.

455 *Herdegen,* § 8 Rn. 46.

456 *Herdegen,* § 8 Rn. 46.

457 *Höpfner,* S. 320.

458 Oben, § 3A.I.2; für die Qualifizierung des Begriffs „Missbrauchs“ in Art. 11 SE-RL als normativ-unbestimmter Rechtsbegriff auch *Ramcke,* S. 65.

Richtlinienvorschrift einen dem § 43 Satz 2 SEBG vergleichbaren Beispielsfall eines Missbrauchs der SE nicht vorsieht.

b. Gestaltungsauftrag auf Rechtsfolgenseite

Art. 11 SE-RL normiert keine Rechtsfolge des missbräuchlichen Einsatzes einer SE. Die autonome Auslegung des Art. 11 SE-RL ist in Bezug auf seine Rechtsfolgenseite in Ermangelung eines Auslegungsgegenstands daher von vornherein unergiebig. Die Vorschrift delegiert die Gestaltung geeigneter Rechtsfolgen vielmehr ausdrücklich an die Mitgliedstaaten, da sie ihnen aufgibt, „geeignete Maßnahmen" zur Verhinderung des Missbrauchs zu treffen.

2. Bedürfnis einer Referenzordnung für das Treffen von Wertentscheidungen

Auch wenn der EuGH methodisch nicht zwischen den Instrumenten der Auslegung und Konkretisierung unterscheiden mag, zeigt sich doch am Beispiel des Art. 11 SE-RL, dass es unionsrechtliche Vorschriften gibt, die mit dem Instrumentarium der autonomen Auslegung nicht handhabbar gemacht werden können – etwa weil sie wertausfüllungsbedürftige unbestimmte Rechtsbegriffe enthalten und/oder weil sie den Mitgliedstaaten ausdrücklich Gestaltungsspielräume einräumen.

Die Interpretation solcher unbestimmten unionsrechtlichen Vorschriften durch die mitgliedstaatlichen Gerichte „erfordern einen normativen Wertungsrahmen, aus dem die Methoden und Kriterien für die Auslegung sowie die Maßstäbe für eine eventuell notwendige Lückenfüllung abgeleitet werden können".[459] Sowohl die Interpretation der Tatbestandsmerkmale des Entziehens und Vorenthaltens von Beteiligungsrechten der Arbeitnehmer als auch des Merkmals des Missbrauchens der SE zu diesen Zwecken machen Wertentscheidungen erforderlich, für die ein Referenzrahmen festgelegt werden muss. Gleiches gilt für die Bestimmung geeigneter Rechtsfolgen eines missbräuchlichen Einsatzes der SE. Dabei erfordert insbesondere die an mehreren Stellen vorzunehmende Abwägung zwischen den Zielen der SE-VO und der SE-RL die Bestimmung eines Rechtsrahmens, innerhalb dessen die Abwägung vorzunehmen ist.

Denkbar ist ein Rückgriff auf die jeweilige mitgliedstaatliche Rechtsordnung[460] oder auf den unionsrechtlichen Rechtsrahmen.[461] Können die mitgliedstaatlichen

459 *Mittwoch*, S. 169; *Röthel* in Riesenhuber, § 11 Rn. 35 ff.

460 Im Anwendungsbereich des Art. 3 Abs. 1 RL 93/13/EWG (Klauselrichtlinie) dafür *Roth*, JZ 1999, 529 (535 f).

461 Allgemein *Mittwoch*, S. 169 m.w.N.

Gerichte bei der Interpretation der Tatbestandsmerkmale des Art. 11 SE-RL auf ihren mitgliedstaatlichen Rechtsrahmen zurückgreifen, werden etwa auch die Wertungen eines mitgliedstaatlichen Rechtsmissbrauchsinstituts für die Interpretation heranzuziehen sein. Um die für die Interpretation des Art. 11 SE-RL erforderlichen Wertentscheidungen zu treffen, ist also sogleich (III.) eine Referenzordnung – oder ein Konkretisierungsmaßstab – zu bestimmen, an dem sich orientiert werden kann.

3. *Art. 11 SE-RL als konkretisierungsbedürftige Generalklausel im unionsrechtlichen Sinn*

Dies vorangestellt, kann Art. 11 SE-RL als konkretisierungsbedürftige Generalklausel im unionsrechtlichen Sinn bezeichnet werden.[462] Wie auch in der deutschen Methodenlehre[463] besteht noch keine einheitliche unionsrechtliche Definition, die eine Generalklausel als solche ohne Zweifel identifizierbar macht. Im Unionsprivatrecht soll es „mit der Bezeichnung als Generalklausel (…) um die allgemeinsten und breitflächigsten der auslegungsbedürftigsten Normen“[464] gehen.[465] Während in der deutschen Methodenlehre zwischen unbestimmten Rechtsbegriffen und Generalklauseln zu differenzieren versucht wird, hat sich eine solche Trennung für das Unionsrecht bisher nicht etabliert.[466]

Art. 11 SE-RL ist aber ohnehin nicht nur – ähnlich einem unbestimmten Rechtsbegriff – sprachlich unbestimmt. Anders als § 43 SEBG enthält Art. 11 SE-RL kein aus sich heraus verständliches, an den Rechtsanwender adressiertes Ge- oder Verbot. Die Vorschrift verpflichtet die Mitgliedstaaten vielmehr, überhaupt erst geeignete Maßnahmen zu treffen, um einen Missbrauch der SE zum Entzug oder Vorenthalten von Arbeitnehmerbeteiligungsrechten zu verhindern. Den Mitgliedstaaten obliegt die Ermittlung eines geeigneten Weges, diese Vorgabe umzusetzen.

Der Charakter des Art. 11 SE-RL als Generalklausel im unionsrechtlichen Sinn folgt damit zum Einen aus seiner sprachlichen Unbestimmtheit. Zum anderen folgt er aus der ausdrücklichen Delegation der Identifizierung einer Möglichkeit an die Mitgliedstaaten, das in der Richtlinienvorschrift vorgesehene Ziel

---

462 Ebenso *Ramcke,* S. 59 ff., S. 67; im Ergebnis so auch *Mader,* S. 30.

463 Eben, § 3A.I.1.c.

464 Baldus/*Müller-Graff,* S. 132.

465 Baldus/*Müller-Graff,* S. 132; zur grundsätzlich anerkannten Zulässigkeit konkretisierungsbedürftiger Unionsrechtssetzung *Röthel,* S. 325 Fn. 52 m.w.N.

466 *Schmidt,* Konkretisierung, S. 18 f. m.w.N.

zu erreichen. Hierin liegt auch eine in der Sache völlig verschiedene Wahlfreiheit im Vergleich zum bei der Umsetzung einer jeden Richtlinienvorschrift bestehenden Recht nach Art. 288 UAbs. 2 AEUV zur „Wahl der Form und Mittel". Von letzterer umfasst ist bloß das Recht, bei der Durchführung der Richtlinie eine bestimmte „Rechtstechnik" zu wählen, zum Beispiel die Verabschiedung eines Parlamentsgesetzes oder den Erlass einer Verordnung der Exekutive.[467]

II. Anforderungen an die mitgliedstaatlichen Gerichte bei der Interpretation unionsrechtlicher Vorschriften

1. Unionsrechtsautonome Auslegung unionsrechtlicher Vorgaben durch mitgliedstaatliche Gerichte

Bei der Auslegung unionsrechtlicher Vorschriften haben sich die nationalen Gerichte grundsätzlich an der Auslegungsmethode des EuGH zu orientieren, denn er ist als Inhaber der Auslegungshoheit (Artt. 344, 267 AEUV)[468] ohnehin letztentscheidungsbefugt. Der EuGH legt Unionsrecht autonom unter ausschließlichem Rückgriff auf unionsrechtliche Methoden und Rechtssätze aus. Zur Auslegung oder Anwendung mitgliedstaatlichen Rechts ist er nicht befugt.[469] Zu seiner Aufgabe gehört nach Art. 19 EUV allein die Wahrung der Unionsrechtsordnung.[470] Unionsrecht ist außerdem in allen Mitgliedstaaten einheitlich anzuwenden. Jeder Begriff ist autonom in seinem spezifisch unionsrechtlichen Sinn zu ermitteln und sein Verständnis darf sich nicht nach Maßgabe der Besonderheiten des jeweiligen innerstaatlichen Rechts verändern.[471]

Die deutschen Gerichte haben diesen Grundsatz der autonomen Auslegung des Unionsrechts zu beachten.[472] Die Formulierung des Bundesverfassungsgerichts, die Beurteilung einer unionsrechtlichen Fragestellung allein nach nationalem Recht verbiete sich,[473] ist vor diesem Hintergrund noch zurückhaltend.

---

467 *Schoeder* in Streinz, Art. 288 AEUV Rn. 87.

468 *Ehricke* in Streinz, Art. 267 AEUV Rn. 6, 11, Rn. 19; *Herrmann* in Streinz, Art. 344 AEUV Rn. 1.

469 EuGH, Urteil vom 16. Januar 1974 – Rs. 166/73 – Slg. 1974, 33 Rn. 2; *Ehricke* in Streinz, Art. 267 AEUV Rn. 7; *Höpfner*, S. 318 m.w.N.; *Schwarze*/Becker/Hatje/Schoo, Art. 19 EUV Rn. 44.

470 *Wegener* in Callies/Ruffert, Art. 19 EUV Rn. 10.

471 EuGH, Urteil vom 10. Januar 1980 – Rs. 69/79 – Slg. 1980, 75 Rn. 6.

472 *Wegener* in Callies/Ruffert, Art. 19 EUV Rn. 13 a.E.; umfangreiche Nachweise bei *von der Höh*, S. 64 Fn. 141.

473 BVerfG (Kammer), Beschluss vom 9. Januar 2001 – 1 BvR 1036/99 – NJW 2001, 1267 (1268).

Bei der Ermittlung des Sinngehalts einer Richtlinienvorschrift besteht vielmehr überhaupt kein Spielraum für einen Rückgriff auf nationales Recht. Etwas anderes gilt nur, wenn die Vorschrift für die Erläuterung ihres Sinnes und ihrer Tragweite ausdrücklich auf das nationale Recht verweist.[474]

2. Besondere Berücksichtigung des Regelungszwecks und der Systematik der Unionsvorschrift

Bei der Auslegung folgt die Unionsgerichtsbarkeit zwar grundsätzlich den aus den nationalen Rechtsordnungen vertrauten Methoden.[475] Auch die Auslegung einer Richtlinienvorschrift durch ein mitgliedstaatliches Gericht erfolgt also nach dem bekannten Auslegungskanon.[476] Die Abwesenheit eines bestehenden, erst durch schrittweise Verwirklichung zu schaffenden Rechtsrahmens erfordert jedoch eine besondere Gewichtung der systematischen und teleologischen Auslegungskriterien.[477]

Besondere Bedeutung bei der Ermittlung von Sinn und Zweck einer Vorschrift des Sekundärrechts haben die Erwägungsgründe, die als Bestandteil des Rechtsaktes Aufschluss über die Zielorientierung und die Hintergründe des Rechtsetzungsvorhabens geben.[478] Allerdings vertritt der EuGH die Ansicht, dass die Begründungserwägungen eines Unionsrechtsakts rechtlich nicht verbindlich sind und weder herangezogen werden können, um von den Bestimmungen des entsprechenden Rechtsakts abzuweichen, noch, um diese Bestimmungen in einem Sinne auszulegen, der ihrem Wortlaut offensichtlich widerspricht.[479]

Trotz der besonderen Bedeutung der teleologischen und systematischen Auslegung bleibt erster Anknüpfungspunkt bei der Interpretation einer unionsrechtlichen Vorschrift zunächst ihr Wortlaut. Dabei sind die verschiedenen Sprachfassungen zu berücksichtigen. Auf innerstaatliche Sinngehalte verweist

---

474 EuGH, Urteil vom 18. Januar 1984 – Rs. 327/82 – Slg. 1984, 107 Rn. 11.

475 *Wegener* in Callies/Ruffert, EUV/AEUV, Art. 19 EUV Rn. 13; umfangreiche Nachweise bei *von der Höh,* S. 67 Fn. 157.

476 *Jäckel/Tonikidis,* JuS 2013, 302.

477 *Mayer* in Grabitz/Hilf/Nettesheim, Bd. 1, Art. 19 EUV Rn. 53; im Ergebnis so auch *Ramcke,* S. 93 (in Bezug auf die Konkretisierung anhand unionsrechtlicher Auslegungskriterien).

478 *Wegener* in Callies/Ruffert, Art. 19 EUV Rn. 16; weitere Nachweise bei *von der Höh,* S. 71 Fn. 173.

479 EuGH, Urteil vom 19. Juni 2014 – C-345/13 „Karen Millen Fashions“ – EuZW 2014, 703 m.w.N.

das Unionsrecht dabei wegen seiner „notwendig einheitlichen Geltung“ aber nicht.[480]

3. *Berücksichtigung des Effektivitätsprinzips (Art. 4 Abs. 3 EUV) und des Verhältnismäßigkeitsgrundsatzes*

a. *Pflicht zur Berücksichtigung des effet utile im Rahmen der teleologischen Auslegung*

Die Mitgliedstaaten haben nach Art. 4 Abs. 3 UAbs. 2 EUV alle geeigneten Maßnahmen zur Erfüllung der Verpflichtungen, die sich aus den Verträgen oder den Handlungen der Organe der Union ergeben, zu ergreifen.[481] Nach der Rechtsprechung des EuGH impliziert dies die Verpflichtung jedes Mitgliedstaats, an den eine Richtlinie gerichtet ist, im Rahmen seiner nationalen Rechtsordnung alle erforderlichen Maßnahmen zu ergreifen, um die vollständige Wirksamkeit der Richtlinie entsprechend ihrer Zielsetzung zu gewährleisten.[482] Aus dem in Art. 4 Abs. 3 EUV verankerten Effektivitätsprinzip (effet utile) folgt aber nicht nur die Pflicht des nationalen Gesetzgebers, das nationale Recht so anzupassen, dass die Vorgaben des Unionsrechts ihre volle praktische Wirksamkeit entfalten.[483] Auch die mitgliedstaatlichen Gerichte haben den Grundsatz zu beachten. Die Auslegung einer unionsrechtlichen Vorschrift durch die mitgliedstaatlichen Gerichte muss so erfolgen, dass ihre Wirksamkeit und Effektivität nicht beeinträchtigt wird.[484] Das Effektivitätsprinzip begründet also „eine positive Verpflichtung für den Auslegenden“.[485] Bei mehreren möglichen Auslegungen einer unionsrechtlichen Vorschrift ist diejenige zu wählen, die die praktische Wirksamkeit dieser Vorschrift zu wahren geeignet ist.[486] Das Regelungsziel der Richtlinie soll „so

---

480 Zum ganzen Absatz *Mayer* in Grabitz/Hilf/Nettesheim, Bd. 1, Art. 19 EUV Rn. 53.

481 Auch nach Art. 11 SE-RL treffen die Mitgliedstaaten „geeignete Maßnahmen“, um den missbräuchlichen Einsatz der SE zu verhindern, hierzu *Ramcke,* S. 211 ff.; *Rehberg,* ZGR 2005, 859 (876).

482 EuGH, Urteil vom 25. Oktober 2005 – C-350/03 „Schulte“ – Slg. I 2005, 9239 Rn. 69 – EuZW 2005, 721 (722); EuGH, Urteil vom 17. Juni 1999 – C-336/97 – Slg. I 1999, 3771 Rn. 19.

483 Hierzu *Callies/Kahl/Puttler* in Callies/Ruffert, Art. 4 EUV Rn. 55 m.w.N.

484 EuGH, Urteil vom 3. September 2009 – C-489/07 „Messner“ – Slg. I 2009, 7356 Rn. 24 – NJW 2009, 3015.

485 *Müller/Christensen,* Juristische Methodik II, S. 359.

486 EuGH, Urteil vom 19. November 2009 – C-432, 402/7 „Sturgeon“ – Slg. I 2009, 10954 Rn. 47 m.w.N.; *Martens,* S. 463 f.

weit wie möglich oder bestmöglich erreicht werden"[487] – die Berücksichtigung des Effektivitätsprinzips kann wegen des erforderlichen Vergleichs des Regelungszwecks mit dem praktischen Ergebnis als Teil der teleologischen Auslegung begriffen werden.[488] Eine weitere Ausprägung des Effektivitätsprinzips ist das „Verbot der funktionalen Negation"[489] – wonach die Auslegung die betroffene Vorschrift nicht sinnlos machen darf.[490] Ein Auslegungsergebnis, wonach eine Vorschrift keine oder lediglich eine zu vernachlässigende Wirkung zukommt, verstößt gegen das Effektivitätsprinzip.[491]

b. Grenze des Effektivitätsprinzips: Verhältnismäßigkeit

Das Argument des effet utile kann dort zu unrichtigen Ergebnissen führen, wo sich der Unionsgesetzgeber auslegungsfähiger Vorgaben enthält und die Ergänzung einer Unionsvorschrift, zum Beispiel um eine Rechtsfolge, den Mitgliedstaaten überlässt[492] oder wo es um die Konkretisierung abstrakter Prinzipien des Unionsrechts[493] geht:

Neben anderen Nachteilen, die der Erlass einer privatrechtlichen Norm mit lückenhaften Rechtsfolgenvorgaben mit sich bringen kann, befürchtet *Grigoleit* vor allem eine überschießende Sanktionierung des fraglichen Verhaltens durch die mitgliedstaatlichen Gerichte auf Grundlage des effet utile-Gedankens.[494] Die Situation ähnelt der von *Martens* beschriebenen Konkretisierung abstrakter Prinzipien des Unionsrechts: Es bestehen regelmäßig eine Vielzahl von Optionen, die die praktische Wirksamkeit einer unionsrechtlichen Vorschrift gewährleisten können.[495] Dabei lässt sich eine Wahl unter diesen Optionen „kaum überzeugend aus der Rechtsordnung begründen, sondern bleibt letztlich einer wertenden Entscheidung überlassen"[496], die aber grundsätzlich vom politischen Gesetzgeber (und nicht der Judikative) zu treffen ist.[497]

---

487 *Riesenhuber,* § 10 Rn. 45 m.w.N.
488 *Riesenhuber,* § 10 Rn. 45.
489 Zum Begriff *Tomasic,* S. 15 m.w.N. in Fn. 62.
490 *Tomasic,* S. 14.
491 *Grundmann,* S. 369 ff. m.w.N. aus der EuGH-Rechtsprechung.
492 *Grigoleit,* AcP 210 (2010), 354 (380 ff., 385).
493 *Martens,* S. 465.
494 *Grigoleit,* AcP 210 (2010), 354 (380 ff., 385).
495 Für die Fallgruppe der Auslegung abstrakter Prinzipien so *Martens,* S. 465.
496 *Martens,* S. 465.
497 *Martens,* S. 465.

In der Vorschrift des Art. 11 SE-RL kumulieren diese beiden problematischen Anwendungsbereiche des Effektivitätsprinzips sogar, denn sie enthält keine Vorgaben in Bezug auf Rechtsfolgen und normiert auf Tatbestandsseite einen Fall des Rechtsmissbrauchs, den jedenfalls der EuGH[498] als einen allgemeinen Grundsatz des Unionsrechts identifiziert hat. Die Gestaltungsfreiheit der Mitgliedstaaten ist maximal weit. Die Vorschrift des Art. 11 SE-RL ist aber zugleich Ergebnis einer Entscheidung, bei der (mindestens) zwei beteiligte Interessen gegeneinander abgewogen worden sind[499], namentlich die Interessen der Arbeitnehmer an der Sicherung ihrer Beteiligungsrechte und die Interessen der Gesellschaften an der freien Entfaltung ihrer grenzüberschreitenden unternehmerischen Tätigkeit. Wenn die Mitgliedstaaten Umsetzungsoptionen wählen, die dem primären Ziel des Art. 11 SE-RL, Arbeitnehmerbeteiligungsrechte zu schützen, größtmögliche Effektivität geben, drohen sie, diese die Normentstehung begleitende Abwägungsentscheidung zu missachten. Dem muss durch die Berücksichtigung auch des Grundsatzes der Verhältnismäßigkeit begegnet werden. Unter Berufung auf das Effektivitätsprinzip kann es nicht darum gehen, eine Norm „gewissermaßen ohne Rücksicht auf alle anderen Werte durchzusetzen“.[500] Es können „nur solche Auslegungsergebnisse in Frage kommen, die geeignet und erforderlich sind, um die praktische Wirksamkeit der Norm und ihrer Ziele zu gewährleisten und die dabei zugleich alle übrigen rechtlich bedeutsamen Interessen angemessen wahren“.[501]

c. *Konkretisierung der Rechtsfolgen des Art. 11 SE-RL unter Berücksichtigung des Effektivitätsprinzips*

Wie soeben festgestellt, räumt der Unionsgesetzgeber den Mitgliedstaaten bei der Ausgestaltung der Rechtsfolgen einen großen Gestaltungsspielraum ein. Wegen des Effektivitätsprinzips sind bei den durch die mitgliedstaatliche Legislative und Judikative zu konkretisierenden Rechtsfolgen aber die verbindlichen Zielvorgaben der SE-RL, die wiederum unionsrechtsautonom zu ermitteln sind, zu beachten. Die notwendige Berücksichtigung des Effektivitätsprinzips auch bei der Konkretisierung der Rechtsfolgenseite des Art. 11 SE-RL folgt schon aus seinem Wortlaut, nach welchem die Mitgliedstaaten „geeignete“ Maßnahmen zu treffen haben, um einen missbräuchlichen Einsatz der SE zu verhindern.[502]

---

498 Unten, § 3C.III.2.d.

499 Dieser Gedanke allgemein *Martens*, S. 466.

500 *Martens*, S. 466.

501 *Martens*, S. 466 f.

502 *Mader*, S. 205.

Die im Rahmen der unionsrechtsautonomen Auslegung der Tatbestandsseite des Art. 11 SE-RL identifizierten Regelungsziele der SE-RL sowie der mit der SE-RL untrennbar verknüpften SEVO werden für die Bestimmung der Rechtsfolgenseite des § 43 SEBG also relevant sein. Auch nach der Rechtsprechung des EuGH haben die Mitgliedstaaten das Effektivitätsprinzip dort zu beachten, wo die Richtlinienvorschrift selbst Rechtsfolgen nicht regelt, sondern dies ausdrücklich den Mitgliedstaaten überlässt. Die Befugnis zur Regelung der Rechtsfolgen muss unter Beachtung des Unionsrechts und insbesondere der Vorschriften der Richtlinie ausgeübt werden, die im Licht der Zielsetzung der Richtlinie und in einer Weise, die ihre praktische Wirksamkeit gewährleistet, auszulegen sind.[503] Wie bereits festgestellt, muss bei der Konkretisierung der Rechtsfolgen der Verhältnismäßigkeitsgrundsatz besondere Rücksicht finden, damit die Sanktionierungen nicht von überschießender Intensität sind.[504] Sanktionen bei Verstößen gegen Unionsrecht müssen also wirksam, verhältnismäßig und abschreckend sein.[505]

4. *Berücksichtigung von Regelungsvorschlägen und Entwürfen*

Vor dem Hintergrund des jüngst veröffentlichten Vorschlags zur Änderung der Richtlinie (EU) 2017/1132 und den dort enthaltenen Einlassungen der Europäischen Kommission zur rechtsmissbräuchlichen grenzüberschreitenden Umwandlung von Gesellschaften mit dem Ziel, die gesetzlichen oder vertraglichen Rechte der Arbeitnehmer unrechtmäßig zu beschneiden, stellt sich die Frage, ob solche Regelungsvorschläge und -entwürfe bei der Interpretation des Art. 11 SE-RL berücksichtigungsfähig sind.

Ein Entwurf, und erst Recht ein solcher der Kommission, ist nicht Gesetz und gehört damit nicht zum Bestand des im Rahmen der systematischen Auslegung zu berücksichtigenden Systems.[506] Wegen dieses Mangels an demokratischer Legitimation lässt sich aus einem Regelungsentwurf nach *Riesenhuber* in keinem Fall eine Veränderung des bestehenden Systems begründen.[507] Trotzdem hat der

503 EuGH, Urteil vom 25. Oktober 2005 – C-350/03 „Schulte" – Slg. I 2005, 9239 Rn. 69 – EuZW 2005, 721 (722); EuGH, Urteil vom 21. September 1989 – Rs. 68/88 – Slg. 1989, 2965 Rn. 23.

504 Zum Ganzen eben § 3B.II.3.a und § 3B.II.3.b.

505 *Forst,* S. 149; EuGH, Urteil vom 21. September 1989 – Rs. 68/88 – Slg. 1989, 2965 Rn. 24; EuGH, Urteil vom 8. Juli 1999 – C-186/98 – Slg. 1999, I-4883 Rn. 10.

506 *Riesenhuber,* § 10 Rn. 28; ähnlich EuGH, Urteil vom 12. März 1996 – C-441/93 „Pafitis"– Slg. 1996, I-1347 Rn. 43.

507 *Riesenhuber,* § 10 Rn. 28.

EuGH in seiner Rechtsprechung bereits auf einen Richtlinienvorschlag im Rahmen der Auslegung einer anderen Richtlinie zurückgegriffen.[508] Allerdings hat dieser Rückgriff nur das vorab von ihm ermittelte Auslegungsergebnis bestätigt. Nur zur Bestätigung eines solchen kann auf Richtlinienvorschläge ergänzend zurückgegriffen werden.[509] Die in einem Richtlinienentwurf enthaltenen Regeln zwingen den Richter aber nicht, „das gesamte Rechtssystem – unter Einschluss dieser Regeln – möglichst in eine kohärente (Werte-)Ordnung zu bringen".[510] Andere wollen Entwürfen grundlegende Wertungen des betroffenen Rechtsgebiets nur dann entnehmen, wenn die Gesetzgebung nicht „durch grundsätzliche Sachdifferenzen behindert wird".[511]

Vor dem Hintergrund des schon im Jahr 2012 vom Europäischen Parlament geforderten Einschreitens zur Bekämpfung von Rechtsmissbrauch durch Sitzverlegungen[512] liegen grundsätzliche Sachdifferenzen bei der Frage, ob und dem Missbrauch grenzüberschreitender Umwandlungen zur Beschneidung von Mitbestimmungsrechten begegnet werden soll, fern. Die Wertungen des Vorschlags zur Änderung der Richtlinie (EU) 2017/1132 können nach der eben dargestellten Praxis des EuGH für den Zweck der nachstehenden Untersuchung bei der Interpretation des Art. 11 SE-RL berücksichtigt werden, solange sie seinem ausdrücklichen Regelungsgehalt nicht widersprechen.

III. Bestimmung des anzuwendenden Konkretisierungsmaßstabs: Unionsrechtsautonome Konkretisierung des Art. 11 SE-RL?

Nunmehr ist zu untersuchen, ob der Grundsatz unionsrechtsautonomer Auslegung auf besonders interpretationsbedürftige Generalklauseln, wie Art. 11 SE-RL sie darstellt, entsprechende Anwendung findet und hierfür ausschließlich auf den unionsrechtlichen Rechtsrahmen zurückgegriffen werden darf oder mitgliedstaatliches Recht Berücksichtigung finden kann.

508 EuGH, Urteil vom 19. Dezember 1997 – C-104/96 „Rabobank" – Slg. 1997, I-7211 Rn. 25 f.; *Riesenhuber*, § 10 Rn. 27.

509 *Riesenhuber*, § 10 Rn. 28.

510 *Grundmann*, RabelsZ 75 (2011), 882 (924).

511 *Schön*, RabelsZ 64 (2000), 1 (7 f.).

512 Oben, § 1C.IV.2.

1. Anzuwendender Konkretisierungsmaßstab in Abhängigkeit der Konkretisierungshoheit

Der für die Konkretisierung des Art. 11 SE-RL richtigerweise heranzuziehende Rechtsrahmen hängt von der Konkretisierungskompetenz für die unionsrechtliche Generalklausel des Art. 11 SE-RL ab.[513] Ist der EuGH für die Konkretisierung des Art. 11 SE-RL in letzter Instanz zuständig, dann kann hierfür auch nur der unionsrechtliche Rechtsrahmen herangezogen werden, da der EuGH zur Anwendung des mitgliedstaatlichen Rechts nicht befugt ist.[514] Aus diesem Umstand folgt nicht zuletzt auch der Grundsatz der autonomen Auslegung des Unionsrechts.[515] Obwohl der EuGH nicht zwischen den Instrumenten der Auslegung und der Konkretisierung unterscheidet, bestehen bei der Ermittlung der Konkretisierungskompetenz jedenfalls von unionsrechtlichen Generalklauseln in Richtlinien[516] anerkanntermaßen die nachstehend dargestellten Besonderheiten.

2. Konkretisierungsakteure[517] unionsrechtlicher Generalklauseln

a. Konkretisierungskompetenz der mitgliedstaatlichen Legislative und Judikative

Das Recht des „ersten Zugriffs“ zur Konkretisierung einer Generalklausel des Unionsrechts hat der mitgliedstaatliche Gesetzgeber inne, er kann die Konkretisierungsaufgabe vollständig übernehmen.[518] Zunächst ist es dem nationalen Gesetzgeber möglich, eine Generalklausel einer Richtlinie in nationales Recht zu übernehmen oder sie, z.B. durch Fallgruppen, zu konkretisieren.[519] Ihm steht bei der Umsetzung von Richtlinien kraft seiner „Rechtsetzungsprärogative“ auch eine „Konkretisierungsprärogative“ zu.[520] Leistet der Gesetzgeber selbst keinen oder nur einen unvollständigen Beitrag zur Konkretisierung ausfüllungsbedürftiger Richtlinienbegriffe, indem er sie etwa unverändert übernimmt, wird die Konkretisierungsaufgabe an die mitgliedstaatliche Rechtsprechung „zur judikativen Richtlinienkonkretisierung weitergegeben“.[521] Solange sich der

---

513 Ähnlich *Mader,* S. 30.
514 Schon oben, § 3B.II.1.
515 Oben, § 3B.II.1.
516 *Ramcke,* S. 71 m.w.N.
517 Zum Begriff *Ramcke,* S. 68 m.w.N.
518 *Röthel,* S. 314; *Ramcke,* S. 69 f. m.w.N., S. 89 f.
519 *Schmidt,* Konkretisierung, S. 37 f. m.w.N., S. 46.
520 *Röthel,* S. 351; *Schmidt,* Konkretisierung, S. 46.
521 *Röthel,* S. 313.

Richtlinie keine Anhaltspunkte entnehmen lassen, dass der Konkretisierungsauftrag gerade durch den Gesetzgeber erfüllt werden soll, steht dem Gesetzgeber dies frei.[522] Die Konkretisierung von Generalklauseln durch deutsche Gerichte erfolgt dann typischerweise durch Fallgruppenbildung, wobei vorzugsweise Aspekte wie Anlass, Mittel, Zweck, Begleitumstände und Auswirkungen eines bestimmten Verhaltens berücksichtigt werden.[523]

b. § 43 SEBG als (unvollständige) legislative Konkretisierung des Art. 11 SE-RL

In Deutschland hat Art. 11 SE-RL durch die Einführung des § 43 SEBG eine legislative Konkretisierung erfahren.[524] Die Vorschrift formuliert in ihrem Satz 1, anders als Art. 11 SE-RL, ein ausdrückliches Verbot des Missbrauchs der SE, um Beteiligungsrechte der Arbeitnehmer vorzuenthalten oder zu entziehen. Im Gegensatz zu Art. 11 SE-RL trifft sie für den Rechtsanwender eine befolgbare Anordnung. Darüber hinaus schafft sie in Satz 2 eine Vermutung, die zumindest einen Anwendungsfall des Satz 1 konkretisieren will.[525] Wie bei einem Regelbeispiel[526] weist die schiere Existenz dieser Vermutung auf die mindestens theoretisch mögliche Existenz von außerhalb ihres Anwendungsbereichs liegenden Anwendungsfällen des Satz 1 hin. Andernfalls hätte es der Aufteilung in den allgemeineren Satz 1 und den spezielleren Satz 2 gesetzgebungstechnisch nicht bedurft. Auch hierin liegt die Konkretisierungskraft des § 43 Satz 2 SEBG.

Allerdings hat der deutsche Gesetzgeber die unbestimmten Tatbestandsmerkmale des Entziehens und Vorenthaltens von Beteiligungsrechten und des Missbrauchens sowie der strukturellen Änderungen im Übrigen ohne weitere Konkretisierung übernommen, sein Beitrag zur Konkretisierung der unionsrechtlichen Generalklausel ist unvollständig. Die Vorschrift des § 43 SEBG sieht auf Tatbestandsseite nur wenige, über den Wortlaut des Art. 11 SE-RL hinausgehende inhaltliche Vorgaben vor. Auf Rechtsfolgenseite verzichtet der deutsche Gesetzgeber sogar vollständig auf eine mögliche Konkretisierung in Bezug auf zivilrechtliche Rechtsfolgen. Die vollständige Auflösung der normativen

---

522 *Röthel*, S. 347.

523 *Schünemann*, JZ 2005, 271 (274), der dem in Bezug auf die mangelnde Rechtssicherheit für den Rechtsunterworfenen kritisch gegenüber steht.

524 Zur legislativen Konkretisierung des Art. 11 SE-RL in weiteren Mitgliedstaaten ausführlich *Ramcke*, S. 315 ff.

525 *Ramcke*, S. 281 m.w.N.

526 Zur Auffangfunktion der Generalklausel im Verhältnis zum Regelbeispiel *Schünemann*, JZ 2005, 271 (276).

Unbestimmtheit des Art. 11 SE-RL kann erst von der mitgliedstaatlichen Rechtsprechung geleistet werden.[527] Die Konkretisierung des Art. 11 SE-RL erfolgt in Deutschland somit zweistufig.[528]

c. Konkretisierungskompetenz des EuGH

Auch der EuGH ist nach Art. 267 Abs. 1 lit. b) AEUV für die Konkretisierung des Art. 11 SE-RL zuständig. Weist eine Richtlinie konkretisierungsbedürftige Rechtsbegriffe auf, können als Konkretisierungsakteure also der mitgliedstaatliche Gesetzgeber, die mitgliedstaatliche Rechtsprechung und der EuGH in Betracht kommen.[529] Das Verhältnis dieser potenziellen Konkretisierungsakteure zueinander ist umstritten. Die Kompetenz der Mitgliedstaaten zur Ausdifferenzierung der Vorgaben des Art. 11 SE-RL steht wegen seines insoweit eindeutigen Wortlauts fest. Damit stellt sich die Frage, ob auch die mitgliedstaatliche Judikative zur (unionsrechtsunabhängigen) Ausdifferenzierung berufen ist oder ob die Konkretisierungskompetenz in letzter Instanz dem EuGH zugewiesen bleibt.[530]

3. Konkretisierungshoheit des EuGH?

a. Integrationswirkung einer Konkretisierungshoheit des EuGH

Für die Konkretisierungshoheit des EuGH spricht die damit einhergehende Integrationswirkung. Delegiert der mitgliedstaatliche Gesetzgeber die Konkretisierungsaufgabe an die Gerichte, sind divergierende Konkretisierungsergebnisse vorprogrammiert, da die mitgliedstaatlichen Gerichte sich bei der Auslegung an der jeweiligen Rechtsordnung orientieren werden.[531] Rechtsvereinheitlichung kann allein der EuGH mit seiner integrierenden Rechtsprechung erreichen.[532] Nach überwiegender Auffassung umfasst die Letztentscheidungskompetenz des EuGH daher auch die Konkretisierung von Generalklauseln und unbestimmten Rechtsbegriffen in europäischen Sekundärrechtsakten.[533]

---

527 Ähnlich *Ramcke,* S. 220.

528 Zur zweistufigen Richtlinienkonkretisierung *Röthel,* S. 313.

529 *Roth* in FS Drobnig, 135 (142 f.); *Röthel,* S. 312.

530 *Herresthal* in Vollharmonisierung, 113 (120).

531 *Grundmann,* RabelsZ 75 (2011), 882 (887); *Mittwoch,* S. 166.

532 Zum Ganzen *Martens,* S. 516 f.

533 *Röthel,* S. 353 f. m.w.N.

b. Charakter der Richtlinienvorschrift als Generalklausel

Dagegen wenden sich Stimmen in der Literatur mit verschiedenen Argumenten.[534] Die Kompetenz zur Konkretisierung von Generalklauseln müsse bei den Mitgliedstaaten (und somit schlussendlich bei den mitgliedstaatlichen Gerichten) liegen, da Generalklauseln vom Unionsgesetzgeber eingesetzt werden, um die ohnehin schon bestehenden Umsetzungsspielräume der Mitgliedstaaten noch zu vergrößern.[535] Damit werde das eigentliche Richtlinienziel, namentlich Rechtsangleichung statt Rechtsvereinheitlichung, auch erreicht.[536]

Gegen einen solchen gleichsam zwingenden Rückschluss aus der Verwendung von Generalklauseln auf eine stillschweigende Verweisung ins nationale Recht wird eingewandt, dass die Regelungstechnik der Generalklausel vom Unionsgesetzgeber aus ganz anderen Gründen ausgewählt worden sein könne.[537] Die Verwendung einer Generalklausel biete sich nach dieser Auffassung vor allem bei komplizierter Materie an oder wenn die Abwägung der betroffenen Interessen dem Rechtsanwender im Einzelfall überlassen werden soll.[538] Zweck der Generalklausel sei es dann lediglich, möglichst viele Einzelfälle, die im Detail vorherzusehen und gar zu beschreiben den Rahmen eines funktionsfähigen Gesetzes überschritt, abzudecken. Damit einher gehe indes nicht der Verzicht des Unionsgesetzgebers auf das in Art. 267 AEUV verankerte Auslegungsmonopol[539] des EuGH.[540]

c. Bedeutung der Vorlagepflicht für die Konkretisierungshoheit des EuGH

aa. Reichweite der Vorlagepflicht

Für eine unionsrechtsautonome Konkretisierung von unionsrechtlichen Generalklauseln spricht außerdem die Reichweite der Vorlagepflicht mitgliedstaatlicher Gerichte an den EuGH. Nach Art. 267 Abs. 3 AEUV ist ein letztinstanzliches Gericht zur Anrufung des EuGH verpflichtet, wenn sich die Fragen der Gültigkeit oder der Auslegung der Handlungen der Organe, Einrichtungen und sonstigen Stellen der Union stellen. Das vorlegende Gericht muss Zweifel hinsichtlich

534 *Röthel*, S. 355 ff. mit Überblick und umfangreichen Nachweisen.
535 *Roth* in FS Drobnig, 135 (141 f.).
536 *Canaris*, EuZW 1994, 417.
537 *Gsell/Schellhase*, JZ 2009, 20 (24).
538 *Gsell/Schellhase*, JZ 2009, 20 (24); *Ramcke*, S. 78.
539 *Ehrike* in Streinz, Art. 267 AEUV Rn. 6.
540 *Gsell/Schellhase*, JZ 2009, 20 (24).

der Auslegung einer Unionsnorm haben. Dafür genügt es, wenn es bei der Auslegung zwischen zwei Auffassungen schwankt und für beide Auslegungen belastbare Argumente streiten.[541] Die Entscheidung zwischen den Auffassungen muss dabei für den Ausgang des anhängigen Rechtsstreits erheblich sein.[542] Die etablierte Vorlagepflicht soll insbesondere verhindern, dass es innerhalb der Europäischen Union zu abweichenden Gerichtsentscheidungen über Fragen des Unionsrechts kommt.[543] Von der Vorlagepflicht der letztinstanzlichen mitgliedstaatlichen Gerichte bestehen nach der *C.I.L.F.I.T.*-Entscheidung des EuGH Ausnahmen, wenn die betreffende Rechtsfrage bereits durch eine gesicherte Rechtsprechung des EuGH gelöst ist oder die richtige Anwendung des Unionsrechts derart offenkundig ist, dass keinerlei Raum für einen vernünftigen Zweifel an der Entscheidung der gestellten Frage bleibt.[544]

Dies vorangestellt, hat die Vorlagepflicht bei der Konkretisierung unionsrechtlicher Sekundärrechtsakte sogar besondere Bedeutung: „Solange noch keine einschlägigen Konkretisierungsentscheidungen des EuGH vorliegen, also vor allem zu Beginn des Konkretisierungsprozesses, dürfte wohl kaum eine Konkretisierungsfrage derart ‚offenkundig' sein i.S. der *C.I.L.F.I.T.*-Grundsätze, dass ein letztinstanzliches Gericht ausnahmsweise nicht vorlagepflichtig wäre".[545] Denn im Rahmen der Konkretisierung von unionsrechtlichen Rechtssätzen ist, wie oben festgestellt, gerade ein gesteigertes Interpretationsbedürfnis gegeben.

bb. Rechtliche Beschränkung der Jurisdiktion des EuGH

Allerdings begrenzen die Rahmenbedingungen des Vorlageverfahrens die Möglichkeiten einer einheitlichen Rechtsfortbildung durch den EuGH. Zum Einen ist der EuGH nach dem Wortlaut des Art. 267 AEUV nicht zur Anwendung, sondern nur zu Auslegung, mithin letztlich zur bloßen „Erstattung verbindlicher Rechtsgutachten zu abstrakten Rechtsfragen" ermächtigt.[546] Gerade die Konkretisierung von Generalklauseln erfordert aber bisweilen Wertentscheidungen, die nur unter Berücksichtigung aller Parameter des konkreten Einzelfalls zu treffen sind. Hierzu hat der EuGH im Anwendungsbereich des Art. 3 Abs. 1 der Klauselrichtlinie bereits entschieden, dass ihm die Auslegung

541 *Ehrike* in Streinz, Art. 267 AEUV Rn. 37.

542 EuGH, Urteil vom 6. Oktober 1982 – Rs. 283/81 „C.I.L.F.I.T." – Slg. 1982, 3415 Rn. 10.

543 EuGH, Urteil vom 6. Oktober 1982 – Rs. 283/81 „C.I.L.F.I.T." – Slg. 1982, 3415 Rn. 7.

544 EuGH, Urteil vom 6. Oktober 1982 – Rs. 283/81 „C.I.L.F.I.T." – Slg. 1982, 3415 Rn. 14, Rn. 16.

545 *Röthel*, S. 384.

546 *Grigoleit*, AcP 210 (2010), 354 (390).

der vom Unionsgesetzgeber zur Definition des Begriffs der missbräuchlichen Klausel verwendeten allgemeinen Kriterien übertragen ist, wohingegen die Anwendung dieser allgemeinen Kriterien auf eine bestimmte Klausel den mitgliedstaatlichen Gerichten obliegt und sie hierbei die Umstände des konkreten Einzelfalls zu prüfen haben.[547] Übertragen auf die Vorschrift des Art. 11 SE-RL bedeutete dies, dass die Konkretisierung der Tatbestandsvoraussetzungen dem EuGH obliegt, die Subsumtion eines Einzelfalls hierunter und die damit verbundene Wertentscheidung aber bei den mitgliedstaatlichen Gerichten verbleibt.

cc. Tatsächliche Beschränkung der Jurisdiktion des EuGH

Zum Anderen ist der EuGH auf die „Zuarbeit" der mitgliedstaatlichen Gerichte angewiesen.[548] Vor dem Hintergrund des stetig anwachsenden Normmaterials im europäischen Privatrecht ist aber ohnehin von einer wachsenden Inanspruchnahme des Vorabentscheidungsverfahrens durch die mitgliedstaatlichen Gerichte auszugehen.[549] Selbst wenn die mitgliedstaatlichen Gerichte ihrer Vorlagepflicht nicht nachkämen, kann durch das dann nur eingeschränkt vorhandene Fallmaterial nicht der Verlust der Konkretisierungshoheit des EuGH begründet werden. Sonst läge es in der Hand der mitgliedstaatlichen Gerichte, durch Verletzung der Vorgaben des AEUV die vertraglichen Befugnisse des EuGHs auszuhebeln. Mindestens erschwert die begrenzte Konfrontation des EuGH mit Fallmaterial aber „eine breitflächige Judizbildung und wohlerwogene Auflösung von Wertungsproblemen".[550]

d. Abwesenheit von Referenzordnung und normativem Wertungsrahmen

Gegen eine unionsrechtsautonome Konkretisierung kann das (auch aus den geschilderten Rahmenbedingungen des Vorlageverfahrens resultierende) Fehlen der für die Konkretisierung erforderlichen Referenzordnung bzw. eines normativen Wertungsrahmens sprechen.[551]

547 EuGH, Urteil vom 1. April 2004 - C-237/02 „Freiburger Kommunalbauten"- Slg. 2004, I-3403 Rn. 22.

548 *Röthel*, S. 382.

549 *Remien*, RabelsZ 66 (2002), 503 (521).

550 *Grigoleit*, AcP 210 (2010), 354 (390).

551 *Grigoleit*, AcP 210 (2010), 354 (391).

aa. Mögliche Kompetenzdelegation an mitgliedstaatliche Gerichte

Richterliche Rechtsfortbildung bedarf eines aussagekräftigen normativen Wertungsrahmens. Dieser setzt sich aus geschriebenen und ungeschriebenen anerkannten Regelungen zusammen.[552] Der EuGH sieht sich aber mit der auf dem Grundsatz der begrenzten Einzelermächtigung nach Art. 5 Abs. 1 und Abs. 2 EUV[553] beruhenden Lückenhaftigkeit des Unionsrechts konfrontiert. *Grigoleit* ist wegen der insoweit eingeschränkten Eignung des EU-Rechts als Rechtsfortbildungsquelle der Auffassung, dass der Grundsatz der autonomen Auslegung nicht notwendig auf eine flächendeckend EU-rechtliche Determinierung der Normkonkretisierung hinauslaufen müsse.[554] Es entspräche vielmehr vor allem dem für die EU-Rechtsordnung typischen Zusammenspiel zwischen EU-Recht und nationalen Rechtsordnungen und dem fragmentarischen Charakter des EU-Rechts im Privatrecht, dass der Befund der unionsrechtsautonomen Auslegung auf eine Delegation der Konkretisierungskompetenz an die mitgliedstaatlichen Gerichte hinauslaufen könne.[555]

Dementsprechend überlässt auch der EuGH die Auslegung eines Begriffs in einer unionsrechtlichen Vorschrift ausdrücklich den Mitgliedstaaten, wenn die Vorschrift hinsichtlich seines Sinnes und seiner Tragweite auf das Recht der Mitgliedstaaten verweist oder wenn es einer Vereinheitlichung des für die Interpretation des Begriffes anwendbaren materiellen Rechts fehlt.[556] Die Konkretisierung der Generalklauseln obliegt also den Mitgliedstaaten (einschließlich der mitgliedstaatlichen Judikative), wenn eine sinnvolle Konkretisierung von den „systematischen Rahmenbedingungen der mitgliedstaatlichen Rechtsordnung abhängig ist“[557] oder sich dem Unionsrecht „nicht die nötigen Anhaltspunkte für eine Konkretisierung entnehmen lassen“[558].

552 *Grigoleit*, AcP 210 (2010), 354 (392).

553 Ausführlich *Bast* in Grabitz/Hilf/Nettesheim, Bd. 1, Art. 5 EUV Rn. 13 ff.

554 *Grigoleit*, AcP 210 (2010), 354 (395).

555 *Grigoleit*, AcP 210 (2010), 354 (395) m.w.N.

556 EuGH, Urteil vom 1. Februar 1977 – Rs. 51/76 – Slg. 1977, 113 Rn. 11, Rn. 17; EuGH, Urteil vom 6. Oktober 1976 – Rs. 12/76 – Slg. 1976, 1473 Rn. 14.

557 *Grigoleit*, AcP 210 (2010), 354 (396).

558 *Riehm* in Vollharmonisierung, 83 (106).

bb. Unionsrechtliches Mitbestimmungsbeibehaltungsrecht als normativer Wertungsrahmen

Ein einheitliches materielles Mitbestimmungsrecht hat der Unionsgesetzgeber auch im Fall der Verabschiedung des Vorschlags zur Änderung der Richtlinie (EU) 2017/1132 noch (lange) nicht geschaffen.[559] Unionsrechtliches Mitbestimmungsrecht ist in der Sache Mitbestimmungsbeibehaltungsrecht und hat immer noch fragmentarischen Charakter. Trotzdem kann von einem fehlenden normativen Wertungsrahmen für die Konkretisierung des Art. 11 SE-RL nicht ausgegangen werden. Zunächst können die Wertungen der bestehenden Mitbestimmungsbeibehaltungsregeln auf der Ebene des Unionsrechts bei der Konkretisierung als Referenzordnung herangezogen werden. Nach der Rechtsprechung des EuGH können auch die Wertungen des Vorschlags zur Änderung der Richtlinie (EU) 2017/1132 bei der Konkretisierung des Art. 11 SE-RL berücksichtigt werden.[560] Außerdem kann auf die übrigen Richtlinienbestimmungen der SE-RL zur Konkretisierung des Art. 11 SE-RL zurückgegriffen werden. Diese sogenannte implizite Konkretisierung ist als zulässig anerkannt und wird vom EuGH praktiziert.[561] Dem Unionsrecht lassen sich also Anhaltspunkte für die Konkretisierung des Art. 11 SE-RL entnehmen. Ob auch die im Rahmen seiner Entscheidungen durch den EuGH entwickelten Kriterien zum Rechtsmissbrauch bei der Konkretisierung des Art. 11 SE-RL als normativer Wertungsrahmen herangezogen werden können, wird noch untersucht.[562]

cc. Zwingend notwendiger Rekurs auf mitgliedstaatliches Mitbestimmungsrecht?

Gegen einen ausreichenden Wertungsrahmen und also gegen die Konkretisierungshoheit des EuGH könnte allein angeführt werden, dass die sinnvolle Konkretisierung des Art. 11 SE-RL von den systematischen Rahmenbedingungen der mitgliedstaatlichen Rechtsordnung abhängig ist. Dafür könnte der Umstand sprechen, dass die Vorschrift des Art. 11 SE-RL den Missbrauch der SE zur Vereitelung des mitgliedstaatlichen Mitbestimmungsrechts zu verhindern sucht und es auf dessen inhaltliche Bestimmung im Anwendungsbereich des Art. 11 SE-RL dann immer ankommen könnte.

---

559 Ein umfassender Überblick über die punktuellen unionsrechtlichen Regelungen zur Arbeitnehmerbeteiligung findet sich bei *Ramcke,* S. 39 ff.

560 Oben, § 3B.II.4.

561 *Grigoleit,* AcP 210 (2010), 354 (397) m.w.N.

562 Sogleich, § 3C.

[1] Beispiel: Einschränkung der Konkretisierungskompetenz des EuGH bei Art. 3 Abs. 1 Klauselrichtlinie

Insbesondere die Ermittlung der Konkretisierungskompetenz der Generalklausel des Art. 3 Abs. 1 Klauselrichtlinie sorgte deswegen für Auseinandersetzungen.[563] Nach der Vorschrift ist eine Vertragsklausel, die nicht im Einzelnen ausgehandelt wurde, als missbräuchlich anzusehen, wenn sie entgegen dem Gebot von Treu und Glauben zum Nachteil des Verbrauchers ein erhebliches und ungerechtfertigtes Missverhältnis der vertraglichen Rechte und Pflichten der Vertragspartner verursacht.

Für die Konkretisierung der Begriffe Treu und Glauben fehlt es dem EU-Recht nicht nur an einem hinreichend dichten Normmaterial.[564] Nur das jeweilige dispositive mitgliedstaatliche Vertragsrecht bietet überhaupt den Bezugsrahmen für die Überprüfung der Missbräuchlichkeit oder Unangemessenheit einer vertraglichen Klausel.[565] Die Feststellung eines „Missverhältnis[ses] der vertraglichen Rechte und Pflichten" (Art. 3 Abs. 1 Klauselrichtlinie) setzt ein Verständnis davon voraus, wann vertragliche Rechte und Pflichten in angemessenem Verhältnis zueinander stehen.[566] Der EuGH sah sich bereits mit dem ihm unmöglichen Rückgriff auf mitgliedstaatliches Recht im Anwendungsbereich dieser Richtlinienvorschrift konfrontiert.[567] Er hält aber an seiner Kompetenz zur Auslegung der allgemeinen Kriterien der Vorschrift fest und verweist im Übrigen auf die Kompetenz der Mitgliedstaaten zur Anwendung dieser Kriterien anhand der Umstände des Einzelfalls, wobei er damit allerdings auch die im streitgegenständlichen Fall erforderliche rechtliche Prüfung der mitgliedstaatlichen Vertragsordnung in Bezug nahm.[568]

[2] Unerheblichkeit mitgliedstaatlichen Mitbestimmungsrechts für die Konkretisierung des Art. 11 SE-RL

Wäre der EuGH also zur Beantwortung der Frage, ob eine konkrete Umstrukturierungsmaßnahme als missbräuchlich im Sinne des Art. 11 SE-RL anzusehen ist, auf einen Vergleich mit dem auf die betroffene Gründungsgesellschaft anwendbaren materiellen Regelungen des mitgliedstaatlichen Mitbestimmungsrechts

---

563 Einen Vergleich mit Art. 3 Abs .1 Klausel-RL nimmt auch *Ramcke,* S. 70 f. vor.

564 *Grigoleit,* AcP 210 (2010), 354 (397).

565 *Kieninger,* RabelsZ 73 (2009), 793 (799).

566 *Franzen,* S. 555; *Kieninger,* RabelsZ 73 (2009), 793 (800).

567 *Kieninger,* RabelsZ 73 (2009), 793 (800).

568 EuGH, Urteil vom 1. April 2004 – C-237/02 „Freiburger Kommunalbauten" – Slg. 2004, I-3403 Rn. 21–24.

angewiesen, steht das der Konkretisierungshoheit des EuGH entgegen. Da das Mitbestimmungsrecht von Mitgliedstaat zu Mitgliedstaat verschieden ist, kann ein einheitlicher europäischer Maßstab dann von vornherein nicht gebildet werden.

So liegt der Fall bei der Konkretisierung des Art. 11 SE-RL nicht. Dem Richtliniengeber kam es bei der Etablierung des Mitbestimmungsrechts der SE und der Verfassung des Art. 11 SE-RL nicht darauf an, ob ein vergleichbares mitbestimmungsschädliches Ergebnis einer Umstrukturierung ohne Einsatz einer SE nach nationalem Recht zulässigerweise erzielt werden kann. Ziel der SE-RL ist es nicht, zu verhindern, dass den mitgliedstaatlichen Unternehmen durch Einsatz einer SE mehr Mitbestimmungsvermeidungsstrategien zur Verfügung stehen, als ohne den Einsatz der SE. Ziel der SE-RL ist es, Mitbestimmungsvermeidung unter Einsatz einer unionsrechtlichen Gesellschaftsform zu verhindern. Das zeigt die Entwicklung der SE-RL und insbesondere die Entstehung des Art. 11 SE-RL: Die Umgehung von Mitbestimmung mithilfe eines europäischen Rechtsinstruments galt es aus Sicht des Europäischen Parlaments auf jeden Fall zu verhindern.[569] Der Einsatz einer SE kann deswegen missbräuchlich sein, selbst wenn das mitgliedstaatliche Recht das Ergebnis einer vergleichbaren Umstrukturierungsmaßnahme ohne Einsatz einer SE tolerierte et vice versa. Auf einen Rekurs auf mitgliedstaatliches Mitbestimmungsrecht kommt es für die Konkretisierung des Art. 11 SE-RL damit nicht an.[570]

e. *Intensität der intendierten Rechtsangleichung*

aa. Vollharmonisierung oder Mindestharmonisierung als Indiz für die intendierte Rechtsangleichungsintensität

Ein Rückschluss auf die Konkretisierungskompetenz könnte schließlich auch aus der intendierten Rechtsangleichung einer Richtlinienvorschrift gezogen werden.[571] Das Maß der von der Richtlinie bezweckten Rechtsangleichung muss dann durch Auslegung der jeweiligen Richtlinie ermittelt werden.[572] Die vollharmonisierende oder nur mindestharmonisierende Wirkung einer Richtlinie kann als Indiz für die intendierte Rechtsangleichungsintensität herangezogen werden.[573]

---

569 Oben, § 1B.I.3.

570 Ausführlich noch unten, § 3C.IV.3.

571 Ebenso *Ramcke*, S. 72; *von der Höh*, S. 297 f. m.w.N.

572 *Gsell/Schellhase*, JZ 2009, 20 (24).

573 *Gsell/Schellhase*, JZ 2009, 20 (24).

Mindestharmonisierend konzeptionierte Richtlinien erlauben den Mitgliedstaaten, auch im Regelungsbereich der Richtlinie über das dort vorgesehene Schutzniveau hinauszugehen.[574] Die Letztinterpretationszuständigkeit des EuGH beschränkt sich dann auf das von der Richtlinie vorgesehene Mindestschutzniveau, die Unbestimmtheit der Rechtsbegriffe über dieses Niveau hinaus ist von den mitgliedstaatlichen Gerichten – unter Umständen mit unterschiedlichen Ergebnissen – aufzulösen.[575]

Eine vollharmonisierende Maßnahme wiederum überlässt den Mitgliedstaaten keine oder nur im Rahmen des Rechtsakts definierte Spielräume.[576] Die vollharmonisierende Richtlinie gibt in ihrem Anwendungsbereich ein Regelungsergebnis vor, von dem die Mitgliedstaaten nicht abweichen dürfen.[577] Wirkt eine Richtlinie vollharmonisierend, müssen Reichweite und Inhalt der Richtlinienvorgabe präzise (unionsrechtsautonom) bestimmt werden, um ihre ordnungsgemäße Umsetzung zu gewährleisten.[578] Das Vorliegen einer unionsautonomen Referenzordnung ist dabei nicht nur Voraussetzung der Konkretisierungshoheit des EuGH – kann die vollharmonisierende Wirkung einer Richtlinienvorschrift angenommen werden, so werden sich zukünftig unionsautonome Referenzmaßstäbe erst bilden.[579]

bb. Vollharmonisierende Wirkung des Art. 11 SE-RL

Damit stellt sich die Frage, ob die Vorschrift des Art. 11 SE-RL Mindest- oder Vollharmonisierung anstrebt.

[1] Ausgeschlossener Rückgriff auf mitgliedstaatliches Mitbestimmungsrecht nach Art. 13 Abs. 2 SE-RL

Manche Richtlinien regeln selbst, inwieweit Abweichungen von ihren Bestimmungen zulässig sind. So enthalten viele Arbeitnehmer-Richtlinien eine explizite „Öffnungsklausel", die den Mitgliedstaaten erlaubt, für Arbeitnehmer günstigere Rechts- oder Verwaltungsvorschriften zu erlassen.[580] Eine solche Öffnungsklausel enthält die SE-RL nicht. Im Gegenteil sollen einzelstaatliche Rechtsvorschriften und/oder Gepflogenheiten in Bezug auf die Mitbestimmung

---

574 *Gsell/Herresthal* in Vollharmonisierung, 1 (2).
575 *Reich*, RabelsZ 66 (2002), 531 (544).
576 *Klamert*, EuZW 2015, 265.
577 *Roth* in Vollharmonisierung, 13 (18).
578 *Gsell/Herresthal* in Vollharmonisierung, 1 (7 f.).
579 *Röthel* in Riesenhuber, § 11 Rn. 37.
580 *Lutter* in FS Everling, 765 (768).

der Arbeitnehmer in den Gesellschaftsorganen, die nicht zur Umsetzung dieser Richtlinie dienen, auf die SE nach Art. 13 Abs. 2 SE-RL keine Anwendung finden. Ein Rückgriff auf nationales Unternehmensmitbestimmungsrecht ist vom Richtliniengeber unerwünscht. Die SE-RL verfolgt insoweit kein Verweisungsmodell, sondern begründet ein Vollstatut.[581] Dies spricht für eine vollharmonisierende Wirkung der SE-RL im Bereich der Unternehmensmitbestimmung und damit auch im Bereich des missbräuchlichen Einsatzes der SE zur Veränderung der Unternehmensmitbestimmung.

Eine bloß mindestharmonisierende Wirkung mit der Folge der Konkretisierungshoheit der Mitgliedstaaten kann aber durch den „bewussten Verzicht des europäischen Gesetzgebers auf Definition eines in den nationalen Rechtsordnungen erkennbar unterschiedlich geprägten Begriffes“ begründet sein.[582] „(Rechts-)Missbrauch“ mag zwar ein in den Mitgliedstaaten unterschiedlich gehandhabter Begriff sein. Ein bewusster Verzicht des europäischen Gesetzgebers auf seine Definition kann aber nicht angenommen werden, berücksichtigt man, dass die Einführung des Art. 11 SE-RL in den Richtlinienentwurf im Oktober 1998 erfolgte, als zahlreiche Entscheidungen des EuGH zu einem unionsrechtlichen Verständnis des Rechtsmissbrauchs schon ergangen waren.[583]

[2] Ausdrückliche Delegation der Ausgestaltung des Art. 11 SE-RL an die Mitgliedstaaten

Allerdings delegiert der unionsrechtliche Gesetzgeber in Art. 11 SE-RL die Aufgabe, geeignete Maßnahmen zu treffen, um den missbräuchlichen Einsatz der SE zum Entziehen oder Vorenthalten von Beteiligungsrechten von Arbeitnehmern zu verhindern, ausdrücklich an die Mitgliedstaaten. Der Richtliniengeber hat also auf eine präzise Ausgestaltung der zu schaffenden Regelungen, insbesondere der Rechtsfolgen eines tatbestandlichen Missbrauchs der SE, verzichtet. Die Richtlinie nimmt damit ausdrücklich Unterschiede bei der Umsetzung der Zielvorgabe zwischen den Mitgliedstaaten in Kauf. Vollharmonisierend wirkt sie insoweit nicht.

Aus dem ausdrücklichen Gestaltungsauftrag an die Mitgliedstaaten folgt aber nicht etwa die bloß mindestharmonisierende Wirkung des Art. 11 SE-RL hinsichtlich seiner Tatbestandsvoraussetzungen. Der eingeräumte Umsetzungsspielraum bezieht sich nur auf die konkreten Maßnahmen, die die Mitgliedstaaten

---

581 Zu diesen Begriffen und ihrer Unterscheidung *Fleischer*, ZHR 174 (2010), 385 (423).

582 *Gsell/Schellhase*, JZ 2009, 20 (24) mit Verweis auf EuGH, Urteil vom 18. Januar 1984 – Rs. 327/82 „Ekro“- Slg. 1984, 107 Rn. 14.

583 Hierzu sogleich, § 3C.I.

zur Verhinderung des missbräuchlichen Einsatzes einer SE zum Entziehen oder Vorenthalten von Beteiligungsrechten von Arbeitnehmern treffen können, vor allem also, welchen Rechtsfolgen ein solcher Missbrauch begegnen soll.[584] Damit geht ein eröffneter Gestaltungsspielraum hinsichtlich der inhaltlichen Vorgaben des Art. 11 SE-RL nicht einher.

[3] Unvereinbarkeit einer mindestharmonisierenden Wirkung des Art. 11 SE-RL mit den Zielen der SE-VO

Könnten die Mitgliedstaaten im Anwendungsbereich des Art. 11 SE-RL über das durch ihn vorgesehene Schutzniveau hinausgehen, wie es bei mindestharmonisierenden Richtlinienvorschriften der Fall ist, führte dies nämlich dazu, dass die Anforderungen an einen Missbrauch der SE von Mitgliedstaat zu Mitgliedstaat divergieren können.

Eine solche Divergenz ist mit der Zielsetzung der SE-RL und der SE-VO unvereinbar.[585] Die SE-RL sucht zu gewährleisten, dass die Gründung einer SE nicht zur Beseitigung oder zur Einschränkung der Gepflogenheiten der Arbeitnehmerbeteiligung führt, die in den an der Gründung einer SE beteiligten Gesellschaften herrschen (Erwägungsgrund (3) SE-RL). Dabei war es nicht die Intention des Richtliniengebers, die Anforderungen an einen unzulässigen missbräuchlichen Einsatz der SE davon abhängig zu machen, welches mitgliedstaatliche Umsetzungsgesetz im Rahmen der konkreten SE-Gründung Anwendung findet. Denn die SE-RL ist in engem Zusammenhang mit der SE-VO auszulegen.[586] Die SE-VO bezweckt, den Binnenmarkt durch Einführung einer unionsrechtlichen Aktiengesellschaft zu vollenden und insbesondere Hindernisse für grenzüberschreitende unternehmerische Tätigkeiten in Form von unterschiedlichen geltenden einzelstaatlichen Rechtsvorschriften abzubauen. Dazu stünde eine mindestharmonisierende Wirkung des Art. 11 SE-RL dahingehend, dass die Annahme eines zu verhindernden missbräuchlichen Einsatzes der SE von der Rechtsordnung der einzelnen Mitgliedstaaten abhinge, in eklatantem Widerspruch.

---

584 A.A. *Rehberg*, ZGR 2005, 859 (886), der den nationalen Gesetzgebern freistellen will, Missbräuche in Bezug auf die eigenen Beteiligungsstandards nicht nur unterschiedlich zu sanktionieren, sondern auch z.B. enger zu definieren.

585 In anderem Zusammenhang ähnlich *Ramcke*, S. 223.

586 Oben, § 1B.I.5.a und § 3A.I.2.b. Die Verknüpfung der Rechtsakte ist für *Ramcke* ein Argument für eine einheitliche Trägerschaft der Konkretisierungskompetenz durch den EuGH, S. 82 m.w.N.

[4] Berücksichtigung der Ermächtigungsgrundlage der SE-RL (Art. 352 Abs. 1 AEUV)

Bei der Bestimmung des Umfangs der Bindung der Mitgliedstaaten durch Richtlinien kann zudem die Ermächtigungsgrundlage, auf die die Richtlinie gestützt wird, Berücksichtigung finden.[587] Sowohl die SE-VO als auch die SE-RL werden auf Art. 352 Abs. 1 AEUV gestützt. Im Anwendungsbereich des Art. 352 AEUV sind zunächst der Erlass von mindest- als auch vollharmonisierenden Richtlinie denkbar. Diese Ermächtigungsgrundlage bezwecke nach mancher Auffassung, die zwischen den Zielen der Union und den Kompetenzen ihrer Organe bestehenden Diskrepanzen durch eine Ausdehnung der Befugnisse der Unionsorgane zu beheben, um eine fortschreitende Integration der Union zu gewährleisten.[588]

Die Verabschiedung der auf Art. 352 AEUV gestützten SE-VO verfolgte jedoch weder mindest- noch vollharmonisierende Wirkung. Denn die supranationale Rechtsform der SE will „die bestehenden mitgliedstaatlichen Rechtsformen nicht ersetzen […], sondern neben diese treten".[589] Die Mitgliedstaaten konnten von vornherein kein grenzüberschreitendes, unionsverbindliches „Recht der SE" erlassen, sodass es insoweit auch eines harmonisierenden unionalen Einschreitens nicht Bedarf. Dementsprechend hat der EuGH für die SCE entschieden, dass die SCE-VO nicht die Angleichung der auf die Genossenschaften anwendbaren Rechtsvorschriften der Mitgliedstaaten bezweckt, sondern das Ziel verfolgt, eine Genossenschaftsform zu schaffen, die die nationalen Rechtsformen „überlagert".[590] Auch für diese Form europäischer Gesetzgebung stellt Art. 352 AEUV nach Auffassung des EuGH die richtige Rechtsgrundlage dar.[591]

Vor diesem Hintergrund muss wegen ihres Zusammenhangs mit der SE-VO auch die vereinheitlichende Wirkung der SE-RL beleuchtet werden.[592] Die Ausgestaltung des mitbestimmungsrechtlichen Rechtsrahmens der SE hätte der Richtliniengeber, anders als die Schaffung der supranationalen Rechtsform als

587 *Mader*, S. 203 m.w.N.; *Ramcke*, S. 82 m.w.N.; auch *Lutter* in FS Everling, 765 (771 f.).

588 *Rossi* in Callies/Ruffert, Art. 352 AEUV Rn. 10 m.w.N.

589 Ausdrücklich *Lohse*, S. 48; ebenso *Ramcke*, S. 73.

590 EuGH, Urteil vom 2. Mai 2006 – C-436/03 – Slg. 2006, I-3733 Rn. 44; *Winkler* in Grabitz/Hilf/Nettesheim, Bd. 3, Art. 352 Rn. 134.

591 Noch für Art. 308 EG als Vorgängerregelung des Art. 352 AEUV EuGH, Urteil vom 2. Mai 2006 – C-436/03 – Slg. 2006, I-3733 Rn. 46.

592 Hierzu *Winkler* in Grabitz/Hilf/Nettesheim, Bd. 3, Art. 352 Rn. 127.

solche, zwar den Mitgliedstaaten überlassen können. Das Gegenteil ist aber in Art. 13 Abs. 3 SE-RL geschehen. Die Richtlinie selbst stützt der europäische Gesetzgeber dabei ebenfalls auf den subsidiären Art. 352 Abs. 1 AEUV, obwohl im Bereich der Mitbestimmung die Ermächtigungsgrundlage des Art. 153 Abs. 2 UAbs. 1 lit. b) AEUV besteht, nach der aber nur mindestharmonisierende Vorschriften erlassen werden dürfen (Art. 153 Abs. 4 AEUV).[593] Aus der Wahl der Ermächtigungsgrundlage und dem ausdrücklichen Verbot des Rückgriffs auf nationales Unternehmensmitbestimmungsrecht in Art. 13 Abs. 2 SE-RL kann daher geschlossen werden, dass der Richtliniengeber nicht nur die Vorgabe von Mindestvorschriften, sondern ein einheitliches Unternehmensmitbestimmungsmodell für die SE plante.[594] Dann muss auch die Bewertung der Missbräuchlichkeit des Einsatzes der SE zur Verhinderung von Unternehmensmitbestimmung einheitlich bewertet werden. Art. 11 SE-RL lässt seine von der einheitlich unionsrechtlich vorzunehmenden Interpretation abweichende Interpretation nicht zu.

IV. Zwischenergebnis

1. Unionsrechtsautonome Auslegung und Konkretisierung der Tatbestandsvoraussetzungen des Art. 11 SE-RL

Die Auslegung der Tatbestandsmerkmale des Art. 11 SE-RL durch die mitgliedstaatlichen Gerichte erfolgt unionsrechtsautonom.[595] Nicht nur die Auslegungshoheit, sondern auch die Konkretisierungshoheit liegt beim EuGH.[596] Da auch die Konkretisierung des Art. 11 SE-RL auf Tatbestandsseite unionsrechtsautonom zu erfolgen hat, sind die über die originäre Auslegung hinausgehenden Interpretationsfragen ebenfalls ausschließlich unter Rückgriff auf den unionsrechtlichen – geschriebenen und ungeschriebenen – Rechtsrahmen zu beantworten. Ein Rückgriff auf die nationalen Missbrauchsmaßstäbe kommt nicht in Betracht.[597]

593 *Winkler* in Grabitz/Hilf/Nettesheim, Bd. 3, Art. 352 Rn. 127.

594 In diese Richtung *Winkler* in Grabitz/Hilf/Nettesheim, Bd. 3, Art. 352 Rn. 127.

595 A.A. wohl *Rehberg*, ZGR 2005, 859 (886), der den nationalen Gesetzgebern in Bezug auf die eigenen Beteiligungsstandards freistellen will, Missbräuche enger zu definieren.

596 Ebenso *Ramcke*, S. 86.

597 *Ramcke*, S. 94; *von der Höh*, S. 299; a.A. *Mader*, S. 236.

2. *Mitgliedstaatliche Konkretisierung der Rechtsfolgenseite des Art. 11 SE-RL*

Hinsichtlich der Rechtsfolgenseite des Art. 11 SE-RL ist hingegen zu berücksichtigen, dass der Unionsgesetzgeber überhaupt keine (unionsrechtsautonom) konkretisierbaren Vorgaben gemacht hat. Vielmehr fordert er die Mitgliedstaaten zum Tätigwerden auf und nimmt damit ausdrücklich unterschiedliche Konkretisierungen der Rechtsfolgenseite des Art. 11 SE-RL in Kauf. Dem Rückgriff etwa auf das deutsche Rechtsmissbrauchsinstituts in Bezug auf die Rechtsfolgen des § 43 SEBG steht damit nichts entgegen.[598] Auch bei der Konkretisierung der Rechtsfolgen des § 43 SEBG sind aber das unionsrechtliche Effektivitätsprinzip und der Verhältnismäßigkeitsgrundsatz zu beachten.[599]

C. Das unionsrechtliche Rechtsmissbrauchsverbot als Konkretisierungsmaßstab

Da die Konkretisierung der Tatbestandsmerkmale des Art. 11 SE-RL unter ausschließlichem Rückgriff auf den unionsrechtlichen Rechtsrahmen zu erfolgen hat, wird nunmehr untersucht, ob dabei auch die Rechtsprechung des EuGH zum Rechtsmissbrauch als Referenzordnung herangezogen werden kann.[600]

I. Rechtsmissbrauch in der Rechtsprechung des EuGH

Der EuGH hat sich unter anderem in arbeits-, agrar-, gesellschaftsrechtlich und steuerrechtlich geprägten Entscheidungen mit Rechtsmissbrauch befasst.[601] Die Kriterien, die das Gericht für die Feststellung eines Missbrauchs anwendet, formulierte es im Laufe seiner Rechtsprechung immer weiter aus.

1. *Umgehung nationaler Vorschriften unter (missbräuchlicher) Berufung auf Unionsrecht*

Ersten deutlichen Anklang fand das Missbrauchsthema im Jahr 1974 in der Rechtssache *van Binsbergen*. Der EuGH urteilte, dass eine niederländische Vorschrift, die verhindern soll, dass sich ein aus den Niederlanden stammender

598 A.A. *Ramcke,* S. 279.

599 Oben, § 3B.II.3.c.

600 Ebenso *Ramcke,* S. 95.

601 Für eine umfassende Zusammenfassung bisheriger Entscheidungen mit Missbrauchsbezug *Baudenbacher,* S. 160–418.

und dort hauptsächlich tätiger, aber in Belgien ansässiger Rechtsanwalt auf die Dienstleistungsfreiheit beruft, um sich den niederländischen Berufsregeln zu entziehen, mit der Dienstleistungsfreiheit vereinbar ist. Ohne nähere Ausführungen zur Frage eines Rechtsmissbrauchs konstatierte der EuGH, dass den Mitgliedstaaten nicht das Recht zum Erlass von – verhältnismäßigen – Vorschriften abgesprochen werden soll, die ein solches Vorgehen zu verhindern suchen.[602]

Weitere Ausführungen lieferte der EuGH in der Rechtssache *Centros* nach. Hier verweigerten dänische Behörden unter Berufung auf eine unzulässige Umgehung des im dänischen Recht vorgesehenen Mindesteinlageerfordernisses die Eintragung einer Zweigniederlassung einer Gesellschaft, deren Hauptniederlassung sich im ein Mindesteinlageerfordernis nicht vorsehenden Großbritannien befand. Eine Geschäftstätigkeit nahm die Gesellschaft dort nicht auf. Die dänischen Behörden vertraten die Ansicht, die Gesellschafter beriefen sich in missbräuchlicher Weise auf die Niederlassungsfreiheit, da die von ihnen beabsichtigte gesellschaftsrechtliche Konstruktion einzig den Zweck verfolge, die Anwendung des dänischen Rechts über die Errichtung von Gesellschaften mit beschränkter Haftung zu umgehen.[603] Dieser Argumentation erteilte der EuGH eine Absage. Ein Mitgliedstaat ist – wie in der Rechtssache *van Binsbergen* – nur berechtigt, Maßnahmen zu treffen, die verhindern sollen, dass sich einige seiner Staatsangehörigen unter Missbrauch der durch den EG-Vertrag geschaffenen Möglichkeiten der Anwendung des nationalen Rechts entziehen; die missbräuchliche oder betrügerische Berufung auf Unionsrecht ist nicht gestattet.[604] Bei der Bewertung, ob sich in missbräuchlicher Weise auf Unionsrecht berufen wird, sind aber die Ziele der fraglichen Bestimmungen zu beachten. Ziel der in Anspruch genommenen Niederlassungsfreiheit ist es gerade, den nach dem Recht eines Mitgliedstaats errichteten Gesellschaften zu erlauben, mittels einer Agentur, Zweigniederlassung oder Tochtergesellschaft in anderen Mitgliedstaaten tätig zu werden.[605]

Diese Richtung bestätigend urteilte der EuGH in der Rechtssache *Inspire Art*, dass es für die Anwendung der Niederlassungsfreiheit unerheblich ist, ob eine Gesellschaft in einem Mitgliedstaat von vornherein nur errichtet worden ist, um ihre Zugehörigkeit zu dessen genehmeren Rechtsordnung zu begründen,

602 EuGH, Urteil vom 3. Dezember 1974 – Rs. 33/74 „van Binsbergen" – Slg. 1974, 1299 Rn. 13, Rn. 14/16.

603 EuGH, Urteil vom 9. März 1999 – Rs. 212/97 „Centros" – Slg. 1999, I-1459 Rn. 23.

604 EuGH, Urteil vom 9. März 1999 – Rs. 212/97 „Centros" – Slg. 1999, I-1459 Rn. 24.

605 EuGH, Urteil vom 9. März 1999 – Rs. 212/97 „Centros" – Slg. 1999, I-1459 Rn. 25, Rn. 26.

obwohl sie sich dann in einem anderen Mitgliedstaat niederlässt und dort ihre wesentliche Geschäftstätigkeit ausübt.[606] Die Möglichkeit, mitgliedstaatlichen Vorschriften mit Blick auf die Gesellschaftsgründung zu entgehen, ist von der Niederlassungsfreiheit bezweckt.[607] Sich dann auf sie zu berufen, ist kein Missbrauch, „es sei denn, im konkreten Fall wird ein Missbrauch nachgewiesen".[608] Welcher vor dem Hintergrund der vorangegangenen Aussagen noch denkbare missbräuchliche konkrete Fall dem EuGH vorschwebte und zur Verlautbarung des letzten Halbsatzes veranlasste, bleibt unklar.

Die unterschiedlichen Ergebnisse der Prüfung des EuGHs in den Rechtssachen *van Binsbergen* einerseits und *Centros* und *Inspire Art* lassen sich erstens auf die unterschiedliche Schutzweite der jeweils (vermeintlich) missbräuchlich in Anspruch genommenen Grundfreiheiten[609] zurückführen. Während die Niederlassungsfreiheit nach der Auffassung des EuGH gerade bezweckt, den Gesellschaften die streitgegenständlichen Vorgehensweisen zu ermöglichen, soll jedenfalls die Dienstleistungsfreiheit durch geschickte Gestaltungen keine Flucht aus den betroffenen heimischen Berufsregeln ermöglichen. Zweitens hängt die Annahme eines Missbrauchs von den mit dem Verhalten umgangenen nationalen Vorschriften ab.

2. *Missbrauch von Vorschriften des sekundären Unionsrechts*

Die Formel, dass eine missbräuchliche oder betrügerische Berufung auf Unionsrecht nicht gestattet ist, verwendet der EuGH in ständiger Rechtsprechung bis heute. Nicht nur in Entscheidungen, in denen es um die Vermeidung zumeist strengerer nationaler Regelungen unter Berufung auf – primäres oder sekundäres – Unionsrecht geht, sondern auch in Entscheidungen, in denen es allein um den Missbrauch von Unionsrecht selbst geht:

Erstmalig[610] konfrontiert mit der Frage des Missbrauchs von Unionsrecht selbst war der EuGH in der Rechtssache *Cremer*. Eine unionsrechtliche – sekundäre und unmittelbar anwendbare – Vorschrift sah Erstattungen für Ausfuhren bestimmter Getreideerzeugnisse vor, spezifizierte aber weder näher, in welchem

---

606 EuGH, Urteil vom 30. September 2003 – Rs. 167/01 „Inspire Art" – NJW 2003, 3331 (3333 ff.).

607 EuGH, Urteil vom 30. September 2003 – Rs. 167/01 „Inspire Art" – NJW 2003, 3331 (3334).

608 EuGH, Urteil vom 30. September 2003 – Rs. 167/01 „Inspire Art" – NJW 2003, 3331 (3334).

609 Zusammenstellung von Rechtsprechung zum Missbrauch der weiteren Grundfreiheiten von *Schön* in FS Wiedemann, 1271 (1274).

610 „Soweit ersichtlich", *Baudenbacher*, S. 170.

Verhältnis diese Erzeugnisse in einem Getreidemischfuttermittel enthalten sein müssen, damit bei seiner Ausfuhr überhaupt Erstattungen geltend gemacht werden können, noch ob die Höhe dieser Erstattungen von dem Anteil der tatsächlich enthaltenen erstattungsfähigen Erzeugnisse abhing. Der streitgegenständlichen Anteil von nur zwei Prozent erstattungsfähiger Erzeugnisse im ausgeführten Mischfuttermittel konnte vor dem Hintergrund des vom EuGH geforderten „nicht unerheblichen Umfangs“ erstattungsfähiger Erzeugnisse jedenfalls nicht für die Geltendmachung einer Erstattung in gleich welcher Höhe ausreichen.[611] Zur von der für die Genehmigung der Ausfuhrerstattungen zuständigen deutschen Behörde aufgeworfenen Frage, ob die Beimischung eines derart geringen Anteils erstattungsfähiger Erzeugnisse mit anschließender Geltendmachung der Ausfuhrerstattung für die Gesamtmenge des Futtermittels eine missbräuchliche Praktik darstelle, ließ sich der EuGH nicht ein. Zum gewünschten Ergebnis kam der EuGH vielmehr über das Instrument der Auslegung der Verordnungsvorschrift. Auch wenn Wortlaut und Zusammenhang nicht weiterhelfen, so lässt sich die unionsrechtliche Bestimmung doch unter Berücksichtigung der Zielsetzung des Systems der Ausfuhrerstattungen „in befriedigender Weise auslegen“.[612]

In den weiteren Entscheidungen *Sices, Emsland-Stärke* und *Halifax* befasste sich der EuGH ausdrücklich mit Rechtsmissbrauch von unionsrechtlichen Verordnungs- bzw. Richtlinienvorschriften. Der EuGH formulierte hier seine bisherigen Erwägungen zu einem missbräuchlichen Berufen auf Unionsrecht weiter aus. Die Anwendung von Unionsrecht kann nicht so weit gehen, dass missbräuchliche Praktiken von Wirtschaftsteilnehmern gedeckt werden.[613] Die Feststellung einer missbräuchlichen Praxis verlangt das Vorliegen eines objektiven und eines subjektiven Tatbestandsmerkmals.[614] Was das objektive Tatbestandsmerkmal betrifft, muss sich aus einer Gesamtwürdigung der objektiven Umstände ergeben, dass trotz formaler Einhaltung der unionsrechtlichen Bedingungen das Ziel der Regelung nicht eingehalten wurde.[615] Die Feststellung eines Missbrauchs setzt weiter ein subjektives Merkmal voraus, nämlich

611 EuGH, Urteil vom 11. Oktober 1977 – Rs. 125/76 „Cremer“ Rn. 14, Rn. 15 (zitiert nach beck-online).

612 EuGH, Urteil vom 11. Oktober 1977 – Rs. 125/76 „Cremer“ Rn. 13 (zitiert nach beck-online).

613 EuGH, Urteil vom 21. Februar 2006 – Rs. 255/02 „Halifax“ – Slg. 2006, I-1655 Rn. 69; EuGH, Urteil vom 14. Dezember 2000 – Rs. 110/99 „Emsland Stärke“ – Slg. 2000, I-11569 Rn. 51.

614 EuGH, Urteil vom 13. März 2014 – Rs. 155/13 „Sices“ Rn. 31 (zitiert nach beck-online).

615 EuGH, Urteil vom 13. März 2014 – Rs. 155/13 „Sices“ Rn. 32 (zitiert nach beck-online); EuGH, Urteil vom 21. Februar 2006 – Rs. 255/02 „Halifax“ – Slg. 2006, I-1655

die Absicht, sich einen unionsrechtlich vorgesehenen Vorteil dadurch zu verschaffen, dass die entsprechenden Voraussetzungen willkürlich geschaffen werden.[616] Aus einer Reihe objektiver Anhaltspunkte muss ersichtlich sein, dass das streitgegenständliche Verhalten „im Wesentlichen" den unionsrechtlich vorgesehen Vorteil bezweckt. Das Missbrauchsverbot ist nicht relevant, wenn das fragliche Verhalten eine andere Erklärung haben kann als nur die Erlangung des Vorteils.[617] Das Prüfen des Vorliegens einer missbräuchlichen Praxis verlangt, dass das nationale Gericht alle relevanten Tatsachen und Umstände des Einzelfalls berücksichtigt, auch solche, die dem fraglichen Verhalten voran- oder nachgehen.[618]

Jüngst in der Rechtssache *Kratzer* widmete sich der EuGH der Auslegungsfrage, ob ein Scheinbewerber in den Anwendungsbereich der Gleichbehandlungs- und Gleichbehandlungsrahmenrichtlinie[619] und damit in den des nationalen Umsetzungsgesetzes (AGG) fällt und Entschädigungsansprüche geltend machen kann, vor jedweder Missbrauchserwägung. Er kam zu dem Schluss, dass Scheinbewerber schon nicht in den Anwendungsbereich der Richtlinien fallen.[620] Gleichwohl prüfte er weiter und stellte fest, dass eine Geltendmachung von Entschädigungsansprüchen bei einer vorangegangenen Scheinbewerbung Rechtsmissbrauch sein kann.[621] Zum Beweis des nach den eben beschriebenen Urteilen erforderlichen subjektiven Merkmals könne der rein künstliche Charakter der fraglichen Handlung berücksichtigt werden.[622]

Rn. 74; EuGH, Urteil vom 14. Dezember 2000 – Rs. 110/99 „Emsland Stärke" – Slg. 2000, I-11569 Rn. 52.

616 EuGH, Urteil vom 14. Dezember 2000 – Rs. 110/99 „Emsland Stärke" – Slg. 2000, I-11569 Rn. 53.

617 EuGH, Urteil vom 13. März 2014 – Rs. 155/13 „Sices" Rn. 33 (zitiert nach beck-online); EuGH, Urteil vom 21. Februar 2006 – Rs. 255/02 „Halifax" – Slg. 2006, I-1655 Rn. 75.

618 EuGH, Urteil vom 13. März 2014 – Rs. 155/13 „Sices" Rn. 34 (zitiert nach beck-online).

619 RL 2006/54/EG bzw. RL 2000/78/EG.

620 EuGH, Urteil vom 28. Juli 2016 – Rs. 423/15 „Kratzer", Rn. 30–35 – NJW 2016, 2796 (2797).

621 EuGH, Urteil vom 28. Juli 2016 – Rs. 423/15 „Kratzer", Rn. 37–44 – NJW 2016, 2796 (2797–2798).

622 EuGH, Urteil vom 28. Juli 2016 – Rs. 423/15 „Kratzer", Rn. 41 – NJW 2016, 2796 (2798) m.w.N.

3. *Missbrauch nach Vorschriften des sekundären Unionsrecht*

In der Rechtssache *Foggia* befasste sich der EuGH mit Missbrauchserwägungen im Anwendungsbereich des Art. 11 Abs. 1 lit. a) der Fusionsrichtlinie[623], die der betroffene Mitgliedstaat in nationales Recht umgesetzt hatte. Die streitgegenständliche Richtlinienvorschrift sieht – ebenso wie das nationale Umsetzungsgesetz – die Möglichkeit vor, die an sich von der Richtlinie vorgesehenen steuerlichen Vergünstigungen zu versagen, wenn eine gesellschaftsrechtliche Umstrukturierungsmaßnahme als einen der hauptsächlichen Beweggründe die Steuerhinterziehung oder –umgehung hat.[624] Der Richtliniengeber hatte hier schon selbst etwaigen Gestaltungsmissbrauch vorhergesehen und einen Rahmen geschaffen, ihm zu begegnen. Das Fehlen „vernünftiger wirtschaftlicher Gründe" für die Maßnahme indiziert nach der Vorschrift den verwerflichen Beweggrund. In der Entscheidung befasst sich der EuGH vorrangig mit der Auslegung des Begriffs „vernünftige wirtschaftliche Gründe". Er stellte dabei zunächst fest, dass die Richtlinienvorschrift insgesamt mit Blick auf ihren Ausnahmecharakter und ihren Wortlaut, Zweck und Kontext eng auszulegen ist.[625] Nach erfolgter fallbezogener Auslegung weist der EuGH darauf hin, dass die Richtlinienvorschrift den allgemeinen Grundsatz des Unionsrechts widerspiegelt, wonach Rechtsmissbrauch verboten ist. Die Anwendung der Unionsvorschriften kann nicht so weit reichen, dass missbräuchliche Praktiken, d.h. Vorgänge geschützt werden, die nicht im Rahmen des normalen Geschäftsverkehrs, sondern nur zu dem Zweck durchgeführt werden, missbräuchlich in den Genuss von im Unionsrecht vorgesehenen Vorteilen zu gelangen.[626] Nach Auffassung des EuGH muss das nationale Gericht auch vor dem Hintergrund dieses Grundsatzes prüfen, ob die fragliche Maßnahme in den Anwendungsbereich der Vorschrift fällt.[627]

---

623 Zum Zeitpunkt der Entscheidung RL 1990/434/EWG, heute Art. 15 Abs. 1 lit. a) RL 2009/133/EG.

624 Ausführlich zum Verhältnis zwischen dem Grundsatz des allgemeinen unionsrechtlichen Rechtsmissbrauchsinstituts und im Sekundärrecht ausdrücklich normierten Missbrauchsverboten *Ramcke,* S. 138 ff.

625 EuGH, Urteil vom 10. November 2011 – Rs. 126/10 „Foggia" – Slg. 2011, I-10926 Rn. 44.

626 EuGH, Urteil vom 10. November 2011 – Rs. 126/10 „Foggia" – Slg. 2011, I-10926 Rn. 50; ebenfalls im Anwendungsbereich des Art. 11 Abs. 1 Fusionsrichtlinie EuGH, Urteil vom 5. Juli 2007 – Rs. 321/05 „Kofoed" – Slg. 2007, I-5818 Rn. 38.

627 EuGH, Urteil vom 10. November 2011 – Rs. 126/10 „Foggia" – Slg. 2011, I-10926 Rn. 51.

II. Zum Vergleich: Rechtsmissbrauchseinwand in Deutschland

Um zu beurteilen, ob die Rechtsprechung des EuGH zum Rechtsmissbrauch als normativer Wertungsrahmen im Rahmen der Normkonkretisierung belastbar gemacht werden kann, ist zunächst ein Vergleich mit dem in Deutschland anerkannten Rechtsmissbrauchsinstitut[628] anzustellen.

1. Dogmatisches Fundament und methodische Herleitung

Die Anerkennung eines Rechtsmissbrauchseinwands in Deutschland bedarf einer methodischen Begründung. Richterliche Rechtsfortbildung lässt sich ohne eine solche Begründung nicht als „Recht" im Sinne der geltenden Rechtsordnung rechtfertigen.[629] Die Kompetenz der Gerichte zur Rechtsfortbildung über die eigentliche Auslegung hinaus findet seine Grenze dort, wo sie methodisch nicht mehr begründbar ist.[630]

Die Debatte um die Anerkennung von Rechtsmissbrauch begann mit Zweifeln, ob sie überhaupt geführt werden muss. Kann Rechtsmissbrauch existieren oder schließt das Recht seinen eigenen Missbrauch von vornherein aus, weil es dort endet, wo es missbraucht würde?[631] Dann wäre Rechtsmissbrauch bloß Rechtsbruch, weil das fragliche Handeln dem Gesetz nicht entspricht.[632] Als dogmatisches Fundament des Rechtsmissbrauchseinwands hat sich in Deutschland die Ansicht durchgesetzt, er sei als einem jeden Recht immanente Schranke anzusehen (Innentheorie).[633] Keine Einigkeit besteht aber darüber, woraus er methodisch herzuleiten ist, ob es sich beim Gedanken des Rechtsmissbrauchs um eine eigenständige Rechtsfigur oder eine Unterfallgruppe des § 242 BGB handelt.[634] Mit seinem dogmatischen Fundament sind beide Auffassungen gut vereinbar: Wenn der Einwand einem jeden Recht immanent ist, dann besteht er potenziell dort, wo ein Recht ist, sein übergreifender Charakter macht ihn zur eigenen Rechtsfigur – eines Rückgriffs auf § 242 BGB bedarf es nicht. Da Treu und Glauben anerkanntermaßen eine allen Rechten immanente Inhaltsbegrenzung

---

628 Überblick über die deutsche Rechtsmissbrauchsdogmatik z.B. auch bei *Mader*, S. 72 ff.

629 *Larenz/Canaris*, S. 190.

630 *Larenz/Canaris*, S. 190.

631 *Fleischer*, JZ 2003, 865 (866) mit Verweis auf Planiol.

632 Hierzu *Dommermuth-Alhäuser*, S. 60.

633 MüKoBGB/*Schubert*, § 242 Rn. 211; zur Differenzierung zwischen Innen- und Außentheorie ausführlich *Haferkamp*, S. 147–150 m.w.N.

634 Staudinger/*Looschelders/Olzen*, § 242 Rn. 213 ff. m.w.N.

aufstellen[635], können aber auch Vertreter der Herleitung des Einwands aus § 242 BGB ihn ohne Weiteres auf die Innentheorie[636] zurückführen. Für den Rechtsanwender entscheidend stützt immerhin die herrschende Ansicht[637] den Rechtsmissbrauchseinwand auf die Generalklausel des § 242 BGB.

2. *Erfassung des Rechtsmissbrauchseinwands mittels abgrenzbarer Kriterien*

Rechtsmissbrauch kann als einem jedem Recht immanente Schranke immer nur aus dem einzelnen Recht verstanden werden. Die Feststellung von Missbrauch läuft letztlich auf die vergleichende Prüfung des vom Gesetzgeber geschützten mit dem von dem (angeblich) Berechtigten verfolgten Interesse im Einzelfall hinaus.[638]

Der Rechtsmissbrauchseinwand lässt sich aber mithilfe ihm zugeordneter Kriterien von anderen Instituten abgrenzbar machen. Kennzeichen des Missbrauchs ist die Ausübung eines Rechts zwar im Rahmen seines Wortlauts, aber außerhalb seiner „rechtsethischen" und „sozialen Funktion".[639] Missbrauch liegt unter diesem Aspekt vor, wenn ein Recht Zwecken dienstbar gemacht wird, die den Absichten des Gesetzgebers zuwiderlaufen.[640] Auch der BGH erachtet die Zweckentfremdung der Norm bei Verfolgung zweckfremder Ziele als Charakteristikum des Rechtsmissbrauchs. Die formellen Möglichkeiten eines Gesetzes werden entgegen ihrem unzweideutigen Rechtsgedanken ausgenutzt.[641]

Ausgangspunkt eines jeden Rechtsmissbrauchs ist also überhaupt ein bestehendes Recht.[642] Dieses ist vorrangig auszulegen oder mithilfe der Instrumente gesetzesimmanenter Rechtsfortbildung (Analogie, teleologische Reduktion) einem sachgerechten Ergebnis zuzuführen.[643] Der Rechtmissbrauchseinwand selbst hat als gesetzesübersteigernde Rechtsfortbildung Ausnahmecharakter.[644]

---

635 BAG, Urteil vom 27. Februar 1997 – 2 AZR 160/96 – BAGE 85, 194 (203); BGH, Urteil vom 29. April 1959 – IV ZR 265/58 – BGHZ 30, 140 (145).

636 Palandt/*Grüneberg*, § 242 Rn. 38 m.w.N.

637 *Dommermuth-Alhäuser*, S. 73 m.w.N.

638 Dieser Absatz *Rüdy*, S. 67 f.

639 *Teichmann*, S. 77.

640 *Rüdy*, S. 63.

641 BGH, Urteil vom 12. Juli 1951 – III ZR 168/50 – BGHZ 3, 94 (103 f.) – NJW 1951, 917.

642 *Rieble/Klumpp/Gistel*, S. 13 Rn. 14.

643 *Mader*, Rechtsmißbrauch, S. 133.

644 *Mader*, Rechtsmißbrauch, S. 133 ff.; *Fleischer*, JZ 2003, 865 (870) m.w.N.

Erst auf einer zweiten Ebene wird das im Wege sachgerechter Auslegung ermittelte Ergebnis mit seiner Hilfe korrigiert.[645] Der Rechtsmissbrauchseinwand konkurriert weder mit der Auslegung eines Rechtssatzes, noch mit seiner gesetzesimmanenten Fortbildung.[646]

3. *Etablierte Kategorisierung: Individueller und institutioneller Rechtsmissbrauch*

Gemein ist allen Ansätzen der Rechtsmissbrauchslehre das Bedürfnis, den Einwand handhabbar zu machen.[647] In der deutschen Rechtslehre haben sich hierzu vor allem die Kategorien des institutionellen und des individuellen Rechtsmissbrauchs etabliert: „Während ein Mißbrauch im individuellen Sinn vorliegt, wenn der Berechtigte gegenüber dem Verpflichteten das Treue- oder Sittengebot verletzt, verstößt derjenige gegen das Verbot des institutionellen Mißbrauchs, der eine Norm zweck- und funktionswidrig benutzt."[648] Die beiden Anwendungsfälle können also dadurch unterschieden werden, „dass sich beim institutionellen Missbrauch der Vorwurf bereits aus Sinn und Zweck des Rechtsinstituts, beim individuellen Rechtsmissbrauch dagegen erst aus einem Verhalten des Gläubigers ergibt".[649] Das Kriterium der objektiven Zweckwidrigkeit lässt sich aber nicht allgemein dem institutionellen Rechtsmissbrauch zuordnen,[650] es gibt „sowohl individuelle als auch institutionelle Zweckentfremdung".[651] Anders als beim institutionellen Missbrauch sind beim individuellen Missbrauch zwingend subjektive Elemente zu berücksichtigen.[652] Einigkeit hinsichtlich der Frage, wie stark subjektive Elemente zu berücksichtigen sind, also ob ein Fahrlässigkeitsvorwurf genügt oder welche Anforderungen an ein vorsätzliches Verhalten zu stellen sind, besteht nicht.[653]

---

645 *Mader,* Rechtsmißbrauch, S. 69.

646 *Dommermuth-Alhäuser,* S. 103, S. 105.

647 *Dommermuth-Alhäuser,* S. 75 f.

648 *Teichmann,* S. 76 m.w.N.

649 Staudinger/*Looschelders/Olzen,* § 242 Rn. 217.

650 *Dommermuth-Alhäuser,* S. 95.

651 *Dommermuth-Alhäuser,* S. 95.

652 *Dommermuth-Alhäuser,* S. 158.

653 Staudinger/*Looschelders/Olzen,* § 242 Rn. 222.

4. *Berücksichtigung früheren Verhaltens bei der Identifikation von Rechtsmissbrauch*

a. *Rechtsgedanke des § 162 BGB*

Bei der Identifikation von missbräuchlichem Verhalten im Anwendungsbereich des deutschen Rechtsmissbrauchseinwands ist die Berücksichtigung von früherem Verhalten anerkanntermaßen möglich. Die Missbrauchsprüfung kann an ein früheres oder gegenwärtiges Verhalten, oder aber an eine Gesamtbetrachtung von früherem und gegenwärtigem Verhalten anknüpfen.[654]

Die Berücksichtigungsfähigkeit früheren Verhaltens folgt aus dem in § 162 BGB enthaltenen Rechtsgedanken, wonach niemand aus einer von ihm treuwidrig herbeigeführten Lage Vorteile ziehen soll.[655] Die Vorschrift sanktioniert die treuwidrige Verhinderung (§ 162 Abs. 1 BGB) oder Herbeiführung (§ 162 Abs. 2 BGB) eines Bedingungseintritts mit der Fiktion des Eintritts bzw. des Ausfalls der Bedingung. Dabei folgt die Treuwidrigkeit aus einer „Gesamtwertung des Verhaltens nach Anlass, Zweck und Beweggrund unter Berücksichtigung aller Umstände des Einzelfalls".[656]

Die Vorschrift des § 162 BGB selbst ist Ausprägung des § 242 BGB und normiert den Grundsatz, dass niemand sich auf Eintritt oder Nichteintritt eines Begebnisses berufen darf, das er selbst treuwidrig herbeigeführt bzw. verhindert hat.[657] Sie ist aber nach überwiegender Auffassung in Ermangelung einer Regelungslücke in Fällen des Rechtsmissbrauchs nicht entsprechend anzuwenden, da die Beschränkungsfunktion des § 242 BGB den Rechtsfolgen des § 162 BGB vorgehe und die Behandlung des Rechtsmissbrauchs nach dem Grundsatz von Treu und Glauben überdies die flexiblere Bestimmung der passenden Rechtsfolge erlaube.[658]

b. *Unredlicher Erwerb der eigenen Rechtsposition*

Früheres Verhalten kann für die Einordnung einer Rechtsausübung als rechtsmissbräuchlich im Sinne des § 242 BGB Berücksichtigung finden, wenn schon der Erwerb der eigenen Rechtsposition unredlich erfolgte. Dabei kann das treuwidrige Verhalten auch darauf gerichtet gewesen sein, die tatsächlichen

---

654 Staudinger/*Looschelders/Olzen*, § 242 Rn. 233; MüKoBGB/*Schubert*, § 242 Rn. 250.

655 BGH, Urteil vom 22. September 1983 – VII ZR 43/83 – BGHZ 88, 240 (248); Staudinger/*Looschelders/Olzen*, § 242 Rn. 234.

656 Soergel/*Wolf*, § 162 Rn. 7; ebenso Palandt/*Ellenberger*, § 162 Rn. 3.

657 *Mansel* in Jauernig, § 162 Rn. 3.

658 Staudinger/*Looschelders/Olzen*, § 242 Rn. 234 m.w.N.

Voraussetzungen der Rechtsausübung in unredlicher Weise zu schaffen.[659] Die Anforderungen an ein solches treuwidriges, zu missbilligendes früheres Verhalten sind allerdings hoch. Der BGH geht erstens davon aus, dass das fragliche Verhalten rechts- oder pflichtwidrig gewesen sein muss.[660] Zweitens muss der Betroffene die Herbeiführung der Voraussetzungen der späteren Rechtsausübung zielgerichtet betrieben haben oder jedenfalls eine umfassende Abwägung der maßgeblichen Umstände des Einzelfalls ergeben, dass dem Betroffenen die Ausübung der Rechtsposition nach Treu und Glauben verwehrt sein soll.[661]

c. *Verhinderung einer Rechtsposition der Gegenpartei*

Der Vorwurf des missbräuchlichen Verhaltens kann auch dadurch begründet werden, dass eine günstige Rechtsposition der Gegenpartei verhindert wurde.[662] Das BAG hat unter diese Fallgruppe den Anwendungsfall subsumiert, dass ein Arbeitgeber mit einem Arbeitnehmer kein unmittelbares Arbeitsverhältnis abschließt, sondern einen anderen Arbeitnehmer den Vertrag im eigenen Namen, aber auf seine Rechnung, abschließen lässt. Hierin läge ein Missbrauch der Vertragsform des mittelbaren Arbeitsverhältnisses wegen der Umgehung der arbeitsrechtlichen Schutzvorschriften, wenn kein sachlicher Grund die Wahl der Vertragsform rechtfertigt.[663] Auch im Gesellschaftsrecht kann die Wahl einer bestimmten Rechtsform ganz ausnahmsweise als rechtsmissbräuchliche Vereitelung der gegnerischen Rechtsposition qualifiziert werden. Anerkannt ist der Haftungsdurchgriff von Gläubigern auf das Privatvermögen des Alleingesellschafters einer Gesellschaft mit beschränkter Haftung, der seine doppelte rechtliche Identität zum Nachteil des Rechtsverkehrs ausnutzt.[664]

5. *Rechtsfolgen des Rechtsmissbrauchs nach deutschem Recht*

Aus dem dogmatischen Fundament des Rechtsmissbrauchs als ein jedem Recht immanente Schranke folgt die dann gleichsam zwingende Behandlung des Instituts als ein (nach der herrschenden Meinung auf § 242 BGB gestützter) Einwand

---

659 BGH, Urteil vom 28. Oktober 2009 - IV ZR 140/08 - NJW 2010, 289 (290 f.); BGH, Urteil vom 6. Oktober 1971 - VIII ZR 165/69 - BGHZ 57, 108 (111); Staudinger/*Looschelders/Olzen*, § 242 Rn. 237, Rn. 242.

660 BGH, Urteil vom 28. Oktober 2009 - IV ZR 140/08 - NJW 2010, 289 (291).

661 BGH, Urteil vom 28. Oktober 2009 - IV ZR 140/08 - NJW 2010, 289 (291).

662 Staudinger/*Looschelders/Olzen*, § 242 Rn. 245; *Prölss*, ZHR 132 (1969), 35 (41).

663 BAG, Urteil vom 20. Juli 1982 - 3 AZR 446/80 - NJW 1983, 645 (646).

664 MüKoBGB/*Schubert*, § 242 Rn. 237 m.w.N.

gegen die Ausübung des betroffenen Rechts. Die Ausübung des Rechts ist unzulässig.[665] Einer Partei wird so im konkreten Fall ein Rechtsvorteil verweigert, dessen begründende Voraussetzungen formal betrachtet vorliegen.[666] In manchen Fällen geht mit der Versagung des Rechts der einen Partei die Zuerkennung eines Rechts für eine andere Partei einher – jedenfalls mittelbar entfaltet der Rechtsmissbrauchseinwand dann auch rechtsbegründende Wirkung.[667]

Die richtige Rechtsfolge im Einzelfall ist anhand einer Abwägung der zwischen den Betroffenen bestehenden Interessenlage zu ermitteln.[668] Können die durch das vorwerfbare Verhalten entstandenen Folgen auch bei ordnungsgemäßem (rechtmäßigen) Alternativverhalten eintreten, treten die Rechtsfolgen des Rechtsmissbrauchs nicht ein.[669] Nur die Ausübung eines Rechts außerhalb seiner rechtsethischen und sozialen Funktion will der Rechtsmissbrauchseinwand verhindern.[670] Folgen, die auf anderem Weg herbeigeführt werden können, stimmen aber mit der Rechtsordnung überein[671] und bedürfen keiner Ergebniskorrektur kraft gesetzesübersteigernder Rechtsfortbildung.

III. Entwicklung eines eigenen Rechtsmissbrauchsinstituts durch den EuGH?

Aus der Vielzahl der Entscheidungen des EuGHs zum Thema Rechtsmissbrauch, von denen hier nur ein Bruchteil beleuchtet wurde, folgt nicht zwingendermaßen die Anerkennung eines – dem deutschen Rechtsmissbrauchseinwand entsprechenden – eigenen, dogmatisch begründ- und abgrenzbaren Rechtsmissbrauchsinstituts durch das Gericht. Mit theoretischen Grundlagen seiner Rechtsmissbrauchsprüfungen befasst sich das Gericht nicht.

1. Keine Fallgruppenbildung durch den EuGH

Im Schrifttum werden Versuche angestellt, die Missbrauchsrechtsprechung des EuGH zu kategorisieren und aus den gefunden Kategorien Erkenntnisse hinsichtlich der Frage der unionsrechtlichen Anerkennung des Rechtsmissbrauchsverbots

---

665 BGH, Urteil vom 27. Januar 1954 – VI ZR 16/53 – NJW 1954, 508 (509).

666 MüKoBGB/*Schubert,* § 242 Rn. 203.

667 Dieser Begriff („mittelbar rechtsbegründende Wirkung des Missbrauchseinwands") *Dommermuth-Alhäuser,* S. 150.

668 MüKoBGB/*Schubert,* § 242 Rn. 203 f.

669 Staudinger/*Looschelder/Olzen,* § 242 Rn. 226.

670 Oben, § 3C.II.2.

671 Staudinger/*Looschelder/Olzen,* § 242 Rn. 226 m.w.N.

als eigenes Institut zu gewinnen.[672] Die entschiedenen Fälle lassen sich zum Beispiel nach der Rangordnung der missbrauchten Rechtsquellen (Missbrauch von primären und sekundären Unionsrecht) differenzieren.[673] Auf phänomenologischer Ebene werden Fälle, in denen Inländer versuchen, unbequemes nationales Recht unter Berufung auf Unionsrecht zu vermeiden (Normumgehung) und Fälle, in denen Ausländer versuchen, Vorteile aus inländischem Recht unter Berufung auf Unionsrecht zu erlangen (Normerschleichung), unterschieden.[674] *Kamanabrou* betonte jüngst eine Notwendigkeit, zwischen der zweckwidrigen Verwendung von Unionsrecht und der zweckwidrigen Vermeidung oder Aktivierung von nationalem Recht mittels Unionsrecht zu differenzieren.[675]

Dem EuGH selbst sind Kategorisierungen seiner Missbrauchserwägungen nach gleich welchen Fallgruppen fremd.[676] Seine Entscheidungen folgen ihnen nicht. Er bezieht sich in Entscheidungen zum Sekundärrecht auf Entscheidungen zum Missbrauch von Primärrecht und umgekehrt[677], in Entscheidungen zur Normumgehung auf solche zur Normerschleichung[678], in Entscheidungen zum Missbrauch von Richtlinienbestimmungen auf solche zum Missbrauch von Grundfreiheiten[679], usw. Deswegen sind sie für die Frage der Behandlung von Rechtmissbrauch durch den Rechtsanwender ohne Mehrwert.[680] Ihre Vornahme taugt allein zur Feststellung, dass die Bewertung eines möglichen Missbrauchsfalls ihrer nicht bedarf.

2. *Keine Erfassbarkeit der Missbrauchserwägungen des EuGHs mittels abgrenzbarer Kriterien*

Die Entscheidungen des EuGH zum Rechtsmissbrauch folgen also keiner Kategorisierung nach Fallgruppen.[681] Seine Erwägungen lassen sich auch nicht mithilfe einer herzuleitenden unionsrechtlichen Missbrauchsdogmatik erfassen.

672 *Kamanabrou,* EuZA 2018, 18 (26 f.) m.w.N.
673 *Klinke,* ZGR 2002, 163 (186).
674 *Fleischer,* JZ 2003, 865 (869); *Schön* in FS Wiedemann, 1271 (1275).
675 *Kamanabrou,* EuZA 2018, 18 (35).
676 *Rehberg,* ZGR 2005, 859 (865).
677 *Fleischer,* JZ 2003, 865 (871) m.w.N.
678 Z.B. in der Rechtssache *Centros* (Fn. 603) Rn. 24 auf EuGH, Urteil vom 21. Juni 1988 – Rs. 39/86 „Lair“ – NJW 1988, 2165.
679 *Sagan* in Bieder/Hartmann, 171 (193).
680 Differenzierend *Kamanabrou,* EuZA 2018, 18 (35).
681 Ähnlich *von der Höh,* S. 101 f. m.w.N.

a. *Abgrenzbarkeit eines Rechtsinstituts als sein wesentliches Merkmal*

Einem Rechtsinstitut ist seine von anderen Einrichtungen bestehende Abgrenzbarkeit immanent. Es ist eine Rechtseinrichtung.[682] Mit anderen Worten ist es die zur allgemeinverbindlichen Regelung eines Sachproblems geschaffene Gesamtheit oder Summe von Rechtssätzen.[683] Die Anerkennung eines eigenen Rechtsinstituts scheitert dort, wo bestehende Einrichtungen das Sachproblem schon regeln. Deswegen sind die vom EuGH vorgenommenen Missbrauchsprüfungen für manche Fragen der Auslegung oder gesetzesimmanenten Rechtsfortbildung der jeweiligen unionsrechtlichen Bestimmung.[684] Eines eigenen Rechtsinstituts bedarf es danach nicht, da Missbrauch effektiv mit den Instrumenten der Auslegung und der teleologischen Reduktion begegnet werden kann. Diese vermeintliche[685] Konkurrenz zwischen Auslegung sowie gesetzesimmanenter Rechtsfortbildung einerseits und einem Rechtsmissbrauchsinstitut andererseits ist aus den Debatten[686] um die Anerkennung eines deutschen Rechtsinstituts des Rechtsmissbrauchs bekannt.

b. *Keine Differenzierung zwischen Auslegung und Rechtsmissbrauch*

Auf unionsrechtlicher Ebene stellt sich die Frage einer Konkurrenz von vornherein nicht, da der EuGH zwischen den Instrumenten schon gar nicht konsequent differenziert. Was nicht unterschieden wird, kann nicht konkurrieren. Dass der EuGH die (deutsche) methodische Exklusivität von Auslegung und Rechtmissbrauchseinwand nicht anerkennt, wird in der Rechtssache *Kratzer* deutlich. Obwohl nach Aussage des EuGHs ein Scheinbewerber bei richtiger Auslegung der Vorgaben der betroffenen Richtlinien schon nicht in ihren Geltungsbereich fällt, ein auf diesen Richtlinien beruhender Anspruch auf Entschädigung also schon tatbestandlich ausscheidet, erachtet der EuGH die Geltendmachung des Anspruchs für rechtsmissbräuchlich.[687] Nach deutscher Dogmatik scheiterte die Geltendmachung des Anspruchs nicht erst am Einwand des Rechtsmissbrauchs,

---

682 *Creifelds*, S. 1075.

683 Definition von *Köbler*, S. 351.

684 *Kamanabrou*, EuZA 2018, 18 (42 f.). Gegen einen allgemeinen Rechtsgrundsatz des Verbots des Rechtsmissbrauch auch *Baudenbacher*, S. 469.

685 *Dommermuth-Alhäuser*, S. 103.

686 Zu den Anfängen allerdings in Bezug auf Gesetzesumgehung *Teichmann*, S. 9 ff.

687 EuGH, Urteil vom 28. Juli 2016 – Rs. 423/15 „Kratzer", Rn. 30–44 – NJW 2016, 2796 (2797 f.).

sondern wäre bereits deswegen erfolglos, weil seine tatbestandlichen Voraussetzungen nicht vorliegen.

Einheitlich geht der EuGH dabei schon gar nicht vor. Beispielsweise in den Rechtssachen *Halifax* und *Emsland Stärke* kam das Gericht zunächst zu dem Ergebnis, dass die streitgegenständlichen Maßnahmen formal in den Anwendungsbereich der betroffenen unionsrechtlichen Vorschriften fielen, die den Wirtschaftsteilnehmern einen bestimmten Vorteil gewährten. Erst nach dieser Feststellung stellte das Gericht – quasi entsprechend deutschrechtlicher Dogmatik – Missbrauchserwägungen an und eröffnete so eine Möglichkeit, den Betroffenen den fraglichen Vorteil zu versagen.[688]

c. *Keine Differenzierung zwischen Rechtsmissbrauch und Gesetzesumgehung*

Der EuGH unterscheidet auch nicht zwischen Rechtsmissbrauch und Gesetzesumgehung.[689] Letzterer wird in der deutschen Rechtsmethodik nach ganz überwiegender Ansicht schon durch die Instrumente der Gesetzesauslegung begegnet[690] und jedenfalls vom individuellen Rechtmissbrauch mangels Berücksichtigungsnotwendigkeit subjektiver Elemente strikt unterschieden.[691]

d. *Zwischenergebnis*

Der EuGH nimmt auf mitgliedstaatliche Dogmatik keine Rücksicht. Das muss er auch nicht. Vorhersagen hinsichtlich des Umgangs des EuGHs mit Missbrauchsfragen mittels Rückgriffs auf deutsche Rechtsmethodik verbieten sich vor diesem Hintergrund nach wie vor.

Der EuGH erkennt aber einen allgemeinen Grundsatz des Verbots des Rechtsmissbrauchs an.[692] Die Richter selbst bezeichnen das Rechtsmissbrauchsverbot in wenigen Entscheidungen ausdrücklich als einen allgemeinen Grundsatz des Unionsrechts.[693] Anders als aber zum Beispiel die deutschen obersten Gerichte

---

688 EuGH, Urteil vom 21. Februar 2006 – Rs. 255/02 „Halifax“ – Slg. 2006, I-1655 Rn. 74; EuGH, Urteil vom 14. Dezember 2000 – Rs. 110/99 „Emsland Stärke“ – Slg. 2000, I-11569 Rn. 46, Rn. 50.

689 *Fleischer,* JZ 2003, 865 (870); ausführlich *von der Höh,* S. 108 ff.

690 MüKoBGB/*Armbrüster,* § 134 BGB Rn. 12 m.w.N.; *Fleischer,* JZ 2003, 865 (870).

691 *Dommermuth-Alhäuser,* S. 158, S. 53.

692 *Ramcke,* S. 131 m.w.N.

693 EuGH, Urteil vom 10. November 2011 – Rs. 126/10 „Foggia“ – Slg. 2011, I-10926 Rn. 50; EuGH, Urteil vom 5. Juli 2007 – Rs. 321/05 „Kofoed“ – Slg. 2007, I-5818 Rn. 38; EuGH, Urteil vom 18. Dezember 2004 – Rs. 131/13 „Italmoda“ – DStR 2004, 573 (576) Rn. 46.

nimmt der EuGH auf unionsrechtlicher Ebene keine methodische Herleitung des Verbots vor, es wird auch nicht abgrenzbar gemacht von anderen Instituten.

Bei Betrachtung der vom EuGH entschiedenen Rechtssachen wird deutlich, dass das Gericht dieselben Erwägungen[694] zum Rechtsmissbrauch in verschiedenen Konstellationen anstellt. Es beschränkt das Verbot nicht auf bestimmte Fallgruppen und differenziert auch hinsichtlich der anzuwendenden Kriterien nicht. Für den Rechtsteilnehmer bedeutet das, dass er sein Handeln im Zweifel an diesen Kriterien messen lassen muss. Für den Rechtsanwender bedeutet es, dass zur Bewertung eines Einzelfalls ohne weitere Differenzierung nach etwaigen Fallgruppen auf die vom EuGH zum Rechtsmissbrauch entwickelten Kriterien zurückgegriffen werden kann.

IV. Zwischenergebnis: Unionsrechtliches Missbrauchsverbot als normativer Wertungsrahmen

1. Anwendung des Art. 11 SE-RL unter Rückgriff auf das allgemeine unionsrechtliche Rechtsmissbrauchsverbot

Aus der Feststellung, dass der EuGH seine Rechtsprechung zum Verbot des Rechtsmissbrauchs nicht auf bestimmte Fallgruppen reduziert, folgt auch, dass das unionsrechtliche Rechtsmissbrauchsverbot als belastbarer Rechtsrahmen für die Konkretisierung der Vorschrift des Art. 11 SE-RL herangezogen werden kann. Die stichprobenartige Analyse der Rechtsprechung des EuGH zum Rechtsmissbrauch hat gezeigt, dass das Gericht auch dann auf seine allgemeinen Erwägungen zum Rechtsmissbrauch zurückgreift, wenn der Richtliniengeber selbst Gestaltungsmissbrauch vorhersieht und eine Vorschrift erlässt, die ihm begegnen soll.[695]

Dabei wird das allgemeine unionsrechtliche Rechtsmissbrauchsverbot vom EuGH nicht nur zur Konkretisierung eines im Sekundärrecht kodifizierten Missbrauchsverbots herangezogen, das keine speziellen Kriterien für einen Missbrauch benennt.[696] Auch zur Konkretisierung benannter Kriterien kann auf die

694 *Ramcke,* S. 133 f. m.w.N. erkennt unterschiedliche Prüfungsmaßstäbe, aber ein „einheitliches Grundgerüst“ in den Entscheidungen des EuGH zur Feststellung von Missbräuchen.

695 Oben, § 3C.I.3, insbesondere Rechtssache *Foggia;* im Ergebnis so auch *Ramcke,* S. 149 f. und ausführlich zum Verhältnis zwischen dem Grundsatz des allgemeinen unionsrechtlichen Rechtsmissbrauchsinstituts und im Sekundärrecht ausdrücklich normierten Missbrauchsverboten, S. 138 ff.; *von der Höh,* S. 300 f.; a.A. *Mader,* S. 141.

696 So aber *Dommermuth-Alhäuser,* S. 168; diese Rechtsprechung des EuGH zum Beispiel zu Art. 35 der Richtlinie 2004/38/EG Europäischen Parlaments und des Rates vom

Rechtsprechung des EuGH zum allgemeinen unionsrechtlichen Missbrauchsverbot zurückgegriffen werden. So enthielt die streitentscheidende sekundärrechtliche Vorschrift in der Rechtssache *Foggia* eigene Kriterien zur Feststellung eines Missbrauchs. Gleichwohl erkannte der EuGH einen völlig autonomen Prüfungsmaßstab, losgelöst vom allgemeinen unionsrechtlichen Rechtsmissbrauchsverbot, nicht an.[697]

2. *Aber: Nur ergänzender Rückgriff auf das unionsrechtliche Rechtsmissbrauchsverbot*

Der gebotene Rückgriff auf die Kriterien zum allgemeinen unionsrechtlichen Missbrauchsverbot kann aber nur zweitrangig erfolgen, Vorrang hat das ausdrückliche sekundärrechtliche Missbrauchsverbot. Die Konkretisierung mithilfe der allgemeinen Missbrauchserwägungen findet ihre Grenze im Sinngehalt der sekundärrechtlichen Vorschrift.[698] Eine Konkretisierung contra legem verbietet sich. Dies folgt nicht nur aus dem Gebot der Rechtssicherheit[699], sondern auch aus dem unionsrechtlichen Prinzip des institutionellen Gleichgewichts als Äquivalent zum für den Verfassungsstaat entwickelten Gewaltenteilungsprinzip.[700] Wo der Unionsrechtssetzer eine eigene Entscheidung getroffen hat, können (zumal nicht methodisch hergeleitete) allgemeine Grundsätze des obersten Gerichts nicht zu Ergebnissen führen, die dieser Wertung widersprechen.

3. *Insbesondere: Pflicht zur Berücksichtigung der konstitutiven Wirkung des Art. 11 SE-RL*

Die vom Unionsgesetzgeber bei Erlass des Art. 11 SE-RL getroffene Entscheidung, die es auch bei der Interpretation der Vorschrift unter Rückgriff auf das unionsrechtliche Rechtsmissbrauchsverbot zu beachten gilt, liegt in der konstitutiven Wirkung[701] des Art. 11 SE-RL:

29.4.2004 über das Recht der Unionsbürger und ihrer Familienangehörigen, sich im Hoheitsgebiet der Mitgliedstaaten frei zu bewegen und aufzuhalten EuGH, Urteil vom 18. Dezember 2014 – Rs. 202/13 „McCarthy" – NVwZ 2015, 284 (287) Rn. 54; EuGH, Urteil vom 16. Oktober 2012 – Rs. 364/10 Rn. 58 (zitiert nach beck-online).

697 A.A. wohl *Ramcke*, S. 149.

698 In diese Richtung *Dommermuth-Alhäuser*, S. 168.

699 Schlussantrag der Generalanwältin *Kokott* vom 8. Februar 2007, Rs. 321/05 „Kofoed" Rn. 67.

700 *Huber/Streinz*, Art. 13 EUV Rn. 4.

701 Für eine solche Wirkung auch *Rehberg*, ZGR 2005, 859 (870 f.).

Der Richtliniengeber sah sich dazu veranlasst, die Vorschrift des Art. 11 SE-RL in die Entwürfe aufzunehmen. Und zwar erstmalig im Oktober 1998.[702] Urteile, in denen der EuGH das Rechtmissbrauchsverbot ausdrücklich als allgemeinen Grundsatz des Unionsrechts bezeichnet, gab es zu diesem Zeitpunkt – soweit ersichtlich – noch nicht. Der EuGH hatte aber bis dahin schon über 30 nennenswerte Rechtssachen entschieden, in denen er sich direkt oder indirekt mit Rechtsmissbrauch befasste.[703] Seine Formel, dass die missbräuchliche Berufung auf Unionsrecht nicht gestattet ist, hatte sich, sowohl was die missbräuchliche Berufung auf Primär- als auch auf Sekundärrecht angeht, etabliert.[704] Der Richtliniengeber wollte sich für die Verhinderung des möglichen Missbrauchs der sekundärrechtlichen Gründungsvorschriften der SE auf die Rechtsprechungsentwicklung entweder nicht verlassen und erachtete eine ausdrückliche Regelung für notwendig. Es kann aber auch sein, dass er die Vorschrift als eine Art symbolischen Akt betrachtete, um die Gemüter angesichts der umstrittenen Etablierung der Umwandlung als mögliche Gründungsform zu beruhigen.[705] Von dieser Perspektive beleuchtet mag die Einführung des Art. 11 SE-RL dann nur deklaratorisch erfolgt sein.

Überzeugender ist aber, dass Art. 11 SE-RL konstitutive Wirkung hat. Einige der bisherigen Entscheidungen des EuGH in Rechtssachen mit Rechtsmissbrauchsbezug haben gezeigt, dass die Annahme eines verbotenen Rechtsmissbrauchs sowohl von der Reichweite einer möglicherweise missbräuchlich in Anspruch genommenen Vorschrift (z.B. einer Grundfreiheit oder einer sekundärrechtlichen Norm) als auch den gegebenenfalls dabei verhinderten („umgangenen") nationalstaatlichen Regelungen abhängt.[706] Gerade im Bereich der Niederlassungsfreiheit hat der EuGH für die Gesellschaftsgründung etwa in der Rechtssache *Centros* einen erheblichen Handlungsspielraum eröffnet. Die Umgehung nationalstaatlicher Mindesteinlageerfordernisse für die Eintragung einer Gesellschaft war nach Auffassung des EuGH von der Grundfreiheit gedeckt.[707]

Mit der Einführung des Art. 11 SE-RL hat der europäische Gesetzgeber dem EuGH in Bezug auf die Reichweite der Niederlassungsfreiheit eigene Vorgaben gemacht. Es soll sich auf sie nicht berufen werden können, wenn es zum Einsatz

---

702 Oben, § 1B.I.3.

703 Vgl. die Bestandsaufnahme bei *Baudenbacher,* S. 160–264.

704 Siehe nur EuGH, Urteil vom 12. Mai 1998 – Rs. 367/96 „Kefalas" – Slg. 1998, I-2843 Rn. 20; EuGH, Urteil vom 21. Juni 1988 – Rs. 39/86 „Lair" – Slg. 1988, Slg. 1988, 3161 Rn. 43.

705 Oben, § 1B.I.3; in diese Richtung *Rehberg,* ZGR 2005, 859 (886).

706 Oben, § 3C.I.

707 EuGH, Urteil vom 9. März 1999 – Rs. 212/97 „Centros" – Slg. 1999, I-1459 Rn. 25 und Rn. 26.

einer SE zum Entziehen oder Vorenthalten von Beteiligungsrechten der Arbeitnehmer kommt. Der Richtliniengeber hat mit Verfassung des Art. 11 SE-RL in konstitutiver Weise also jedenfalls entschieden, dass der Entzug oder das Vorenthalten von Beteiligungsrechten der Arbeitnehmer unter Verwendung einer SE ein von der Niederlassungsfreiheit (oder anderen Unionsrechten) nicht geschützter Rechtsmissbrauch sein kann. Diese Entscheidung müsste ohne die Existenz der Richtlinienvorschrift erst vom EuGH vorgenommen werden – mit offenem Ausgang. Sie ist Ergebnis (jahrzehntelanger) politischer Willensbildung. Das vom Richtliniengeber antizipierte Missbrauchspotenzial der SE mit Blick auf die Mitbestimmung müssen die Mitgliedstaaten im Anwendungsbereich der Richtlinienvorschrift berücksichtigen. Denn „es ist der europäische Gesetzgeber selbst, der im Wettbewerb der Gesellschaftsrechte ‚seine' Gesellschaften (SEs) so ausstattet, wie er es für richtig hält, und zwar auch in bewusster Unterscheidung zu nationalen Formen"[708]. Die rechtliche Bewertung der Zulässigkeit des Einsatzes einer SE kann sich deswegen auch von der Bewertung der Gestaltungsmöglichkeiten zur Mitbestimmungsbeeinflussung unter Einsatz nationaler Rechtsformen unterscheiden.

D. Ergebnis

Die Auslegung und Konkretisierung des § 43 SEBG erfolgt richtlinienkonform. Bei der für die richtlinienkonforme Interpretation erforderlichen Auslegung und Konkretisierung der Tatbestandsmerkmale des Art. 11 SE-RL ist ausschließlich[709] auf den geschriebenen und ungeschriebenen unionsrechtlichen Rechtsrahmen zurückzugreifen. Dabei kann nicht nur auf die Wertungen der IntVerschmRL und (eingeschränkt[710]) des Vorschlags zur Änderung der Richtlinie (EU) 2017/1132, sondern auch auf die Rechtsprechung des EuGH zum allgemeinen unionsrechtlichen Rechtsmissbrauchsverbot zurückgegriffen werden. Es stellt einen geeigneten normativen Wertungsrahmen dar. Bei der Konkretisierung der Rechtsfolgen des Art. 11 SE-RL kann in den Grenzen des unionsrechtlichen Effektivitätsprinzips und des Verhältnismäßigkeitsgrundsatzes auf das deutsche Rechtsmissbrauchsinstitut zurückgegriffen werden.[711]

708 *Rehberg*, ZGR 2005, 859 (876).

709 Ebenso *von der Höh*, S. 299; *Sagan* in Bieder/Hartmann, 171 (194), aber ohne Differenzierung hinsichtlich der Rechtsfolgenseite; a.A. *Rehberg*, ZGR 2005, 859 (868), der auch auf nationaler Ebene entwickelte Erkenntnisse berücksichtigen will.

710 Oben, § 3B.II.4.

711 A.A. *Ramcke*, S. 279.

§ 4 Anwendung des Grundsatzes unionsrechtsautonomer Interpretation auf den Tatbestand des Art. 11 SE-RL

Die vom deutschen Gesetzgeber in § 43 Satz 1 SEBG aufgegriffenen Tatbestandsmerkmale des Art. 11 SE-RL werden nachstehend unter Anwendung des eben festgelegten unionsrechtlichen Maßstabs konkretisiert.

A. Beteiligungsrechte von Arbeitnehmern

I. Legaldefinition in Art. 2 lit. h) SE-RL

Nach der Legaldefinition in Art. 2 lit. h) SE-RL umfasst die „Beteiligung der Arbeitnehmer" jedes Verfahren – einschließlich der Unterrichtung, der Anhörung und der Mitbestimmung –, durch das die Vertreter der Arbeitnehmer auf die Beschlussfassung innerhalb der Gesellschaft Einfluss nehmen können.[712] „Mitbestimmung" bedeutet nach Art. 2 lit. k) SE-RL dabei im Repräsentationsmodell die Einflussnahme des Organs zur Vertretung der Arbeitnehmer und/oder der Arbeitnehmervertreter auf die Angelegenheiten einer Gesellschaft durch die Wahrnehmung des Rechts, einen Teil der Mitglieder des Aufsichts- oder des Verwaltungsorgans der Gesellschaft zu wählen oder zu bestellen. Die Vorschrift des Art. 11 SE-RL schützt, verkürzt gesagt, in Bezug auf die Unternehmensmitbestimmung das Recht der Arbeitnehmer, Mitglieder des Aufsichtsrates zu wählen. Berücksichtigt werden von Art. 11 SE-RL die Beteiligungsrechte „von Arbeitnehmern".

II. Berücksichtigungsfähigkeit der Beteiligungsrechte der Arbeitnehmer im Konzern

1. *Verteilung von Beteiligungsrechten und mitbestimmtem Aufsichtsorgan auf verschiedene Gesellschaften*

Im Hinblick auf die im deutschen Mitbestimmungsrecht vorhandenen Konzernzurechnungsvorschriften stellt sich damit die oben identifizierte

---

712 Eine umfassende Betrachtung der möglichen von Art. 11 SE-RL geschützten Beteiligungsrechte nimmt *Ramcke,* S. 101 ff. vor und differenziert dabei nach den Gründungsformen der SE.

Interpretationsfrage[713], ob im Anwendungsbereich des Art. 11 SE-RL nur auf die Arbeitnehmer der Gründungsgesellschaften der SE oder auch etwaiger Tochtergesellschaften abzustellen ist. Durch die Konzernzurechnungsvorschriften der §§ 2 Abs. 2 DrittelbG, 5 Abs. 1 MitbestG werden Arbeitnehmern Mitbestimmungsrechte in einer Obergesellschaft verliehen, mit der sie nicht im arbeitsvertraglichen Verhältnis stehen. Vor allem im Fall einer arbeitnehmerlosen Obergesellschaft kommt es dann zu einem Auseinanderfallen des mitbestimmten Organs und den von den Beteiligungsrechten begünstigten Arbeitnehmern auf verschiedene Gesellschaften.

2. *Ziel der SE-RL: Bestandsschutz für das Mitbestimmungsstatut der Gründungsgesellschaft*

Unter Rückgriff auf die im Rahmen der autonomen Auslegung der Richtlinienvorschrift schwerpunktmäßig zu berücksichtigenden Zielsetzung der Richtlinie lässt sich zunächst argumentieren, Art. 11 SE-RL berücksichtige nur Beteiligungsrechte von Arbeitnehmern der Gründungsgesellschaft. Denn nach Erwägungsgrund (3) SE-RL bezweckt die Richtlinie zu gewährleisten, dass die Gründung einer SE nicht zur Beseitigung oder zur Einschränkung der Gepflogenheiten der Arbeitnehmerbeteiligung führt, die in den „an der Gründung einer SE beteiligten Gesellschaften“ herrschen. Die Beteiligungsrechte der Arbeitnehmer etwaiger Tochtergesellschaften nimmt die SE-RL an dieser Stelle also nicht ausdrücklich in Bezug. Ein Vergleich mit dem Wortlaut des Erwägungsgrunds (3) in der englischen und der französischen Übersetzung führt zu keinem anderen Ergebnis („existing within the companies participating in the establishment of an SE“ bzw. „existant dans les sociétés participant à la creation“).

Allerdings ist nach Erwägungsgrund (18) Satz 1 SE-RL die Sicherung erworbener Rechte der Arbeitnehmer über ihre Beteiligung an Unternehmensentscheidungen „fundamentaler Grundsatz und erklärtes Ziel“ der Richtlinie.[714] Das spricht für ein weites Verständnis des Begriffs der „Beteiligungsrechte der Arbeitnehmer“ in Art. 11 SE-RL. Denn vor allem in – dem Richtliniengeber bekannten – Holdingstrukturen sind oft ausschließlich in den Tochtergesellschaften überhaupt Arbeitnehmer vorhanden, die sich an Unternehmensentscheidungen in der Holdinggesellschaft beteiligen könnten.[715] Gründet eine

---

713 Oben, § 2D.II.

714 Zur Bedeutung des Erwägungsgrundes (18) SE-RL für die Interpretation des Art. 11 SE-RL schon *Rehberg*, ZGR 2005, 859 (878).

715 Für die Berücksichtigung der Beteiligungsrechte der Tochtergesellschaften bei der Auffangregelung nach dem SEBG mit diesem Argument MüKoAktG/*Jacobs*, § 34 SEBG Rn. 11.

solche mitbestimmte Holdinggesellschaft eine SE etwa durch formwechselnde Umwandlung, wird ihr Mitbestimmungsstatut kraft der Auffangregelung ohne Weiteres festgeschrieben.[716] Anders als *Sigle* meint, nimmt der Richtliniengeber damit auch die Beteiligung der Arbeitnehmer anderer Gesellschaften im Aufsichtsorgan der SE jedenfalls in Kauf.[717] Um erworbene Beteiligungsrechte der Arbeitnehmer effektiv zu schützen, muss Art. 11 SE-RL dann auch vor einem Missbrauch der SE zur Durchbrechung der Konzernzurechnungsvorschriften schützen und dabei die Beteiligungsrechte der Arbeitnehmer der Tochtergesellschaften berücksichtigen. Die teleologische Auslegung der SE-RL spricht damit für die Berücksichtigungsfähigkeit der Beteiligungsrechte der Arbeitnehmer im Konzern.

3. Systematik der SE-RL: Mittelbare Berücksichtigung der Konzernzurechnung bei der Auffangregelung

Die im Rahmen der autonomen Auslegung ebenfalls zu berücksichtigende Systematik der Richtlinie spricht auch für den durch Art. 11 SE-RL vermittelten Schutz der Beteiligungsrechte der Arbeitnehmer im Konzern. Nach der von der Richtlinie vorgesehenen Auffangregelung (Anhang Teil 3 lit. a) und b) SE-RL) setzt sich der Anteil der Arbeitnehmervertreter im Verwaltungs- oder Aufsichtsorgan der SE durch, der vor der Eintragung der SE in den an der Gründung beteiligten Gesellschaften bestand. Die Beteiligungsrechte der Arbeitnehmer der Tochtergesellschaften finden so jedenfalls mittelbar Berücksichtigung, da der Anteil der Arbeitnehmervertreter im entsprechenden Organ der Obergesellschaft in Fällen der Konzernzurechnung gerade auch von den Arbeitnehmern der Tochtergesellschaften abhängig ist. Dem auch dem Richtliniengeber bekannten Prinzip der mitbestimmungsrechtlichen Konzernzurechnung ist das Auseinanderfallen vom mitbestimmten Organ und den von den Beteiligungsrechten begünstigten Arbeitnehmern auf Obergesellschaft und Tochtergesellschaften eben immanent.

Zwar muss außer bei der Gründung der SE durch formwechselnde Umwandlung für die Anwendbarkeit der Auffangregelung eine bestimmte Quote von Arbeitnehmern von der Mitbestimmung begünstigt sein, wobei die Richtlinie insoweit die Arbeitnehmer der Tochtergesellschaften gerade nicht berücksichtigt. Die SE-RL selbst sichert den Erhalt der kraft Konzernzurechnung geltenden Beteiligungsrechte der Arbeitnehmer der Tochtergesellschaften bei den übrigen Gründungsformen einer SE aber durch die Vorschrift des Art. 7 Abs. 2 lit. b)

---

716 Oben, § 1B.IV.2.a.

717 A.A. *Sigle* in FS Hommelhoff, 1123 (1128).

Abschnitt 2 und lit. c) Abschnitt 2 SE-RL ab. Denn das in entsprechenden Fällen dann von den Arbeitnehmern der Tochtergesellschaften dominierte besondere Verhandlungsgremium wird die Anwendbarkeit der Auffangregelung ohne Weiteres beschließen.[718]

Die Auffanglösung manifestiert die in einer Obergesellschaft bestehende Mitbestimmungsquote in einer von ihr gegründeten SE also auch dann, wenn die Mitbestimmung lediglich über die Zahl der Arbeitnehmer in den Tochtergesellschaften begründet wird. Auch in den Erwägungsgründen (3) und (18) SE-RL differenziert der Richtliniengeber nicht danach, woraus die Mitbestimmung in der Gründungsgesellschaft resultiert. Dann kann aber nicht behauptet werden, die Richtlinie bezwecke nicht auch den Schutz der Beteiligungsrechte der Arbeitnehmer im Konzern.

Besteht in der Gründungsgesellschaft selbst kein mitbestimmtes Organ und können die Arbeitnehmer dieser Gesellschaft Beteiligungsrechte kraft Konzernzurechnung ausschließlich in einer Obergesellschaft ausüben, werden diese Rechte der Arbeitnehmer von den gesetzlichen Auffangregeln hingegen nicht geschützt.[719] Solange die nunmehr als SE firmierende Tochtergesellschaft im Konzern verbleibt, ist dies unerheblich, da jedenfalls die Konzernzurechnungsvorschriften der deutschen Mitbestimmungsgesetzte abhängige Unternehmen in jeder Rechtsform umfassen.[720] Wird die Gründungsgesellschaft im Zuge der SE-Gründung aus den Konzernstrukturen gelöst, ist der Verlust der Beteiligungsrechte der Arbeitnehmer der SE nicht Folge der SE-Gründung, sondern Ergebnis des Eintritts der für den Bestand der Bestand der Beteiligungsrechte „auflösenden Bedingung der Entkonzernierung“ der Tochtergesellschaft.[721] Die Beteiligungsrechte der Arbeitnehmer der Tochtergesellschaft werden dann nicht von Art. 11 SE-RL geschützt.[722] Allein relevant für den Anwendungsbereich des Art. 11 SE-RL sind nach den bisherigen Ausführungen also Fälle, in denen Beteiligungsrechte der Arbeitnehmer im Konzern unter Einsatz einer SE – insbesondere als neue Holdinggesellschaft[723] – beeinflusst werden, ohne dass es aber zur Entkonzernierung der betroffenen Gesellschaften[724] kommt. Art. 11 SE-RL

718 Ausführlich oben, § 1B.IV.2.d.

719 Oben, § 1B.IV.2.d.

720 Für § 5 MitbestG Wlotzke/Wißmann/*Koberski*/Kleinsorge, § 5 Rn. 17.

721 Für § 18 Abs. 3 SEBG *Rieble*, BB 2006, 2018 (2022).

722 Ähnlich *Ramcke*, S. 104 ff., S. 239.

723 Ausführlich noch unten, § 6B.I.

724 In diese Richtung auch *Mader*, S. 180 ff. *Mader* qualifiziert die Begründung eines Vertrags- oder Eingliederungskonzerns sogar als strukturelle Änderung der SE nach Erwägungsgrund (18) Satz 3 SE-RL.

schützt in diesen Fällen also auch Beteiligungsrechte der Arbeitnehmer im Konzern, die zu anderen Gesellschaften als der Gründungsgesellschaft gehören.[725]

4. *Systematik der SE-RL: Ausdrückliche Differenzierung zwischen Gründungsgesellschaften und Tochtergesellschaft an anderen Stellen*

Das Interpretationsergebnis wird dadurch bestätigt, dass sich der Richtliniengeber des Problems der Konzernmitbestimmung bei Verfassung der SE-RL bewusst[726] war. Andernfalls hätte er in Art. 3 Abs. 2 lit. a) (i) SE-RL neben den Arbeitnehmern der an der Gründung beteiligten Gesellschaften nicht auch die Arbeitnehmer der „betroffenen Tochtergesellschaften" im Rahmen der Wahlen zum Besonderen Verhandlungsgremium berücksichtigt.[727] Aus dieser Vorschrift geht selbst schon hervor, dass der Unionsgesetzgeber ausdrücklich zwischen Arbeitnehmern der an der Gründung beteiligten Gesellschaften und Arbeitnehmern der betroffenen Tochtergesellschaften differenziert, zumal er die jeweiligen Gesellschaften in Art. 2 lit. b) und lit. d) SE-RL auch gesondert legaldefiniert. Im Rahmen der Prozentschwellen der Art. 3 Abs. 4 Satz 2 SE-RL (Quorum zur Minderung der Mitbestimmungsrechte) und Art. 7 Abs. 2 lit. b), lit. c) SE-RL (Quorum für die Anwendbarkeit der Auffangregelung) wiederum berücksichtigt der Richtliniengeber ausdrücklich ausschließlich die Arbeitnehmer der an der Gründung beteiligten Gesellschaften.[728] Eine dem Art. 11 SE-RL vergleichbare Formulierung, in der der Richtliniengeber nur auf „die Arbeitnehmer", ohne nähere Spezifizierung abstellt, ist nicht vorhanden. Dann muss bei systematischer Auslegung der Vorschrift des Art. 11 SE-RL davon ausgegangen werden, dass der Richtliniengeber die Einschränkung bewusst nicht vorgenommen hat und damit beabsichtigte, sowohl die Beteiligungsrechte der Arbeitnehmer der Tochtergesellschaften als auch der Gründungsgesellschaften im Anwendungsbereich des Art. 11 SE-RL zu berücksichtigen.

III. Berücksichtigungsfähigkeit der Beteiligungsrechte der Arbeitnehmer der KG

Die soeben dargestellten Argumente lassen sich zumindest teilweise auch auf das Problem übertragen, ob Art. 11 SE-RL nur die Arbeitnehmer der die SE

---

725 In diese Richtung für § 43 SEBG wohl auch *Drinhausen/Keinath*, BB 2011, 2699 (2704); *Ramcke*, S. 240; a.A. für § 18 Abs. 3 SEBG wohl *Wollburg/Banerjea*, ZIP 2005, 277 (280).

726 Z.B. *Habersack*, ZHR 171 (2007), 614 (640).

727 *Habersack*, ZHR 171 (2007), 614 (640).

728 *Habersack*, ZHR 171 (2007), 614 (640).

gründenden Komplementärin einer KG oder auch die Arbeitnehmer der KG schützt. Denn die Mitbestimmung in der Komplementärin kann, ähnlich wie in einer Konzernobergesellschaft, vor allem durch die nach § 4 Abs. 1 MitbestG zugerechneten Arbeitnehmer der KG ausgelöst sein. Da die Auffanglösung die in der Komplementärin bestehende Mitbestimmungsquote in einer von ihr gegründeten SE wiederum auch dann manifestiert, wenn die Mitbestimmung nur über die Zahl der Arbeitnehmern in der KG begründet wird, umfasst der Schutzzweck der SE-RL auch die Beteiligungsrechte dieser Arbeitnehmer.[729] Der missbräuchliche Einsatz der SE ist nach Art. 11 SE-RL also auch im Fall der SE-Gründung durch die Komplementärin jedenfalls nicht von vornherein ausgeschlossen.

B. Entziehen von Beteiligungsrechten

I. Sprachliche Bedeutung von „Entziehen"

Die Beteiligungsrechte der Arbeitnehmer dürfen diesen nach Art. 11 SE-RL nicht (missbräuchlich) entzogen werden. „Entziehen" bedeutet im allgemeinen Sprachgebrauch, etwas „nicht länger gewähren, geben oder zuteil werden lassen" und wird synonym verwandt zu „verweigern, wegnehmen; aus der Hand nehmen".[730] Die englische und französische Übersetzung verwenden die bedeutungsgleichen Verben „deprive"[731] bzw. „priver"[732].

II. Entziehen von Beteiligungsrechten durch die Gründung der SE

1. Notwendiger Verursachungsbeitrag der Gründung der SE

Nach dem Wortlaut des Art. 11 SE-RL ist es die SE, die nicht zum Entziehen von Beteiligungsrechten missbraucht werden darf. Dabei muss grundsätzlich gerade die Gründung der SE die Wegnahme von Beteiligungsrechten verursachen.[733] Die Beteiligungsrechte müssen zu diesem Zeitpunkt bereits bestanden haben.[734] Denn die Vorschrift ist mit Blick auf die Zielsetzung der Richtlinie zu interpretieren. Nach Erwägungsgrund (3) Satz 1 der SE-RL bezweckt die Richtlinie, den Erhalt

729 A.A. für § 18 Abs. 3 SEBG *Sigle* in FS Hommelhoff, 1123 (1126).

730 Duden, Das Bedeutungswörterbuch, S. 334; zu diesem Auslegungsargument auch *Ramcke,* S. 117; vgl. auch *Mader,* S. 144.

731 Langenscheidt, Englisch-Deutsch, S. 269.

732 Langenscheidt, Französisch-Deutsch, S. 564.

733 *Ramcke,* S. 118.

734 *Von der Höh,* S. 316.

des „vor der Gründung der SE" in den Gründungsgesellschaften vorhandenen Mitbestimmungsniveaus zu gewährleisten. In Erwägungsgrund (18) Satz 2 SE-RL geht der Unionsgesetzgeber ausdrücklich davon aus, dass die „vor der Gründung der SE" bestehenden Rechte der Arbeitnehmer Ausgangspunkt für die Gestaltung ihrer Beteiligungsrechte der SE sein sollen. Die Richtlinie selbst qualifiziert also die Gründung der SE als das potenzielle mitbestimmungsschädliche Ereignis. Bei der Interpretation des Tatbestandsmerkmals des „Entziehens" muss das in Erwägungsgrund (18) SE-RL etablierte Vorher-Nachher-Prinzip berücksichtigt werden.[735] Danach ist das Tatbestandsmerkmal des „Entziehens" mit Blick auf die Unternehmensmitbestimmungsrechte der Arbeitnehmer erfüllt, wenn das Verwaltungs- bzw. Aufsichtsorgan der SE nach ihrer Gründung mit einem geringeren Anteil an Arbeitnehmervertretern besetzt ist als in den Gründungsgesellschaften vor ihrer Gründung.

2. *Ermittlung der richtigen Bezugspunkte für den Vorher-Nachher-Vergleich*

a. *Teleologische Auslegung: Schutz der vor der Gründung der SE bestehenden Beteiligungsrechte durch die SE-RL*

Der genaue Bezugspunkt für den Vorher-Nachher-Vergleich ist als Nächstes zu ermitteln. Aus dem Wortlaut des Art. 11 SE-RL selbst ergibt er sich nicht. Weiter hilft aber wiederum eine teleologische Auslegung unter Berücksichtigung der eben beschriebenen Zielsetzung der SE-RL, den Erhalt des vor der Gründung der SE in den Gründungsgesellschaften vorhandenen Mitbestimmungsniveaus zu gewährleisten. Bezweckt die Richtlinie den Schutz der vor der Gründung der SE bestehenden Rechte[736], müssen diese auch maßgebend für das nach Art. 11 SE-RL zu verhindernde tatbestandliche Entziehen sein. Da die Gründung der SE mit ihrer Eintragung beendet ist (Art. 16 Abs. 1 SE-VO), wäre richtiger Bezugspunkt für den Vorher-Nachher-Vergleich danach der Zeitpunkt der Eintragung der SE.

b. *Systematische Auslegung: Das Ende der Verhandlungsphase als richtiger Bezugspunkt für die „Vorher" bestehenden Beteiligungsrechte*

Bei systematischer Auslegung des Art. 11 SE-RL ist aber das Ende der Verhandlungsphase als richtiger Bezugspunkt für das Feststellen der vor der Gründung der SE bestehenden Beteiligungsrechte festzulegen. Die Auffangregelung zur Unternehmensmitbestimmung knüpft ebenfalls an das vorhandene

735 *Ramcke*, S. 122; in diese Richtung auch *Rehberg*, ZGR 2005, 859 (880).

736 Eben, § 4B.II.1.

Mitbestimmungsstatut zu diesem Zeitpunkt an.[737] Käme es für die Ermittlung der vor der Gründung der SE bestehenden Beteiligungsrechte im Rahmen des Art. 11 SE-RL auf den Zeitpunkt der Eintragung der SE an und kommt es zu einer Vergrößerung des Bestands der Beteiligungsrechte zwischen dem Ende der Verhandlungsphase und der Eintragung der SE, könnte ein tatbestandliches Entziehen vorliegen, obwohl sowohl im Rahmen der Verhandlungen als auch nach der Auffangregelung diese Veränderungen unberücksichtigt zu lassen sind. Zwar hätte es der Vorschrift des Art. 11 SE-RL nicht bedurft, wenn der Richtliniengeber nicht auch im Anwendungsbereich der Verhandlungslösung mit Auffangregelung von einem möglichen missbräuchlichen Einsatz der SE nach Art. 11 SE-RL ausginge. Die beschriebene Möglichkeit des Auseinanderfallens des Anknüpfungspunktes für die gesetzlich vorgesehene Auffangregelung (und der vor ihrem Hintergrund geführten Verhandlungen) und des tatbestandlichen Anwendungsbereichs des Art. 11 SE-RL ist aber nicht nur mit der Systematik, sondern auch mit der Teleologie der SE-RL unvereinbar. Denn sowohl das Tatbestandsmerkmal des Entziehens als auch die Auffangregelung dienen der Umsetzung des Vorher-Nachher-Prinzips. Eine einheitliche Anwendung dieses Prinzips ist daher geboten.

c. Die Eintragung der SE als richtiger Bezugspunkt für die „Nachher" bestehenden Beteiligungsrechte

Für die Bestimmung der bestehenden Beteiligungsrechte nach dem Einsatz der SE bleibt es bei der Eintragung der SE als maßgeblichem Bezugspunkt. Denn Art. 11 SE-RL bezweckt eben nach seiner teleologischen Auslegung den Schutz der vor der Gründung der SE bestehenden Rechte. Daraus folgt, dass es für das Feststellen einer negativen Abweichung der „Nachher" bestehenden Beteiligungsrechte auf das Mitbestimmungsstatut in der SE nach ihrer Eintragung ankommt.

III. Entziehen von Beteiligungsrechten durch Vorgänge nach Eintragung der SE

1. Anwendung des Vorher-Nachher-Prinzips bei strukturellen Änderungen

Ein tatbestandliches Entziehen von Beteiligungsrechten kann ausnahmsweise auch dann anzunehmen sein, wenn nicht die Gründung der SE zu einer

737 Oben, § 1B.IV.3.d.bb.

Verringerung des Anteils der Arbeitnehmervertreter im Verwaltungs- bzw. Aufsichtsorgan der SE führt, sondern erst eine der Gründung nachfolgende Maßnahme.[738] Nach Erwägungsgrund (18) Satz 3 SE-RL soll der Ansatz des Vorher-Nachher-Prinzips nicht nur für die Neugründung einer SE, sondern auch für strukturelle Veränderungen einer bereits gegründeten SE und für die von den strukturellen Änderungsprozessen betroffenen Gesellschaften gelten.[739] Der Richtliniengeber selbst hält also das Mitbestimmungsstatut der SE auch für nach ihrer Gründung schützenswert. Eine Auslegung des Art. 11 SE-RL, die nach der Gründung der SE stattfindende Vorgänge nicht weiter berücksichtigt, ist mit der Zielsetzung der SE-RL daher nicht vereinbar.[740] Der Bezugspunkt für den Vorher-Nachher-Vergleich kann sich richtigerweise verschieben. Es kommt darauf an, ob ein negatives Abweichen der vor der strukturellen Änderung und nach der strukturellen Änderung bestehenden Beteiligungsrechte festgestellt werden kann.

2. *Konkretisierung der berücksichtigungsfähigen Vorgänge in gegenständlicher Hinsicht*

Zu prüfen ist dann, welche der Gründung nachfolgenden Maßnahmen in gegenständlicher Hinsicht für ein tatbestandliches Entziehen berücksichtigungsfähig sind. Der Erwägungsgrund (18) Satz 3 SE-RL verwendet den Begriff der „strukturellen Änderungen“, konkretisiert ihn aber nicht weiter. Darüber hat sich im Schrifttum der Streit entfacht, ob nur gründungsähnliche Vorgänge, also zum Beispiel nachfolgende Umwandlungsmaßnahmen oder auch alle anderen Vorgänge, zum Beispiel der bloße Beteiligungserwerb durch eine SE, strukturelle Änderungen im Sinne der Vorschrift sein können.[741]

---

738 A.A. *Rehberg*, ZGR 2005, 859 (885), nach dessen Auffassung Erwägungsgrund (18) Satz 3 SE-RL lediglich klarstellt, dass auch solche Gestaltungsvarianten missbräuchlich i.S.d. Art. 11 SE-RL sein können, bei denen zum Umgehungstatbestand „auch“ Maßnahmen nach der SE-Gründung gehören.

739 Ebenso *Ramcke*, S. 184.

740 Mit ähnlichen Argumenten *Ramcke*, S. 109 und ausführlich zum Verhältnis zwischen Art. 11 SE-RL und Erwägungsgrund (18) Satz 3 SE-RL S. 178 ff.

741 Ein Überblick über den Streitstand in Bezug auf § 18 Abs. 3 SEBG bei MüKoAktG/*Jacobs*, § 18 SEBG Rn. 11 ff.; ausführlich hierzu unten m.w.N., § 6B.I.1.c.aa.

a. Teleologische und systematische Auslegung: Berücksichtigung von Vorgängen jeder Art?

Zunächst kommt in Betracht, bei der Prüfung eines tatbestandlichen Entziehens eine aus Arbeitnehmerperspektive nachteilige Veränderung der Beteiligungsrechte nach Gründung der SE bei Vorgängen jedweder Art zu berücksichtigen. Dafür könnte bei isolierter Betrachtung das Ziel der SE-RL sprechen, den Schutz von in der Gründungsgesellschaft bestehenden Beteiligungsrechten der Arbeitnehmer zu gewährleisten.[742] Ob diese Beteiligungsrechte durch (der Eintragung der SE nachfolgende) gründungsähnliche Vorgänge oder andere Vorgänge beeinträchtigt werden, ist aus Perspektive der Inhaber der Beteiligungsrechte ohne Relevanz. Die teleologische Auslegung der Richtlinie führt aber zu keinem eindeutigen Ergebnis. Denn genauso lässt sich argumentieren, dass die Richtlinie nach ihrem Erwägungsgrund (3) bezweckt, dass gerade „die Gründung" einer SE nicht zu einer Einschränkung der Beteiligungsrechte führt und die in Erwägungsgrund (18) Satz 3 SE-RL für beachtenswert erklärten strukturellen Änderungen daher in qualitativer Hinsicht dem Gründungsvorgang einer SE nahekommen müssen.[743] Für letztgenannte Auffassung spricht auch ein systematisches Argument: Erwägungsgrund (18) Satz 3 SE-RL nennt strukturelle Änderungen im Zusammenhang mit der Neugründung, was dafür spricht, dass strukturelle Änderungen dem Gründungsvorgang vergleichbar sein müssen.[744]

b. Grammatikalische Auslegung: „Strukturelle" Änderungen

Vor allem aber streitet der Wortlaut des Erwägungsgrunds (18) dafür, dass die Beteiligungsrechte nicht bei jedweder Änderung der SE schützenswert sind, sondern eben nur bei Änderungen struktureller Art[745] und sich „strukturelle Änderungen" von „Änderungen" bei grammatikalischer Betrachtung unterscheiden müssen. Die Berücksichtigungsfähigkeit von Änderungen jeder Art scheidet damit jedenfalls aus.

c. Historische Auslegung: Missbrauchspotenzial der Gründungsverfahren der SE

Die historische Auslegung des Art. 11 SE-RL spricht dafür, nur Änderungen mit gründungsähnlichem Charakter zu berücksichtigen. Denn Art. 11 SE-RL fand

742 In diese Richtung *Rehberg*, ZGR 2005, 859 (883).
743 Ähnlich *Wollburg/Banerjea*, ZIP 2005, 277 (278).
744 *Mader*, S. 167 ff. m.w.N.; *Wollburg/Banerjea*, ZIP 2005, 277 (278).
745 Ebenso *Ramcke*, S. 110.

erst vor dem Hintergrund der während des Richtliniengebungsverfahrens geäußerten Sorge, das nationale Mitbestimmungsrecht könnte mithilfe eines europäischen Rechtsinstruments umgangen werden, Eingang in den Richtlinientext.[746] Dabei bezogen sich die Kritiker der vorhandenen Richtlinienentwürfe insbesondere auf die Möglichkeit der Gründung der SE durch formwechselnde Umwandlung, bei der sie ein hohes Missbrauchspotenzial zu erkennen glaubten.[747] Der erste Entwurf des heutigen Art. 11 SE-RL formulierte daher auch ausdrücklich, dass die „Verfahren zur Gründung einer SE" nicht zum Zweck der Mitbestimmungsvermeidung eingesetzt werden dürften.[748] Konsequenterweise lautete die Überschrift des Artikels „Verfahrensmißbrauch". Zwar hat sich später die Formulierung durchgesetzt, „die SE" dürfe nicht dazu missbraucht werden, den Arbeitnehmern Beteiligungsrechte zu entziehen oder vorzuenthalten, die Überschrift des Art. 11 SE-RL ist in seiner endgültigen Fassung aber gleich geblieben. Mit der Anpassung der Formulierung im Gesetzestext sind strukturelle Änderungen im Sinne des Erwägungsgrundes (18) SE-RL im Rahmen des Art. 11 SE-RL überhaupt erst berücksichtigungsfähig. Die Beibehaltung des Titels der Richtlinienvorschrift spricht dann aber dafür, dass es weiterhin nur auf solche Vorgänge ankommen soll, die dem Verfahren zur Gründung der SE in qualitativer Hinsicht ähneln.

d. Bestätigung durch die Wertung des Vorschlags zur Änderung der Richtlinie (EU) 2017/1132

Bestätigt wird dieses Konkretisierungsergebnis durch die Wertungen des Vorschlags zur Änderung der Richtlinie (EU) 2017/1132.[749] Denn dieser enthält eine Mitbestimmungsbeibehaltungsvorschrift, wonach das in der aus der grenzüberschreitenden Umwandlungsmaßnahme hervorgehenden Gesellschaft festgelegte Mitbestimmungsniveau für die Dauer von drei Jahren ab Wirksamwerden der Umwandlungsmaßnahme auch im Fall von nachfolgenden innerstaatlichen wie grenzüberschreitenden Umwandlungsmaßnahmen (gleich welcher Art) beibehalten wird.[750] Nur diese (gründungsähnlichen) Vorgänge hält die Kommission also bei der Missbrauchsbekämpfung, der die Vorschrift ausdrücklich

746 Ausführlich oben, § 1B.I.2 und § 1B.I.3.

747 Oben, § 1B.I.3.a.

748 Oben, § 1B.I.3.

749 Zur vergleichbaren Wertung der IntVerschmRL im Zusammenhang mit der Auslegung des Tatbestandsmerkmals der strukturellen Änderungen in § 18 Abs. 3 SEBG *von der Höh*, S. 235.

750 Oben, § 1C.IV.3.c.

dienen soll, für relevant. Da die Missbrauchskontrolle nach dem Konzept des Vorschlags zur Änderung der Richtlinie (EU) 2017/1132 präventiv vor der Eintragung der entsprechenden Umwandlungsmaßnahme zu erfolgen hat, sind nachträgliche Änderungen der SE, die außerhalb des Anwendungsbereichs der Mitbestimmungsbeibehaltungsvorschrift liegen, für einen etwaigen Rechtsmissbrauch nach dem Konzept des Vorschlags irrelevant.

3. *Konkretisierung der berücksichtigungsfähigen Vorgänge in zeitlicher Hinsicht*

a. *Grammatikalische und teleologische Auslegung: Keine Begrenzung in zeitlicher Hinsicht*

In der SE-RL finden sich keine ausdrücklichen Ausführungen dazu, wie lange nach der Gründung der SE vollzogene Änderungen in ihrer Struktur noch berücksichtigungsfähig sind. Erwägungsgrund (18) Satz 3 SE-RL grenzt die zu berücksichtigenden Änderungen in zeitlicher Hinsicht – anders als in gegenständlicher Hinsicht – nicht ein. Das spricht dafür, dass es nicht darauf ankommt, welcher zeitliche Zusammenhang zwischen der SE-Gründung und der strukturellen Änderung der SE besteht. Auch das von der SE-RL nach Erwägungsgrund (18) Satz 3 verfolgte Ziel, dem Vorher-Nachher-Prinzip im Rahmen von strukturellen Änderungen Geltung zu verschaffen und die Beteiligungsrechte betroffener Arbeitnehmer zu schützen, streitet gegen eine zeitliche Beschränkung. Denn die Beteiligungsrechte sind unabhängig von einer zeitlichen Komponente schützenswert.

b. *Ausgleich der Ziele der SE-VO und der SE-RL: Keine zeitliche Begrenzung erforderlich*

Für eine zeitliche Beschränkung der Berücksichtigungsfähigkeit struktureller Änderungen könnten die Ziele der SE-VO sprechen. Der schonende Ausgleich der divergierenden Ziele der SE-RL und der SE-VO ist Aufgabe des Konkretisierungsprozesses.[751] Der europäische Gesetzgeber verfolgt mit der Einführung der SE das Ziel, grenzüberschreitend tätigen Unternehmen die Neuordnung ihrer Tätigkeiten auf Unionsebene zu ermöglichen und den Binnenmarkt zu vollenden.[752] Die SE-VO ist dabei auf die größtmögliche unternehmerische Freiheit angelegt.[753] Eine zeitlich unbegrenzte Berücksichtigung

751 Oben, § 3A.I.2.b.

752 Oben, § 3A.I.2.b und § 1B.I.5.a.

753 OLG Düsseldorf, Beschluss vom 30. März 2009 – Az. 3 Wx 248/08 – RdA 2010, 55.

struktureller Änderungen der SE könnte diesen Zielen entgegenstehen. Allerdings begründet die Erfüllung des Tatbestandsmerkmals des „Entziehens“ noch keinen Verstoß gegen Art. 11 SE-RL. Hinzu kommen müssen die unten näher konkretisierten Voraussetzungen eines missbräuchlichen Einsatzes der SE. Dies gilt auch, wenn das Entziehen von Beteiligungsrechten nicht nach Eintragung der SE, sondern nach Durchführung der strukturellen Änderung der SE festgestellt werden kann. Die Ziele der SE-VO machen eine zeitliche Beschränkung der Berücksichtigungsfähigkeit struktureller Änderungen nicht erforderlich.

IV. Kein Entziehen von Beteiligungsrechten durch Vorgänge vor dem Ende der Verhandlungsphase

Kommt es schon vor dem Ende der Verhandlungsphase zu einer negativen Veränderung des Mitbestimmungsstatuts in der Gründungsgesellschaft, sind diese Vorgänge für das tatbestandliche Entziehen nach Art. 11 SE-RL nicht berücksichtigungsfähig. Dafür sprechen zunächst die im Rahmen der teleologischen und systematischen Auslegung des Art. 11 SE-RL ermittelten Bezugspunkte für die Durchführung des Vorher-Nachher-Vergleichs. Der Vergleich knüpft an das Ende der Verhandlungsphase (Vorher) und die Eintragung der SE (Nachher) an, da es das erklärte Ziel der SE-RL ist, den Erhalt des vor der Gründung der SE in den Gründungsgesellschaften vorhandenen Mitbestimmungsstatuts zu gewährleisten. Das setzt zu diesem Zeitpunkt noch vorhandene Beteiligungsrechte voraus.[754] Mit anderen Worten: Tatbestandlich entzogen, also verringert werden können nur Mitbestimmungsrechte, die nicht schon vor der Gründung der SE weggefallen sind. Hinzu kommt, dass der Richtliniengeber die Erstreckung des Vorher-Nachher-Prinzips auf Änderungsvorgänge vor der Gründung der SE – anders als auf strukturelle Änderungen nach der Gründung der SE – nicht erwähnt. Auch dies spricht dafür, dass der Richtliniengeber der Gründung vorangehende Mitbestimmungsbeeinflussungsmaßnahmen im Rahmen des Vorher-Nachher-Vergleichs, an welches das Tatbestandsmerkmal „entziehen“ nach seiner sprachlichen Bedeutung anknüpft, unberücksichtigt lassen wollte.

754 Ähnlich *Mader*, S. 161; *Ramcke*, S. 99.

C. Vorenthalten von Beteiligungsrechten

I. Sprachliche Bedeutung von „Vorenthalten“

Vorenthalten bedeutet im allgemeinen Sprachgebrauch, jemandem etwas, worauf er Anspruch hat, nicht geben.[755] Es wird synonym verwandt zu „verbergen, (…), verheimlichen, versagen, verschweigen, verweigern“.[756] Die englische Übersetzung verwendet das bedeutungsgleiche Verb „withholding“.[757] Die französische Übersetzung verwendet das Verb „refuser“, das zwar nicht mit „vorenthalten“, aber mit den Synonymen „verweigern, abschlagen, nicht anerkennen, nicht geben, versagen“ übersetzt wird.[758]

II. Vorenthalten von Beteiligungsrechten durch die Gründung der SE

1. Notwendiger Verursachungsbeitrag der Gründung der SE

Da nach dem Wortlaut des Art. 11 SE-RL „eine SE“ nicht dazu missbraucht werden darf, den Arbeitnehmern Beteiligungsrechte vorzuenthalten, müssen den Arbeitnehmern die Beteiligungsrechte mithilfe des Einsatzes der SE vorenthalten werden. Dabei kommt es wiederum zunächst auf die Gründung der SE an, da Art. 11 SE-RL auch in Bezug auf das Tatbestandsmerkmal des Vorenthaltens unter Berücksichtigung des Zwecks der SE-RL zu interpretieren ist. Dieser ist es eben, zu verhindern, dass die Gründung einer SE zur Beseitigung oder Einschränkung der Gepflogenheiten der Arbeitnehmerbeteiligung in den Gründungsgesellschaften führt.[759] Mit Blick auf die Unternehmensmitbestimmung muss also infolge der Gründung der SE das Verwaltungs- bzw. Aufsichtsorgan mit einem geringeren Anteil an Arbeitnehmervertretern zu besetzen sein, als die Arbeitnehmer ohne die Gründung der SE verlangen könnten.

2. Berücksichtigungsfähigkeit von Entwicklungen nach Gründung der SE

Dann stellt sich aber die Frage, ob zu den Beteiligungsrechten, deren Gewährung die Arbeitnehmer ohne die Gründung der SE verlangen könnten, nur jene gehören,

755 Duden, Bedeutungswörterbuch, S. 1059; zu diesem Auslegungsargument auch *Ramcke,* S. 124 f.; vgl. auch *Mader,* S. 145.
756 Duden, Bedeutungswörterbuch, S. 1059.
757 Langenscheidt, Englisch-Deutsch, S. 1079.
758 Langenscheidt, Französisch-Deutsch, S. 601.
759 Oben, § 1B.I.5.b und § 4B.II.1.

die zum Zeitpunkt der Gründung der SE tatsächlich oder rechtlich bestanden[760], oder auch solche zu berücksichtigen sind, die den Arbeitnehmern durch nach der SE-Gründung stattfindende Entwicklungen erst entstanden wären.

a. Teleologische Auslegung: Schutz bereits erworbener Rechte durch die SE-RL

Gegen die Berücksichtigungsfähigkeit eines hypothetischen Hineinwachsens in ein weitreichenderes Mitbestimmungsregime nach Gründung der SE spricht die teleologische Auslegung des Art. 11 SE-RL. Nach Erwägungsgrund (18) der SE-RL ist nur die Sicherung „erworbener" Rechte der Arbeitnehmer über ihre Beteiligung an Unternehmensentscheidungen fundamentaler Grundsatz und erklärtes Ziel der Richtlinie.[761] Weiter geht der Unionsgesetzgeber davon aus, dass die vor der Gründung der SE „bestehenden" Rechte der Arbeitnehmer Ausgangspunkt für die Gestaltung ihrer Beteiligungsrechte der SE sein sollen. Dem Vorher-Nachher-Prinzip ist das Erfordernis irgendwelcher, vor der Gründung der SE bestehenden Beteiligungsrechte immanent.[762] Der Vergleich mit den Formulierungen dieses Erwägungsgrunds in der englischen und französischen Übersetzung führt zu keinem anderen Ergebnis („acquired rights/employee rights in force before the establishment" bzw. „droits aqcuis/droits des travailleurs existant avant la constitution").

b. Grammatikalische und systematische Auslegung: Unterscheidung zwischen Vorenthalten und Entziehen

Allerdings ist zu beachten, dass die rechtlich unverbindlichen Erwägungen einer Richtlinie nicht herangezogen werden dürfen, um eine Richtlinienvorschrift in einem Sinne auszulegen, der ihrem Wortlaut offensichtlich widerspricht.[763] Die Differenzierung des Richtliniengebers zwischen Entziehen und Vorenthalten spricht dafür, dass die Tatbestandsmerkmale unterschiedliche Anwendungsbereiche haben sollen.[764] Mit der Aufnahme des Tatbestandsmerkmals des Vorenthaltens in Art. 11 SE-RL hat der Richtliniengeber eine Aussage dahingehend getroffen, dass auch Vorgänge in den Anwendungsbereich der Vorschrift fallen können, bei denen Beteiligungsrechte bei Gründung der SE noch nicht

760 *Ramcke,* S. 230; für § 18 Abs. 3 SEBG *Rieble,* BB 2006, 2018 (2022).

761 Ausführlich *Ramcke,* S. 99 f.

762 *Drinhausen/Keinath,* BB 2011, 2699 (2702); *Wollburg/Banerjea,* ZIP 2005, 277 (282).

763 Oben, § 3B.II.2.

764 *Mader,* S. 143 f.; im Ergebnis so auch *Sagan* in Boecken/Düwell/Diller/Hanau, § 43 SEBG Rn. 7.

bestanden.[765] Andernfalls hätte es der Tatbestandsalternative des Vorenthaltens neben dem tatbestandlichen Verhalten des Entziehens überhaupt nicht bedurft. Jeder Fall des Vorenthaltens erfüllte dann auch das Tatbestandsmerkmal des Entziehens.[766] Ein solches Auslegungsergebnis, wonach das zu interpretierende Tatbestandsmerkmal des Vorenthaltens sinnlos wäre, verstieße gegen das Verbot der funktionalen Negation als Ausprägung des Effektivitätsprinzips.[767]

Ein tatbestandliches Vorenthalten liegt auch nicht etwa in jenen Fällen vor, in denen das tatsächliche Mitbestimmungsstatut in der Gründungsgesellschaft von dem rechtlich gebotenen Mitbestimmungsstatut abweicht und Erstgenanntes zur Grundlage der Verhandlungen und der Auffangregelung wird.[768] Denn wie bereits festgestellt, wird ein gesetzeswidriges tatsächliches Mitbestimmungsstatut bei der SE-Gründung nicht festgeschrieben. Richtigerweise bleibt auch nach Gründung der SE die Durchführung eines Statusverfahrens möglich.[769] Wenn die SE-Gründung sich aber nicht dazu eignet, ein gesetzeswidriges Mitbestimmungsstatut zu konservieren, kann hierin kein tatbestandliches Vorenthalten nach Art. 11 SE-RL zu sehen sein. Um dem Tatbestandsmerkmal bei systematischer Auslegung überhaupt einen Anwendungsbereich zu eröffnen, sind also mitbestimmungsrelevante Entwicklungen nach der Gründung der SE berücksichtigungsfähig.

c. *Systematische Auslegung: Zementierung der Mitbestimmungsfreiheit als Bestandteil des Konzepts der SE-RL?*

Es lässt sich argumentieren, dass die SE-RL den Zementierungseffekt als Folge der Verhandlungslösung mit Auffangregelung selbst etabliere, das Vorenthalten von Beteiligungsrechten dem System zur Sicherung der Mitbestimmungsrechte der Arbeitnehmer also immanent sei.[770] Was das Gesetz selbst vorsieht könne aber, so auch die (im Rahmen der unionsrechtsautonomen Konkretisierung freilich nicht maßgebende) Begründung des deutschen Gesetzgebers, nicht in den Anwendungsbereich des Missbrauchsverbots fallen.[771]

765 Im Ergebnis so *Sagan* in Bieder/Hartmann, 171 (196).

766 A.A. *von der Höh*, der meint, ein tatbestandliches Vorenthalten liegt aus Sicht jener Arbeitnehmer vor, deren Mitbestimmung sich in der SE nicht durchsetzt, weil es in einer anderen beteiligten Gesellschaft eine stärkere Mitbestimmung gibt, S. 313.

767 Oben, § 3B.II.3.

768 A.A. wohl *Nagel*/Freis/Kleinsorge, § 43 SEBG Rn. 6.

769 Oben, § 1B.IV.3.c.cc.

770 In diese Richtung MüKoAktG/*Jacobs*, § 43 SEBG Rn. 3; Ulmer/Habersack/*Henssler*, § 43 SEBG Rn. 4; *Rieble*, BB 2006, 2018 (2022).

771 BT-Drs. 15/3405, S. 57.

Kennzeichen des Rechtsmissbrauchs ist aber gerade die Ausübung eines Rechts zwar im Rahmen seines Wortlauts, aber außerhalb seiner rechtsethischen und sozialen Funktion.[772] Ausgangspunkt eines jeden Rechtsmissbrauchs ist also überhaupt ein bestehendes Recht.[773] Bei sorgfältiger Auslegung des Art. 11 SE-RL ist außerdem zwischen dem Vorenthalten bzw. Entziehen einerseits und dem Missbrauch der SE hierzu andererseits zu unterscheiden. Zu der beschriebenen Inkonsistenz, dass Art. 11 SE-RL zu verhindern sucht, was die Richtlinie erst ermöglicht, kommt es nicht, wenn an ein „missbräuchliches" Vorenthalten im Sinne des Art. 11 SE-RL richtigerweise zusätzliche, über das bloße Vorenthalten hinausgehende Anforderungen gestellt werden.[774] Festzuhalten bleibt, dass ein hypothetisches Hineinwachsen in die Mitbestimmungspflichtigkeit nach der Gründung der SE bei der Prüfung des Tatbestandsmerkmals des Vorenthaltens Berücksichtigung finden muss.[775] Dem steht auch nicht entgegen, dass nach Art. 13 Abs. 2 SE-RL nationale Mitbestimmungsgesetze auf die SE gerade keine Anwendung finden.[776] Denn durch die Berücksichtigung des hypothetischen Hineinwachsens in die Mitbestimmung nach Gründung der SE soll nicht regelmäßig nationales Mitbestimmungsrecht auf die SE angewendet werden, sondern entsprechend der ausdrücklichen Vorgabe des Art. 11 SE-RL der Einsatz der SE zu einem missbräuchlichen Vorenthalten von künftigen (nationalen) Beteiligungsrechten verhindert werden.

d. *Bestätigung durch die Wertungen der IntVerschmRL und des Vorschlags zur Änderung der Richtlinie (EU) 2017/1132*

Dieses Auslegungsergebnis wird durch die Wertungen der IntVerschmRL[777] und des Vorschlags zur Änderung der Richtlinie (EU) 2017/1132[778] bestätigt.

---

772 Oben, § 3C.II.2.

773 Oben, § 3C.II.2; wobei der EuGH gewiss nicht immer zwischen Rechtsbruch und Rechtsmissbrauch differenziert, § 3C.III.

774 Dazu sogleich § 4D.I.

775 A.A. *Drinhausen/Keinath,* BB 2011, 2699 (2702); Ulmer/Habersack/*Henssler,* § 43 SEBG Rn. 4; *Hohenstatt/Müller-Bonanni* in Habersack/Drinhausen, § 43 SEBG Rn. 3 m.w.N.; *Rieble,* BB 2006, 2018 (2022); *von der Höh,* S. 312 m.w.N.

776 A.A. *Drinhausen/Keinath,* BB 2011, 2699 (2702).

777 Hierzu oben, § 1C.II.1.

778 Hierzu oben, § 1C.IV.3.

aa. Einschränkung des Zementierungseffekts bei grenzüberschreitenden Umwandlungen

Die Möglichkeit, eine bestehende Mitbestimmungsfreiheit eines mitgliedstaatlichen Unternehmens durch das unionsrechtliche Verhandlungsmodell mit Auffangregelung festzuschreiben, sehen allein die SE-RL und die SCE-RL vor. Nur diese beiden Richtlinien enthalten aber auch eine Vorschrift, die ausdrücklich den Missbrauch der jeweiligen Rechtsform zum „Vorenthalten" von Beteiligungsrechten verhindern soll (Art. 11 SE-RL bzw. Art. 13 SCE-RL). Schon mit der IntVerschmRL hat der Richtliniengeber das Verhandlungsmodell dahingehend modifiziert, dass es bei einer bestehenden Mitbestimmungsfreiheit nicht zur Anwendung kommt. Der Unionsgesetzgeber selbst hat also den Zementierungseffekt des von ihm begründeten Verhandlungsmodells mit Auffangregelung wieder eingeschränkt.[779] Das spricht dafür, dass er dem Einsatz des Modells zu diesem Zweck begegnen wollte. Diese jedenfalls zurückhaltende Einstellung des Unionsgesetzgebers gegenüber der Zementierung einer Mitbestimmungsfreiheit ist im Rahmen der Konkretisierung des Tatbestandsmerkmals des Vorenthaltens zu berücksichtigen und spricht für die Berücksichtigungsfähigkeit von Entwicklungen nach Gründung der SE. Auch im Anwendungsbereich des Vorschlags zur Änderung der Richtlinie (EU) 2017/1132 der Kommission kann es bei bestehender Mitbestimmungsfreiheit zwar zur Durchführung von Verhandlungen kommen, nicht aber zur Zementierung des Mitbestimmungsstatuts.

bb. Präventive Missbrauchskontrolle auch bei bestehender Mitbestimmungsfreiheit

Zwar spricht das Konzept der präventiven Missbrauchskontrolle des Vorschlags zur Änderung der Richtlinie (EU) 2017/1132 zunächst dafür, dass der Umwandlungsmaßnahme nachfolgende Entwicklungen bei der Missbrauchsprüfung keine Berücksichtigung finden können. Allerdings findet die präventive Missbrauchskontrolle, deren Durchführung verpflichtend und Voraussetzung für die Eintragung der Umwandlungsmaßnahme ist, sogar in Fällen statt, in denen in den an der Umwandlungsmaßnahme beteiligten Gesellschaften noch überhaupt keine Mitbestimmung bestand.[780] Dann geht die Kommission aber davon aus, dass auch in diesen Fällen ein missbräuchlicher Einsatz der grenzüberschreitenden Umwandlungsmöglichkeit – zum Beispiel mit Blick auf bereits geplante zukünftige Entwicklungen – nicht von vornherein ausgeschlossen ist.

---

779 Oben, § 2C.I.

780 Oben, § 1C.IV.3.d.

Dementsprechend findet die Verhandlungslösung nach dem Konzept des Vorschlags auch schon dann Anwendung, wenn überhaupt noch keine Mitbestimmung bestand, aber die den Formwechsel oder die Spaltung durchführende Gesellschaft sechs Monate vor der Veröffentlichung des entsprechenden Umwandlungsplans eine Anzahl von Arbeitnehmern beschäftigt, die vier Fünftel des jeweiligen Schwellenwertes entspricht, der nach dem bislang auf die Gesellschaft anwendbaren Recht Unternehmensmitbestimmung nach sich zieht.[781] Die Kommission erachtet also auch die Arbeitnehmer in Gesellschaften für besonders schützenswert, in denen die für die Mitbestimmung maßgeblichen Schwellenwerte in absehbarer Zukunft überschritten werden könnten.

Für die Berücksichtigung zukünftiger Entwicklungen bei der Prüfung eines missbräuchlichen Einsatzes der Umwandlungsmaßnahme dürfte es wegen der präventiven Missbrauchskontrolle dann vor allem auf die Nachweisbarkeit konkret geplanter zukünftiger Entwicklungen ankommen. Diese Überlegungen spielen aber im Anwendungsbereich des Art. 11 SE-RL, der zeitliche Vorgaben hinsichtlich der Durchführung der Missbrauchsprüfung nicht macht, keine Rolle.

e. *Zulässigkeit der Berücksichtigung eines hypothetischen Kausalverlaufs unter Annahme gleich bleibender Bedingungen*

Die Berücksichtigung von der SE-Gründung nachfolgenden Entwicklungen für ein tatbestandliches Vorenthalten erfolgt nach den bisherigen Ausführungen durch einen Vergleich der mitbestimmungsrechtlichen Situation in der SE mit der (hypothetischen) mitbestimmungsrechtlichen Situation in der Gründungsgesellschaft ohne Gründung der SE, aber bei gleich verlaufenden tatsächlichen Entwicklungen. Durch diesen Vergleich soll festgestellt werden, ob der erforderliche Verursachungsbeitrag der Gründung der SE zum Vorenthalten der Beteiligungsrechte vorliegt. Die SE-Gründung wird hinweg gedacht, die übrigen Entwicklungen aber als gleichbleibend unterstellt. Kann die SE-Gründung nicht hinweg gedacht werden, ohne dass den Arbeitnehmern mehr Beteiligungsrechte zustehen, ist sie ursächlich für das Vorenthalten von Beteiligungsrechten.

Der Einwand, dass ohne den Einsatz der SE die mitbestimmungsrechtlich relevanten tatsächlichen Entwicklungen nicht stattgefunden hätten, wird den Unternehmensleitungen und Anteilseignern damit verwehrt. Dieses Ergebnis ist aber nicht etwa unbillig, sondern Folge der konsequenten Anwendung der conditio sine qua non-Formel der juristischen Kausalitätslehre. Danach gilt eine

---

781 Oben, § 1C.IV.3.b.bb.

Handlung als kausal, „wenn ohne dieselbe der konkrete Erfolg nicht eingetreten wäre".[782] Jeder Kausalitätsprüfung nach dieser Formel ist immanent, einen hypothetischen Kausalverlauf zu betrachten. „In der Realität kann [aber] immer nur eine der verglichenen Situationen eintreten, ihre kontrafaktische Alternative lässt sich [deshalb] nie direkt beobachten."[783] Hierin liegt das „fundamentale Problem jedweden Kausalschlusses"[784]: „Es besteht in der [offensichtlichen] Unmöglichkeit, dieselbe Person unter sonst gleichen Bedingungen gleichzeitig alternativen Rahmenbedingungen auszusetzen und damit ihre empirische Reaktion auf unterschiedliche Handlungskontexte direkt erfassen zu können."[785] Um übersehene oder unbeobachtbare Unterschiede zwischen den zu vergleichenden Situationen als Alternativerklärung auszuschließen und Ursache und Wirkung eindeutig zu unterscheiden, muss daher die Vergleichssituation ganz gezielt – unter ansonsten gleich bleibenden Bedingungen (lat. ceteris paribus) – konstruiert werden.[786] Für die eindeutige Identifizierung der SE-Gründung als Ursache des Vorenthaltens von Beteiligungsrechten ist nach dieser Kausalitätsanalyse das Hinwegdenken der SE-Gründung unter der Annahme ansonsten gleichbleibender Bedingungen also zwingend erforderlich.

f. Zeitlich unbegrenzte Berücksichtigung von Entwicklungen nach Gründung der SE

Eine genaue zeitliche Begrenzung für die Berücksichtigung der tatsächlichen Entwicklungen nach Gründung der SE kann dabei durch Auslegung nicht ermittelt werden. Auch Jahre nach Gründung der SE könnte etwa das Überschreiten der für die Gründungsgesellschaft einst relevanten mitbestimmungsrechtlichen Schwellenwerte dann ein tatbestandliches Vorenthalten begründen. Dadurch wird der Anwendungsbereich des Art. 11 SE-RL nicht unbillig weit. Denn je weiter die Gründung der SE und die relevanten Entwicklungen auseinanderliegen, umso unwahrscheinlicher wird die Erfüllung der Anforderungen an einen missbräuchlichen Einsatz der SE zum Vorenthalten der Beteiligungsrechte.[787]

---

782 *Spendel*, S. 14.

783 *Hamann*, S. 62; ähnlich *Legewie*, KZfSS 2012, 123 (127).

784 *Gangl/DiPrete*, KZfSS Sonderheft 2004, 396 (399); ähnlich *Legewie*, KZfSS 2012, 123 (127).

785 *Gangl/DiPrete*, KZfSS Sonderheft 2004, 396 (399); ähnlich *Legewie*, KZfSS 2012, 123 (127).

786 *Hamann*, S. 63.

787 Hierzu sogleich, § 4D.III.3.

III. Kein Vorenthalten von Beteiligungsrechten durch strukturelle Änderungen der SE

1. Umfassender Schutz der Arbeitnehmer der betroffenen Gesellschaften?

Von der Frage, ob die tatsächlichen Entwicklungen nach Gründung der SE für ein tatbestandliches Vorenthalten berücksichtigungsfähig sind zu unterscheiden ist die Frage, ob ein Vorenthalten von Beteiligungsrechten der Arbeitnehmer auch durch strukturelle Änderungen der SE (unter Berücksichtigung der nach der strukturellen Änderung stattfindenden Entwicklungen) begründet werden kann. Aus dem Wortlaut des Art. 11 SE-RL ergibt sich keine Differenzierung zwischen der Reichweite des Schutzzwecks der Tatbestandsmerkmale des Entziehens und des Vorenthaltens. Das spricht zunächst dafür, strukturelle Änderungen und deren Folgen – wie im Anwendungsbereich des Tatbestandsmerkmals des Entziehens – zu berücksichtigen. Hinzu kommt, dass nach Art. 11 SE-RL „eine SE" nicht dazu missbraucht werden darf, Beteiligungsrechte der Arbeitnehmer zu entziehen oder vorzuenthalten. Danach dürfte aber auch eine bereits bestehende, strukturellen Änderungen unterliegende SE nicht zum Vorenthalten von Beteiligungsrechten missbraucht werden. Für die Arbeitnehmer macht es zudem keinen Unterschied, ob ihnen Beteiligungsrechte etwa durch die Gründung einer SE im Wege der Verschmelzung oder durch die Verschmelzung ihrer Gesellschaft auf eine bereits bestehende SE vorenthalten werden.

2. Begrenzter Anwendungsbereich des Tatbestandsmerkmals des Vorenthaltens

Gegen die Berücksichtigung struktureller Änderungen spricht aber, dass sie vom Richtliniengeber in Erwägungsgrund (18) Satz 3 SE-RL nur als Erweiterung des Vorher-Nachher-Prinzips vorgesehen ist.[788] Letztgenanntes Prinzip knüpft nach Erwägungsgrund (18) Satz 1 und Satz 2 SE-RL ausdrücklich an die vor der Gründung der SE „bestehenden" Rechte an und kann deswegen nur für die Tatbestandsalternative des Entziehens von Beteiligungsrechten, die gleichfalls den Bestand von Beteiligungsrechten voraussetzt, Geltung beanspruchen. Auf die Tatbestandsalternative des Vorenthaltens von Beteiligungsrechten passt das Vorher-Nachher-Prinzip von vornherein nicht. Der Anwendungsbereich des Vorenthaltens ist deswegen enger zu fassen als der Anwendungsbereich des Entziehens von Beteiligungsrechten.

---

788 Ebenso *Mader*, S. 177 f.

Die Ausdehnung des Vorher-Nachher-Prinzips auf strukturelle Änderungen auch für den Fall des Vorenthaltens von Beteiligungsrechten lässt sich auch nicht mit dem Schutzzweck der SE-RL begründen. Dieser ist ebenfalls auf das Tatbestandsmerkmal des Entziehens von Beteiligungsrechten zugeschnitten. Die teleologische Auslegung des Art. 11 SE-RL ergab, dass die SE-RL den Schutz bereits erworbener Beteiligungsrechte bezweckt.[789] Nur durch die grammatikalische und systematische Auslegung des Art. 11 SE-RL konnte für das tatbestandliche Vorenthalten überhaupt ein vom Entziehen unterscheidbarer Anwendungsbereich identifiziert werden.[790]

Die Erweiterung des Anwendungsbereichs des Vorenthaltens entgegen der teleologischen Auslegung der SE-RL widerspricht schließlich auch den zwingend zu berücksichtigenden Zielen der SE-VO, grenzüberschreitende unternehmerische Tätigkeit zu erleichtern. Denn über die Gründung der SE hinaus müssten die Unternehmensleitungen dann bei strukturellen Änderungen der SE beachten, ob durch die nachträglichen Entwicklungen Beteiligungsrechte in den von den strukturellen Änderungen betroffenen Gesellschaften bei hypothetischer Betrachtung ohne die strukturellen Änderungen entstanden wären. Eine solche weitgehende Einschränkung der unternehmerischen Gestaltungsfreiheit ist selbst in der den Schutz der Beteiligungsrechte der Arbeitnehmer bezweckenden SE-RL nicht angelegt. Ein tatbestandliches Vorenthalten von Beteiligungsrechten kann durch strukturelle Änderungen und ihre nachträglichen Entwicklungen nicht begründet werden.

IV. Kein Vorenthalten von Beteiligungsrechten durch Vorgänge vor dem Ende der Verhandlungsphase

Schließlich stellt sich für Fälle, in denen erst durch vorbereitende Mitbestimmungsbeeinflussungsmaßnahmen ein „zementierungswürdiger“ Zustand geschaffen wird, die Frage, ob jene Maßnahmen für ein Vorenthalten berücksichtigungsfähig sind.

Wie auch im Anwendungsbereich des Tatbestandsmerkmals des Entziehens finden solche Entwicklungen vor der Gründung der SE für ein Vorenthalten keine Berücksichtigung. Denn wie oben festgestellt, kommt es darauf an, dass infolge der Gründung der SE das Verwaltungs- bzw. Aufsichtsorgan mit einem geringeren Anteil an Arbeitnehmervertretern zu besetzen ist, als die Arbeitnehmer ohne die Gründung der SE verlangen könnten.[791] Den Arbeitnehmern

789 Oben, § 4B.II.1, § 4C.II.2.a.

790 Oben, § 4C.II.2.b, § 4C.II.2.c.

791 Oben, § 4C.II.

müssen die Beteiligungsrechte mithilfe der SE versagt, also vorenthalten werden. Bei denjenigen Fällen, bei denen vor Gründung der SE ein zementierungswürdiger Zustand geschaffen wird, kommt es aber schon zur Veränderung der Mitbestimmungsrechte ohne den Einsatz der SE.

Ein Vorenthalten kommt, wie auch bei den Fällen der präventiven SE-Gründung ohne Vorbereitungshandlungen nur in Betracht, wenn die Berücksichtigung der Entwicklungen nach Gründung der SE ergibt, dass die Gesellschaft bei hypothetischer Fortgeltung des deutschen Mitbestimmungsrechts in ein weitreichenderes Mitbestimmungsregime hinein- bzw. zurückwachsen würde. Insbesondere, wenn die vorgelagerte Mitbestimmungsbeeinflussungsmaßnahme eigens zu dem Zweck umgesetzt wurde, einen zementierungswürdigen Zustand zu schaffen, nach erfolgter SE-Gründung aber wieder rückgängig gemacht wird, kann diese Prüfung positiv ausfallen. Dies unterscheidet diese Fälle aber in Bezug auf das Tatbestandsmerkmal des Vorenthaltens nicht von den Fällen der präventiven Gründung der SE ohne Vorbereitungshandlungen.

D. Missbrauch der Rechtsform der SE

I. Erfordernis zusätzlicher Kriterien für einen missbräuchlichen Einsatz der SE

Das Entziehen oder Vorenthalten von Beteiligungsrechten der Arbeitnehmer allein begründet den missbräuchlichen Einsatz der Rechtsform der SE nicht. Schon die Auslegung des Tatbestandsmerkmals des Vorenthaltens führt zu dem Ergebnis, dass für einen missbräuchlichen Einsatz der SE im Sinne des Art. 11 SE-RL das Entziehen oder Vorenthalten von Beteiligungsrechten nicht genügt, sondern hieran zusätzliche Anforderungen zu stellen sind. Andernfalls begegnete jenes Verhalten dem Missbrauchsvorwurf des Art. 11 SE-RL, das die Richtlinie überhaupt erst ermöglicht.[792]

II. Objektives Tatbestandsmerkmal

1. Zweckwidrigkeit des Einsatzes der SE

a. Grammatikalische und teleologische Auslegung

Wie schon festgestellt, bedeutet das Verb „missbrauchen“ im allgemeinen Sprachgebrauch, etwas „(vorsätzlich) falsch, der eigentlichen Bestimmung

792 Oben, § 4C.II.2.c.

zuwiderlaufend gebrauchen; in unredlicher, unerlaubter Weise [für eigennützige Zwecke] gebrauchen".[793] Damit ein Vorenthalten oder Entziehen von Beteiligungsrechten der Arbeitnehmer missbräuchlich ist, muss die SE also ihrer eigentlichen Bestimmung zuwiderlaufend gebraucht werden.[794] Diese ist nach den Erwägungsgründen der SE-VO vornehmlich, den Binnenmarkt zu vollenden und grenzüberschreitende unternehmerische Gestaltungsfreiheit zu fördern.[795] Da die SE-VO und die SE-RL untrennbar miteinander verbunden sind, muss für die Ermittlung des Zwecks der Einführung der Rechtsform der SE auch die Zielsetzung der SE-RL berücksichtigt werden. Die Ziele der SE-VO stehen unter dem Vorbehalt der Ziele der SE-RL. Ziel der SE-RL ist es aber, die Sicherung der Beteiligungsrechte der Arbeitnehmer zu gewährleisten. Dann kann es Zweck der Einführung der Rechtsform der SE durch die SE-VO jedenfalls nicht sein, das Mitbestimmungsstatut einer Gründungsgesellschaft negativ zu beeinflussen.[796] Auch die SE-VO schützt den Einsatz der SE zu diesem ausschließlichen Zweck nicht. Daraus folgt ein erstes Konkretisierungsergebnis: Wird durch den Einsatz der SE bei objektiver Betrachtung ausschließlich die (negative) Veränderung des Mitbestimmungsstatuts einer Gründungsgesellschaft erreicht, ist er jedenfalls objektiv missbräuchlich. Werden durch die SE-Gründung nicht nur die negative Veränderung des Mitbestimmungsstatuts einer Gründungsgesellschaft, sondern auch die Umsetzung von Zielen der SE-VO erreicht, kommt es auf den von den Umständen des Einzelfalls abhängigen Ausgleich der Ziele der SE-VO und der SE-RL für die Feststellung der Zweckwidrigkeit des Einsatzes der SE an.

b. EuGH: Gesamtwürdigung aller objektiven Umstände bei der Feststellung der Zweckwidrigkeit

Das Ergebnis der grammatikalischen Auslegung wird durch die Rechtsprechung des EuGH zum allgemeinen unionsrechtlichen Rechtsmissbrauchsverbot bestätigt und ergänzt: Danach muss sich aus einer Gesamtwürdigung der objektiven Umstände ergeben, dass trotz formaler Einhaltung der unionsrechtlichen Bedingungen das Ziel der Regelung nicht eingehalten wurde. Dabei sind auch solche Tatsachen und Umstände des Einzelfalls zu berücksichtigen, die dem fraglichen Verhalten voran- oder nachgehen.[797]

---

793 Oben, § 3A.I.2.a; Duden, Bedeutungswörterbuch, S. 647; vgl. auch *Mader,* S. 159.

794 Ebenso *Ramcke,* S. 152; S. 194 ff.

795 Oben, § 1B.I.5.a.

796 Ebenso *Rehberg,* ZGR 2005, 859 (872).

797 Ausführlich oben, § 3C.I.2; auch *Rehberg* berücksichtigt Umstrukturierungsmaßnahmen, in denen zumindest einige der den Missbrauch konstituierenden Maßnahmen zeitlich nach der SE-Gründung erfolgen, ZGR 2005, 859 (885).

c. *Bestätigung durch die Wertung des Vorschlags zur Änderung der Richtlinie (EU) 2017/1132*

Im Rahmen der vom Vorschlag zur Änderung der Richtlinie (EU) 2017/1132 vorgesehenen präventiven Missbrauchskontrolle sind nach dem Wortlaut der entsprechenden Vorschriften von der zuständigen Behörde ebenfalls alle relevanten Tatsachen und Umstände des Einzelfalls zu berücksichtigen, um festzustellen, ob es sich um eine künstliche Gestaltung mit dem Ziel handelt, gesetzliche oder vertragliche Rechte der Arbeitnehmer unrechtmäßig zu beschneiden. Nach der Aufzählung möglicher Anhaltspunkte für eine künstliche Konstruktion gehören hierzu auch der jeweiligen Umwandlungsmaßnahme vorangehende oder nachfolgende Tatsachen oder Umstände. Der Richtlinienänderungsvorschlag erwähnt zum Beispiel ausdrücklich die (zukünftigen) Merkmale der Niederlassung im Zuzugstaat als berücksichtigungsfähig, auch der (bisherige) gewöhnliche Arbeitsort der Arbeitnehmer ist zu berücksichtigen.[798] Die Aufzählung der Anhaltspunkte ist nach ihrem Wortlaut nicht abschließend.

2. *Berücksichtigung der rechtlichen Bewertung alternativer Mitbestimmungsvermeidungsmaßnahmen mit gleichem Effekt*

Als Referenzordnung bei der Einordnung des Einsatzes der SE als zweckwidrig könnte auch die rechtliche Bewertung alternativer Mitbestimmungsvermeidungsmaßnahmen mit gleichem Effekt herangezogen werden.

a. *Teleologische und historische Auslegung der SE-RL: Isolierte Missbrauchsprüfung?*

Gegen die Berücksichtigung der rechtlichen Bewertung alternativer Mitbestimmungsvermeidungsmaßnahmen mit gleichem Effekt bei der Beurteilung, ob der Einsatz der SE im konkreten Fall zweckwidrig erfolgte, spricht zunächst die teleologische Auslegung des Art. 11 SE-RL. Nach dem Ziel der SE-RL soll die Gründung einer SE nicht zur Beseitigung oder zur Einschränkung der in den Gründungsgesellschaften herrschenden Arbeitnehmerbeteiligung führen. Danach ist es unerheblich, ob rechtlich zulässige Alternativen zur Gründung einer SE bestehen, die zur Beeinträchtigung der bestehenden Arbeitnehmerbeteiligung führen, da jedenfalls der SE-Gründung diese Wirkung nicht gestattet ist. Bei historischer Auslegung des Art. 11 SE-RL ist zu berücksichtigen, dass die Vorschrift vor allem vor dem Hintergrund der geäußerten Sorge Eingang in den Richtlinienentwurf fand, dass gerade die europäische Rechtsform der SE

798 Ausführlich oben, § 1C.IV.3.d.

zur Mitbestimmungsvermeidung eingesetzt werden könnte.[799] Danach kommt es auf andere Mitbestimmungsvermeidungsstrategien nicht an. Auch die bei der Konkretisierung des Art. 11 SE-RL zu berücksichtigende konstitutive Wirkung der Vorschrift könnte dafür sprechen, die rechtliche Bewertung alternativer Mitbestimmungsvermeidungsmaßnahmen unberücksichtigt zu lassen.[800] Die konstitutive Wirkung des Art. 11 SE-RL besteht in der Entscheidung des Richtliniengebers, dass der Einsatz einer SE auch im Anwendungsbereich der Niederlassungsfreiheit missbräuchlich sein kann und sich die Einsatzmöglichkeiten der SE insoweit vor allem von den Gestaltungsmöglichkeiten unter Einsatz nationaler Rechtsformen unterscheiden können.[801]

b. Ausgleich der Ziele der SE-VO und der SE-RL

Überzeugender ist, dass bei der Prüfung eines zweckwidrigen Einsatzes der SE im Einzelfall, nämlich wenn mit dem Einsatz auch von der SE-VO geschützte Ziele verfolgt werden, zu berücksichtigen ist, ob die prüfungsgegenständliche negative Veränderung des Mitbestimmungsstatuts der Gründungsgesellschaft mit einer alternativen Mitbestimmungsvermeidungsmaßnahme in unionsrechtlich zulässiger Weise erzielt werden kann.

Erstens kommt es bei der Feststellung der Zweckwidrigkeit auf den im Einzelfall vorzunehmenden Ausgleich der Ziele der SE-VO und der SE-RL an. Wie bereits festgestellt, bedürfen die Vornahme dieses Ausgleichs und die dabei zu treffenden Wertentscheidungen einer Referenzordnung, an der sich orientiert werden kann.[802] Dabei ist wegen der Konkretisierungshoheit des EuGH allein die unionsrechtliche Bewertung von Mitbestimmungsvermeidungsstrategien zu berücksichtigen. Ein Rekurs auf die rechtliche Bewertung bestehender Mitbestimmungsvermeidungsstrategien durch mitgliedstaatliches Recht ist nicht zulässig. Zweitens folgt die Berücksichtigungsfähigkeit alternativer Mitbestimmungsvermeidungsmaßnahmen aus dem Ziel der SE-VO selbst. Da mit Einführung der SE der Binnenmarkt vollendet und die unternehmerische Gestaltungsfreiheit gefördert werden soll, widerspricht es dem Ziel der SE-VO, wenn die Einsatzmöglichkeiten der SE von vornherein hinter bestehenden unionsrechtlich veranlassten Gestaltungsmöglichkeiten zurückbleiben.

---

799 Oben, § 1B.I.3.a.

800 Jedenfalls für die Unerheblichkeit der Maßstäbe des nationalen Rechts bei der Berücksichtigung alternativer Mitbestimmungsvermeidungsstrategien *Rehberg*, ZGR 2005, 859 (871).

801 Oben, § 3C.IV.3.

802 Oben, § 3B.I.2.

Der Zweckwidrigkeitsvorwurf eines Einsatzes der SE kann danach also entkräftet werden, wenn mit unionsrechtlich bedingten alternativen Mitbestimmungsvermeidungsstrategien das gleiche Ergebnis in zulässiger Weise erzielt werden kann. Dies gilt aber nur, wenn mit der Umstrukturierungsmaßnahme überhaupt Ziele der SE-VO erreicht werden. Verursacht die Umstrukturierungsmaßnahme ausschließlich die negative Veränderung des Mitbestimmungsstatuts der Gründungsgesellschaft, widerspricht sie dem Zweck der SE-VO. Divergierende Ziele der SE-VO und der SE-RL, die in Ausgleich gebracht werden müssten, sind dann nicht vorhanden.

c. *Folge: Erforderliche Berücksichtigung der Wertungen der IntVerschmRL und zukünftig des Vorschlags zur Änderung der Richtlinie (EU) 2017/1132*

aa. Alternative Maßnahmen zur Veränderung des mitbestimmungsrechtlichen Status Quo

Bislang konnte zwar durch grenzüberschreitende Formwechsel und Spaltungen eine bestehende Mitbestimmung in einer mitgliedstaatlichen Gesellschaft abgeschafft werden. Der EuGH räumt der Niederlassungsfreiheit in seinen Entscheidungen zu grenzüberschreitenden Umwandlungsmaßnahmen Vorrang vor etwaigen Missbrauchserwägungen ein. Dem stehen aber die Wertungen der IntVerschmRL und zukünftig – kommt es zu seiner Verabschiedung – auch des Vorschlags zur Änderung der Richtlinie (EU) 2017/1132 entgegen, wonach (künftig) grenzüberschreitende Verschmelzung, Formwechsel und Spaltung nicht mehr zu einer Absenkung des bestehenden Mitbestimmungsniveaus gegen den Willen des besonderen Verhandlungsgremiums führen können sollen.[803] Die von den Anteilseignern einer mitgliedstaatlichen Gesellschaft einseitig veranlasste Verringerung bestehender Mitbestimmung durch grenzüberschreitende Umwandlungsmaßnahmen ist vom Unionsrecht (zukünftig) nicht mehr gedeckt. Die unternehmerische Gestaltungsfreiheit im Binnenmarkt findet dann insoweit eine Begrenzung.

Diese Begrenzung muss dann auch bei der Bewertung der Funktion der SE zur Förderung der unternehmerischen Gestaltungsfreiheit im Binnenmarkt im Rahmen der Missbrauchsprüfung berücksichtigt werden. Zwar ist eine Absenkung des Mitbestimmungsniveaus durch Verringerung der Arbeitnehmerzahlen

803 Ausführlich oben, § 2A.II.2.

unter die maßgeblichen Schwellenwerte durch grenzüberschreitende Betriebsübergänge oder Betriebsverlagerungen weiterhin zulässig und möglich.[804] Ebenso können mitbestimmungsfrei gegründete EU-ausländische Gesellschaften mitgliedstaatlicher Rechtsform weiterhin vor allem als Obergesellschaft im Konzern oder als Komplementärin in der KG zur Durchbrechung der entsprechenden Zurechnungsvorschriften eingesetzt werden.[805] Der identifizierten restriktiver werdenden Handhabung von grenzüberschreitenden Umwandlungsmaßnahmen ist aber wegen ihrer sachlichen Nähe zur SE-Gründung Rechnung zu tragen. Vor dem Hintergrund der im Vorfeld der Veröffentlichung des Vorschlags zur Änderung der Richtlinie (EU) 2017/1132 geführten Diskussionen erscheint es zudem auch nicht unwahrscheinlich, dass der Unionsgesetzgeber mittelfristig auch gründungs- und umwandlungsunabhängigen Mitbestimmungsvermeidungsstrategien sukzessive begegnen wird.

bb. Alternative Maßnahmen zur Konservierung des mitbestimmungsrechtlichen Status Quo

Bei der Beurteilung der Zweckwidrigkeit des Einsatzes der SE ist weiter zu beachten, dass die für die SE-Gründung (und die SCE-Gründung) typische Zementierung einer bestehenden Mitbestimmungsfreiheit unionsrechtlich einmalig ist. Hierin liegt der einzige qualitative Mehrwert der SE bei der Mitbestimmungsvermeidung.[806] Sie ist vom Unionsgesetzgeber in der IntVerschmRL nicht vorgesehen. Genau wie nach dem Vorschlag zur Änderung der Richtlinie (EU) 2017/1132 kann hier nur ein Zementierungseffekt eintreten, wenn in einer der betroffenen Gesellschaften überhaupt Mitbestimmung bestand. Die Zementierung der Mitbestimmungsfreiheit ist also im Rahmen der Abwägung der Ziele der SE-VO und der SE-RL jedenfalls nicht als eine unionsrechtlich veranlasste Gestaltungsmöglichkeit zu berücksichtigen, die im Binnenmarkt auch ohne den Einsatz der SE durchführbar wäre und der SE daher auf keinen Fall verwehrt sein dürfte. Anders hingegen liegt der Fall bei der nach der IntVerschmRL und auch unter Berücksichtigung des Vorschlags zur Änderung der Richtlinie (EU) 2017/1132 grundsätzlich möglichen Zementierung einer bestehenden Mitbestimmung durch grenzüberschreitende Umwandlungen. Diese auch ohne den Einsatz der SE bestehenden Möglichkeiten sind bei der Prüfung der Zweckwidrigkeit des Einsatzes der SE im Rahmen des Ziels der SE-VO, den Binnenmarkt

---

804 Hierzu oben, § 2A.I.2.b; § 2A.I.2.d.

805 Oben, § 2A.I.3.

806 Oben, § 2C.I.

durch die Einführung der Rechtsform der SE zu vollenden, zugunsten der Zweckmäßigkeit des Einsatzes der SE zu berücksichtigen.

III. Subjektives Tatbestandsmerkmal

1. *Erfordernis eines subjektiven Tatbestandsmerkmals für einen missbräuchlichen Einsatz der SE*

Das Erfordernis einer subjektiven Komponente für die Qualifizierung des Einsatzes der SE als missbräuchlich folgt zunächst aus dem Wortlaut des Art. 11 SE-RL, nachdem eine SE nicht „dazu" missbraucht wird, Arbeitnehmern Beteiligungsrechte zu entziehen oder vorzuenthalten.[807] Diese Auslegung wird bestätigt durch die Rechtsprechung des EuGH zum allgemeinen Rechtsmissbrauchsverbot, wonach die Feststellung einer missbräuchlichen Praxis das Vorliegen eines objektiven und eines subjektiven Tatbestandsmerkmals verlangt.[808]

2. *Anforderungen an das subjektive Tatbestandsmerkmal für einen missbräuchlichen Einsatz der SE*

a. *Grammatikalische Auslegung: Absichtliches Entziehen oder Vorenthalten von Beteiligungsrechten*

Die vollständige Formulierung des Art. 11 SE-RL spricht wegen der Verwendung der Präposition „dazu" für das Erfordernis eines zielgerichteten Vorgehens zur Beeinträchtigung der Beteiligungsrechte der Arbeitnehmer durch den Einsatz der SE.[809] Auch die Berücksichtigung der englischen („for the purpose") und französischen („aux fins") Fassung des Art. 11 SE-RL im Rahmen der grammatikalischen Auslegung spricht für das Erfordernis eines zielgerichteten Vorgehens. Danach muss es den Unternehmensleitungen darauf ankommen, dass den Arbeitnehmern durch den Einsatz der SE Beteiligungsrechte entzogen oder vorenthalten werden.

---

807 Für § 43 SEBG mit diesem Argument *Oetker* in Lutter/Hommelhoff/Teichmann, § 43 SEBG Rn. 8. Überblick über den Meinungsstand bei *Ramcke*, S. 208; aus dem Wortlaut des Art. 11 SE-RL folgt nach *Ramcke*, S. 209 aber kein Erfordernis absichtlichen Handelns.

808 Ausführlich oben, § 3C.I.2; a.A. *Rehberg*, ZGR 2005, 859 (869).

809 A.A. *Ramcke*, S. 154, S. 209.

b. Teleologische Auslegung: Niedrigere Anforderungen zum Schutz der Beteiligungsrechte der Arbeitnehmer?

Die Zielsetzung der SE-RL streitet hingegen für niedrigere Anforderungen an die Qualifizierung eines Verhaltens als missbräuchlich und damit gegen das Erfordernis eines absichtlichen Vorgehens zum Entziehen oder Vorenthalten von Beteiligungsrechten, da die von der SE-RL in Schutz genommenen, vor der Gründung der SE bestehenden Beteiligungsrechte der Arbeitnehmer, unabhängig von einem absichtlichen Vorgehen der Unternehmensleitungen schutzwürdig sind.

c. Ausgleich der Ziele der SE-VO und der SE-RL: Absichtliches Entziehen oder Vorenthalten von Beteiligungsrechten

Bei der Konkretisierung des subjektiven Tatbestandsmerkmals des „Missbrauchens“ sind wiederum die divergierenden Zielsetzungen der SE-VO und der SE-RL in Ausgleich zu bringen.[810] Die Berücksichtigung des Ziels der SE-VO, die unternehmerische Gestaltungsfreiheit zu stärken, spricht für hohe Anforderungen an einen missbräuchlichen Einsatz der SE und damit für das Erfordernis eines absichtlichen Vorgehens der Unternehmensleitungen und/oder Anteilseigner zum Entziehen oder Vorenthalten von Beteiligungsrechten der Arbeitnehmer.[811]

d. EuGH: Absichtliches Verschaffen eines unionsrechtlich vorgesehenen Vorteils

Bestätigt wird diese Interpretation durch die Rechtsprechung des EuGH zum allgemeinen unionsrechtlichen Missbrauchsverbot.[812] Danach setzt die Feststellung eines Missbrauchs die Absicht voraus, sich einen unionsrechtlich vorgesehenen Vorteil dadurch zu verschaffen, dass die entsprechenden Voraussetzungen willkürlich geschaffen werden.[813] Die Erlangung des fraglichen Vorteils muss vom Handelnden bezweckt sein.[814]

---

810 Ebenso *von der Höh,* S. 319.

811 Ebenso für § 43 SEBG so *von der Höh,* S. 319 f.

812 Ebenso *Sagan* in Bieder/Hartmann, 171 (197).

813 Oben, § 3C.I.2; a.A. *Rehberg,* ZGR 2005, 859 (869); differenzierend *von der Höh,* S. 104 ff.

814 *Von der Höh,* S. 106 m.w.N.

3. *Feststellung des subjektiven Tatbestandsmerkmals: Umfassende Würdigung des Einzelfalls*

a. *Zeitlich unbegrenzte Berücksichtigung aller Umstände des Einzelfalls*

Nach der Rechtsprechung des EuGH kann zum Beweis des subjektiven Tatbestandsmerkmals der künstliche Charakter der fraglichen Handlung berücksichtigt werden.[815] Bei der Prüfung des Vorliegens einer missbräuchlichen Praxis sind dann alle relevanten Tatsachen und Umstände des Einzelfalls zu berücksichtigen. Dazu gehören wiederum auch solche, die dem fraglichen Verhalten voran- oder nachgehen.[816] Anforderungen an einen zeitlichen Zusammenhang zwischen den einzelnen Handlungen stellt der EuGH dabei nicht. Auch Vorgänge vor Gründung der SE finden bei der Prüfung des Missbrauchsmerkmals, anders als bei den Tatbestandsmerkmalen des Entziehens oder Vorenthaltens von Beteiligungsrechten, Berücksichtigung. Wird etwa ein „zementierungswürdiger" Zustand erst durch vorbereitende Mitbestimmungsbeeinflussungsmaßnahmen geschaffen, kann dieses Verhalten für die Feststellung eines künstlichen Charakters berücksichtigt werden. Dies wird wiederum durch die Wertung des Vorschlags zur Änderung der Richtlinie (EU) 2017/1132 bestätigt, nach der bei der Feststellung des künstlichen Charakters der Umwandlung alle relevanten Tatsachen und Umstände des Einzelfalls zu berücksichtigen sind.[817] Es ist also immer eine Gesamtbetrachtung aller der Umstrukturierungsmaßnahme voran- und nachgehenden Umstände des Einzelfalls notwendig.

b. *Erforderlicher subjektiver Zusammenhang zwischen den erheblichen Umständen des Einzelfalls*

Bei der Vornahme der Gesamtbetrachtung ist dann auch zu prüfen, ob ein subjektiver Zusammenhang zwischen den für den Missbrauchsvorwurf erheblich befundenden Umständen des Einzelfalls besteht. Denn andernfalls verschafften sich die Unternehmensleitungen und die Anteilseigner den unionsrechtlich nicht vorgesehenen Vorteil nicht absichtlich, wie es der EuGH verlangt, sondern zufällig. Der erforderliche subjektive Zusammenhang zwischen den erheblichen Umständen des Einzelfalls ist umso fernliegender, je weiter die einzelnen Umstände in zeitlicher Hinsicht auseinanderfallen.

---

815 Oben, § 3C.I.2.

816 Oben, § 3C.I.2.

817 Oben, § 1C.IV.3.d.

4. *Entkräften des subjektiven Tatvorwurfs durch andere Gründe für das fragliche Verhalten*

a. *EuGH: Fehlende andere Gründe für das fragliche Verhalten als Anzeichen für ein absichtliches Handeln*

Nach der Rechtsprechung des EuGH zum allgemeinen unionsrechtlichen Rechtsmissbrauchsverbot sind andere Gründe für das fragliche Verhalten zugunsten des Handelnden bei der Prüfung des subjektiven Tatbestandsmerkmals zu berücksichtigen. Wie eben dargestellt, müssen die Voraussetzungen der missbräuchlich in Anspruch genommenen Vorschrift „willkürlich" oder „künstlich" geschaffen worden sein. Für eine „willkürliche" oder „künstliche" Vorgehensweise genügt es, wenn aus einer Reihe objektiver Anhaltspunkte ersichtlich ist, dass das streitgegenständliche Verhalten „im Wesentlichen" den unionsrechtlich vorgesehenen Vorteil bezweckt.[818] Das Missbrauchsverbot ist nicht relevant, wenn das fragliche Verhalten eine andere Erklärung haben kann als nur die Erlangung des Vorteils.[819] Der EuGH äußert sich aber nicht dazu, welchen Anforderungen die „andere Erklärung" für das fragliche Verhalten genügen muss.

b. *Wertung des Vorschlags zur Änderung der Richtlinie (EU) 2017/1132: Rechtfertigungsmöglichkeit der Beeinträchtigung der Arbeitnehmerrechte*

Eine der Formulierung des „künstlichen Charakters" ähnliche Formulierung trifft auch der Vorschlag zur Änderung der Richtlinie (EU) 2017/1132. Er definiert in Art. 86c Abs. 3 eine grenzüberschreitende Umwandlung als missbräuchlich in Fällen, in denen es sich um eine künstliche Gestaltung mit dem Ziel handelt, die gesetzlichen oder vertraglichen Rechte der Arbeitnehmer „unrechtmäßig" zu beschneiden. Anders als nach der Rechtsprechung des EuGH zum Missbrauchsverbot ist eine künstliche Gestaltung nach dem Änderungsvorschlag also objektive Voraussetzung eines Missbrauchs. Für den EuGH dient sie lediglich dem Nachweis des subjektiven Tatbestandsmerkmals. Solange die Richtlinie nicht verabschiedet ist, kann ihre dem bestehenden Rechtsrahmen insoweit widersprechende Wertung nicht berücksichtigt werden.[820]

Aus der bezeichneten Vorschrift des Änderungsentwurfs folgt aber auch, dass jedenfalls die Kommission als Verfasserin des Vorschlags Umwandlungen für

818 Ausführlich oben, § 3C.I.

819 Oben, § 3C.I.2.

820 Oben, § 3B.II.4.

nicht missbräuchlich erachtet, wenn gesetzliche oder vertragliche Rechte von Arbeitnehmern in gerechtfertigter Weise beeinträchtigt würden. Ein „künstlicher Charakter" der Umwandlung wird dann in diesen Fällen nicht anzunehmen sein – der subjektive Tatvorwurf kann dann entkräftet werden. Insoweit bestätigt die Vorschrift die Rechtsprechung des EuGH. Auch der Richtlinienänderungsvorschlag trifft aber keine Aussage dazu, welche Anforderungen an die Gründe für die konkrete Umwandlungsmaßnahme zu stellen sind, damit die durch sie verursachte Beeinträchtigung der Arbeitnehmerrechte gerechtfertigt wäre.

c. *Effet util: Berücksichtigungsfähigkeit nur wesentlicher anderer Gründe für das fragliche Verhalten*

Die Rechtsprechung des EuGH und der Vorschlag zur Änderung der Richtlinie (EU) 2017/1132 könnten dafür sprechen, keine inhaltlichen Anforderungen an die rechtfertigenden Gründe für das fragliche Verhalten zu stellen. Dann könnten sich die Unternehmensleitungen der Gründungsgesellschaften bei Verfolgung irgendeines anderen Motivs für die Gründung der SE dem Missbrauchsvorwurf entziehen.[821] Auch zum Beispiel der bloße ideelle Mehrwert des „europäischen Labels" der SE könnte dann als Gründungsmotiv zu berücksichtigen sein. Ein solches Konkretisierungsergebnis ist mit dem Effektivitätsprinzip und dem hieraus resultierenden Verbot der funktionalen Negation indes nicht zu vereinbaren.[822] Es machte die Vorschrift des Art. 11 SE-RL entgegen seiner konstitutiven Wirkung sinnlos.[823] „Denn es gibt kaum eine Gestaltungsvariante, für die sich vor Gericht nicht zahlreiche gute Gründe anführen ließen."[824] Für die Beurteilung, ob eine andere Erklärung für den Einsatz der SE gegen ein absichtliches Entziehen oder Vorenthalten von Beteiligungsrechten der Arbeitnehmer spricht, sind die Ziele der SE-VO, die schließlich mit jenen der SE-RL in Einklang zu bringen sind, zu berücksichtigen. Andere Erklärungen für den Einsatz der SE sind also nur dann zu berücksichtigen, wenn sie im konkreten Einzelfall substantiellen Bezug zur von der SE-VO bezweckten Entfaltung der unternehmerischen Gestaltungsfreiheit im Binnenmarkt und dem erleichterten grenzüberschreitenden wirtschaftlichen Tätigwerden aufweisen. Auch der

821 Zu möglichen Motiven für die Gründung der SE *Winter/Marx/De Decker*, NZA 2016, 334 (335).

822 Hierzu oben, § 3B.II.3.a.

823 Deswegen will *Rehberg*, ZGR 2005, 859 (872), keine Rechtfertigung durch sachlich nachvollziehbare Gründe zulassen.

824 *Rehberg*, ZGR 2005, 859 (872).

EuGH erkennt an, dass es für ein absichtliches Handeln genügt, wenn das fragliche Handeln „im Wesentlichen", also in der Hauptsache, den unionsrechtlichen vorgesehenen Vorteil bezweckt. „Vernünftige wirtschaftliche Gründe" hingegen können das Handeln rechtfertigen.[825] Andere, nur nebensächliche, aber nicht wesentliche[826] Gründe für das fragliche Verhalten entkräften den Missbrauchsvorwurf dann nicht.[827]

E. Ergebnis

Die Tatbestandsmerkmale des Art. 11 SE-RL konnten durch unionsrechtsautonome Auslegung und Konkretisierung mit Inhalt gefüllt werden.[828] Zur Konkretisierung der unbestimmten, wertungsausfüllungsbedürftigen Rechtsbegriffe wurde nicht nur auf die klassischen Auslegungsmethoden, sondern auch auf das allgemeine unionsrechtliche Rechtsmissbrauchsverbot und den unionsrechtlichen Rechtsrahmen im Übrigen, insbesondere die Wertungen der IntVerschmRL und eingeschränkt auch des Vorschlags zur Änderung der Richtlinie (EU) 2017/1132 zurückgegriffen. Zur Vermeidung von Wiederholungen werden die im Einzelnen gefundenen Konkretisierungsergebnisse bei der in Kapitel § 6 folgenden Interpretation und Anwendung des § 43 SEBG aufgegriffen.

825 *Sagan* in Bieder/Hartmann, 171 (195) m.w.N.; a.A. *Ramcke,* S. 194, S. 204 f.
826 *Sagan* in Bieder/Hartmann, 171 (197).
827 A.A. für § 43 SEBG *Drinhausen/Keinath,* BB 2011, 2699 (2703).
828 Zur Vermeidung von Wiederholungen wird hinsichtlich der Zusammenfassung der Konkretisierung der Tatbestandsmerkmale des Art. 11 SE-RL auf § 7 verwiesen.

§ 5 Rechtsfolgen eines Verstoßes gegen § 43 Satz 1 SEBG

Bevor der Tatbestand des § 43 SEBG im Rahmen seiner Anwendung auf verschiedene Fallgruppen in Kapitel § 6 näher konkretisiert wird, sind die Rechtsfolgen eines Verstoßes gegen § 43 Satz 1 SEBG zu untersuchen.

A. Strafrechtliche Rechtsfolgen

I. § 45 Abs. 1 Nr. 2 SEBG als legislative Konkretisierung des Art. 11 SE-RL auf Rechtsfolgenseite

Der deutsche Gesetzgeber hat Art. 11 SE-RL auf Rechtsfolgenseite in § 45 Abs. 1 Nr. 2 SEBG konkretisiert. Ausdrücklich ordnet § 45 Abs. 1 Nr. 2 SEBG eine Freiheitsstrafe bis zu zwei Jahren oder eine Geldstrafe für denjenigen an, der entgegen § 43 Satz 1 SEBG eine SE dazu missbraucht, Arbeitnehmern Beteiligungsrechte zu entziehen oder vorzuenthalten. Mit der Einführung der Strafvorschrift wollte der Gesetzgeber eine geeignete Maßnahme im Sinne des Art. 11 SE-RL treffen, um zu verhindern, dass eine SE dazu missbraucht wird, Arbeitnehmern Beteiligungsrechte zu entziehen oder vorzuenthalten. Dabei kam es ihm insbesondere auf die präventive Wirkung der Strafandrohung an, da er befürchtete, dass es aus gesellschaftsrechtlichen Gründen in Fällen des Missbrauchs nur eingeschränkt möglich sein würde, vollzogene grenzüberschreitende Maßnahmen rückgängig zu machen.[829]

II. Verfassungsmäßige Rechtmäßigkeit des § 45 Abs. 1 Nr. 2 SEBG

1. Kein Verstoß gegen Art. 103 Abs. 2 GG

Manche Stimmen in der Literatur halten die Vorschrift des § 45 Abs. 1 Nr. 2 SEBG wegen eines Verstoßes gegen den Bestimmtheitsgrundsatz des Art. 103 Abs. 2 GG für verfassungswidrig.[830] Das strikte Bestimmtheitsgebot verlangt

---

829 BT-Drs. 15/3405, S. 57.

830 Z.B. *Rehberg,* ZGR 2005, 859 (890); umfangreiche Nachweise bei *von der Höh,* S. 328 Fn. 1078; zur Frage eines Verstoßes der Vorschrift gegen den unionsrechtlichen Verhältnismäßigkeitsgrundsatz ausführlich *Sagan* in Bieder/Hartmann, 171 (199); ausführlich zur Vereinbarkeit der Strafnorm mit unionsrechtlichen Rechtsvorschriften insgesamt *Ramcke,* S. 344 ff.

für strafrechtliche oder strafähnliche Normen, dass sie das Erlaubte klar vom Verbotenen abgrenzen. Tragweite und Anwendungsbereich des Tatbestandes müssen für den Betroffenen klar erkennbar sein oder sich zumindest durch Auslegung ermitteln lassen.[831] Diesen Anforderungen genüge § 45 Abs. 1 Nr. 2 SEBG nicht, da für den Rechtsunterworfenen nicht nachvollziehbar sei, wann der Einsatz einer SE als missbräuchlich im Sinne des § 43 Satz 1 zu qualifizieren ist.[832] Der Vorwurf der verfassungswidrigen Unbestimmtheit resultiert also aus der Beschaffenheit des § 43 Satz 1 SEBG. Die Vorschrift lasse sich auch durch eine systematische Fallgruppenbildung nicht handhabbar machen, sondern führe zu nicht vorhersehbaren Einzelfallentscheidungen.[833] Dagegen wird nach anderer Auffassung eingewandt, dass die Vorschrift nicht weniger unbestimmt als andere Straftatbestände sei und den Anforderungen des Bestimmtheitsgrundsatzes daher noch ausreichend Rechnung getragen worden sei.[834] Letztgenanntes Argument bemüht selbst das BVerfG in einer Entscheidung zu Art. 103 Abs. 2 GG[835], obwohl es freilich nicht überzeugen mag: Die Verfassungsmäßigkeit eines Straftatbestands ist allein am Maßstab des Grundgesetzes zu bewerten, nicht aber anhand eines Vergleichs mit anderen – verfassungsmäßigen oder gar unerkannt verfassungswidrigen – Straftatbeständen.

§ 45 Abs. 1 Nr. 2 SEBG verstößt richtigerweise nicht gegen Art. 103 Abs. 2 GG, weil die Voraussetzungen des Straftatbestands hinreichend bestimmbar sind.[836] Der erstgenannten Auffassung ist zwar zuzugeben, dass nach überwiegender Meinung Straftatbestände, die erst „nach Präzisierung durch die rechtsanwendenden Instanzen klar werden", zu unbestimmt sind.[837] Davon zu unterscheiden sind aber Straftatbestände, deren Konkretisierung mithilfe der üblichen Auslegungsmethoden, insbesondere durch Heranziehung anderer Vorschriften desselben Gesetzes, durch Berücksichtigung des Normzusammenhangs oder aufgrund einer gefestigten Rechtsprechung möglich ist. Wenn sich auf diesem Weg eine zuverlässige Grundlage für die Auslegung und Anwendung der Norm gewinnen

---

831 Zum Ganzen BVerfG (Kammer), Beschluss vom 9. Januar 2014 – 1 BvR 299/13 – NJW 2014, 1431.

832 *Rehberg,* ZGR 2005, 859 (890).

833 *Schlösser,* NZG 2008, 126 (128).

834 Ulmer/*Habersack*/Henssler, § 45 SEBG Rn. 3; MüKoAktG/*Jacobs,* § 45 SEBG Rn. 5; *Oetker* in Lutter/Hommelhoff/Teichmann, § 45 SEBG Rn. 9.

835 BVerfG, Beschluss vom 17. Januar 1998 – 1 BvL 13/76 – BVerfGE 47, 109 (122).

836 So auch *Ramcke,* S. 345, insbesondere auch in Bezug auf den unionsrechtlichen Bestimmtheitsgrundsatz.

837 *Remmert* in Maunz/Dürig, Art. 103 Abs. 2 GG Rn. 96 m.w.N.

lässt, bestehen gegen ihre Verwendung keine Bedenken.[838] Die Verwendung von Generalklauseln oder unbestimmten, wertausfüllungsbedürftigen Begriffen im Strafrecht ist also nicht von vornherein verfassungsrechtlich zu beanstanden. Der Vielgestaltigkeit des Lebens, dem Wandel der Verhältnisse oder der Besonderheit des Einzelfalls gerecht zu werden ist vielmehr anzuerkennender Zweck bei der Verwendung von unbestimmten Rechtsbegriffen oder Generalklauseln. Auch das Strafrecht kann deshalb nicht darauf verzichten, allgemeine Begriffe zu verwenden, die formal nicht allgemeingültig umschrieben werden können und in besonderem Maße einer Deutung durch den Richter bedürfen.[839]

Die Vorschrift des § 43 Satz 1 SEBG ist auslegungs- und konkretisierungsfähig, ihr Inhalt also bestimmbar. Die Interpretation der Tatbestandsmerkmale des § 43 Satz 1 SEBG erfolgt richtlinienkonform anhand des durch unionsrechtsautonome Auslegung und Konkretisierung ermittelten Inhalts des Art. 11 SE-RL. Hierzu ist ausschließlich auf den unionsrechtlichen Rechtsrahmen zurückzugreifen. Die Rechtsprechung des EuGH zum Rechtsmissbrauchsverbot und die Wertungen der bestehenden Mitbestimmungsvorschriften der IntVerschmRL sowie die Wertungen des Vorschlags zur Änderung der Richtlinie (EU) 2017/1132 sind ein geeigneter Konkretisierungsmaßstab. Selbst der verbleibende Entscheidungsspielraum des Richters bei der stellenweise von den Umständen des Einzelfalls abhängigen Abwägung der widerstreitenden Ziele der SE-VO und der SE-RL steht der Verfassungsmäßigkeit des § 45 Abs. 1 Nr. 2 SEBG nicht entgegen. Vielmehr ist es sogar die Aufgabe des Strafrichters, im Anwendungsbereich ausfüllungsbedürftiger Tatbestände die Besonderheiten jedes Einzelfalls zu berücksichtigen.[840]

2. Kein Verstoß gegen Art. 20 Abs. 3 GG

Andere Stimmen in der Literatur sehen in der Strafvorschrift einen Verstoß gegen den in Art. 20 Abs. 3 GG verankerten verfassungsrechtlichen Grundsatz der Unschuldsvermutung.[841] Dabei gehen sie davon aus, dass die Vorschrift des

838 Zum Ganzen BVerfG, Beschluss vom 3. Juni 1992 – 2 BvR 1041/88, 78/89 – NJW 1992, 2947 (2948).

839 Dieser Abschnitt BVerfG, Beschluss vom 21. Juni 1977 – 2 BvR 308/77 – NJW 1977, 1815.

840 So für die konkrete Bemessung einer angemessenen Strafhöhe BVerfG, Urteil vom 20. März 2002 – 2 BvR 794/95 – BVerfGE 105, 135 – NJW 2002, 1779 (1780).

841 Zu diesem Grundsatz zum Beispiel BVerfG (Kammer), Beschluss vom 8. März 2017 – 2 BvR 2282/16 – NJW 2017, 1539 m.w.N.

§ 45 Abs. 1 Nr. 2 SEBG auch die Vermutungswirkung des § 43 Satz 2 SEBG umfasse.[842] Richtig ist, dass die Vermutungsregel des § 43 Satz 2 SEBG im Rahmen des Straftatbestands schon gar keine Anwendung finden kann.[843] Dies folgt aus dem Wortlaut des § 45 Abs. 1 Nr. 2 SEBG, der ausdrücklich nur § 43 Satz 1 SEBG in Bezug nimmt.[844] Dagegen spricht auch nicht der systematische Zusammenhang innerhalb des § 43 SEBG, dessen Satz 2 den Satz 1 konkretisiert und nach mancher Ansicht demzufolge von der Verweisung erfasst sein soll.[845] Für eine nach dieser Ansicht erforderliche Auslegung des § 45 Abs. 1 Nr. 2 SEBG gegen seinen ausdrücklichen Wortlaut bestehen keine Anhaltspunkte und erst Recht kein Bedürfnis. Außerdem stellt der Wortlaut des § 45 Abs. 1 Nr. 2 SEBG ohnehin die Grenze zulässiger richterlicher Interpretation dar.[846] Die systematische Auslegung des § 45 Abs. 1 Nr. 2 SEBG spricht schließlich dafür, dass der Gesetzgeber die Verweisung bewusst auf Satz 1 des § 43 SEBG begrenzt hat. Denn bei der in § 45 Abs. 1 Nr. 1 SEBG in Bezug genommenen Vorschrift des § 41 Abs. 2 SEBG erfolgt eine weitreichendere Differenzierung nach den Sätzen 1 und 2 des Absatzes – anders als bei § 45 Abs. 1 Nr. 2 SEBG – nicht.

III. Strafverfahren

1. Antragsbefugnis § 45 Abs. 4 SEBG

a. Abschließende Auflistung der antragsberechtigten Personen

Bei § 45 Abs. 1 Nr. 2 SEBG handelt es sich um ein absolutes Antragsdelikt. Die Option einer zulässigen Verfahrensdurchführung auch ohne Antrag, aber bei besonderem öffentlichem Interesse (bedingtes Antragsdelikt),[847] hat der Gesetzgeber nicht eingeräumt. Antragsbefugt sind nach § 45 Abs. 4 Satz 2 SEBG das besondere Verhandlungsgremium, der SE-Betriebsrat, die Mehrheit der Arbeitnehmervertreter im Rahmen eines Verfahrens zur Unterrichtung und Anhörung, jedes Mitglied des Aufsichts- oder Verwaltungsorgans, eine im Unternehmen

---

842 *Grobys*, NZA 2004, 779 (781), offen gelassen von Ulmer/*Habersack*/Henssler, § 45 SEBG Rn. 3.

843 *Hohenstatt/Müller-Bonanni* in Habersack/Drinhausen, § 45 SEBG Rn. 6; *Ramcke*, S. 312.

844 KK-AktG/*Feuerborn*, § 43 SEBG Rn. 8 m.w.N.

845 So MüKoAktG/*Jacobs*, § 45 SEBG Rn. 5.

846 *Ramcke*, S. 312.

847 Hierzu MüKoStGB/*Mitsch*, Vorbem § 77 StGB Rn. 2.

vertretene Gewerkschaft sowie die Leitungen. Die Vorschrift nimmt dabei aber auch die Straftatbestände des § 45 Abs. 2 Nr. 2 und Nr. 3 SEBG in Bezug.

Die Auflistung der antragsberechtigten Personen ist abschließend.[848] Dafür spricht nicht nur der Wortlaut des § 45 Abs. 4 Satz 2 SEBG, sondern auch der historische Wille des Gesetzgebers. Nach § 77 Abs. 1 StGB ist der Verletzte antragsberechtigt, soweit das Gesetz nichts anderes bestimmt. Ausweislich der Begründung des Regierungsentwurfs soll in § 45 Abs. 4 Satz 2 SEBG klarstellend aufgezählt werden, wer in den entsprechenden Fällen als Verletzter antragsberechtigt ist, da „ein größerer Kreis an Verletzten in Betracht kommt".[849]

Mit dieser gesetzgeberisch beabsichtigten klarstellenden Funktion des § 45 Abs. 4 Satz 2 SEBG ist die Diskussion in der Literatur[850] um eine etwaige zusätzliche Antragsberechtigung des einzelnen Arbeitnehmers bei systematischer Auslegung nicht vereinbar. Denn manche der in § 45 Abs. 4 Satz 2 SEBG benannten Personen hätten als Verletzte eines Verstoßes gegen die in Bezug genommenen Straftaten auch ohne explizite Benennung ein Antragsrecht nach § 77 Abs. 1 StGB. So nimmt § 45 Abs. 4 Satz 2 SEBG etwa den Straftatbestand des § 45 Abs. 2 Nr. 2 SEBG in Bezug. Dieser wiederum sanktioniert unter anderem die Behinderung der Tätigkeit des besonderen Verhandlungsgremiums oder des SE-Betriebsrats (§ 44 Nr. 2 SEBG). Verletzte im Sinne des § 77 Abs. 1 StGB dieser Straftaten sind also vor allem das besondere Verhandlungsgremium bzw. der SE-Betriebsrat. Denn die Bestimmung der Antragsberechtigung nach § 77 Abs. 1 StGB hängt davon ab, welches Rechtsgut der Straftatbestand schützt.[851] § 44 SEBG bezweckt ausdrücklich den Schutz der Bildung und der Betätigung der benannten Gremien.[852] Sie hätten als Verletzte einer ausdrücklichen Nennung wegen § 77 Abs. 1 StGB also gar nicht bedurft. Dann ist es aber unlogisch, die einzelnen Arbeitnehmer als potenzielle Verletzte eines Verstoßes gegen § 45 Abs. 1 Nr. 2 SEBG durch einen Rückgriff auf § 77 Abs. 1 StGB doch einzubeziehen, wenn der Gesetzgeber auch jene Personen explizit in seiner Auflistung benennt, die schon nach § 77 Abs. 1 StGB antragsberechtigt sind.

---

848 Ulmer/*Habersack*/Henssler, § 45 Rn. 1; MüKoAktG/*Jacobs*, § 45 Rn. 7; *Ramcke*, S. 315.

849 BT-Drs. 15/3405, S. 57.

850 So aber KK-AktG/*Altenhain*, § 45 SEBG Rn. 22; ohne Begründung gegen eine abschließende Aufzählung auch *Hohenstatt*/*Müller-Bonanni* in Habersack/Drinhausen, § 45 SEBG Rn. 8.

851 MüKoStGB/*Mitsch*, § 77 StGB Rn. 4.

852 BT-Drs. 15/3405, S. 57.

b. Bestätigung des Auslegungsergebnisses durch die Wertung vergleichbarer Regelungen

Bestätigt wird dieses Auslegungsergebnis durch einen Vergleich mit anderen Vorschriften, die von § 77 Abs. 1 StGB abweichende Regelungen treffen. So erweitert zum Beispiel § 42 Abs. 3 Satz 2 BDSG den Kreis der Antragsberechtigten bei strafbaren Datenschutzverstößen, nennt aber zugleich auch die „betroffene Person" weiter als antragsberechtigt (obwohl diese nach § 77 Abs. 1 StGB ohnehin antragsberechtigt ist). Auf einen ungeschriebenen ergänzenden Rückgriff auf § 77 Abs. 1 StGB wollte sich der Gesetzgeber also nicht verlassen. § 145a Satz 2 StGB wiederum benennt nur die Aufsichtsstelle als antragsberechtigt bei einem Verstoß gegen die Weisungen während der Führungsaufsicht, die Benennung einer „verletzten" Person im Sinne des § 77 Abs. 1 StGB ist hier unmöglich – schon ein von § 145a Satz 2 StGB spezifisch geschütztes Rechtsgut ist schwer zu benennen.[853]

Schließlich spricht für eine abschließende Auflistung der Antragbefugnis in § 45 Abs. 4 Satz 2 SEBG noch, dass die Vorschrift § 44 Abs. 3 EBRG nachgebildet ist[854], die den Kreis der Antragsberechtigten ebenfalls abschließend aufzählt[855] und wiederum die Vorschrift des § 119 Abs. 2 BetrVG zum Vorbild hat.[856] Auch diese normiert den Kreis der Antragsberechtigten abschließend.[857]

2. Ermittlungsbehördliche Kompetenzen

Die Strafvorschrift des § 45 Abs. 1 Nr. 2 SEBG hat in der Rechtsprechung, soweit ersichtlich, bisher keine Bedeutung erlangt. Dies mag auch auf das Antragserfordernis zurückgehen. Denn den in § 45 Abs. 4 SEBG aufgezählten Antragsberechtigten wird eher an einer Kooperation mit den mutmaßlichen Tätern interessiert sein, als an einem durch die Stellung eines Strafantrags belasteten Verhältnis.[858] Sollte trotzdem ein Strafantrag gestellt werden, kann die Staatsanwaltschaft im Ermittlungsverfahren theoretisch umfassend auf die in der StPO vorgesehenen Ermittlungsbefugnisse zugreifen. Eine Sicherstellung oder Beschlagnahme von Dokumenten nach § 94 Abs. 1, Abs. 2 StPO, zum Beispiel der Protokolle der Vorstandssitzung der Gründungsgesellschaft einer SE, aus

---

853 MüKoStGB/*Groß*, § 145a Rn. 2.

854 BT-Drs. 15/3405, S. 57; KK-AktG/*Altenhain*, § 45 SEBG Rn. 3.

855 Annuß/Kühn/Rudolph/*Rupp*, § 44 EBRG Rn. 7.

856 KK-AktG/*Altenhain*, § 45 SEBG Rn. 3.

857 GK-BetrVG/*Oetker*, §§ 119 BetrVG Rn. 67.

858 *Dannecker* in FS Gitter, 167 (168) für die §§ 119, 121 BetrVG.

denen sich die Motive für die Umstrukturierung zu einer SE ergeben könnten, wäre dann nicht ausgeschlossen. Ob die Ermittlungsbehörden diesen Aufwand betreiben, um die mutmaßliche Verwirklichung des Tatbestands des § 45 Abs. 1 Nr. 2 SEBG aufzuklären, erscheint fraglich. Schon die Sanktionsvorschriften der §§ 119, 121 BetrVG sind bei den Strafverfolgungsorganen und Ahndungsbehörden auf große Zurückhaltung gestoßen – eingeleitete Strafverfahren werden zumeist eingestellt.[859]

B. Zivilrechtliche Rechtsfolgen

I. Nichtigkeit der geltenden Mitbestimmungsvereinbarung nach § 134 BGB

Haben sich die Parteien des Verhandlungsverfahrens auf eine Mitbestimmungsvereinbarung geeinigt, könnte diese nach § 134 BGB nichtig sein, wenn sie gegen § 43 Satz 1 SEBG verstößt. Nach § 134 BGB ist ein Rechtsgeschäft, das gegen ein gesetzliches Verbot verstößt, nichtig, wenn sich nicht aus dem Gesetz ein anderes ergibt.

1. Rechtsgeschäft im Sinne des § 134 BGB: Mitbestimmungsvereinbarung

Die Bestimmung gilt für Rechtsgeschäfte jeder Art, insbesondere auch für Betriebsvereinbarungen, Tarifverträge, Beschlüsse von Gesellschaften oder auch interne Regelungen privater Verbände – insbesondere aber gilt sie für privatrechtliche Verträge.[860] Über die Rechtsnatur der Mitbestimmungsvereinbarung nach § 21 Abs. 3 SEBG besteht keine Einigkeit. Ob sie angesichts des Anpassungserfordernisses der Satzung nach Art. 12 Abs. 4 SE-VO nur schuldrechtliche Wirkung zu entfalten vermag[861], oder ihr die für arbeitsrechtliche Kollektivverträge „typische normative Wirkung" zukommt[862], bedarf für ihre Einordnung als Rechtsgeschäft im Sinne des § 134 BGB keiner Entscheidung. In jedem Fall erfüllt die Mitbestimmungsvereinbarung die Anforderungen an ein Rechtsgeschäft

859 *Dannecker* in FS Gitter, 167 (169).

860 Staudinger/*Sack/Seibl*, § 134 BGB Rn. 11–13.

861 In diese Richtung wohl *Habersack*, ZHR 171 (2007), 613 (627 f.).

862 *Rieble*/Junker, S. 80; dafür auch *Evers/Hartmann* in Manz/Mayer/Schröder, § 21 SEBG Rn. 8; *Herfs-Röttgen*, NZA 2002, 358 (363 f.); *Hohenstatt/Müller-Bonanni* in Habersack/Drinhausen, § 21 SEBG Rn. 4; nunmehr trotz erheblicher Bedenken auch MüKo-AktG/*Jacobs*, § 21 SEBG Rn. 9 m.w.N.

nach § 134 BGB, da sie durch Abgabe übereinstimmender Willenserklärungen zustande kommt und Rechtsfolgen auslöst, die von den Parteien gewollt sind.[863]

2. *Gesetzliches Verbot im Sinne des § 134 BGB: § 43 Satz 1 SEBG*

§ 43 Satz 1 SEBG normiert nach seinem Wortlaut ein gesetzliches Verbot. Der Verbotscharakter einer Vorschrift ist durch Auslegung zu ermitteln, wobei das betreffende Gesetz den Inhalt oder die Vornahme eines Rechtsgeschäfts untersagen kann.[864] § 43 Satz 1 SEBG trifft eine eindeutige Aussage dahingehend, dass die Rechtsform der SE nicht dazu missbraucht werden darf, den Arbeitnehmern Beteiligungsrechte zu entziehen oder vorzuenthalten.[865] Die Formulierung „darf nicht" spricht für ein Verbot.[866]

3. *Verstoß der Mitbestimmungsvereinbarung selbst gegen § 43 Satz 1 SEBG?*

Nach § 134 BGB muss der Tatbestand des Verbotsgesetzes gerade durch die Vornahme des fraglichen Geschäfts selbst erfüllt sein.[867] Der Abschluss der Mitbestimmungsvereinbarung selbst muss also gegen § 43 Satz 1 SEBG verstoßen. Zum Zeitpunkt des Abschlusses der Mitbestimmungsvereinbarung ist aber ein missbräuchliches Entziehen oder Vorenthalten von Beteiligungsrechten der Arbeitnehmer der SE zumeist noch nicht feststellbar. Denn die Konkretisierung der Tatbestandsmerkmale des Art. 11 SE-RL hat gezeigt, dass es sowohl für ein tatbestandliches Vorenthalten als auch für ein Missbrauchen auf die Berücksichtigung von Entwicklungen und Vorgängen nach Gründung der SE ankommt. Ein missbräuchliches Verhalten wird immer nur bei einer Gesamtbetrachtung aller auch dem Abschluss der Mitbestimmungsvereinbarung voran und nachgehenden Umstände des Einzelfalls feststellbar sein. *Ramcke* stellt deswegen zutreffend fest, dass die Mitbestimmungsvereinbarung § 43 Satz 1 SEBG nur in bestimmten Fällen selbst verletzt.[868] Die eingangs identifizierten potenziellen Anwendungsbereiche des § 43 Satz 1 SEBG beim

---

863 *Ramcke,* S. 264.

864 Staudinger/*Sack/Seibl,* § 134 BGB Rn. 30.

865 *Ramcke,* S. 263.

866 *Wendtland* in Bamberger/Roth/Hau/Poseck, § 134 Rn. 9.

867 BGH, Urteil vom 25. März 1993 – IX ZR 192/92 – NJW 1993, 1638 (1640); *Wendtland* in Bamberger/Roth/Hau/Poseck, § 134 Rn. 18.

868 *Ramcke,* S. 264.

Einsatz einer SE im Rahmen von Umstrukturierungsmaßnahmen gehören nicht dazu.[869]

II. Anpassung des anzuwendenden Mitbestimmungsstatuts

Unabhängig davon, ob eine etwaige vorhandene Mitbestimmungsvereinbarung nach § 134 BGB nichtig ist, stellt sich bei einem Verstoß gegen § 43 Satz 1 SEBG in jedem Fall die Frage, ob und wie das in der SE geltende Mitbestimmungsstatut anzupassen ist.

1. Erforderlichkeit der Rechtsfortbildung auf Rechtsfolgenseite des § 43 SEBG

Bei der Konkretisierung der Rechtsfolgen des § 43 Satz 1 SEBG ist ein Rückgriff sowohl auf die Methoden der gesetzesimmanenten Rechtsfortbildung als auch auf die kraft richterlicher, gesetzesübersteigernder Rechtsfortbildung entwickelte deutsche Rechtsmissbrauchslehre erforderlich.[870] Denn § 45 Abs. 1 Nr. 2 SEBG regelt nur strafrechtliche Rechtsfolgen. Diese sollen zwar präventive Wirkung entfalten.[871] Ist die SE aber erst missbräuchlich zum Entziehen oder Vorenthalten von Beteiligungsrechten eingesetzt, vermag die Strafvorschrift die Beteiligungsrechte der Arbeitnehmer nicht mehr zu schützen. Sie hat im Fall des Verstoßes gegen § 43 Satz 1 SEBG nur noch sanktionierenden Charakter. Die Fortsetzung des Missbrauchs der SE zum Entziehen oder Vorenthalten von Beteiligungsrechten von Arbeitnehmern kann sie dann, anders als es der Richtliniengeber in Art. 11 SE-RL ausdrücklich verlangt, nicht verhindern. Nach Art. 11 SE-RL haben die Mitgliedstaaten „geeignete Maßnahmen" zu treffen, um zu verhindern, dass die SE dazu missbraucht wird, den Arbeitnehmern Beteiligungsrechte zu entziehen oder vorzuenthalten. Nicht nur der Wortlaut des Art. 11 SE-RL, sondern auch das bei der Konkretisierung der Rechtsfolgen eines Verstoßes gegen § 43 Satz 1 SEBG zu beachtende Effektivitätsprinzip machen eine Gestaltung der Rechtsfolgen erforderlich, die die praktische Wirksamkeit der Richtlinie zu gewährleisten geeignet ist.[872]

---

869 Ausführlicher Überblick über mögliche Verstöße der Beteiligungsvereinbarung selbst gegen § 134 BGB bei *Ramcke*, S. 393–427.

870 A.A. *Ramcke*, S. 279.

871 BT-Drs. 15/3405, S. 57.

872 Oben, § 3B.II.3.c; ähnlich *Rehberg*, ZGR 2005, 859 (877).

2. *Unzulässige Ausübung des fraglichen Mitbestimmungsstatuts nach § 242 BGB?*

Bei der Bestimmung einer wirksamen Gestaltung der Rechtsfolgen eines Verstoßes gegen § 43 Satz 1 SEBG sind zunächst die von der deutschen Rechtsmissbrauchslehre entwickelten Grundsätze zu beachten.[873] Ein Verstoß gegen das Rechtsmissbrauchsverbot begründet nach der deutschen Rechtsmissbrauchslehre einen auf § 242 BGB gestützten Einwand gegen die Ausübung des betroffenen Rechts.[874] Dem entspricht auch der Rechtsgedanke des § 162 BGB, nach dem niemand aus einer treuwidrig herbeigeführten Lage einen Vorteil ziehen können soll.[875] Wenn eine Mitbestimmungsvereinbarung abgeschlossen wurde[876] und ein Verstoß gegen § 43 Satz 1 SEBG (auch erst nach der Gründung der SE) feststellbar ist, wäre der Unternehmensleitung und den Anteilseignern danach die rechtliche Berücksichtigung der die fragliche Mitbestimmungsquote regelnden Mitbestimmungsvereinbarung zu versagen. Denn die missbräuchlich vorgenommene Veränderung des Mitbestimmungsstatuts manifestiert sich in der Mitbestimmungsvereinbarung. Wenn keine Mitbestimmungsvereinbarung abgeschlossen wurde und die gesetzliche Auffangregelung zur Anwendung kommt, wäre der Unternehmensleitung und den Anteilseignern die rechtliche Berücksichtigung des nach der Auffangregelung geltenden Mitbestimmungsstatuts zu versagen.

Der Anerkennung des Einwands der unzulässigen Rechtsausübung nach § 242 BGB in Bezug auf das kraft Mitbestimmungsvereinbarung oder Auffangregelung geltende Mitbestimmungsstatut im Fall eines Verstoßes gegen § 43 Satz 1 SEBG steht aber die Wertung des § 96 Abs. 4 AktG entgegen. Denn auch eine gesetzeswidrige Zusammensetzung des Aufsichtsrats einer SE genießt nach § 96 Abs. 4 AktG solange Bestandsschutz, bis das in § 97 oder §§ 98, 99 AktG geregelte Statusverfahren beendet ist.[877] Die Ermittlung einer angemessenen Rechtsfolge eines Verstoßes gegen das Rechtsmissbrauchsverbot ist außerdem im Einzelfall anhand einer Interessenabwägung zu ermitteln.[878] Dem Interesse

---

873 A.A. *Ramcke*, S. 279.

874 Oben, § 3C.II.5.

875 Oben, § 3C.II.4.a.

876 *Mader* hingegen hält Beteiligungsvereinbarungen generell für dem Anwendungsbereich des Art. 11 SE-RL entzogen, S. 157.

877 Für die AG *Spindler*/Stilz, § 96 Rn. 44; ausführlich zur Anwendbarkeit des Statusverfahrens oben, § 1B.IV.3.c.aa.

878 Oben, § 3C.II.5.

der Arbeitnehmer an ihrer wirksamen Vertretung im Aufsichtsorgan der SE widerspricht aber ein mit aus dem Einwand nach § 242 BGB resultierenden Rechtsunsicherheiten belasteter Schwebezustand zwischen der Feststellung eines Verstoßes gegen § 43 Satz 1 SEBG und etwa dem Abschluss einer neuen Mitbestimmungsvereinbarung.[879]

3. *Anspruch der Arbeitnehmer auf Neuverhandlungen nach § 18 Abs. 3 SEBG (analog) i.V.m. § 242 BGB*

Gleichwohl stellt sich die Frage, wie das gesetzesmäßige Mitbestimmungsstatut im Fall eines Verstoßes gegen § 43 Satz 1 SEBG bestimmt und in der SE implementiert wird. In Betracht kommt ein direkter Rückgriff auf die ohne den missbräuchlichen Einsatz der SE geltende gesetzliche Auffangregelung[880] oder die erneute Durchführung des Verhandlungsverfahrens[881]. Möglich ist dabei auch, danach zu differenzieren, ob die SE der Mitbestimmung kraft Gesetzes unterliegt oder eine Mitbestimmungsvereinbarung getroffen wurde.[882] Andere mitgliedstaatliche Umsetzungen des Art. 11 SE-RL ordnen zum Teil ausdrücklich Neuverhandlungen als Rechtsfolge eines Missbrauchs der SE an.[883]

a. *Unmittelbare Anwendbarkeit des § 18 Abs. 3 SEBG bei missbräuchlichem Entziehen von Beteiligungsrechten durch strukturelle Änderungen der SE*

aa. Ausdrückliche Neuverhandlungsmöglichkeit nach § 18 Abs. 3 Satz 1 SEBG

[1] Strukturelle Änderungen nach § 18 Abs. 3 Satz 1 SEBG

Mit der Vorschrift des § 18 Abs. 3 SEBG hat der Gesetzgeber eine Rechtsfolge für den Fall des missbräuchlichen Einsatzes der SE mit Hilfe struktureller Änderungen schon geregelt. Der Gesetzgeber geht nach § 43 Satz 2 SEBG davon aus,

---

879 Dieses Argument in anderem Zusammenhang *Ramcke,* wobei er auf den Zeitpunkt der Feststellung der Nichtigkeit der Beteiligungsvereinbarung abstellt, S. 268.

880 Dafür mit anderer Herleitung *Ramcke,* S. 267.

881 Ulmer/Habersack/*Henssler,* § 43 SEBG Rn. 14; *Rehberg,* ZGR 2005, 859 (877, 887); in diese Richtung auch MüKoAktG/*Jacobs,* § 43 SEBG Rn. 8, § 21 SEBG Rn. 13 (allerdings für den Fall, dass die Beteiligungsvereinbarung nichtig ist); zur Durchführung der Neuverhandlungen allgemein *Löw/Stolzenberg,* BB 2017, 245 (249 f.).

882 In diese Richtung wohl *Sagan* in Bieder/Hartmann, 171 (199), ohne nähere Ausführungen zu den Rechtsfolgen bei Abschluss einer Mitbestimmungsvereinbarung.

883 *Ramcke,* S. 317 ff.

dass ein Missbrauch der SE nach § 43 Satz 1 SEBG im Fall von strukturellen Änderungen der SE möglich ist. Die eingangs identifizierten Fallgruppen zeigen ebenfalls, dass ein Verstoß gegen § 43 SEBG vor allem bei mehrstufigen Umstrukturierungsmaßnahmen unter Vornahme von Änderungen der SE, die „strukturell" sind, in Betracht kommt. Berücksichtigungsfähige strukturelle Änderungen können, wie die unionsrechtsautonome Konkretisierung des Art. 11 SE-RL ergab, nur gründungsähnliche Vorgänge sein.[884] Diese Interpretation des Begriffs der strukturellen Änderungen gilt auch für die Vorschrift des § 18 Abs. 3 SEBG[885], da der Gesetzgeber in §§ 43 Satz 2 und 18 Abs. 3 SEBG denselben Begriff verwendet hat und es andernfalls zu einem Auseinanderfallen von Neuverhandlungsmöglichkeit und Missbrauchsvermutung bei unterbliebenen Neuverhandlungen kommen könnte.

[2] Mindern von Beteiligungsrechten durch Entziehen nach § 43 SEBG

§ 18 Abs. 3 Satz 1 SEBG setzt voraus, dass Beteiligungsrechte von Arbeitnehmern durch die strukturellen Änderungen der SE gemindert werden. Berücksichtigungsfähig sind dabei nicht nur die bestehenden Beteiligungsrechte der Arbeitnehmer der SE, sondern vor allem die Beteiligungsrechte der Arbeitnehmer der weiteren von der strukturellen Änderung betroffenen Gesellschaften.[886] Waren diese Gesellschaften selbst aber nicht mitbestimmt, sondern kamen ihren Arbeitnehmern Beteiligungsrechte nur kraft der Konzernzurechnungsvorschriften in einer Obergesellschaft zu, sind diese Beteiligungsrechte wiederum vom Schutzzweck der SE-RL und auch des § 18 Abs. 3 Satz 1 SEBG nicht umfasst.[887] Ihr Verlust ist Folge der Entkonzernierung der betroffenen Gesellschaft, nicht aber des Einsatzes der SE.[888]

Mindern bedeutet, etwas „geringer werden, erscheinen lassen" und wird synonym verwandt zu „abschwächen, einschränken, herabsetzen, schmälern, verkleinern, verringern".[889] Eine Minderung von Beteiligungsrechten liegt nach in der Literatur vertretenen Auffassung vor, wenn die Arbeitnehmern nach der strukturellen Änderung weniger Recht haben als vorher.[890] Nach § 15 Abs. 4

---

884 Oben, § 4B.III.2; ausführlich noch unten, § 6B.I.1.c.aa.

885 *Rehberg,* ZGR 2005, 859 (888).

886 Statt aller MüKoAktG/*Jacobs,* § 18 SEBG Rn. 14 m.w.N.

887 *Feldhaus/Vanscheidt,* BB 2008, 2246 (2248).

888 Oben, § 4A.II.3 m.w.N.; insbesondere *Rieble,* BB 2006, 2018 (2022); restriktiv auch *Wollburg/Banerjea,* ZIP 2005, 277 (279).

889 Duden, Das Bedeutungswörterbuch, S. 645; umfassend zum Begriff des Minderns *Ramcke,* S. 241 ff.

890 *Evers* in Manz/Mayer/Schröder, § 18 SEBG Rn. 13; KK-AktG/*Feuerborn,* § 18 SEBG Rn. 32; Ulmer/Habersack/*Henssler,* § 18 SEBG Rn. 12; *Hohenstatt/Müller-Bonanni*

Nr. 1 SEBG bedeutet Minderung in Bezug auf die Mitbestimmungsrechte, dass der Anteil der Arbeitnehmervertreter im entsprechenden Aufsichtsorgan der SE geringer ist als der höchste in den beteiligten Gesellschaften bestehende Anteil.

Ein tatbestandliches Entziehen nach § 43 SEBG erfüllt damit immer auch ein Mindern nach § 18 Abs. 3 Satz 1 SEBG. Wenn die Voraussetzungen des § 43 Satz 2 SEBG erfüllt sind, sind also stets auch die Voraussetzungen des § 18 Abs. 3 Satz 1 SEBG erfüllt. Damit deklariert § 43 Satz 2 SEBG nicht etwa nur zum Rechtsmissbrauch, was eigentlich Rechtsbruch ist.[891] Fälle des Rechtsbruchs könnten nach der deutschen Rechtsmissbrauchsdogmatik keinen Rechtsmissbrauch darstellen, da hiernach überhaupt ein bestehendes Recht gegeben sein muss.[892] Da die Vorschrift des § 43 SEBG auf Tatbestandsseite ausschließlich unter Rückgriff auf den unionsrechtliche Rechtsrahmen zu konkretisieren ist und der EuGH zwischen Rechtsbruch und Rechtsmissbrauch nicht differenziert, ist dies letztlich unerheblich. Vor allem aber normiert § 18 Abs. 3 SEBG gar keine verletzbare Pflicht, sondern nur eine Neuverhandlungsmöglichkeit.[893] Wegen der unterschiedlichen Rechtsfolgen[894] sperrt die Vorschrift des § 18 Abs. 3 SEBG das Missbrauchsverbot des § 43 SEBG auch nicht.[895] Missbräuchliche strukturelle Änderungen lösen nach § 18 Abs. 3 Satz 1 SEBG damit kraft Gesetz eine Möglichkeit zur Veranlassung von neuen Verhandlungen über die Beteiligungsrechte der Arbeitnehmer aus, wenn Beteiligungsrechte der Arbeitnehmer hierdurch entzogen – also auch gemindert – werden.

[3] Kein Mindern von Beteiligungsrechten durch Vorenthalten nach § 43 SEBG

„Mindern" setzt nach seiner grammatikalischen Auslegung also den Bestand von Beteiligungsrechten voraus, die verringert werden können.[896] Außerdem muss der Vergleich des Anteils der Arbeitnehmervertreter im Aufsichtsorgan der SE nach den strukturellen Änderungen mit dem vorher bestehenden Anteil einen negativen Saldo ergeben. Danach umfasst die Neuverhandlungsmöglichkeit nach § 18 Abs. 3 SEBG nicht den Fall, dass den Arbeitnehmern durch

---

in Habersack/Drinhausen, § 18 SEBG Rn. 13; MüKoAktG/*Jacobs*, §18 SEBG Rn. 14; *Ramcke*, S. 241 ff.; a.A. wohl *Wißmann* in MüArbR Bd. 2, § 287 Rn. 18 und *Feldhaus/Vanscheidt*, BB 2008, 2246 (2248).

891 So aber *Dommermuth-Alhäuser*, S. 172, ebenso *Sagan* in Bieder/Hartmann, 171 (183).

892 Oben, § 3C.II.2.

893 MüKoAktG/*Jacobs*, § 43 SEBG Rn. 5 m.w.N. und sogleich, § 5B.II.3.a.bb.

894 Sogleich § 5B.II.3.a.bb.

895 So aber Willemsen/Hohenstatt/Schweibert/*Seibt*, F Rn. 184 aE.

896 Mit anderer Begründung KK-AktG/*Feuerborn*, § 18 SEBG Rn. 33.

strukturelle Änderungen der SE Beteiligungsrechte „vorenthalten" werden im Sinne des § 43 SEBG.[897] Würde etwa eine drittelbeteiligte, 1980 Arbeitnehmer beschäftigende AG auf eine mitbestimmungsfreie SE verschmolzen – was ohne weiteres eine strukturelle Änderung der SE darstellt[898] – und anschließend weitere 21 Arbeitnehmer eingestellt, würde eine Neuverhandlungsmöglichkeit nicht ausgelöst.

[4] Folge: Teleologische Reduktion des § 43 Satz 2 SEBG

Dieses Ergebnis ist bei grammatikalischer Auslegung des § 18 Abs. 3 Satz 1 SEBG konsequent, führt aber bei systematischer Betrachtung zu einem Widerspruch: Denn nach § 43 Satz 2 SEBG begründet das Unterlassen der Durchführung von Neuverhandlungen im beschriebenen Fall die Missbrauchsvermutung, obwohl eine Neuverhandlungsmöglichkeit gesetzlich überhaupt nicht bestand. Damit ist entweder der Wortlaut des § 43 Satz 2 SEBG zu weit oder der Wortlaut des § 18 Abs. 3 Satz 1 SEBG zu eng. Eine teleologische Extension des § 18 Abs. 3 SEBG über seinen Wortlaut hinaus käme in Betracht, wenn die Fallkonstellation des Vorenthaltens von Beteiligungsrechten von der „ratio legis"[899] des § 18 Abs. 3 Satz 1 SEBG entgegen seinem Wortlaut umfasst wäre.[900] Dies ist nicht der Fall, da die Vorschrift nach dem Willen des Gesetzgebers eben nur Neuverhandlungen anordnen soll, wenn „bestehende" Beteiligungsrechte von Arbeitnehmern gemindert werden.[901] Deswegen ist § 43 Satz 2 SEBG teleologisch dahingehend zu reduzieren, dass Missbrauch nur bei strukturellen Änderungen vermutet wird, die bewirken, dass den Arbeitnehmern Beteiligungsrechte entzogen werden. Die Vermutungswirkung des § 43 Satz 2 SEBG findet bei einem Vorenthalten von Beteiligungsrechten keine Anwendung. Denn auch die letztlich maßgebliche unionsrechtsautonome Konkretisierung des Art. 11 SE-RL ergab, dass ein tatbestandliches Vorenthaltens wegen des mangelnden Bezugs zum Vorher-Nachher-Prinzip und dem Schutzzweck der SE-RL und der SE-VO durch strukturelle Änderungen nicht begründet werden kann.[902]

---

897 A.A. wohl *Wißmann* in MüArbR Bd. 2, § 287 Rn. 18.

898 Unten, § 6B.I.1.c.aa.[1].

899 Z.B. *Drechsler,* ZJS 2015, 344 (347).

900 Zu den Voraussetzungen der teleologischen Extension *Drechsler,* ZJS 2015, 344 (347) m.w.N.; *Larenz,* S. 397 f.

901 BT-Drs. 15/3405, S. 50.

902 Oben, § 4C.III.2.

bb. Ermessensreduzierung auf Null: Neuverhandlungspflicht nach § 18 Abs. 3 Satz 1 SEBG i.V.m. § 242 BGB

Neuverhandlungen nach § 18 Abs. 3 Satz 1 SEBG können aber ausschließlich die Leitung der SE oder der SE-Betriebsrat initiieren.[903] Dabei besteht für die Berechtigten im Fall von strukturellen Änderungen zunächst keine Pflicht, ein erneutes Beteiligungsverfahren einzuleiten.[904] Gegen eine solche Pflicht und damit gegen einen Anspruch auf Neuverhandlungen spricht die Möglichkeit des Eingreifens der gesetzlichen Auffangregelung nach § 18 Abs. 3 Satz 3 SEBG.[905] Weigert sich eine der Parteien, Verhandlungen über die zukünftige Mitbestimmung zu führen, sind die Regeln über die Mitbestimmung kraft Gesetzes anzuwenden.[906] Das nach der Vorschrift bestehende Ermessen des SE-Betriebsrats und der Leitung der SE zur Veranlassung und Durchführung von Neuverhandlungen ist aber im Fall des missbräuchlichen Einsatzes der SE unter Vornahme struktureller Änderungen auf Null zu reduzieren. Denn bei der Ermittlung der richtigen Rechtsfolge eines Verstoßes gegen das Rechtsmissbrauchsverbot sind vor allem die Interessen der Arbeitnehmer, deren Beteiligungsrechte § 43 SEBG zu schützen bezweckt, zu berücksichtigen:

Für den unter anderem von *Ramcke* vorgeschlagenen direkten Rückgriff auf die gesetzliche Auffangregelung und gegen die Annahme einer Neuverhandlungspflicht spricht zwar, dass sofort bei Feststellen eines Verstoßes gegen § 43 Satz 1 SEBG eine Lösung für die Mitbestimmungsrechte der Arbeitnehmer in der SE bereitstünde.[907] Auf den ersten Blick kommt das den betroffenen Arbeitnehmern zu Gute. Allerdings entgehen den Arbeitnehmern so die Vorteile einer erneuten Durchführung des Verhandlungsverfahrens vor dem Hintergrund der richtigen, also ohne den missbräuchlichen Einsatz der SE geltenden Auffangregelung.

Auch durch diese – richtige – Auffangregelung wird die Verhandlungsposition sowohl der Arbeitnehmer als auch der Arbeitgeber begrenzt[908], dennoch

---

903 *Hohenstatt/Müller-Bonanni* in Habersack/Drinhausen, § 18 SEBG Rn. 16.

904 Ulmer/Habersack/*Henssler,* § 18 SEBG Rn. 24; *Hohenstatt/Müller-Bonanni* in Habersack/Drinhausen, § 18 SEBG Rn. 16; *Kienast* in Jannott/Frodermann, Kap. 13 Rn. 482; a.A. *Nagel,* ZIP 2011, 2047 (2048); *Löw/Stolzenberg,* BB 2017, 245; *Sagan* in Bieder/Hartmann, 171 (202).

905 MüKoAktG/*Jacobs,* § 18 SEBG Rn. 21, Rn. 24.

906 MüKoAktG/*Jacobs,* § 18 SEBG Rn. 24.

907 *Ramcke,* S. 268, allerdings ohne die hier vorgenommene Differenzierung nach Missbrauch der SE unter strukturellen Änderungen und Missbrauch der SE im Übrigen.

908 Ausschlaggebend wohl für *Ramcke,* S. 269.

haben die Arbeitnehmer bei erneuter Durchführung des Verhandlungsverfahrens mehr Gestaltungsspielräume als bei einem direkten Rückgriff auf die Vorschriften zur Mitbestimmung kraft Gesetzes. Denn Gegenstand der Verhandlungen ist nicht nur der Anteil der Arbeitnehmervertreter im Aufsichtsorgan der SE. Verhandelt werden kann auch über das Verfahren, nach dem die Arbeitnehmer diese Vertreter wählen oder über die Rechte der Vertreter (§ 21 Abs. 3 Nr. 2 und Nr. 3 SEBG). Möglich ist auch, dass die Arbeitnehmerseite ihre Verhandlungspositionen in Bezug auf die ebenfalls zu vereinbarende betriebliche Mitbestimmung (§ 21 Abs. 1 SEBG) zugunsten ihrer Forderungen in Bezug auf die Unternehmensmitbestimmung (oder umgekehrt) anpasst und der Anteilseignerseite so entsprechende Zugeständnisse abringt. Die Flexibilität des Verhandlungsverfahrens begünstigt nicht nur die Anteilseignerseite.

Außerdem ist dem Argument entgegenzutreten, die Anwendung der Beteiligung kraft Gesetzes verhindere einen mit Rechtsunsicherheiten belasteten Schwebezustand zwischen der Feststellung eines Verstoßes gegen § 43 Satz 1 SEBG und dem Abschluss einer neuen Mitbestimmungsvereinbarung.[909] Denn auch die (gesetzeswidrige) Zusammensetzung des Aufsichtsrats einer SE genießt nach § 96 Abs. 4 AktG – wie bereits gesehen – solange Bestandsschutz, bis das in § 97 oder §§ 98, 99 AktG geregelte Statusverfahren beendet ist.[910]

Damit entspricht die verpflichtende erneute Durchführung des Verhandlungsverfahrens den bei der nach § 242 BGB vorzunehmenden Abwägung zu berücksichtigenden Interessen der Arbeitnehmer.[911] Dies gilt unabhängig davon, ob in der SE eine Mitbestimmungsvereinbarung gilt oder die gesetzliche Auffangregelung Anwendung findet. In beiden Fällen können die Arbeitnehmer nur durch die erneute Durchführung des Verhandlungsverfahrens vor dem Hintergrund der ohne den missbräuchlichen Einsatz der SE geltenden Auffangregelung so gestellt werden, als wäre der missbräuchliche Einsatz der SE nicht erfolgt.

b. Im Übrigen: Analoge Anwendbarkeit des § 18 Abs. 3 SEGB

Auch ohne strukturelle Änderungen der SE besteht im Fall eines Verstoßes gegen § 43 Satz 1 SEBG durch *die Gründung* der SE eine Pflicht des SE-Betriebsrats und

909 Wobei *Ramcke* auf den Zeitpunkt der Feststellung der Nichtigkeit der Beteiligungsvereinbarung abstellt, S. 268.

910 Für die AG *Spindler*/Stilz, § 96 AktG Rn. 44; ausführlich zur Anwendbarkeit des Statusverfahrens oben, § 1B.IV.3.c.aa, S. 52.

911 Im Fall der „Umgehung der Regelungen zur Umwandlungsgründung“ für eine Verpflichtung der Leitungen der SE zur Einleitung von Verhandlungen *von der Höh*, S. 327.

der Leitung der SE, nach § 18 Abs. 3 Satz 1 SEBG analog Neuverhandlungen durchzuführen.

aa. Neuverhandlungsmöglichkeit nach § 18 Abs. 3 SEBG analog

Die für die analoge Anwendung des § 18 Abs. 3 SEBG erforderliche Regelungslücke ist gegeben[912], da der Gesetzgeber zivilrechtliche Rechtsfolgen eines Verstoßes gegen § 43 Satz 1 SEBG nicht geregelt hat. Das bei der Konkretisierung der Rechtsfolgen eines Verstoßes gegen § 43 Satz 1 SEBG zu beachtende Effektivitätsprinzip macht, wie bereits festgestellt, eine Gestaltung der zivilrechtlichen Rechtsfolgen erforderlich.[913] Dabei ist der Fall eines Verstoßes gegen § 43 Satz 1 SEBG auch mit dem Sachverhalt vergleichbar, den der Gesetzgeber in § 18 Abs. 3 SEBG geregelt hat. Die Gleichbehandlung der Sachverhalte ist – wie bei der analogen Anwendung des § 18 Abs. 3 SEBG im Fall eines erfolgreichen Abschlusses eines Statusverfahrens[914] – maßgebend durch den passenden Schutzzweck des § 18 Abs. 3 SEBG gerechtfertigt.[915] Dieser ist es zunächst, die Minderung der Rechte der vorhandenen Arbeitnehmer der SE und der im Rahmen der strukturellen Änderungen hinzutretenden Arbeitnehmer zu verhindern.[916] Schutzzweck des § 43 SEBG ist es ebenfalls, die Einschränkung oder Verringerung (also Minderung) der Beteiligungsrechte der Arbeitnehmer zu verhindern. Darüber hinaus schützt § 43 Satz 1 SEBG die Arbeitnehmer auch vor einem Vorenthalten von Beteiligungsrechten durch den missbräuchlichen Einsatz der SE. Dies entspricht den Vorgaben des Art. 11 SE-RL. Vorgabe der Richtlinienvorschrift an die Mitgliedstaaten ist es darüber hinaus, geeignete Maßnahmen zur Verhinderung des Missbrauchs der SE – egal durch welche Tatbestandsalternative – zu treffen. Eine unterschiedliche Behandlung der Tatbestandsmerkmale des Vorenthaltens und Entziehens in Bezug auf ihre Rechtsfolgen ist deswegen nicht gerechtfertigt. Auch wenn die Auslegung des § 18 Abs. 3 SEBG ergab, dass eine Neuverhandlungsmöglichkeit im Falle eines Vorenthaltens von Beteiligungsrechten nicht durch strukturelle Änderungen der SE ausgelöst werden kann, ist wegen des Regelungsauftrags des Art. 11 SE-RL sowohl für ein missbräuchliches

---

912 A.A. *Ramcke,* S. 266.

913 Eben, § 5B.II.1.

914 Oben, § 1B.IV.3.c.dd.[3].

915 Ähnlich *Forst,* S. 342, der § 18 Abs. 3 SEBG im Falle einer unwirksamen Beteiligungsvereinbarung analog anwendet (allerdings ohne Bezug zu § 43 SEBG) und dabei auf den Schutzzweck des § 18 Abs. 3 SEBG abstellt, die Rechte der Arbeitnehmer abzusichern.

916 BT-Drs. 15/3405, S. 50 f.; MüKoAktG/*Jacobs,* § 18 SEBG Rn. 6.

Vorenthalten als auch für ein missbräuchliches Entziehen von Beteiligungsrechten der Arbeitnehmer durch *die Gründung* der SE die analoge Anwendung des § 18 Abs. 3 SEBG auf Rechtsfolgenseite des § 43 Satz 1 SEBG gerechtfertigt.

bb. Ermessensreduzierung auf Null: Neuverhandlungspflicht nach § 18 Abs. 3 SEBG analog i.V.m. § 242 BGB

Das nach § 18 Abs. 3 SEBG analog grundsätzlich bestehende Ermessen des SE-Betriebsrats und der Leitung der SE zur Veranlassung eines neuen Verhandlungsverfahrens ist bei der auf Rechtsfolgenseite des § 242 BGB vorzunehmenden Interessenabwägung wiederum auf Null reduziert, da die Berücksichtigung der Interessen der Arbeitnehmer dafür streitet, sie durch die verpflichtende Durchführung von Neuverhandlungen so zu stellen, als wäre der missbräuchliche Einsatz der SE nicht erfolgt.[917]

c. Anerkennung eines eigenen Anspruchs der Arbeitnehmer auf Neuverhandlungen

Nach dem Wortlaut des § 18 Abs. 3 Satz 1 SEBG (analog) können die Arbeitnehmer selbst die erneute Durchführung des Verhandlungsverfahrens nicht veranlassen. Trotz der eben ermittelten Neuverhandlungspflicht der Leitung der SE und des SE-Betriebsrats könnte ein Verstoß gegen § 43 SEBG danach folgenlos bleiben, wenn den Parteien etwa mehr an einem unbelasteten Kooperationsverhältnis als an einer gesetzesmäßigen Mitbestimmung der Arbeitnehmer in der SE liegt. Auch in Bezug auf die im Fall eines Verstoßes gegen § 43 Satz 1 SEBG nach § 18 Abs. 3 Satz 3 (analog) SEBG jedenfalls anzupassende gesetzliche Auffangregelung wäre den Arbeitnehmern die Hände gebunden. Denn weigern sich beide Parteien, überhaupt Verhandlungen aufzunehmen, kann es nach § 18 Abs. 3 Satz 3 SEBG auch nicht zur Mitbestimmung kraft Gesetzes kommen.

Zur gebotenen effektiven Konkretisierung[918] der Rechtsfolgen eines Verstoßes gegen Art. 11 SE-RL ist daher die Anerkennung eines aus der Neuverhandlungspflicht nach § 18 Abs. 3 SEBG (analog) i.V.m. § 242 BGB folgenden eigenen Anspruchs der Arbeitnehmer gegen den SE-Betriebsrat und die Leitung der SE auf Veranlassung solcher Verhandlungen erforderlich. Diese Rechtsfolge ist geeignet, die praktische Wirksamkeit der Vorschrift zu gewährleisten. Da die erneute Durchführung der Verhandlungen einigermaßen aufwendig ist, ist die Rechtsfolge auch hinreichend abschreckend. Die Anerkennung eines solchen

917 Im Ergebnis so wohl auch *von der Höh*, S. 327.

918 Oben, § 3B.II.3.c.

Anspruchs beeinträchtigt die im Rahmen des unionsrechtlichen Verhältnismäßigkeitsgrundsatzes zu berücksichtigenden Interessen der Anteilseigner am rechtssicheren Bestand des Mitbestimmungsstatuts nicht unangemessen. Denn ihnen steht es ebenfalls frei, im Fall eines Verstoßes gegen § 43 Satz 1 SEBG Neuverhandlungen nach § 18 Abs. 3 Satz 1 SEBG (analog) zu veranlassen.

Dies vorangestellt, macht auch die Vorschrift des § 43 Satz 2 SEBG, anders als manche meinen[919], besonderen Sinn. Es ist nicht völlig unwahrscheinlich, dass der SE-Betriebsrat trotz eines durch strukturelle Änderungen der SE ausgelösten Verstoßes gegen § 43 SEBG im Sinne des Fortbestands eines belastbaren Kooperationsverhältnisses mit der Leitung der SE untätig bleibt. Von der Leitung der SE kann die Veranlassung von Neuverhandlungen erst Recht nicht erwartet werden. Durch die Qualifizierung des Untätigbleiben als Vermutung für einen missbräuchlichen Einsatz der SE kann ein Verstoß gegen § 43 Satz 1 SEBG leichter festgestellt werden[920] und unter Rückgriff auf den als Rechtsfolge des Missbrauchs kraft Rechtsfortbildung hergeleiteten eigenen Anspruch der Arbeitnehmer die Durchführung von Neuverhandlungen sichergestellt werden.

d. *Gerichtliche Geltendmachung des Anspruchs der Arbeitnehmer auf Neuverhandlungen*

aa. Zuständigkeit des Arbeitsgerichts nach § 2a Abs. 1 Nr. 3e ArbGG

Nach §§ 2a Abs. 1 Nr. 3e, Abs. 2, 80 ff. ArbGG findet bei Streitigkeiten mit Bezug zu § 18 Abs. 3 SEBG das arbeitsgerichtliche Beschlussverfahren am Arbeitsgericht statt, in dessen Bezirk die SE ihren Sitz hat (§ 82 Abs. 3 ArbGG).[921] Das aktienrechtliche Statusverfahren nach §§ 98 ff. AktG findet in diesem Zusammenhang erst dann Anwendung, wenn sich um die Zusammensetzung des bestehenden Aufsichtsorgans nach Abschluss des Verhandlungsverfahrens gestritten wird.[922]

Auch die Geltendmachung des Anspruchs der Arbeitnehmer der SE auf Neuverhandlungen im Fall eines Verstoßes gegen § 43 Satz 1 SEBG nach § 18 Abs. 3 SEBG (analog) i.V.m. § 242 BGB erfolgt dann nach §§ 2a Abs. 1 Nr. 3e, Abs. 2, 80 ff. ArbGG im arbeitsgerichtlichen Beschlussverfahren. Die inzidente Prüfung

---

919 Ulmer/Habersack/*Henssler*, § 43 SEBG Rn. 13; *Hohenstatt/Müller-Bonanni* in Habersack/Drinhausen, § 43 SEBG Rn. 5.

920 Hierzu unten, § 6B.I.2.c.bb.[1].

921 *Hohenstatt/Müller-Bonanni* in Habersack/Drinhausen, § 18 SEBG Rn. 20; MüKo-AktG/*Jacobs*, § 18 SEBG Rn. 28.

922 Ulmer/Habersack/*Henssler*, § 18 SEBG Rn. 30.

des Verstoßes gegen § 43 Satz 1 SEBG obliegt in diesem Fall dem Arbeitsgericht. Verfahrensgegenstand des Beschlussverfahrens bildet aber der Anspruch auf Neuverhandlungen nach § 18 Abs. 3 SEBG (analog) i.V.m. § 242 BGB. Denn die Zuständigkeit eines Gerichts wird gerade durch ein konkretes Rechtsverhältnis begründet.[923] Von der gerichtlichen Zuständigkeit für die Entscheidung von Streitigkeiten in dem jeweiligen Rechtsverhältnis hängt damit auch die Zuständigkeit für die Prüfung eines Verstoßes gegen § 43 SEBG ab.[924]

bb. Antragsbefugnis der Leitung der SE, des SE-Betriebsrats und der einzelnen Arbeitnehmer

Antragsbefugt sind dabei nicht nur der SE-Betriebsrat und die Leitung der SE als nach § 18 Abs. 3 SEBG ausdrücklich zur Veranlassung der Neuverhandlungen Berechtigte, die so den Anspruch auf Neuverhandlungen gegen die jeweils andere Partei im Fall eines Verstoßes gegen § 43 SEBG durchsetzen können. Antragsbefugt ist im arbeitsgerichtlichen Beschlussverfahren grundsätzlich jeder, der eigene Rechte geltend macht.[925] Auch den einzelnen Arbeitnehmern der SE kommt daher ein eigenes Antragsrecht zu, da sie nach hier vertretener Auffassung im Fall eines Verstoßes Inhaber des Anspruchs auf Veranlassung der Neuverhandlungen gegen den SE-Betriebsrat und die Leitung der SE sind. Antragsgegner im arbeitsgerichtlichen Beschlussverfahren können dann aus Sicht der Arbeitnehmer nicht nur die Leitung der SE, sondern auch der untätige SE-Betriebsrat selbst sein.

III. Unterlassungsanspruch der Arbeitnehmer nach § 1004 Abs. 1 Satz 2 BGB analog i.V.m. § 823 BGB

Von Teilen der Literatur wird die Vorschrift des § 43 SEBG als Schutzgesetz nach § 823 Abs. 2 BGB qualifiziert[926] und ein Anspruch der Arbeitnehmer gegen die Leitung der SE auf Unterlassen eines Verstoßes gegen das Missbrauchsverbot nach § 43 Satz 1 SEBG aus § 1004 Abs. 1 Satz 2 BGB angenommen.[927] *Ramcke* leitet einen Unterlassungsanspruch der Arbeitnehmer unmittelbar aus § 43 Satz 1 SEBG selbst her.[928] Ob sich ein Unterlassungsanspruch der Arbeitnehmer

---

923 *Wißmann* in FS Richardi, 841 (856).

924 *Wißmann* in FS Richardi, 841 (856).

925 *Spinner* in Germelmann/Matthes/Prütting, § 81 ArbGG Rn. 49.

926 Zweifelnd aber Ulmer/Habersack/*Henssler*, § 43 SEBG Rn. 16.

927 KK-AktG/*Feuerborn*, § 43 SEBG Rn. 9; MüKoAktG/*Jacobs*, § 43 SEBG Rn. 8.

928 *Ramcke*, S. 277 ff.

aus § 43 Satz 1 SEBG oder § 1004 Abs. 1 Satz 2 BGB analog i.V.m. § 823 BGB herleiten lässt, kann dahinstehen. Ein solcher Anspruch kann allenfalls präventive Wirkung in Bezug auf die Verhinderung eines Verstoßes gegen § 43 SEBG entfalten. Ob insoweit die für die analoge Anwendung des § 1004 Abs. 1 Satz 2 BGB erforderliche planwidrige Regelungslücke gegeben ist, ist fraglich. Denn der Gesetzgeber wollte schon mit der Einführung der Strafvorschrift des § 45 Abs. 1 Nr. 2 SEBG dem Missbrauch der SE präventiv begegnen.[929] Jedenfalls aber ist ein Unterlassungsanspruch im Fall eines begangenen Verstoßes gegen § 43 Satz 1 SEBG entgegen Art. 11 SE-RL nicht ohne Weiteres geeignet, dem Missbrauch der SE – kurativ – zu begegnen. Denn die Vornahme einer bestimmten Handlung, um eine vorliegende Zustandsstörung für die Zukunft zu unterlassen, kann nach § 1004 Abs. 1 Satz 2 BGB analog i.V.m. § 823 BGB nur im Ausnahmefall verlangt werden.[930]

IV. Keine Verweigerung der Eintragung der SE durch das Registergericht

1. Keine Prüfung des § 43 SEBG durch das Registergericht

a. Keine vorgeschriebene Prüfung des § 43 SEBG bei der SE-Gründung durch Verschmelzung

Die SE mit Sitz in Deutschland bedarf zu ihrer Wirksamkeit der Eintragung ins Handelsregister, Art. 12 Abs. 1 i.V.m. Art. 16 Abs. 1 SE-VO. Ist die SE also noch nicht wirksam errichtet und ein Verstoß gegen § 43 SEBG feststellbar, könnte das Registergericht die Eintragung der SE von vornherein verhindern.[931] Wie bereits festgestellt, bestimmt sich der Prüfungsumfang des Registergerichts gemäß Art. 15 Abs. 1 SE-VO nach deutschem Gründungsrecht, soweit nicht die SE-VO etwas anderes vorsieht.[932]

---

929 BT-Drs. 15/3405, S. 57.

930 *Berger* in Jauernig, § 1004 BGB Rn. 12; *Fritzsche* in Bamberger/Roth/Hau/Poseck, § 1004 BGB Rn. 95; Staudinger/*Gursky*, § 1004 Rn. 211 mit Einzelfällen, wann der Unterlassungsanspruch zu einem positiven Tun verpflichten kann.

931 Dafür Ulmer/Habersack/*Henssler*, § 43 SEBG Rn. 15; MüKoAktG/*Jacobs*, § 43 SEBG Rn. 8; *Kleinmann/Kujath* in Manz/Mayer/Schröder, § 43 SEBG Rn. 4; *Nagel*/Freis/Kleinsorge, § 43 SEBG Rn. 9; *Oetker* in Lutter/Hommelhoff/Teichmann, § 43 SEBG Rn. 12; *Sagan* in Bieder/Hartmann, 171 (198).

932 Oben, § 1B.IV.3.c.dd.[1][b].

Im Fall der SE-Gründung durch Verschmelzung kann die Eintragung nach Art. 27 Abs. 2 SE-VO erst vorgenommen werden, wenn sämtliche in Art. 25 und Art. 26 SE-VO vorgesehenen Formalitäten erfüllt wurden. Die beiden Vorschriften sehen, wie auch die IntVerschmRL und der Vorschlag zur Änderung der Richtlinie (EU) 2017/1132, ein zweistufiges Verfahren zur Kontrolle der Rechtmäßigkeit der Verschmelzung vor. Es adressiert sowohl die Herkunftsstaaten der Gründungsgesellschaften (Art. 25 SE-VO), als auch den geplanten Sitzstaat der SE (Art. 26 SE-VO).[933] Artt. 20 bis 24 SE-VO geben den Prüfungsumfang der materiellen Voraussetzungen der Rechtmäßigkeit der Verschmelzung auf erster Stufe vor.[934] Die Vorschrift des § 43 SEBG oder die Rechtmäßigkeit einer Mitbestimmungsvereinbarung werden darin nicht genannt.

Die Rechtmäßigkeitskontrolle auf zweiter Stufe im künftigen Sitzstaat der SE umfasst zwar ausdrücklich die Prüfung, ob eine Vereinbarung über die Beteiligung der Arbeitnehmer gemäß der SE-RL geschlossen wurde (Art. 26 Abs. 2 SE-VO). Dabei genügt nicht nur der Abschluss einer Beteiligungsvereinbarung, sondern auch jeder andere ordnungsgemäße Abschluss des Verfahrens zur Regelung der Arbeitnehmerbeteiligung.[935] Die Kompetenz des Registergerichts ist dabei nach dem Wortlaut der Vorschrift – wie bei der für jede SE-Gründung nach der wortlautgleichen Vorschrift des Art. 12 Abs. 2 SE-VO vorgesehenen Prüfung[936] – auf die Prüfung einer formal ordnungsgemäßen Initiierung von Mitbestimmungsverhandlungen beschränkt. Die Prüfung eines Verstoßes des Einsatzes der SE gegen § 43 Satz 1 SEBG ist aber immer eine materiell-rechtliche Prüfung. Als Angelegenheit aus dem SEBG im Sinne des § 2a Abs. 1 Nr. 3e) ArbGG sind die Arbeitsgerichte für die materiell-rechtliche Überprüfung der Mitbestimmungsvereinbarung ausschließlich zuständig.[937] Auch auf zweiter Stufe der Rechtmäßigkeitskontrolle ist die Prüfung der Vorschrift des § 43 SEBG oder der Rechtmäßigkeit einer Beteiligungsvereinbarung also nicht ausdrücklich vorgesehen.

b. Keine vorgeschriebene Prüfung des § 43 SEBG bei der SE-Gründung im Übrigen

Bei der Gründung der SE nach den übrigen Gründungsformen findet eine der zweistufigen Rechtmäßigkeitskontrolle bei der SE-Gründung durch

---

933 *Scheifele,* S. 257.

934 *Scheifele,* S. 263.

935 *Marsch-Barner* in Habersack/Drinhausen, Art. 26 SE-VO Rn. 18; *Scheifele,* S. 274 f.

936 Oben, § 1B.IV.3.c.dd.[1][b].

937 Oben, § 1B.IV.3.c.dd.[1][b].

Verschmelzung vergleichbare Prüfung nicht statt. Die Holding-SE kann nach Art. 33 Abs. 5 SE-VO erst eingetragen werden, wenn die in Art. 32 und Art. 33 Abs. 2 SE-VO genannten Voraussetzungen nachweislich erfüllt sind. Zu diesen Voraussetzungen gehören weder die Prüfung eines Verstoßes gegen § 43 SEBG, noch eine sonstige inhaltliche Überprüfung der Mitbestimmungsregelung der zukünftigen SE. Im Übrigen findet in Anwendung des Art. 15 Abs. 1 SE-VO eine registerrechtlichen Prüfung nach § 38 AktG statt.[938] Gleiches gilt für die Gründung einer Tochter-SE. Auch für die SE-Gründung durch Umwandlung sieht die SE-VO keine besonderen Vorschriften zur Eintragung vor.[939] § 38 AktG bestimmt aber einen unterbliebenen Verstoß gegen § 43 Satz 1 SEBG nicht ausdrücklich als Eintragungsvoraussetzung.

c. *Keine Prüfung des Rechtsmissbrauchseinwands nach § 242 BGB i.V.m. § 43 SEBG*

Die Kompetenz des Registergerichts zur Prüfung des § 43 SEBG im Rahmen des Eintragungsverfahrens mit der möglichen Folge der Verweigerung der Eintragung der SE ist auch nicht kraft Rechtsfortbildung unter Berücksichtigung der nach der deutschen Rechtsmissbrauchslehre für die Rechtsfolgen eines missbräuchlichen Verhaltens relevanten Grundsätze zu entwickeln.

aa. Wertungen der deutschen Rechtsmissbrauchslehre nach § 242 BGB

Die Qualifizierung eines Verstoßes gegen § 43 SEBG als Eintragungshindernis widerspricht den von der deutschen Rechtsmissbrauchslehre für die Rechtsfolgen eines missbräuchlichen Verhaltens entwickelten Grundsätzen. Danach wird Rechtsmissbrauch als auf § 242 BGB gestützter Einwand gegen die Ausübung des betroffenen Rechts behandelt. Selbst wenn zum Zeitpunkt des registergerichtlichen Eintragungsverfahrens bereits die tatbestandlichen Voraussetzungen eines missbräuchlichen Einsatzes der SE zum Vorenthalten oder Entziehen von Beteiligungsrechten der Arbeitnehmer erfüllt wären, ist die Eintragung der SE durch das Registergericht nicht zu versagen. Denn die bei einem Verstoß gegen § 43 SEBG zu versagende Rechtsausübung betrifft nicht die Gründung der SE als solche, sondern das mithilfe der SE (missbräuchlich) zur Umsetzung zu bringende Mitbestimmungsstatut. Dessen rechtliche Berücksichtigung ist den Betroffenen richtigerweise zu versagen, nicht aber die Eintragung der SE als Gründungsvoraussetzung.

---

938 *Scheifele*, S. 373.
939 *Scheifele*, S. 429.

Die richtige Rechtsfolge eines rechtsmissbräuchlichen Verhaltens nach § 242 BGB hängt zudem auch von einer Abwägung der zwischen den Betroffenen bestehenden Interessenlage ab.[940] Bei der Ermittlung der (zivilrechtlichen) Rechtsfolgen eines Verstoßes gegen § 43 SEBG sind deswegen die Interessen der Anteilseigner und Unternehmensleitungen an der erfolgreichen Gründung der SE nicht unberücksichtigt zu lassen. Diesen widerspräche es, die für die Gründung der SE erforderliche Eintragung zu versagen, obwohl die Interessen der Arbeitnehmer an der Sicherung ihrer Beteiligungsrechte auch durch die Anerkennung eines eigenen Anspruchs der Arbeitnehmer auf Neuverhandlungen vor dem Hintergrund der gesetzesmäßigen Auffangregelung gewahrt werden können.[941] Durch das Registergericht erfolgt damit richtigerweise keine Prüfung des Missbrauchs der SE zum Entziehen oder Vorenthalten von Beteiligungsrechten.[942]

bb. Bestätigung durch das Effektivitätsprinzip und den Verhältnismäßigkeitsgrundsatz

Dieses Konkretisierungsergebnis wird durch die ebenfalls zu beachtenden[943] Wertungen des unionsrechtlichen Effektivitätsprinzips und des Verhältnismäßigkeitsgrundsatzes bestätigt. Die Versagung der Eintragung der SE als Gründungsvoraussetzung für die SE kann – ist ein Verstoß gegen § 43 Satz 1 SEBG feststellbar – ein geeignetes Mittel nach Art. 11 SE-RL zur Verhinderung des missbräuchlichen Einsatzes der SE sein.[944] Die Vorschrift entfaltete dadurch volle praktische Wirksamkeit. Dann realisierten sich aber die von *Grigoleit* bei rechtsfolgenlosen unionsrechtlichen Vorschriften befürchteten schädlichen Begleiterscheinungen: Es drohen überschießende Sanktionierungen des tatbestandlichen Verhaltens durch die Gerichte auf der Grundlage des effet-utile-Gedankens.[945] Die effektive Erreichung des durch die Richtlinie vorgegebenen Ziels allein qualifiziert eine (im Gesetzestext nicht angelegte) Rechtsfolge eines tatbestandlichen Verhaltens deswegen nicht zwingend als richtige Rechtsfolge. Es müssen nicht nur die praktische Wirksamkeit der Norm und ihrer Ziele

940 Ausführlich oben, § 3C.II.5.
941 Soeben, § 5B.II.3.
942 So auch *Ramcke,* S. 259.
943 Oben, § 3B.II.3.c.
944 So *Sagan* in Bieder/Hartmann, 171 (198) für die Versagung der Eintragung der SE.
945 Oben, § 3B.II.3.b.

gewährleisten werden, sondern zugleich alle übrigen rechtlich bedeutsamen Interessen angemessen gewahrt werden.[946]

Mithilfe der Vorschrift des § 43 Satz 1 SEBG bezweckt der Gesetzgeber nur, der Gefahr zu begegnen, dass die Rechtsform der SE gezielt ausgenutzt wird, um Arbeitnehmern Beteiligungsrechte vorzuenthalten oder zu entziehen.[947] Dieser Gefahr muss, wie eben gesehen, nicht notwendigerweise durch die Verhinderung der Entstehung der SE begegnet werden. Gleiches gilt für Art. 11 SE-RL.[948] Die von der SE-VO in Schutz genommenen Interessen der Anteilseigner und Unternehmensleitungen sind zwingend zu berücksichtigen. Diesen widerspräche es, die Eintragung der SE zu verweigern und den Gründungsvorgang damit zu verzögern, obwohl die Beteiligungsrechte der Arbeitnehmer auch durch die Anerkennung des Anspruchs auf Durchführung von Neuverhandlungen geschützt werden können. Allein die Prüfung des § 43 SEBG im Eintragungsverfahren, insbesondere die Ermittlung der der Umstrukturierungsmaßnahme vorangehenden Umstände, würde die Errichtung der Gesellschaft und die Erlangung ihrer Rechtsfähigkeit zudem erheblich verzögern. Schon mit der Verfassung des Art. 12 Abs. 2 SE-VO wollte der Verordnungsgeber aber die Erlangung der Rechtsfähigkeit der SE gegenüber Verzögerung absichern.[949]

cc. Ungeeignetheit der Prüfung des § 43 SEBG im registerrechtlichen Eintragungsverfahren zur Verhinderung des tatbestandlichen Erfolgs

Für das Tatbestandsmerkmal des Vorenthaltens von Beteiligungsrechten kommt es außerdem ohnehin auf die nach der Gründung der SE tatsächlich stattfindenden Entwicklungen an.[950] Diesbezüglich ist eine verpflichtende Prüfung des § 43 SEBG im Eintragungsverfahren also schon kein geeignetes Mittel zur Verhinderung des missbräuchlichen Einsatzes der SE nach Art. 11 SE-RL, da diese Entwicklungen zum Zeitpunkt der registergerichtlichen Prüfung noch nicht feststellbar sind. Außerdem ergab die Konkretisierung des Art. 11 SE-RL, dass es für die Einordnung eines Verhaltens als missbräuchlich auf eine Gesamtbetrachtung aller der Umstrukturierungsmaßnahme voran- und nachgehenden Umstände des Einzelfalls ankommt.[951] Die Berücksichtigung der der Gründung

946 *Martens*, S. 466 f.; ausführlich oben, § 3B.II.3.b.

947 BT-Drs. 15/3405, S. 57.

948 *Sagan* in Bieder/Hartmann, 171 (199).

949 ArbG Stuttgart, Beschluss vom 24. Oktober 2007 – 12 BVGa 4/07; *Schürnbrand* in Habersack/Drinhausen, Art. 12 SE-VO Rn. 22.

950 Oben, § 4C.II.2.

951 Oben, § 4D.III.3.

nachgehenden Umstände ist im Eintragungsverfahren wiederum nicht möglich. Die eingangs identifizierten möglichen Anwendungsbereiche des § 43 SEBG zeigen aber, dass zumeist diese künftigen, nach Gründung der SE stattfindende Entwicklungen für die Identifikation eines potenziellen Verstoßes gegen das Missbrauchsverbot maßgeblich sind.[952]

dd. Bestätigung durch die Wertung des Vorschlags zur Änderung der Richtlinie (EU) 2017/1132

Dieses Konkretisierungsergebnis wird durch die Wertung des Vorschlags zur Änderung der Richtlinie (EU) 2017/1132 bestätigt. Dort ist – anders als in der SE-RL – ausdrücklich vorgesehen, dass eine Missbrauchsprüfung im Rahmen der zweistufigen Rechtmäßigkeitsprüfung durch die zuständige Behörde des Wegzugstaats vorzunehmen ist. Der Richtlinienänderungsvorschlag sorgt dabei gegen eine unangemessene Verzögerung der Eintragung der Umwandlungsmaßnahme selbst vor und erlaubt die Durchführung der Missbrauchsprüfung nur innerhalb enger Zeitfenster.[953] Zwar gibt die Kommission mit dem Richtlinienänderungsvorschlag zu erkennen, dass sie die Versagung der Eintragung der entsprechenden Umwandlungsmaßnahme als Rechtsfolge eines Verstoßes gegen das Missbrauchsverbot für ein geeignetes Mittel zur Verhinderung des Missbrauchs erachtet. Daraus folgt jedoch nicht, dass die deutsche Judikative diese Rechtsfolge unter Berufung auf das Effektivitätsprinzip auch für einen Verstoß gegen § 43 SEBG kraft richterlicher Rechtsfortbildung anordnen und das Prüfungsverfahren im Detail ausgestalten kann. Denn die entsprechenden Vorschriften im Vorschlag zur Änderung der Richtlinie (EU) 2017/1132 sind – kommt es zur Verabschiedung des Richtlinienänderungsvorschlags – das Ergebnis einer vom politischen Gesetzgeber zu treffenden Wertentscheidung.

Die von *Martens* als erforderlich identifizierte Wahl unter den verschiedenen Optionen, die bei der Konkretisierung eines abstrakten Prinzip des Unionsrechts zur Verfügung stehen[954], haben weder der Richtliniengeber noch der Bundesgesetzgeber im Anwendungsbereich des Art. 11 SE-RL bzw. § 43 SEBG zugunsten einer Prüfung des Missbrauchsverbots anlässlich der Eintragung der SE vorgenommen. Obwohl die Kommission außerdem bei der Fertigung des Vorschlags zur Änderung der Richtlinie (EU) 2017/1132 die Gelegenheit gehabt hätte, den präventiven Missbrauchskontrollansatz jedenfalls für die grenzüberschreitende

952 Oben, § 2D.I.

953 Ausführlich oben, § 1C.IV.3.d.

954 Oben, § 3B.II.3.b.

Verschmelzung zu implementieren, hat sie dies bewusst unterlassen. Sie schätzt das Missbrauchspotenzial bei grenzüberschreitenden Verschmelzungen ausweislich der Begründung des Vorschlags geringer ein, als bei grenzüberschreitendem Formwechsel und grenzüberschreitender Spaltung.[955] Dann liegt aber auch im gesetzgeberischen Unterlassen der Anordnung einer Prüfung des Art. 11 SE-RL bzw. § 43 SEBG anlässlich des Eintragungsverfahrens der SE eine von der Judikative zu berücksichtigende politische Wertentscheidung. Wie eben gesehen, ist zudem noch nicht einmal eine *de lege ferenda* angeordnete, am Vorbild des Richtlinienänderungsvorschlags orientierte präventive Missbrauchskontrolle im Gründungsverfahren der SE in Bezug auf die Tatbestandsmerkmale des Vorenthaltens und des Missbrauchens ein geeignetes Mittel zur Verhinderung des Missbrauchs nach Art. 11 SE-RL.

2. *Keine Berücksichtigung der arbeitsgerichtlichen Feststellung eines Verstoßes gegen § 43 SEBG durch das Registergericht*

Die in der Literatur vielfach – ohne nähere Ausführungen – vertretene Auffassung, das Registergericht könne die Eintragung einer SE bei einem Verstoß gegen § 43 Satz 1 SEBG ablehnen[956], kann vor diesem Hintergrund nicht überzeugen. Denn ein Verstoß gegen das Missbrauchsverbot gehört weiterhin nicht zum Prüfprogramm des Registergerichts. Der Prüfauftrag in Art. 12 Abs. 2 SE-VO ist eindeutig. Daran vermag auch eine mögliche rechtskräftige Entscheidung eines Arbeitsgerichts über das Vorliegen eines Verstoßes gegen § 43 Satz 1 SEBG nichts zu ändern.[957] Es geht bei der Zulässigkeit der Eintragung auch dann nicht um Rechte aus dem SEBG, wenn diese – rechtskräftig festgestellt – verletzt worden sind.

Da die Eintragung nach Art. 12 Abs. 2 SE-VO von registergerichtlicher Seite bereits erfolgen kann, wenn die sechsmonatige Verhandlungsfrist nach § 20 Abs. 1 SEBG erfolglos abgelaufen ist und auch die Prüfung der übrigen gesellschaftsrechtlichen Eintragungsvoraussetzungen gewöhnlicherweise nicht mehr Zeit in Anspruch nehmen dürfte, ist das Vorliegen einer rechtskräftigen arbeitsgerichtlichen Entscheidung bis zur Eintragung überdies unwahrscheinlich. Denn eine (arbeitsgerichtliche) rechtskräftige Entscheidung über einen Verstoß gegen

955 Begründung zum Vorschlag für eine Richtlinie des Europäischen Parlaments und des Rates zur Änderung der Richtlinie (EU) 2017/1132 in Bezug auf grenzüberschreitende Umwandlungen, Verschmelzungen und Spaltungen, 2018/0114 (COD), S. 23.

956 Nachweise in Fn. 931.

957 A.A. *Ramcke*, S. 260.

§ 43 Satz 1 SEBG wird angesichts der erforderlichen Berücksichtigung möglicher zukünftiger Entwicklungen der SE bzw. der erforderlichen Gesamtbetrachtung der der Umstrukturierungsmaßnahme voran- und nachgehenden Umstände des Einzelfalls sowie der Ermittlung der subjektiven Merkmale des Missbrauchsvorwurfs nicht innerhalb von sechs Monaten herbeizuführen sein.[958]

Die Diskussion um eine etwaige „Bindungswirkung" einer arbeitsgerichtlichen Feststellung eines Verstoßes gegen § 43 Satz 1 SEBG für das registergerichtliche Eintragungsverfahren geht daher an der Sache vorbei.[959] Die Frage der Bindung der Parteien im registergerichtlichen Verfahren an die Entscheidung des Arbeitsgerichts zu einem möglichen Verstoß gegen § 43 Satz 1 SEBG stellt sich nicht, da ein solcher Verstoß im Eintragungsverfahren nicht entscheidungserheblich ist. Die Arbeitnehmer stehen also gar nicht vor dem von den entsprechenden Stimmen beschworenen Dilemma, dass das Registergericht (besser: die Parteien des registergerichtlichen Verfahrens)[960] an die Entscheidung des Arbeitsgerichts nicht gebunden sei und einen Missbrauch selbst aber nicht prüfen dürfe.[961] Nur wenn das Eintragungsgericht einen Missbrauch prüfen könnte, wird die Frage der Bindungswirkung überhaupt virulent. Eine solche Prüfungskompetenz kraft richterlicher Rechtsfortbildung anzunehmen ist aber, wie eben gesehen, mit den Wertungen der deutschen Rechtsmissbrauchslehre und dem unionsrechtlichen Effektivitätsprinzip und Verhältnismäßigkeitsgrundsatz nicht vereinbar.

3. Keine Aussetzung des Eintragungsverfahrens durch das Registergericht

Ramcke schlägt eine obligatorische Aussetzung des Eintragungsverfahrens durch das Registergericht nach § 21 FamFG vor, wenn ein Verfahren über die Feststellung eines Verstoßes gegen § 43 Satz 1 SEBG beim Arbeitsgericht anhängig ist. Dabei soll das durch § 21 FamFG eingeräumte Ermessen des Registergerichts wegen der Bedeutung der betroffenen Beteiligungsrechte der Arbeitnehmer auf Null reduziert sein.[962]

958 Für die Feststellung einer materiell rechtswidrigen Beteiligungsvereinbarung so *Schürnbrand* in Habersack/Drinhausen, Art. 12 SE-VO Rn. 24.

959 Z.B. KK-AktG/*Kiem*, Art. 12 SE-VO Rn. 36 m.w.N.; wie hier *Rieble*/Junker, S. 94.

960 Zum Betroffenenkreis der Bindungswirkung richterlicher Entscheidungen *Rieble*/Junker, S. 94 m.w.N.

961 So aber (für die Kontrolle des Verhandlungsverfahrens) MüKoAktG/*Schäfer*, Art. 12 SE-VO Rn. 7.

962 *Ramcke*, S. 259.

a. *Keine Vorgreiflichkeit des arbeitsgerichtlichen Verfahrens für die Eintragungsentscheidung (§ 21 Abs. 1 Satz 1 Halbsatz 2 FamFG)*

Diese Auffassung vermag ebenso wenig zu überzeugen. Nach § 21 Abs. 1 Satz 1 FamFG kann das Gericht das Verfahren aus wichtigem Grund aussetzen, insbesondere wenn die Entscheidung ganz oder zum Teil von dem Bestehen oder Nichtbestehen eines Rechtsverhältnisses abhängt, das den Gegenstand eines anderen anhängigen Verfahrens bildet. Die Feststellung eines Verstoßes gegen das Missbrauchsverbot erfüllt das Regelbeispiel des „wichtigen Grundes" in § 21 Abs. 1 Satz 1 Halbsatz 2 FamFG jedenfalls nicht. Dafür müsste die Entscheidung in dem arbeitsgerichtlichen Verfahren vorgreiflich für das Eintragungsverfahren sein.[963] Die Eintragungsentscheidung des Registergerichts hängt von einem Verstoß gegen § 43 Satz 1 SEBG aber nicht ab. Denn das Vorliegen der Voraussetzungen des § 43 SEBG fällt, wie eben festgestellt, noch nicht einmal in die Prüfungskompetenz des Registergerichts.

b. *Kein sonstiger wichtiger Grund kraft richterlicher Rechtsfortbildung des § 43 Satz 1 SEBG i.V.m. § 21 Abs. 1 Satz 1 Halbsatz 1 FamFG*

Eine Aussetzung nach § 21 Abs. 1 Satz 1 FamFG ist aber auch bei Vorliegen eines sonstigen wichtigen Grundes zulässig. Wann ein solcher vorliegt, erschließt sich weder aus dem Gesetz noch aus der dazugehörigen Regierungsbegründung.[964] Die Vorschrift kann als Generalklausel bezeichnet werden, die bislang durch Fallgruppen konkretisiert wurde.[965] So soll es ein wichtiger Grund zur Aussetzung eines streitigen Verfahrens sein, wenn die Beteiligten an einer Mediation teilnehmen.[966] Anerkannt ist ein Aussetzungsbedürfnis zum Beispiel auch in Fällen der Erbfolgeklärung beim Tod eines Beteiligten oder der Vertreterbestellung bei Verlust der Verfahrensfähigkeit eines Beteiligten.[967]

Den etablierten Fallgruppen ist gemein, dass die Aussetzung nur erfolgen soll, wenn jedenfalls irgendeine inhaltliche Beeinflussung des ausgesetzten Verfahrens erwartet werden kann. Dies folgt auch aus dem Zweck der Aussetzungsvorschrift, eine doppelte Prüfung von identischen Fragen zu vermeiden.[968] Dabei muss eine

---

963 MüKoZPO/*Papst*, § 21 FamFG Rn. 14.

964 *Gomille* in Haußleiter, § 21 FamFG Rn. 3.

965 MüKoZPO/*Papst*, § 21 FamFG Rn. 4.

966 BT-Drs. 16/6308, S. 184.

967 MüKoZPO/*Papst*, § 21 FamFG Rn. 5 f.

968 OLG Karlsruhe, Beschluss vom 28. April 2016 - 11 W 31/16 (Wx) - NZG 2016, 946 (947).

„zwingende Notwendigkeit" zur Aussetzung des Verfahrens nicht vorliegen, andererseits soll mehr als eine „bloße Zweckmäßigkeit" der Aussetzung erkennbar sein.[969] Die Aussetzungsoption des § 21 FamFG dient „der Entscheidungsharmonie und der sachlich gebotenen Berücksichtigung von Umständen, die außerhalb des Verfahrens liegen".[970] Sie ist wegen ihres Ausnahmecharakters eng auszulegen. Eine Aussetzung des Verfahrens kommt nur in Betracht, wenn besonders triftige, sachliche Gründe eine Aussetzung nahelegen.[971]

Dies vorangestellt, ist ein arbeitsgerichtliches Verfahren zur Feststellung eines Verstoßes gegen § 43 Satz 1 SEBG kein wichtiger Grund im Sinne des § 21 FamFG zur Aussetzung des registergerichtlichen Eintragungsverfahrens. Die arbeitsgerichtliche Feststellung eines Verstoßes gegen § 43 Satz 1 SEBG ist nicht geeignet, das Eintragungsverfahren zu beeinflussen. Hierzu müsste das Registergericht berechtigt sein, die Eintragung im Fall eines Verstoßes gegen § 43 Satz 1 SEBG zu versagen. Ein solches Recht ist gesetzlich nicht normiert. Auch der Vorschrift des § 43 Satz 1 SEBG selbst ist ein solches Recht des Registergerichts nicht zu entnehmen. Es kann auch nicht mithilfe rechtsfortbildender (gesetzesübersteigernder) Konkretisierung des § 43 Satz 1 SEBG auf Rechtsfolgenseite konstruiert werden.[972]

V. Keine Nichtigerklärung oder Auflösung der SE

1. Keine Nichtigerklärung der SE wegen eines Verstoßes gegen § 43 Satz 1 SEBG

Weder die SE-VO selbst, noch das SEAG regeln die Voraussetzungen der Nichtigerklärung der SE. Art. 30 Satz 1 SE-VO schließt die Nichtigerklärung einer durch Verschmelzung gegründeten SE explizit aus, die Nichtigerklärung auch wegen eines Verstoßes gegen § 43 Satz 1 SEBG kommt für diesen Fall also von vornherein nicht in Betracht.[973] Im Übrigen unterliegt die SE mit Sitz in Deutschland hinsichtlich der Nichtigerklärung den Rechtsvorschriften, die auf eine deutsche Aktiengesellschaft anwendbar sind, Art. 9 Abs. 1 lit. c) ii) SE-VO.[974] Nach § 397 FamFG kann die Aktiengesellschaft im Handelsregister als nichtig gelöscht werden, wenn die Voraussetzungen einer Nichtigerklärung vorliegen.[975] Nach § 275

969 Baumbach/Lauterbach/Albers/Hartmann, § 21 FamFG Rn. 3.

970 *Gomille* in Haußleiter, § 21 FamFG Rn. 3.

971 OLG München, Beschluss vom 10. April 2018 – 31 Wx 72/18 – NZG 2018, 588.

972 Soeben, § 5B.IV.1.

973 *Ramcke,* S. 252.

974 MüKoAktG/*Koch,* § 275 AktG Rn. 4.

975 *Preuß* in Oetker, § 8 Rn. 160.

Abs. 1 Satz 1 AktG kann jeder Aktionär und jedes Mitglied des Vorstands und des Aufsichtsrates darauf klagen, dass die Gesellschaft für nichtig erklärt werde. Die Nichtigerklärung einer Aktiengesellschaft kann dabei ausschließlich auf die in Satz 1 aufgezählten Gründe gestützt werden (§ 275 Abs. 1 Satz 2 AktG). Ein Verstoß gegen § 43 SEBG ist dort freilich nicht aufgezählt – die durch die übrigen Gründungsformen entstandenen SEs können wegen eines Verstoßes gegen § 43 Satz 1 SEBG also ebenso wenig für nichtig erklärt werden.[976]

2. Keine Auflösung der SE wegen eines Verstoßes gegen § 43 Satz 1 SEBG

Die SE-VO regelt ein Verfahren zur Auflösung der SE nicht selbst, sondern verweist in Art. 63 SE-VO insoweit sogar ausdrücklich auf die Rechtsvorschriften, die für die Aktiengesellschaft maßgeblich wären, die nach dem Recht des Sitzstaats der SE gegründet worden ist. Für die SE-Gründung durch Verschmelzung bestimmt Art. 30 Satz 2 SE-VO das Fehlen einer Kontrolle der Rechtmäßigkeit der Verschmelzung nach Art. 25, 26 SE-VO als einen möglichen Grund für die Auflösung der SE. Zu dieser Rechtmäßigkeitskontrolle gehört zwar auch die Prüfung, ob eine Vereinbarung über die Beteiligung der Arbeitnehmer nach der SE-RL geschlossen wurde (Art. 26 Abs. 3 SE-VO), nicht aber, ob diese gegen Art. 11 SE-RL bzw. dessen Umsetzungsvorschrift verstößt.[977] Eine fehlerhafte Prüfung genügt für eine Auflösung nicht.[978] Erst Recht keine Aussage trifft Art. 26 Abs. 3 SE-VO zur Prüfung des Missbrauchsvorwurfs, wenn die Mitbestimmung in der SE durch die Auffangregelung der SE-RL bestimmt ist. Aus der Vorschrift des § 30 Satz 2 SE-VO lässt sich also lediglich entnehmen, dass die Auflösung der SE theoretisch auch aus anderen Gründen möglich ist.[979]

Die Auflösung der durch Verschmelzung gegründeten SE bemisst sich also, wie bei den auf anderem Gründungsweg entstandenen SEs, nach §§ 262 ff. AktG. § 262 Abs. 1 AktG zählt mögliche Auflösungsgründe auf (zu denen ein Verstoß gegen § 43 SEBG nicht gehört), wobei nach § 52 SEAG darüber hinaus das Auseinanderfallen von Satzungssitz und Verwaltungssitz der SE als Auflösungsgrund im Sinne des § 262 Abs. 1 Nr. 5 AktG zählt. Weiter bestimmt § 262 Abs. 2 AktG die nachfolgenden §§ 236 ff. AktG zur Auflösung und Abwicklung für anwendbar, wenn die Aktiengesellschaft aus anderen Gründen aufgelöst wird. Anerkannte Auflösungsgründe im Sinne dieser Vorschrift sind zum Beispiel die

976 *Ramcke*, S. 253.

977 *Ramcke*, S. 254.

978 *Caspar* in Spindler/Stilz, Art. 30 SE-VO Rn. 4.

979 *Ramcke*, S. 253.

Auflösung auf Grund der Nichtigkeitsklage nach § 277 Abs. 1 AktG oder die Auflösung wegen Gemeinwohlgefährdung nach § 396 Abs. 1 AktG.[980] § 262 Abs. 2 AktG nimmt also Auflösungsgründe kraft anderer gesetzlicher Bestimmungen in Bezug.[981] Eine solche Auflösungsmöglichkeit sieht § 43 SEBG wiederum nicht vor.[982] Eine Auflösung der SE wegen eines Verstoßes gegen § 43 SEBG kommt also nicht in Betracht.

3. *Keine Nichtigerklärung oder Auflösung der SE kraft richterlicher Rechtsfortbildung*

Eine richtlinienkonforme Rechtsfortbildung der entsprechenden Vorschriften zur Nichtigerklärung und Auflösung von Aktiengesellschaften oder des § 43 SEBG selbst dahingehend, dass auch für den Fall eines Verstoßes gegen § 43 Satz 1 SEBG eine Abwicklung der SE in Betracht kommt, liegt nicht nur wegen des eindeutigen Wortlauts der genannten Bestimmungen fern. Die Auflösung oder Nichtigerklärung sind, wie *Ramcke* zutreffend feststellt, schon keine geeigneten Maßnahmen im Sinne von Art. 11 SE-RL, da ein Erlöschen der SE deren Arbeitgeberfunktion beendet und nicht Beteiligungsrechte der Arbeitnehmer wahrt.[983] Auch der Gesetzgeber ging davon aus, dass es aus gesellschaftsrechtlichen Gründen nur eingeschränkt möglich sein wird, vollzogene grenzüberschreitende Maßnahmen rückgängig zu machen.[984] Im Übrigen ist die Nichtigerklärung oder Auflösung der SE kraft Rechtsfortbildung mit Blick auf die Interessen der Anteilseigner unverhältnismäßig, da die Beteiligungsrechte der Arbeitnehmer bei einem Verstoß gegen § 43 SEBG auch durch Anerkennung des Anspruchs auf Neuverhandlungen gewahrt werden können.[985]

C. Ergebnis

Art. 11 SE-RL ist auf Rechtsfolgenseite von der Legislative durch die Vorschrift des § 45 Abs. 1 Nr. 2 SEBG konkretisiert worden. Die strafrechtliche Sanktion allein ist aber nicht geeignet, den Missbrauch der SE zum Entziehen oder Vorenthalten effektiv zu verhindern. Nach dem Regelungsauftrag in Art. 11 SE-RL

---

980 *Servatius* in Grigoleit, § 262 AktG Rn. 15.

981 OLG Düsseldorf, Beschluss vom 29. Mai 1987 – 3 W 447/85 – NJW-RR 1988, 354 (355).

982 *Ramcke*, S. 255.

983 *Ramcke*, S. 256.

984 BT-Drs. 15/3405, S. 57; *Sagan* in Bieder/Hartmann, 171 (198).

985 Soeben, § 5B.II.3.

ist deswegen auch von der deutschen Judikative ein Konkretisierungsbeitrag zu leisten. Dieser sollte unter Berücksichtigung der deutschen Rechtsmissbrauchslehre und des unionsrechtlichen Effektivitätsprinzips richtigerweise in der Anerkennung eines eigenen Anspruchs der Arbeitnehmer gegen den SE-Betriebsrat und die Leitung der SE auf Durchführung von Neuverhandlungen vor dem Hintergrund der gesetzesmäßigen Auffangregelung aus ermessensreduziertem § 18 Abs. 3 SEBG (analog) i.V.m. § 242 BGB bestehen.

§ 6 Mitbestimmungsrelevante Umstrukturierungsmaßnahmen im Anwendungsbereich des § 43 SEBG

Nachstehend werden die eingangs identifizierten Fallgruppen zur Veränderung des Mitbestimmungsstatuts einer deutschen Gesellschaft unter Einsatz einer SE[986] unter Anwendung der im Rahmen der unionsrechtsautonomen Interpretation des Art. 11 SE-RL gefundenen Ergebnisse auf ihre Vereinbarkeit mit § 43 SEBG überprüft und der Anwendungsbereich der Vorschrift hierdurch weiter konkretisiert.[987]

A. Konservierung des mitbestimmungsrechtlichen Status Quo

I. Konservierung des Mitbestimmungsstatuts ohne Vorbereitungshandlungen

1. Vorenthalten von Beteiligungsrechten nach § 43 Satz 1 SEBG

Die für die Auslegung des § 43 SEBG maßgebliche unionsrechtsautonome Konkretisierung des Art. 11 SE-RL ergab, dass den Arbeitnehmern für ein tatbestandliches Vorenthalten Beteiligungsrechte versagt werden müssen, auf die sie einen Anspruch haben. Dabei sind Beteiligungsrechte zu berücksichtigen, die den Arbeitnehmern durch nach der SE-Gründung stattfindende Entwicklungen erst entstanden wären. Die präventive Gründung einer SE vor Erreichen der mitbestimmungsrechtlich relevanten Schwellenwerte oder vor dem Verlust des Tendenzschutzes stellt damit ein Vorenthalten nach § 43 Satz 1 SEBG dar, wenn nach der Gründung die entsprechenden Entwicklungen zum Überschreiten der Schwellenwerte oder für den Verlust des Tendenzschutzes stattfinden.

2. Missbrauch der Rechtsform der SE nach § 43 Satz 1 SEBG

Das Vorenthalten der Beteiligungsrechte der Arbeitnehmer durch präventive Konservierung des Mitbestimmungsstatuts mit Hilfe des Einsatzes der SE ist aber

---

986 Oben, § 2B.

987 Dabei handelt es sich nicht um eine abschließende Darstellung der unter Einsatz einer SE möglichen Mitbestimmungsbeeinflussungsmaßnahmen. Einen detailreichen Überblick schafft *Ramcke*, S. 357 ff.

nur unter zusätzlichen Voraussetzungen missbräuchlich nach § 43 Satz 1 SEBG. Die SE muss objektiv zweckwidrig, also ihrer eigentlichen Bestimmung zuwiderlaufend gebraucht werden. Bestimmung der SE ist es nicht, die Beteiligungsrechte der Arbeitnehmer der SE zu gefährden, sondern grenzüberschreitende Tätigkeiten zu erleichtern. Das bloße Vorenthalten von Beteiligungsrechten durch Gründung einer SE kann aber der Bestimmung der SE – unabhängig von etwaigen von der SE-VO geschützten Zielen – nicht zu wider laufen, da der Eintritt des Zementierungseffekts die in der SE-RL angelegte Folge jeder SE-Gründung ist. Der Gebrauch dieses gesetzlich eröffneten Gestaltungsspielraums ist deswegen nicht objektiv zweckwidrig und verstößt nicht gegen § 43 Satz 1 SEBG.[988]

II. Konservierung des Mitbestimmungsstatuts mit Vorbereitungshandlungen

1. Vorenthalten von Beteiligungsrechten nach § 43 Satz 1 SEBG

Anders kann der Fall liegen, wenn mehrstufige Konstruktionen gewählt werden, um zunächst einen zementierungswürdigen Zustand zu schaffen und den Konservierungseffekt der SE-Gründung dann auszunutzen. Dann geht es nicht um eine von der SE-RL nicht umfasste Sicherung eines „künftigen Besitzstandes“[989], sondern um den Schutz eines vorhandenen Besitzstandes vor seiner Abschaffung. Die Gründung der SE stellt dann ein Vorenthalten nach § 43 Satz 1 SEBG dar, wenn die mitbestimmungsrechtlichen Schwellenwerte nach der Gründung wieder überschritten werden (oder etwa der Verlust des Tendenzschutzes eintritt).

2. Missbrauch der Rechtsform der SE nach § 43 Satz 1 SEBG

a. Objektive Zweckwidrigkeit des Einsatzes der SE

Der Einsatz der SE ist objektiv zweckwidrig, wenn durch ihn ausschließlich die negative Veränderung des Mitbestimmungsstatuts erreicht wird. Auch hier lässt sich zwar zunächst argumentieren, dass der Eintritt des Zementierungseffekts infolge der SE-Gründung allein keinen der SE-VO und der SE-RL zuwiderlaufenden Gebrauch der SE begründen kann. Kommt es zum Eintritt des Zementierungseffekts aber im Rahmen einer mehrstufigen Umstrukturierungsmaßnahme

---

988 *Drinhausen/Keinath,* BB 2011, 2269 (2704); *Ege/Grzimek/Schwarzfischer,* DB 2011, 1205 (1208); *Ramcke,* S. 357 ff.; *Rieble,* BB 2006, 2018 (2022); *Sagan* in Bieder/Hartmann, 171 (204); allgemein *Wollburg/Banerjea,* ZIP 2005, 277 (281).

989 *Rieble,* BB 2006, 2018 (2022), Fn. 44.

nur, weil ein entsprechender zementierungswürdiger Zustand erst geschaffen wurde, liegt hierin gerade kein bloßes Ausnutzen der Vorschriften der SE-RL bzw. des SEBG. Die Voraussetzungen des Zementierungseffekts könnten vielmehr willkürlich, entgegen dem Zweck der SE-VO und der SE-RL, überhaupt erst geschaffen worden sein.[990]

Werden durch die mehrstufige SE-Gründung bei objektiver Betrachtung aber auch die von der SE-VO geschützten Ziele erreicht, kommt es auf den von den Umständen der konkreten Umstrukturierung abhängigen Ausgleich der Ziele der SE-VO und der SE-RL an. Im Rahmen dieses Ausgleichs ist zu berücksichtigen, ob mit unionsrechtlich bedingten alternativen Mitbestimmungsvermeidungsstrategien das gleiche Ergebnis in zulässiger Weise erzielt werden kann.[991]

Unter Anwendung dieser Grundsätze kommt es also vor allem darauf an, ob das Unternehmen vor und/oder nach der Gründung der SE grenzüberschreitend tätig ist und diese Tätigkeit nicht nur durch die Gründung der SE, sondern gerade durch die Durchführung der mehrstufigen Umstrukturierungsmaßnahme Erleichterung erfährt. Die Marktausrichtung des Unternehmens in der Vergangenheit und die strategische Planung für die Zukunft sind dabei zu berücksichtigen. Auch die bloße Firmierung als SE kann aber für die grenzüberschreitende Tätigkeit gewinnbringend sein. Da der Rechtsformwechsel jeder Gründung einer SE immanent ist, muss der hierdurch begründete Mehrwert beim Ausgleich der Ziele der SE-VO und der SE-RL in den Hintergrund treten.

Überwiegen bei objektiver Betrachtung die durch die mehrstufige Umstrukturierungsmaßnahme in Bezug auf die grenzüberschreitende Tätigkeit ausgelösten Vorteile die Beeinträchtigung der Beteiligungsrechte der Arbeitnehmer, ist der Einsatz der SE nicht objektiv zweckwidrig. Schafft die Umstrukturierung keinen oder nur unwesentlichen unternehmerischen Mehrwert, ist sie wegen des dann vorrangig zu berücksichtigenden Schutzzwecks der SE-RL objektiv zweckwidrig. Dabei ist zu beachten, dass geringere Anforderungen an den Mehrwert der Gründung der SE für die grenzüberschreitende Tätigkeit zu stellen sind, wenn nicht eine bestehende Mitbestimmungsfreiheit, sondern die Drittelbeteiligung festgeschrieben wird. Denn der unionsrechtliche Rechtsrahmen sieht die Zementierung einer vorhandenen Mitbestimmung (z.B. nach dem deutschen DrittelbG) auch nach der IntVerschmRL und – sollte er verabschiedet werden – dem Vorschlag zur Änderung der Richtlinie (EU) 2017/1132 vor. Die Zementierung einer bestehenden Mitbestimmungsfreiheit durch die SE-Gründung (und

990 Ebenso *Ramcke*, S. 199.

991 Oben, § 4D.II.

die SCE-Gründung) hingegen ist unionsrechtlich einmalig und hat sich nicht als von dem Rechtsrahmen des Binnenmarkts vorgegebenes Gestaltungsmittel etabliert.[992]

b. Missbrauchsabsicht

Den Unternehmensleitungen und/oder Anteilseignern muss es nach der unionsrechtsautonomen Konkretisierung des Art. 11 SE-RL darauf ankommen, den Arbeitnehmern durch die Gründung der SE Beteiligungsrechte vorzuenthalten. Dieses Konkretisierungsergebnis wird im Anwendungsbereich des § 43 SEBG durch den Regierungsentwurf bestätigt, wonach verhindert werden soll, dass die Rechtsform der SE „gezielt" ausgenutzt wird, um Arbeitnehmern Beteiligungsrechte vorzuenthalten oder zu entziehen.[993] Außerdem spricht für eine enge Auslegung des § 43 Satz 1 SEBG und damit hohe Anforderungen an das subjektive Missbrauchselement die Strafbewehrung eines Verstoßes gegen § 43 Satz 1 SEBG in § 45 Abs. 1 Nr. 2 SEBG.[994]

Bei der Prüfung des absichtlichen Vorgehens ist wiederum eine umfassende Würdigung des Einzelfalls vorzunehmen, insbesondere der künstliche Charakter einer Umstrukturierungsmaßnahme ist hierbei zu berücksichtigen. Dabei sind alle der Maßnahme voran- und nachgehenden Umstände des Einzelfalls einzubeziehen, wenn sie in einem subjektiven Zusammenhang zueinander stehen.[995] Ist der Einsatz der SE bereits objektiv zweckwidrig, weil mit der Gründung keine oder nur unwesentliche von der SE-VO geschützten Ziele erreicht werden, spricht dies dafür, dass die Handelnden keinen wesentlichen anderen Grund bei der Gründung der SE verfolgten, als das Vorenthalten von Beteiligungsrechten.[996] Je enger der zeitliche Zusammenhang zwischen der Gründung

---

992 Oben, § 4D.II.2.c und § 2C.I.

993 BR-Drs. 438/04, S. 143; dieses Argument z.B. auch bei *Wollburg/Banerjea,* ZIP 2005, 277 (281); für ein absichtliches oder gezieltes Vorgehen ebenfalls KK-AktG/*Feuerborn,* § 43 SEBG Rn. 4; Ulmer/Habersack/*Henssler,* § 43 SEBG Rn. 7 m.w.N.; *Hohenstatt/Müller-Bonanni* in Habersack/Drinhausen, § 43 SEBG Rn. 3; *Oetker* in Lutter/Hommelhoff/Teichmann, § 43 SEBG Rn. 8; *Wollburg/Banerjea,* ZIP 2005, 277 (281); a.A. *Forst,* NZG 2009, 687 (690); MüKoAktG/*Jacobs,* § 43 SEBG Rn. 4 m.w.N. und *Ramcke,* S. 209 f., S. 330 f. halten nur direkten Vorsatz in Bezug auf die Umstände, die den objektiven Tatbestand des Missbrauchs begründen, für erforderlich.

994 Z.B. *Kleinmann/Kujath* in Manz/Mayer/Schröder, § 43 SEBG Rn. 2; für eine restriktive Auslegung auch *Feldhaus/Vanscheidt,* BB 2008, 2246 (2248); MüKoAktG/*Jacobs,* § 43 SEBG Rn. 1 m.w.N.

995 Zum Ganzen oben, § 4D.III.

996 Ebenso Ulmer/Habersack/*Henssler,* § 43 SEBG Rn. 7 m.w.N.

der SE und dem nachträglichen Überschreiten der Schwellenwerte oder dem Verlust des Tendenzschutzes ist, umso mehr spricht bei einem tatbestandlichen Vorenthalten für einen künstlichen Charakter der Gründungsmaßnahme. Die Veränderung der Beteiligungsrechte muss – wie bei Art. 11 SE-RL – nicht alleiniges, sondern wesentliches Motiv der Handelnden sein.[997] In richtlinienkonformer Auslegung des § 43 SEBG entkräften wesentliche andere Gründe für die Gründung der SE den subjektiven Tatvorwurf.[998]

Die der Gründung der SE vorangegangenen Maßnahmen finden bei der Prüfung des subjektiven Tatbestandsmerkmals des Missbrauchens besondere Berücksichtigung: Je kürzer die Durchführung dieser Maßnahmen vor der Gründung der SE bzw. das hypothetische Zurückfallen in das entsprechende Mitbestimmungsregime nach der Gründung der SE stattfinden, umso mehr spricht für den künstlichen Charakter der Gründung der SE. Das eingangs aufgeführte Beispiel der Übernahme einer deutschen AG durch eine EU-ausländische Aktiengesellschaft im Wege des Asset Deals mit anschließender Umwandlung der ausländischen AG in eine SE und nachfolgender Sitzverlegung nach Deutschland[999] kann damit einen Verstoß gegen § 43 Satz 1 SEBG begründen.[1000] Gleiches gilt für den Fall, dass Arbeitnehmer nur vorrübergehend ausgelagert werden, um während dieser Zeit unter Einsatz der SE ein niedrigeres Mitbestimmungsniveau festzuschreiben.[1001]

3. *Zwischenergebnis*

Die Gründung einer SE vor Erreichen der mitbestimmungsrechtlich relevanten Schwellenwerte oder vor Verlust des Tendenzschutzes kann nur im Rahmen von mehrstufigen Umstrukturierungsmaßnahmen, bei denen entsprechende Vorbereitungshandlungen zur Absenkung des in der Gründungsgesellschaft bestehenden Mitbestimmungsniveaus getroffen werden, einen Verstoß gegen § 43 Satz 1 SEBG begründen. Dazu müssen die Schwellenwerte nach Gründung der SE

997 Ebenso Ulmer/Habersack/*Henssler,* § 43 SEBG Rn. 7 m.w.N.

998 Für die Berücksichtigung jedes sachlichen Rechtfertigungsgrundes KK-AktG/*Feuerborn,* § 43 SEBG Rn. 4; wie hier Ulmer/Habersack/*Henssler,* § 43 SEBG Rn. 7 („sachlich nachvollziehbare Gründe") m.w.N.; a.A. MüKoAktG/*Jacobs,* § 43 SEBG Rn. 4 mit umfangreichen Nachweisen zum Streitstand.

999 Hierzu oben, § 2B.I.2.b.

1000 A.A. *Ramcke,* S. 391 ff.

1001 *Drinhausen/Keinanth,* BB 2011, 2699 (2705); Ulmer/Habersack/*Henssler,* § 43 SEBG Rn. 11; *Ramcke,* S. 428 ff.

(hypothetisch) überschritten werden oder der Verlust des Tendenzschutzes eintreten. Weiter dürfen die durch die SE-Gründung eintretenden Vorteile für die grenzüberschreitende Tätigkeit des Unternehmens die Beeinträchtigung der Beteiligungsrechte bei objektiver Betrachtung nicht überwiegen. Bei der Zementierung einer Drittelbeteiligung sind hieran geringere Anforderungen zu stellen als bei der Zementierung einer Mitbestimmungsfreiheit. Schließlich muss die SE-Gründung absichtlich vor Erreichen der Schwellenwerte oder Verlust des Tendenzschutzes vorgenommen werden und keine wesentlichen anderen Ziele bei der SE-Gründung verfolgt worden sein.

B. Veränderung des mitbestimmungsrechtlichen Status Quo durch mehrstufige Umstrukturierungsmaßnahmen

I. Bildung einer mitbestimmungsfreien Konzernspitze

1. Repositionierung einer konzerninternen Tochtergesellschaft

Gründet eine Tochtergesellschaft im Konzern eine mitbestimmungsfreie SE und erwirbt anschließend von den Aktionären der mitbestimmten Obergesellschaft die Anteile an der bisherigen Obergesellschaft, kann die mitbestimmungsfreie Tochtergesellschaft in der Rechtsform der SE zur neuen Obergesellschaft umstrukturiert werden. Hierdurch werden die Vorschriften zur Konzernzurechnung nach § 2 Abs. 2 DrittelbG; § 5 Abs. 1 MitbestG durchbrochen. Die Tochtergesellschaften im Konzern werden nunmehr von der mitbestimmungsfreien SE „durchregiert".[1002]

a. Berücksichtigungsfähigkeit der Beteiligungsrechte der Arbeitnehmer im Konzern nach § 43 SEBG

Auch diese durch die Konzernzurechnungsvorschriften vermittelten Beteiligungsrechte der Arbeitnehmer[1003] der Tochtergesellschaften sind vom Schutzzweck des § 43 SEBG umfasst. Dies folgt schon aus der unionsrechtsautonomen Konkretisierung des Art. 11 SE-RL.[1004] Auch nach der Begründung des Regierungsentwurfs des SEBG sollen die über die mitbestimmungsrechtlichen Zurechnungsvorschriften vermittelten Wahlrechte der Arbeitnehmer im Konzern durch die Vorschriften des SEBG geschützt werden. So werden in § 15 Abs. 3

1002 Oben, § 2B.II.1.a.
1003 Zum Begriff der Arbeitnehmer ausführlich *Ramcke*, S. 235.
1004 Oben, § 4A.II.

SEBG die Arbeitnehmer in den betroffenen Tochtergesellschaften berücksichtigt, um die Wahlrechte der Arbeitnehmer im Konzern zu erhalten.[1005] Nach § 2 Abs. 9 Satz 2 SEBG schließlich soll die Legaldefinition der Beteiligungsrechte der Arbeitnehmer auch die im Konzernverbund über § 5 Abs. 1 MitbestG vermittelten Wahlrechte der Arbeitnehmer für die Obergesellschaft umfassen.[1006] Davon zu unterscheiden sind – wie bei Art. 11 SE-RL – Situationen, in denen in der Gründungsgesellschaft selbst kein mitbestimmtes Organ besteht, ihre Arbeitnehmer aber Beteiligungsrechte in einer Obergesellschaft ausüben. Kommt es zur Entkonzernierung solcher Gesellschaften im Zuge der SE-Gründung, entfallen die Beteiligungsrechte der Arbeitnehmer. Diese Beteiligungsrechte schützen weder Art. 11 SE-RL noch § 43 SEBG. Denn der Einsatz der SE ist für den Verlust ihrer Beteiligungsrechte nicht ursächlich.[1007]

b. Entziehen von Beteiligungsrechten nach § 43 Satz 1 SEBG durch die Gründung der SE

aa. Anforderungen an ein Entziehen von Beteiligungsrechten durch die Gründung einer SE

In richtlinienkonformer Interpretation des § 43 Satz 1 SEBG kommt es für ein tatbestandliches Entziehen von Beteiligungsrechten auf eine Verringerung der Mitbestimmungsrechte durch die Gründung der SE an. Dafür ist ein Vergleich der im Aufsichtsorgan der Gründungsgesellschaft geltenden Mitbestimmungsquote zum Zeitpunkt des Endes der Verhandlungsphase mit derjenigen, die ab dem Zeitpunkt der Eintragung der SE im entsprechenden Organ gilt, vorzunehmen.[1008]

bb. Kein Entziehen von Beteiligungsrechten durch die Gründung der SE

Die Gründung der mitbestimmungsfreien SE führt danach im Beispielsfall nicht zu einer Verringerung des Anteils der Arbeitnehmervertreter im schon vor der Gründung der SE mitbestimmungsfreien Aufsichtsorgan der Tochtergesellschaft. Solange die nach deutschem Recht gegründete SE ihren

---

1005 BT Drs. 15/3405, S. 54.

1006 BT-Drs. 15/3405, S. 44.

1007 *Rieble*, BB 2006, 2018 (2022); oben, § 4A.II.3; für § 18 Abs. 3 SEBG *Löw/Stolzenberg*, BB 2017, 245 (246) m.w.N.

1008 Oben, § 4B.III.

Verwaltungs- bzw. Satzungssitz (Art. 7 Satz 1 SE-VO) im deutschen Inland hat, haben die Arbeitnehmer der SE zudem weiterhin ein aktives und passives Wahlrecht hinsichtlich des Aufsichtsorgans der Konzernspitze.[1009] Den Arbeitnehmern der übrigen Tochtergesellschaften können Beteiligungsrechte ebenso wenig entzogen werden, da die Arbeitnehmer der neugegründeten SE – solange sie ihren Sitz in Deutschland behält – weiterhin bei der Ermittlung der Arbeitnehmerzahl berücksichtigt werden. Die Konzernzurechnungsvorschriften der deutschen Mitbestimmungsgesetze differenzieren nicht nach der Rechtsform des abhängigen Unternehmens.[1010]

c. *Entziehen von Beteiligungsrechten nach § 43 Satz 1 SEBG durch strukturelle Änderungen einer SE*

aa. Anforderungen an ein Entziehen von Beteiligungsrechten durch strukturelle Änderungen einer SE

[1] Umwandlungsmaßnahmen unter Beteiligung der SE

Die unionsrechtsautonome Konkretisierung des Art. 11 SE-RL ergab, dass ein tatbestandliches Entziehen von Beteiligungsrechten auch durch Vorgänge nach Eintragung der SE begründet werden kann.[1011] Dies gilt dann wegen des Erfordernisses richtlinienkonformer Interpretation auch für § 43 Satz 1 SEBG. Dabei sind vor allem wegen des Wortlauts des Erwägungsgrunds (18) SE-RL und der Zielsetzung der SE-VO nur „strukturelle Änderungen" der SE berücksichtigungsfähig, die gründungsähnlichen Charakter haben.[1012] Wegen der berücksichtigungsfähigen Wertung der Mitbestimmungsbeibehaltungsvorschriften des Vorschlags zur Änderung der Richtlinie (EU) 2017/1132 sind dies in jedem Fall Verschmelzungen, Spaltungen oder formwechselnde Umwandlungen unter Beteiligung der SE.[1013]

1009 Auf die Rechtsform der abhängigen Personengesellschaft kommt es nicht an, *Habersack*, AG 2007, 641 (644 f.).

1010 Für § 5 MitbestG Wlotzke/Wißmann/*Koberski*/Kleinsorge, § 5 Rn. 17; in diese Richtung auch *Ramcke*, S. 239.

1011 Oben, § 4B.III; eine umfassende Auslegung des Begriffs im Rahmen des § 43 Satz 2 SEBG nimmt Ramcke, S. 285 ff. vor.

1012 Für Art. 11 SE-RL so *Mader*, S. 170.

1013 Zum Ganzen oben, § 4B.III; im Ergebnis so auch *Mader*, S. 170 f.

Auf ein von Teilen der Literatur gefordertes „erhebliches Gewicht“[1014] des Vorgangs kommt es dagegen nicht an. Jede Umwandlungsmaßnahme unter Beteiligung der SE, die zum Entziehen von Beteiligungsrechten der Arbeitnehmer in der SE oder in den von den strukturellen Änderungen betroffenen Gesellschaften führt, ist berücksichtigungsfähig. Dies wird auch durch die Begründung des Regierungsentwurfs zu § 18 Abs. 3 SEBG bestätigt. Danach liegen strukturelle Änderungen auch ohne ein „außerordentliches Gewicht“ vor, wenn eine SE ein mitbestimmtes Unternehmen mit einer größeren Zahl von Arbeitnehmern „aufnimmt“ (womit wohl die Verschmelzung auf die SE angesprochen ist[1015]), in der SE aber bisher keine Mitbestimmung gilt.[1016] An anderer Stelle benennt der Regierungsentwurf Fusionen und Abspaltungen als Beispiele für strukturelle Änderungen.[1017]

Die Berücksichtigungsfähigkeit struktureller Änderungen der SE ist dabei im Anwendungsbereich des § 43 Satz 1 SEBG bei dessen richtlinienkonformer Interpretation zeitlich unbegrenzt.[1018] Die zeitliche Begrenzung auf ein Jahr aus § 43 Satz 2 SEBG gilt nur für die Anwendung des Vermutungstatbestands des § 43 Satz 2 SEBG.[1019]

[2] Sonstige Veränderungen der gesellschaftsrechtlichen Verfassung der SE

Im Übrigen sind nur solche gründungsähnlichen Änderungen der SE für ein tatbestandliches Entziehen von Beteiligungsrechten berücksichtigungsfähig, die unmittelbaren Einfluss auf die gesellschaftsrechtliche Verfassung der SE haben.[1020] Die Rechtsprechung hat den Begriff der strukturellen Änderungen noch nicht präzisiert.[1021] Strukturelle Änderungen müssen wegen Erwägungsgrund (18) SE-RL, nach welchem das bei der Neugründung der SE anzuwendende

---

1014 Für § 18 Abs. 3 SEBG *Feldhaus/Varenscheidt*, BB 2008, 2246 (2247); *Hohenstatt/Müller-Bonanni* in Habersack/Drinhausen, § 18 SEBG Rn. 9 m.w.N.; einen umfassenden Überblick über den Meinungsstand liefert *Ramcke*, S. 297 ff.

1015 MüKoAktG/*Jacobs*, § 18 SEBG Rn. 12 m.w.N.; *Wollburg/Banerjea*, ZIP 2005, 277 (278); für eine Anlehnung an das Umwandlungsgesetz auch *Feldhaus/Vanscheidt*, BB 2008, 2246 (2247).

1016 BT-Drs. 15/3405; ausführlich zur Durchführung der Neuverhandlungen in diesem Fall *Nagel*, ZIP 2011, 2047 (2048 f.).

1017 BT-Drs. 15/3405, S. 43.

1018 Oben, § 4B.III.3.

1019 *Oetker* in Lutter/Hommelhoff/Teichmann, § 43 SEBG Rn. 11; ausführlich sogleich § 6B.I.2.c.bb.

1020 A.A. *Sagan* in Bieder/Hartmann, 171 (203).

1021 *Ege/Grzimek/Schwarzfischer*, DB 2011, 1205 (1208).

Vorher-Nachher-Prinzip ergänzend bei einer strukturellen Änderung anwenden ist, aber „von ihrer Qualität her einer Neugründung gleichkommen".[1022] Erforderlich ist ein „korporativer Akt", der die gesellschaftsrechtliche Struktur der SE und nicht etwa nur die vorhandene Arbeitnehmerzahl der SE beeinflusst.[1023] Deswegen wird der Wechsel von der dualistischen zur monistischen Struktur als strukturelle Änderung qualifiziert.[1024] Die Aktivierung einer Vorrats-SE im Sinne ihrer wirtschaftlichen Neugründung erfüllt die Anforderungen an eine strukturelle Änderung, da sie wertungsmäßig einer Neugründung gleichkommt.[1025]

Die Beeinflussung der Organisationsstrukturen der SE allein genügt nicht.[1026] Für eine enges Verständnis des Begriffs der strukturellen Änderungen spricht im Anwendungsbereich des § 43 Satz 1 und Satz 2 SEBG zusätzlich noch der systematische Zusammenhang mit § 18 Abs. 3 Satz 1 SEBG. Denn § 18 Abs. 3 Satz 1 SEG eröffnet die Möglichkeit für Neuverhandlungen der Mitbestimmungsvereinbarung im Falle struktureller Änderungen der SE (die geeignet sind, Beteiligungsrechte der Arbeitnehmer zu mindern). Vor dem Hintergrund der zeitaufwendigen Verhandlungen zur Mitbestimmung der Arbeitnehmer in der SE bei ihrer Gründung, besteht aber nur ein geringes Interesse, den gefundenen Kompromiss wieder aufzulösen.[1027] Eine Satzungsänderung der SE müssen strukturelle Änderungen aber nicht erforderlich machen.[1028] Denn auch die

1022 Für § 18 Abs. 3 SEBG *Hohenstatt/Müller-Bonanni* in Habersack/Drinhausen, § 18 SEBG Rn. 9; *Rieble,* BB 2006, 2018 (2022) m.w.N.

1023 Für § 18 Abs. 3 SEBG z.B. KK-AktG/*Feuerborn,* § 18 SEBG Rn. 21 ff.; *Hohenstatt/Müller-Bonanni* in Habersack/Drinhausen, § 18 SEBG Rn. 9 f.; MüKoAktG/*Jacobs,* § 18 SEBG Rn. 12 m.w.N.; *Stolzenberg/Löw,* BB 2017, 245 (246) wollen in Ausnahmefällen auch Änderungen auch der betrieblichen Ebene berücksichtigen; a.A. auch *Oetker* in Lutter/Hommelhoff/Teichmann, § 18 SEBG Rn. 24; für *Ramcke,* S. 303, kommt es entscheidend für eine strukturelle Änderung darauf an, ob sie geeignet ist, Beteiligungsrechte von Arbeitnehmern vorzuenthalten oder zu entziehen; ähnlich in Bezug auf § 18 Abs. 3 SEBG *von der Höh,* S. 239.

1024 Dafür MüKoAktG/*Jacobs,* § 18 SEBG Rn. 16 m.w.N.; dagegen *Feldhaus/Varenscheidt,* BB 2008, 2246 (2251), die aber die Tatbestandsmerkmale der strukturellen Änderung und der Minderung von Beteiligungsrechten vermischen; KK-AktG/*Feuerborn,* § 18 SEBG Rn. 22 m.w.N.

1025 MüKoAktG/*Oechsler/Mihaylova,* Art. 2 SE-VO Rn. 49 m.w.N.; ausführlich zur Vorrats-SE sogleich, § 6B.I.3.a.

1026 Für § 18 Abs. 3 SEBG KK-AktG/*Feuerborn,* § 18 SEBG Rn. 21; MüKoAktG/*Jacobs,* § 18 SEBG Rn. 12 m.w.N.

1027 Dieses Argument *Feldhaus/Vanscheidt,* BB 2008, 2246.

1028 Für § 18 Abs. 3 SEBG *Feldhaus/Vanscheidt,* BB 2008, 2246 (2247); a.A. Ulmer/Habersack/*Henssler,* § 18 SEBG Rn. 9.

eben als strukturelle Änderung identifizierten Umwandlungsmaßnahmen unter Beteiligung einer SE machen Satzungsänderungen der SE nicht zwingend erforderlich.

Vor diesem Hintergrund lassen etwa der Erwerb und die Veräußerung einer Beteiligung[1029] die Struktur der SE ebenso unberührt wie das Anwachsen oder Absinken der Arbeitnehmerzahlen[1030] oder die bloße Sitzverlegung der SE.[1031] Gleiches muss für die Sekundärgründung einer SE-Tochter durch eine bestehende SE gelten.[1032] Auch die Veräußerung eigener Betriebe oder Betriebsteile der SE oder der Betriebsübergang auf eine SE infolge eines Asset Kaufs ist ohne Einfluss auf die gesellschaftsrechtliche Verfassung der SE und deswegen nicht als strukturelle Änderung zu qualifizieren.[1033]

bb. Kein Entziehen von Beteiligungsrechten nach § 43 Satz 1 SEBG durch den Erwerb der Anteile der Obergesellschaft

Der bloße Erwerb der Anteile der Obergesellschaft durch die bisherige Tochtergesellschaft in der (neuen) Rechtsform der SE begründet damit keine strukturelle Änderung der SE. Durch den Anteilserwerb ändert sich die gesellschaftsrechtliche Struktur der SE nicht.

d. Zwischenergebnis

Die Gründung einer mitbestimmungsfreien SE durch eine konzerninterne Tochtergesellschaft und ihre anschließende Repositionierung als neue

---

1029 *Habersack*, AG 2007, 641 (643); *Mader*, S. 173 f.; *Wollburg/Banerjea*, ZIP 2005, 277 (280 ff.).

1030 OLG Düsseldorf, Beschluss vom 30. März 2009 - I-3 Wx 248/08 - DNotZ 2009, 699 (701); *Habersack*, AG 2007, 641 (643); *Mader*, S. 175 f.; *Ramcke*, S. 455 m.w.N.; *von der Höh*, S. 238; *Wollburg/Banerjea*, ZIP 2005, 277 (282); a.A. *Nagel*, ZIP 2011, 2047 (2049); wenn die Anteile der Zielgesellschaft im Wege einer Sachkapitalerhöhung in die SE eingebracht werden differenzierend *Feldhaus/Vanscheidt*, BB 2008, 2246 (2249) und *Mader*, S. 175.

1031 *Forst*, S. 179; *Hohenstatt/Müller-Bonanni* in Habersack/Drinhausen, § 18 SEBG Rn. 10; *Mader*, S. 172 f.; *Wollburg/Banerjea*, ZIP 2005, 277 (283); a.A. *Ramcke*, S. 485.

1032 Hierzu oben, § 1B.III.6.c, S. 45.

1033 Mit einem umfassenden Überblick über die Einzelfälle struktureller Änderungen MüKoAktG/*Jacobs*, § 18 SEBG Rn. 11 ff., Rn. 18; *Ramcke*, S. 462 ff.; a.A. wohl *Feldhaus/Vanscheidt*, BB 2008, 2246 (2250); *Kleinsorge*, RdA 2002, 343 (351); *Nagel*, ZIP 2011, 2047 (2049 f.); *Sagan* in Bieder/Hartmann, 171 (205); wenn die Assets im Rahmen einer Kapitalerhöhung gegen Sacheinlage erworben werden differenzierend *Wollburg/Banerjea*, ZIP 2005, 277 (281).

Obergesellschaft durch den Erwerb der Anteile der bisherigen Obergesellschaft ist nicht geeignet, einen Verstoß gegen § 43 Satz 1 SEBG zu begründen.

2. *Verschmelzung der ehemaligen Obergesellschaft auf die repositionierte Tochtergesellschaft*

Anders liegt der Fall, wenn die ehemalige Obergesellschaft (Zwischengesellschaft) anschließend auf die Erwerber-SE verschmolzen wird.[1034] Ein Verstoß gegen § 43 Satz 1 SEBG kann in diesen Fällen vorliegen.[1035]

a. *Entziehen von Beteiligungsrechten nach § 43 Satz 1 SEBG durch strukturelle Änderung der SE*

Hierin liegt eine strukturelle Änderung der SE.[1036] Durch die Verschmelzung der Zwischengesellschaft auf die neue Holding-Gesellschaft werden den Arbeitnehmern im Konzern Beteiligungsrechte entzogen, wenn die Arbeitnehmer der Tochtergesellschaften nach der Repositionierung der SE in der Zwischengesellschaft noch Beteiligungsrechte nach § 5 Abs. 3 MitbestG ausüben konnten. Die kraft der Zurechnungsvorschrift des § 5 Abs. 3 MitbestG begründete Mitbestimmung im Aufsichtsorgan der Zwischengesellschaft ist wiederum vom Schutzzweck des § 43 SEBG (und des Art. 11 SE-RL) umfasst. Ob die Mitbestimmung in der Zwischengesellschaft durch den Entzug von Einflussnahmemöglichkeiten der Zwischengesellschaft auf die Geschäftsführung der Tochtergesellschaften geschwächt wurde[1037], ist für den Anwendungsbereich des § 43 SEBG unerheblich. Die Vorschrift unterscheidet nicht nach der Qualität der Mitbestimmungsrechte der Arbeitnehmer.[1038]

b. *Folge: Neuverhandlungsmöglichkeit nach § 18 Abs. 3 Satz 1 SEBG*

Wird die nach § 5 Abs. 3 MitbestG mitbestimmte Zwischengesellschaft auf die mitbestimmungsfreie SE verschmolzen, sind die Voraussetzungen des § 18 Abs. 3 Satz 1 SEBG unabhängig von einer weiteren Missbrauchsprüfung erfüllt. Denn in der Verschmelzung liegt eine strukturelle Änderung der SE, die geeignet ist, die Beteiligungsrechte der Arbeitnehmer im Konzern zu mindern. Ein

---

1034 Hierzu oben, § 1B.III.6.

1035 Im Ergebnis so auch *Ramcke*, S. 436 ff.

1036 *Wollburg/Banerjea*, ZIP 2005, 277 (282).

1037 Hierzu oben, § 2B.II.1.a.

1038 A.A. für Art. 11 SE-RL *Rehberg*, ZGR 2005, 859 (873).

etwaig vorhandener SE-Betriebsrat und die Leitung der SE haben die Möglichkeit, Neuverhandlungen zu veranlassen.[1039]

c. *Missbrauch der Rechtsform der SE nach § 43 Satz 1 SEBG*

aa. Objektive Zweckwidrigkeit des Einsatzes der SE und Missbrauchsabsicht

Im Anwendungsbereich des § 43 Satz 1 SEBG ist als nächstes zu prüfen, ob der Einsatz der SE zur Aufnahme der Zwischengesellschaft im Wege der Verschmelzung objektiv missbräuchlich ist und es den Unternehmensleitungen im Wesentlichen darauf ankam, den Arbeitnehmern hierdurch Beteiligungsrechte zu entziehen. Die unionsrechtsautonome Auslegung des Art. 11 SE-RL ergab, dass sowohl für das objektive als auch das subjektive Tatbestandsmerkmal des Missbrauchens eine umfassende Gesamtwürdigung aller Umstände des Einzelfalls vorzunehmen ist und hierbei auch dem Einsatz der SE voran- und nachgehende Vorgänge zu berücksichtigen sind.[1040]

Für einen objektiv zweckwidrigen Einsatz der SE und einen künstlichen Charakter der Umstrukturierungsmaßnahme spricht im Beispielsfall dann vor allem die mehrstufige Durchführung der Umstrukturierung über den Umweg der Gründung der SE durch die mitbestimmungsfreie Tochtergesellschaft. Denn die direkte formwechselnde Umwandlung der Obergesellschaft in eine SE (wenn sie seit mindestens zwei Jahren eine dem Recht eines anderen Mitgliedstaats unterliegende Tochtergesellschaft hatte) oder die Gründung einer SE durch Verschmelzung der Obergesellschaft mit einer EU-ausländischen Gesellschaft wären schneller durchzuführen gewesen. Der Eindruck eines künstlichen Charakters der mehrstufigen Umstrukturierungsmaßnahme verstärkt sich, je näher die einzelnen Maßnahmen zeitlich beieinander liegen. Ob wesentliche, vom Schutzzweck der SE-VO umfasste Vorteile durch die Durchführung der Umstrukturierung auf diesem Weg erreicht werden, hängt wiederum von den Umständen des Einzelfalls ab. Ist dies der Fall, ist beim Ausgleich der divergierenden Ziele der SE-VO und der SE-RL zugunsten der Ziele der SE-VO zu berücksichtigen, ob mit unionsrechtlich bedingten alternativen Mitbestimmungsvermeidungsstrategien das gleiche Ergebnis in zulässiger Weise erzielt werden kann.

1039 Kritisch zu den Durchführungsmöglichkeiten der Verhandlungen, wenn die SE keine eigenen Arbeitnehmer hat *Sigle* in FS Hommelhoff, 1123 (1126 f.).

1040 Ausführlich oben, § 4D.

Wie die Untersuchung eingangs gezeigt hat, schützt die Niederlassungsfreiheit derzeit zwar den Einsatz einer mitbestimmungsfrei gegründeten EU-ausländische Gesellschaft mitgliedstaatlicher Rechtsform als Obergesellschaft im Konzern oder als Komplementärin in der KG zur Durchbrechung der entsprechenden Zurechnungsvorschriften.[1041] Durch die IntVerschmRL und zukünftig möglicherweise durch den Vorschlag zu Änderung der Richtlinie (EU) 2017/1132 wird die Niederlassungsfreiheit aber in jenen Fällen beschränkt, in denen die negative Veränderung des Mitbestimmungsstatuts – wie im Beispielsfall – durch eine Umwandlungsmaßnahme verursacht würde. Das spricht dann gegen einen zweckmäßigen Einsatz der SE.

bb. Missbrauchsvermutung nach § 43 Satz 2 SEBG

Erfolgte die Verschmelzung der Zwischengesellschaft auf die Erwerber-SE innerhalb eines Jahres nach Gründung der SE, wird das Tatbestandsmerkmal des Missbrauchens sogar vermutet nach § 43 Satz 2 SEBG.

[1] Umfang der Missbrauchsvermutung

Nach § 43 Satz 2 SEBG wird Missbrauch vermutet, wenn ohne Durchführung eines Verfahrens nach § 18 Abs. 3 SEBG innerhalb eines Jahres nach Gründung der SE (also der Registereintragung nach § 16 Abs. 1 SE-VO[1042]) strukturelle Änderungen stattfinden, die bewirken, dass den Arbeitnehmern Beteiligungsrechte vorenthalten oder entzogen werden. Die Vermutung umfasst nach dem Wortlaut der Vorschrift ausschließlich das Tatbestandsmerkmal des Missbrauchens der Rechtsform der SE in § 43 Satz 1 SEBG durch die strukturelle Änderung.[1043] Sowohl die objektive als auch die subjektive Missbrauchskomponente sind dann von der Vermutungswirkung umfasst.[1044] Ein Entziehen von Beteiligungsrechten ist davon unabhängig nach § 43 Satz 1 SEBG festzustellen.[1045] § 43 Satz 2 SEBG etabliert deswegen keinen Unterfall des § 43 Satz 1 SEBG[1046], sondern erleichtert für einen Anwendungsfall des § 43 Satz 1 SEBG nur die Feststellung des Tatbestandsmerkmals des Missbrauchens. In Bezug auf das

1041 Oben, § 2A.I.3 und § 2A.II.2.

1042 Ulmer/Habersack/*Henssler*, § 43 SEBG Rn. 12 m.w.N.; *Hohenstatt/Müller-Bonanni* in Habersack/Drinhausen, § 43 SEBG Rn. 4.

1043 Ähnlich *Ramcke*, S. 229; a.A. MüKoAktG/*Jacobs*, § 43 SEBG Rn. 6.

1044 Ebenso *Ramcke*, S. 306 f.

1045 Ebenso *Ramcke*, S. 305.

1046 So aber *Ramcke*, S. 229.

Tatbestandsmerkmal des Vorenthaltens von Beteiligungsrechten ist § 43 Satz 2 SEBG teleologisch zu reduzieren und nicht anzuwenden.[1047]

[2] Anforderungen an die Missbrauchsvermutung

Die Interpretation des Begriffs der strukturellen Änderungen unterscheidet sich im Anwendungsbereich des § 43 Satz 2 SEBG nicht von den in richtlinienkonformer Interpretation schon im Rahmen des § 43 Satz 1 SEBG berücksichtigungsfähigen strukturellen Änderungen der SE.[1048] Insbesondere ist der Begriff in § 43 Satz 2 SEBG nicht etwa vor dem Hintergrund der Strafvorschrift des § 45 Abs. 1 Nr. 2 SEBG (noch) restriktiver auszulegen.[1049] Denn die Strafvorschrift verweist, wie bereits gesehen, gerade nicht auf die Vermutungswirkung des § 43 Satz 2 SEBG.[1050] Die strukturelle Änderung muss nach § 43 Satz 2 SEBG aber innerhalb eines Jahres nach Gründung der SE stattgefunden haben. Bei späteren strukturellen Änderungen ist die vollumfängliche Missbrauchsprüfung des § 43 Satz 1 SEBG durchzuführen und für die Vermutungswirkung des § 43 Satz 2 SEBG kein Raum.[1051] Die Anwendbarkeit des § 43 Satz 1 SEBG im Falle struktureller Änderungen wird also durch den Zeitablauf nicht gesperrt.[1052]

[3] Widerlegbarkeit der Missbrauchsvermutung

Die Vermutungsregel ist widerlegbar.[1053] Dies folgt daraus, dass Art. 11 SE-RL auf Tatbestandsseite unionsrechtsautonom zu konkretisieren ist und nach der Rechtsprechung des EuGH das Missbrauchsverbot nicht relevant ist, wenn das fragliche Verhalten eine andere Erklärung haben kann als nur die Erlangung des Vorteils.[1054] Durch eine unwiderlegliche Vermutung würde in § 43 SEBG in unionsrechtswidriger Weise ein strengerer Missbrauchsmaßstab umgesetzt, als Art. 11 SE-RL vorgibt. Die Vermutungsregel wird durch andere wesentliche Gründe[1055] für die mehrstufige Umstrukturierungsmaßnahme widerlegt.

1047 Oben, § 5B.II.3.a.aa.[4].

1048 Ähnlich *Ramcke*, S. 281 f. m.w.N., S. 284.

1049 So aber z.B. *Hörtig*, S. 149 f.; *Wollburg/Banerjea*, ZIP 2007, 277 (278); wie hier *Ramcke*, S. 291.

1050 Oben, § 5A.II.2.

1051 So auch *Ramcke*, S. 229.

1052 *Oetker* in Lutter/Hommelhoff/Teichmann, § 43 SEBG Rn. 11 m.w.N.

1053 *Feldhaus/Vanscheidt*, BB 2008, 2246 (2248); KK-AktG/*Feuerborn*, § 43 SEBG Rn. 7; MüKOAktG/*Jacobs*, § 43 SEBG Rn. 6; Ulmer/Habersack/*Henssler*, § 43 SEBG Rn. 12 m.w.N.; *Hohenstatt/Müller-Bonanni* in Habersack/Drinhausen, § 43 SEBG Rn. 4; *Ramcke*, S. 308 f.

1054 Oben, § 3C.I.2; a.A. *Ramcke*, S. 309.

1055 Oben, § 4D.III.4.

d. Rechtsfolge: Neuverhandlungspflicht nach ermessensreduziertem § 18 Abs. 3 SEBG i. V.m. § 242 BGB

Etwaige in der SE oder der Zwischengesellschaft beschäftigte Arbeitnehmer, vor allem aber die Arbeitnehmer der Tochtergesellschaften haben somit einen Anspruch auf Durchführung von Neuverhandlungen nach ermessensreduziertem § 18 Abs. 3 SEBG i.V.m. § 242 BGB[1056] gegen den SE-Betriebsrat und die Leitung der SE.

3. Erwerb einer Konzernobergesellschaft durch eine (Vorrats-)SE

Anstelle einer Tochtergesellschaft, die zunächst eine SE gründet, können die Anteile der mitbestimmten Obergesellschaft auch durch eine mitbestimmungsfreie konzernexterne SE, insbesondere eine Vorrats-SE, erworben werden.[1057]

a. Exkurs: Gründung einer Vorrats-SE

aa. Wesen und Vorkommen einer Vorrats-SE

„Eine Vorratsgesellschaft ist eine Gesellschaft, die sich nach ihrer Gründung zunächst noch nicht wirtschaftlich betätigen soll, sondern nur eine leere Hülse darstellt, deren spätere Zuführung einer wirtschaftlichen Verwendung aber bereits geplant ist."[1058] Vorteile des Einsatzes solcher Vorratsgesellschaften sind insbesondere deren schnelle Verfügbarkeit sowie die Verkürzung des Zeitraums mit potentiell persönlicher Haftung der Gründer.[1059] Einer quantitativen Bestandsaufnahme zufolge waren im März 2017 2757 SE in die Handelsregister der Mitgliedstaaten eingetragen. Bei lediglich 454 davon handelt es sich um Unternehmen, die sowohl wirtschaftliche Aktivitäten entfalten als auch mehr als 5 Arbeitnehmer beschäftigen („normale SE"). Weitere 383 SE entfalten zwar wirtschaftliche Tätigkeiten, beschäftigen aber weniger als 5 Arbeitnehmer („Leere SE/Micro SE"). Über die übrigen 1920 SE sind nicht genügend Informationen bekannt („UFO SE"). Sie sind entweder als Vorrats-SE gegründet, entfalten also weder wirtschaftliche Tätigkeiten noch beschäftigen Arbeitnehmer, oder als leere SE.[1060]

1056 Hierzu oben, § 5B.II.3.a.

1057 Oben, § 2B.II.1.c; *Wollburg/Banerjea*, ZIP 2005, 277 (281), auch zu den steuerlichen Nachteilen dieser Vorgehensweise.

1058 *Von der Höh*, S. 38 m.w.N.; ausführlich *Fastrich* in Baumbach/Hueck, § 3 GmbHG Rn. 11 f.

1059 *Von der Höh*, S. 63.

1060 Abrufbar unter http://www.worker-participation.eu/European-Company-SE/Facts-Figures (letzter Abruf: 4. September 2018).

bb. Zulässigkeit der Gründung einer Vorrats-SE

Eine SE kann nach inzwischen gefestigter Ansicht in der Literatur und der Praxis der Registergerichte als arbeitnehmerlose Vorrats-SE gegründet werden.[1061] Der satzungsmäßige Unternehmensgegenstand ist dann offen als Verwaltung eigener Vermögenswerte zu bezeichnen.[1062] Es entspricht den Zielen der SE-VO, dass eine arbeitnehmerlose SE Gründungsgegenstand sein kann. Denn grenzüberschreitende unternehmerische Aktivitäten sind nicht stets mit der Beschäftigung von Arbeitnehmern verbunden.[1063] Auch die Gründungsform der Holding-SE streitet dafür, dass der europäische Gesetzgeber die Gründung von arbeitnehmerlosen SE jedenfalls in Kauf nahm.[1064]

Freilich kann der nach Art. 12 Abs. 2 SE-VO für die Gründung der SE zwingend erforderliche formal korrekte Versuch von Mitbestimmungsverhandlungen nicht vorgenommen werden, wenn schon die Gründungsgesellschaften keine Arbeitnehmer beschäftigen und die Bildung des besonderen Verhandlungsgremiums deswegen nicht möglich ist.[1065] Deswegen hat sich die Auffassung durchgesetzt, dass Art. 12 Abs. 2 SE-VO in den Fällen, in denen weder bei der zu gründenden SE noch bei den Gründungsgesellschaften Arbeitnehmer beschäftigt sind, teleologisch zu reduzieren ist.[1066] Die Durchführung eines Verfahrens über die Beteiligung der Arbeitnehmer ist dann entbehrlich.[1067] Sie

1061 *Ege/Grzimek/Schwarzfischer,* DB 2011, 1205 (1209) m.w.N.; *Hohenstatt/Müller-Bonanni* in Habersack/Drinhausen, § 3 SEBG Rn. 10 m.w.N.; MüKoAktG/*Oechsler/Mihaylova,* Art. 2 SE-VO Rn. 49 m.w.N.; KK-AktG/*Veil,* Art. 2 SE-VO Rn. 50; a.A. *Blanke,* ZIP 2006, 789 (791 f.); umfassend zur Zulässigkeit der Gründung der Vorrats-SE *Hörtig,* S. 124 ff.; *von der Höh,* S. 75 ff., S. 159 ff.

1062 Vgl. für die Vorrats-GmbH BGH, Beschluss vom 9. Dezember 2002 – II ZB 12/02 – NJW 2003, 892 (894); für die GmbH *Fastrich* in Baumbach/Hueck, § 3 GmbHG Rn. 11a.

1063 OLG Düsseldorf, Beschluss vom 30. März 2009 – I-3 Wx 248/08 – DNotZ 2009, 699 (700).

1064 *Henssler,* ZHR 173 (2009), 222 (233). Davon zu unterscheiden ist aber die Frage, ob die SE-VO nur auf die Gründung einer SE durch werbende Gesellschaften ausgelegt ist, *Forst,* NZG 2009, 687 m.w.N.

1065 Forst, S. 115 m.w.N.

1066 *Forst,* NZG 2009, 687 (689); *Hörtig,* S. 135; *Schubert,* ZESAR 2006, 340 (342); *Sigle* in FS Hommelhoff, 1123 (1124) m.w.N.

1067 OLG Düsseldorf, Beschluss vom 30. März 2009 – I-3 Wx 248/08 – DNotZ 2009, 699 (700); MüKoAktG/*Oechsler/Mihaylova,* Art. 2 SE-VO Rn. 49 m.w.N.; KK-AktG/*Veil,* Art. 2 SE-VO Rn. 54 m.w.N.; ausführliche Herleitung der teleologischen Reduktion durch *von der Höh,* S. 166 ff.; auch zur den registerrechtlichen Konsequenzen des Verzichts auf ein Verhandlungsverfahren *von der Höh,* S. 207 ff.

ist aber nachzuholen, sobald die Vorrats-SE eine wirtschaftliche Tätigkeit aufnimmt.[1068] Erfolglos blieben daher die Versuche der Hans-Böckler-Stiftung, verschiedene Vorrats-SE wieder aus dem Handelsregister löschen zu lassen. Die Verfahren scheiterten an der Begründung der betroffenen Unternehmen, dass Verhandlungen über die Beteiligung in der SE ohne Arbeitnehmer nicht möglich seien.[1069]

Nicht gänzlich geklärt ist die Frage, wie zu verfahren ist, wenn die Gründungsgesellschaften zwar Arbeitnehmer beschäftigen, die Anzahl aber nicht ausreicht, um das besondere Verhandlungsgremium nach den Vorgaben der SE-RL zu bilden.[1070] Sind zu wenige Arbeitnehmer in den Gründungsgesellschaften beschäftigt, werden im Regelfall aber ohnehin keine für den Tatbestand des § 43 SEBG relevanten Mitbestimmungsrechte vorhanden sein, sodass es hierauf an dieser Stelle nicht ankommt. Anders liegt der Fall, wenn in den Gründungsgesellschaften Arbeitnehmer beschäftigt sind und nur die zu gründende SE arbeitnehmerlos sein soll.[1071] Art. 12 Abs. 2 SE-VO ist dann nicht teleologisch zu reduzieren, da die Regeln über das mitbestimmungsrechtliche Beteiligungsverfahren vor allem zu Gunsten der Arbeitnehmer und Arbeitnehmervertretungen der Gründungsgesellschaft bestehen.[1072]

cc. Verhandlungspflicht bei wirtschaftlicher Neugründung einer Vorrats-SE nach ermessensreduziertem § 18 Abs. 3 SEBG analog

[1] Strukturelle Änderung durch wirtschaftliche Neugründung

Mitbestimmungsrechtliche Relevanz entfaltet die auf die Verwaltung ihres eigenen Vermögens beschränkte Vorrats-SE dann erst bei ihrer Aktivierung. Auch bei der Vorrats-SE muss das konkrete Geschehen die Tatbestandsvoraussetzung der strukturellen Änderung nach § 18 Abs. 3 SEBG erfüllen, damit Verhandlungen

---

1068 *Forst,* NZG 2009, 687 (689 ff.) m.w.N. und sogleich, § 6B.I.3.a.cc; ausführlich *von der Höh,* S. 211 ff.

1069 *Keller/Werner,* WSI Mitteilungen 2009, 416 (422).

1070 Hierzu ausführlich z.B. MüKoAktG/*Jacobs,* § 3 SEBG Rn. 4 und *von der Höh,* S. 193 ff., davon zu unterscheiden ist die Frage, wie Verhandlungen durchzuführen sind, wenn die Vorrats-SE nach ihrer wirtschaftlichen Neugründung weniger als 10 Arbeitnehmer beschäftigt, hierzu *Forst,* NZG 2009, 687 (691 f.).

1071 *Forst,* S. 110 ff.

1072 In diese Richtung LG Hamburg, Beschluss vom 30. September 2005 – 417 T 15/05 – ZIP 2005, 2018 und ZIP 2006, 382; AG Hamburg, Beschluss vom 28. Juni 2005 – 66 AR 76/05 – ZIP 2005, 2017 (2018); *Hohenstatt/Müller-Bonanni* in Habersack/Drinhausen, § 3 SEBG Rn. 10; MüKoAktG/*Jacobs,* § 3 SEBG Rn. 5.

nach § 18 Abs. 3 Satz 1 SEBG durchgeführt werden können.[1073] Ein Grund, eine Vorrats-SE unter niedrigeren Anforderungen einer Neuverhandlungsmöglichkeit nach § 18 Abs. 3 SEBG auszusetzen, als eine sonst durch gezielte Auswahl entsprechender Gründungsgesellschaften mitbestimmungsfrei gegründete SE, besteht nicht.[1074] Die bloße Aufnahme von Arbeitnehmern[1075] oder der Anteilserwerb durch die Vorrats-SE[1076] etwa sind also auch bei der Vorrats-SE für sich betrachtet noch keine strukturelle Änderung.

Als gefestigte Auffassung in Rechtsprechung und Literatur kann aber die Entstehung einer Verhandlungspflicht nach § 18 Abs. 3 SEBG (analog[1077]) gelten, sobald die Vorrats-SE durch wirtschaftliche Neugründung erstmalig eine operative Tätigkeit aufnimmt, ein Verhandlungsverfahren bei Gründung der Vorrats-SE wegen der teleologischen Reduzierung des Art. 12 Abs. 2 SE-VO nicht durchzuführen war und eine ausreichende Arbeitnehmerzahl[1078] besteht.[1079] Außerdem muss sich die strukturelle Änderung nach § 18 Abs. 3 SEBG zur Minderung von Beteiligungsrechten der Arbeitnehmer eignen.[1080]

Die Aktivierung einer Vorrats-SE im Sinne ihrer wirtschaftlichen Neugründung erfüllt die Anforderungen an eine strukturelle Änderung, da sie wertungsmäßig einer Neugründung entspricht.[1081] Denn auf die Vorrats-SE findet in Ermangelung

---

1073 *Hohenstatt/Müller-Bonanni* in Habersack/Drinhausen, § 3 SEBG Rn. 11.

1074 Im Ergebnis so *Hohenstatt/Müller-Bonanni* in Habersack/Drinhausen, § 3 SEBG Rn. 11.

1075 *Habersack*/Drinhausen, Art. 2 SE-VO Rn. 30; KK-AktG/*Feuerborn,* § 18 SEBG Rn. 51.

1076 MüKoAktG/*Oechsler/Mihaylova,* Art. 2 SE-VO Rn. 49.

1077 Hierzu sogleich, § 6B.I.3.a.cc.[2].

1078 Zur Frage, wie zu verfahren ist, wenn eine ausreichende Arbeitnehmerzahl zum Zeitpunkt der wirtschaftlichen Neugründung nicht erreicht wird, *Caspar/Schäfer,* ZIP 2007, 653 (659 f.).

1079 OLG Düsseldorf, Beschluss vom 30. März 2009 – I-3 Wx 248/08 – DNotZ 2009, 699 (701); *Bayer* in Lutter/Hommelhoff/Teichmann, Art. 2 SE-VO Rn. 35; *Caspar/Schäfer,* ZIP 2007, 653 (658 f.); KK-AktG/*Feuerborn,* § 18 SEBG Rn. 48 ff.; Ulmer/Habersack/*Henssler,* § 18 SEBG Rn. 31; MüKoAktG/*Oechsler/Mihaylova,* Art. 2 SE-VO Rn. 49 f. m.w.N.; a.A. *Hörtig,* S. 165, nach dessen Konzept aber im Ergebnis bei einer Verwendung der Vorrats-SE auch stets das Verhandlungsverfahren durchzuführen ist; *Schubert,* ZESAR 2006, 340 (346 f.); *Oetker* in Lutter/Hommelhoff/Teichmann, § 18 SEBG Rn. 28, die eine unmittelbare Anwendung der §§ 4 ff. SEBG vorschlagen.

1080 Ulmer/Habersack/*Henssler,* § 18 SEBG Rn. 32; hierzu oben, § 5B.II.3.a.aa.[2].

1081 Für § 18 Abs. 3 SEBG MüKoAktG/*Oechsler/Mihaylova,* Art. 2 SE-VO Rn. 49 m.w.N.; a.A. *Forst,* NZG 2009, 687 (691), der nur für entscheidend hält, ob die Aktivierung der Vorrats-SE einer strukturellen Änderung vergleichbar ist; ausführlich und im Ergebnis a.A. *Hörtig,* S. 140–155; *Mader,* S. 176 f.

besonderer Vorgaben durch die SE-VO nach Art. 15 Abs. 1 SE-VO das für Aktiengesellschaften geltende nationale Recht Anwendung.[1082] Nach oberstgerichtlicher Rechtsprechung ist auf die wirtschaftliche Neugründung einer Vorratsgesellschaft durch Ausstattung der Gesellschaft mit einem Unternehmen und erstmalige Aufnahme ihres Geschäftsbetriebs überwiegend formelles und materielles Gründungsrecht anzuwenden.[1083] Die Rechtsprechung begründet dies damit, dass bei der späteren Verwendung des Mantels die Gründungsvorschriften umgangen werden könnten.[1084] Insbesondere die Kapitalausstattung solcher Gesellschaften ist nur zum Zeitpunkt ihrer Gründung, nicht mehr aber zum Zeitpunkt ihrer Aktivierung gewährleistet.[1085] Deswegen muss das Vorhandensein des Gesellschaftsvermögens im Zeitpunkt der Aufnahme der wirtschaftlichen Tätigkeit dem Registergericht anlässlich der Anmeldung der erforderlichen Satzungsänderungen (z.B. mit Blick auf den neuen Unternehmensgegenstand) erneut nachgewiesen werden.[1086]

Der Grundgedanke der Rechtsprechung zur wirtschaftlichen Neugründung, die Umgehung der gründungsrechtlichen Kapitalaufbringung zu verhindern[1087], ist bei der Aktivierung einer Vorrats-SE auf die Durchführung der Verhandlungen über die Arbeitnehmerbeteiligung anzuwenden.[1088] Denn wie die Kapitalaufbringung zum Schutz der Gläubiger der SE (Art. 15 Abs. 1 SE-VO[1089] i.V.m. §§ 37 Abs. 1, 36 Abs. 2, 36a AktG), ist auch der Versuch der Durchführung der Verhandlungslösung mit gesetzlicher Auffangregelung zum Schutz der Arbeitnehmer nach Art. 12 Abs. 2 SE-VO Gründungsvoraussetzung der SE. Die Arbeitnehmer vor einer Beeinträchtigung ihrer Beteiligungsrechte durch den Einsatz einer Vorrats-SE zu schützen, ist dabei schon wegen des Handlungsauftrags[1090] des Art. 11 SE-RL gerechtfertigt. Die unionsrechtlich gebotene

---

1082 MüKoAktG/*Schäfer,* Art. 16 SE-VO Rn. 10 setzt dies voraus.

1083 BGH, Beschluss vom 9. Dezember 2002 – II ZB 12/02 – NJW 2003, 892 (893) m.w.N.; in diese Richtung auch MüKoAktG/*Schäfer,* Art. 16 SE-VO Rn. 10; MüKoGmbHG/*Wicke,* § 3 GmbHG Rn. 30 ff.; ausführlich zu den möglichen Tatbeständen der Aktivierung einer Vorratsgesellschaft *von der Höh,* S. 50 ff.

1084 BGH, Beschluss vom 9. Dezember 2002 – II ZB 12/02 – NJW 2003, 892 (893); MüKoGmbHG/*Wicke,* § 3 Rn. 32.

1085 *Fastrich* in Baumbach/Hueck, § 3 GmbHG Rn. 12.

1086 *Fastrich* in Baumbach/Hueck, § 3 GmbHG Rn. 12 m.w.N.; für eine Pflicht zur expliziten Offenlegung MüKoGmbHG/*Wicke,* § 3 Rn. 38 m.w.N.

1087 MüKoGmbHG/*Wicke,* § 3 Rn. 32.

1088 *Mader,* S. 176 m.w.N.

1089 Für das Recht der Kapitalaufbringung gilt das Recht des Mitgliedstaates, in dem die betreffende SE gegründet wird, KK-AktG/*Wenz,* Art. 5 SE-VO Rn. 11.

1090 *Ramcke,* S. 61.

Gleichbehandlung von Arbeitnehmern und Gläubigern beim Schutz vor der Umgehung der Gründungsvorschriften folgt schließlich auch aus der Wertung des Vorschlags zur Änderung der Richtlinie (EU) 2017/1132. Dort will die Kommission durch die präventive Missbrauchskontrolle ausdrücklich verhindern, dass die Rechte der „Arbeitnehmer, Gläubiger oder Minderheitsgesellschafter" durch grenzüberschreitende Umwandlungsmaßnahmen unrechtmäßig beschnitten werden (Art. 86c Abs. 3). Die Kommission hält Arbeitnehmer und Gläubiger für gleichermaßen schutzwürdig.[1091]

Nicht etwa ein Beteiligungserwerb durch die Vorrats-SE als solcher oder das organische Wachstum von Arbeitnehmern in der SE als solches stellen danach eine strukturelle Änderung der Vorrats-SE dar, sondern das gegebenenfalls durch diese Ereignisse begründete erstmalige wirtschaftliche Tätigkeitwerden der Vorrats-SE.[1092] Die unternehmerische Neuausrichtung einer Vorrats-SE (leicht erkennbar durch die erforderliche Änderung des Unternehmensgegenstands) ist danach unabhängig vom Vorgang ihrer Auslösung eine strukturelle Änderung nach § 18 Abs. 3 SEBG.[1093]

[2] „Erstverhandlung" statt Neuverhandlung

Obwohl die Aktivierung der Vorrats-SE durch wirtschaftliche Neugründung eine strukturelle Änderung ist, kommt es auf eine analoge Anwendung des § 18 Abs. 3 SEBG an, da die Vorschrift unmittelbar nur die die Wiederaufnahme der Verhandlungen, nicht aber ihre erstmalige Durchführung regelt.[1094]

1091 Begründung zum Vorschlag für eine Richtlinie des Europäischen Parlaments und des Rates zur Änderung der Richtlinie (EU) 2017/1132 in Bezug auf grenzüberschreitende Umwandlungen, Verschmelzungen und Spaltungen, 2018/0114 (COD), S. 4.

1092 MüKoAktG/*Oechsler/Mihaylova,* Art. 2 SE-VO Rn. 49; a.A. wohl MüKOAktG/*Jacobs,* § 18 SEBG Rn. 17; einschränkend *Habersack*/Drinhausen, Art. 2 SE-VO Rn. 30, der die Möglichkeit der Auslösung einer wirtschaftlichen Neugründung durch organisches Wachstum der Arbeitnehmerzahlen wohl nicht sieht.

1093 In diese Richtung auch Ulmer/Habersack/*Henssler,* § 18 SEBG Rn. 32; KK-AktG/*Veil,* Art. 2 SE-VO Rn. 55; a.A. MüKoAktG/*Jacobs,* § 18 SEBG Rn. 18, der die wirtschaftliche Neugründung einer Vorrats-SE nur für strukturellen Änderungen vergleichbar hält und deswegen die analoge Anwendung des § 18 Abs. 3 SEBG als angezeigt sieht; a.A. *Ramcke,* S. 518 ff.; S. 529 f.; *von der Höh,* S. 267. *Von der Höh* will Fälle, in denen die Aktivierung einer Vorrats-SE (nach seiner Auffassung) keine strukturelle Änderung darstellt und Verhandlungen nach § 18 Abs. 3 SEBG daher nicht aufzunehmen sind, allein nach Art. 11 SE-RL, § 43 SEBG beurteilen, S. 281, S. 325 f.

1094 KK-AktG/*Feuerborn,* § 18 SEBG Rn. 51; MüKoAktG/*Oechsler/Mihaylova,* Art. 2 SE-VO Rn. 49 Fn. 207; *Oetker* in Lutter/Hommelhoff/Teichmann, § 18 SEBG Rn. 28; *von der Höh,* S. 218 ff. m.w.N.

[3] Ermessensreduzierung auf Null

Übersehen wird teilweise, dass über die analoge Anwendung der Vorschrift hinaus das dem SE-Betriebsrat[1095] und der SE-Leitung in § 18 Abs. 3 Satz 1 SEBG eingeräumte Ermessen zur Veranlassung der Verhandlungen im Fall der wirtschaftlichen Neugründung einer Vorrats-SE teleologisch zu reduzieren ist. Die teleologische Reduzierung ist gerechtfertigt, da – anders als bei strukturellen Änderungen einer „normalen" SE – bei wirtschaftlicher Neugründung einer Vorrats-SE wegen der teleologischen Reduzierung des Art. 12 Abs. 2 SE-VO bislang kein Verhandlungsverfahren durchgeführt wurde.

b. Kein Entziehen oder Vorenthalten von Beteiligungsrechten nach § 43 Satz 1 SEBG durch die Gründung der Vorrats-SE

Beschäftigen schon die Gründungsgesellschaften der Vorrats-SE keine Arbeitnehmer, kommt ein tatbestandliches Entziehen oder Vorenthalten von Beteiligungsrechten von Arbeitnehmern durch die Gründung der Vorrats-SE nach § 43 Satz 1 SEBG von vornherein nicht in Betracht.[1096] Beschäftigen die Gründungsgesellschaften der Vorrats-SE hingegen ausreichend Arbeitnehmer, kann das Verhandlungsverfahren mit Auffangregelung durchgeführt werden und die Sicherung der vorhandenen Beteiligungsrechte der Arbeitnehmer – auch für erst zukünftig vorhandene Arbeitnehmer der SE – gewährleistet werden. Für ein tatbestandliches Entziehen oder Vorenthalten von Beteiligungsrechten durch die Gründung der Vorrats-SE bleibt dann ebenfalls kein Raum. Die Gründung einer Vorrats-SE ist dann nicht missbräuchlich.[1097]

c. Kein Entziehen von Beteiligungsrechten nach § 43 Satz 1 SEBG durch strukturelle Änderungen der (Vorrats-)SE

Unabhängig davon, ob die Anteile der bisherigen Konzernobergesellschaft im Beispielsfall durch eine Vorrats-SE oder durch eine sonst mitbestimmungsfrei gegründete SE erworben werden, werden hierdurch Arbeitnehmern Beteiligungsrechte nicht nach § 43 Satz 1 SEBG entzogen[1098]:

Erwirbt eine sonst mitbestimmungsfrei gegründete SE die Anteile an der bisherigen Konzernobergesellschaft, ist dieser Vorgang schon keine im

1095 Da ein solcher in der Vorrats-SE nicht vorhanden ist, ist das besondere Verhandlungsgremium nach § 18 Abs. 3 Satz 2 SEBG neu zu bilden, *Forst*, NZG 2009, 687 (691).

1096 In diese Richtung Ulmer/Habersack/*Henssler*, Mitbestimmungsrecht, § 43 SEBG, Rn. 10; *von der Höh*, S. 320.

1097 *Ramcke*, S. 380 ff. m.w.N.

1098 Ohne Begründung so wohl auch *Feldhaus/Vanscheidt*, BB 2008, 2246 (2249).

Anwendungsbereich des § 43 Satz 1 SEBG berücksichtigungsfähige strukturelle Änderung der SE, da der bloße Anteilserwerb für die bereits zuvor wirtschaftlich tätige SE kein gründungsähnlicher Vorgang ist.[1099]

Erwirbt eine bislang auf die Verwaltung ihres eigenen Vermögens beschränkte, als Vorrats-SE gegründete SE die Anteile der bisherigen Konzernobergesellschaft, liegt hierin zwar eine strukturelle Änderung der Vorrats-SE, da sie erstmalig eine wirtschaftliche Tätigkeit (namentlich zumindest die Verwaltung der Beteiligung) aufnimmt.[1100] Die im Anwendungsbereich des § 43 Satz 1 SEBG wegen Erwägungsgrund (18) Satz 3 SE-RL berücksichtigungsfähigen strukturellen Änderungen unterscheiden sich wiederum nicht von der von denselben Erwägungen getragenen Vorschrift des § 18 Abs. 3 Satz 1 SEBG. Durch den Erwerb der Anteile an der bisherigen Konzernobergesellschaft werden den Arbeitnehmern aber keine Beteiligungsrechte entzogen, wenn diese paritätisch mitbestimmt[1101] war. In der Vorrats-SE selbst sind meistens ohnehin keine Arbeitnehmer vorhanden. Die Arbeitnehmer der Tochtergesellschaften des Konzerns können in der bisherigen Obergesellschaft als neue Teilkonzernspitze unter den Voraussetzungen des § 5 Abs. 3 MitbestG weiterhin Beteiligungsrechte ausüben.

Im Übrigen werden Beteiligungsrechte von Arbeitnehmern auch nicht gemindert nach § 18 Abs. 3 SEBG, sodass eine Verhandlungspflicht auch unabhängig von den zusätzlichen Voraussetzungen des § 43 Satz 1 SEBG nach ermessensreduziertem § 18 Abs. 3 SEBG analog[1102] nicht entsteht.

d. Verschmelzung der ehemaligen Obergesellschaft auf die neue Obergesellschaft in der Rechtsform der SE

aa. Entziehen von Beteiligungsrechten nach § 43 Satz 1 SEBG durch strukturelle Änderungen der SE

Anders liegt der Fall, wenn die Teilkonzernspitze anschließend auf die Erwerber-SE verschmolzen wird. Hierin liegt eine strukturelle Änderung der SE,

1099 Oben, § 6B.I.1.c.aa.[2].

1100 A.A. *von der Höh*, S. 264.

1101 Anders kann der Fall liegen, wenn die Voraussetzungen des § 5 Abs. 3 MitbestG nicht erfüllt sind oder der Fall im Anwendungsbereich des DrittelbG, das eine dem § 5 Abs. 3 MitbestG entsprechende Vorschrift nicht kennt, stattfindet. Dann kann der Erwerb der Anteile der Obergesellschaft durch eine Vorrats-SE ein tatbestandliches Entziehen nach § 43 Satz 1 SEBG darstellen, sodass in Bezug auf das Tatbestandsmerkmal des Missbrauchens weiter geprüft werden muss. Diesbezüglich kann auf die bisherigen Ausführungen verwiesen werden (§ 6B.I.2.c).

1102 Als Folge der Aktivierung der Vorrats-SE, soeben, § 6B.I.3.a.cc.

unabhängig davon, ob sie ursprünglich als Vorrats-SE[1103] gegründet war. Durch die Verschmelzung der Zwischengesellschaft auf die neue Holding-Gesellschaft werden den Arbeitnehmern im Konzern wiederum Beteiligungsrechte entzogen, wenn die Arbeitnehmer der Tochtergesellschaften nach der Repositionierung der SE in der Zwischengesellschaft noch Beteiligungsrechte nach § 5 Abs. 3 MitbestG ausüben konnten.

bb. Missbrauch der Rechtsform der SE nach § 43 Satz 1 SEBG

Hinsichtlich der Prüfung der Missbräuchlichkeit des Einsatzes der SE (objektive Zweckwidrigkeit des Einsatzes der SE und Missbrauchsabsicht) zur Aufnahme der Teilkonzernspitze im Wege der Verschmelzung gelten die im Rahmen der Verschmelzung der ehemaligen Obergesellschaft auf eine repositionierte Tochtergesellschaft gemachten Ausführungen entsprechend.[1104] Für einen künstlichen Charakter der Umstrukturierung spricht dann ihre mehrstufige Durchführung über den Umweg des Einsatzes einer Vorrats-SE oder einer sonst mitbestimmungsfrei gegründeten konzernexternen SE.

cc. Missbrauchsvermutung nach § 43 Satz 2 SEBG

Erfolgte die Verschmelzung der Teilkonzernspitze auf die Erwerber-SE innerhalb eines Jahres nach Gründung der (Vorrats-)SE und wurde von der Neuverhandlungsmöglichkeit nach § 18 Abs. 3 Satz 1 SEBG kein Gebrauch gemacht, wird das Tatbestandsmerkmal des Missbrauchens wiederum (widerleglich) vermutet nach § 43 Satz 2 SEBG.

dd. Rechtsfolge: Neuverhandlungspflicht nach ermessensreduziertem § 18 Abs. 3 SEBG i.V.m. § 242 BGB

Etwaige in der SE oder der Zwischengesellschaft beschäftigte Arbeitnehmer, vor allem aber die Arbeitnehmer der Tochtergesellschaften können im Beispielsfall somit einen Anspruch auf Durchführung von Neuverhandlungen nach § 18 Abs. 3 SEBG i.V.m. § 242 BGB[1105] gegen den SE-Betriebsrat und die Leitung der SE haben.

1103 Die bestehende Obergesellschaft könnte auch direkt auf die Vorrats-SE verschmolzen werden. Zur Verschmelzung eines bestehenden Unternehmens durch Aufnahme auf die Vorrats-SE als wirtschaftliche Aktivierung *von der Höh*, S. 260 ff.

1104 Soeben, § 6B.I.2.c.

1105 Hierzu oben, § 5B.II.3.a.

e. *Zwischenergebnis*

Unabhängig davon, ob eine Vorrats-SE oder eine sonst mitbestimmungsfrei gegründete konzernexterne SE eine Konzernobergesellschaft erwirbt, kommt ein Verstoß gegen § 43 SEBG im Beispielsfall nur dann in Betracht, wenn die ehemalige Obergesellschaft anschließend auf die SE verschmolzen wird.

4. *Erwerb der Tochtergesellschaften durch eine (Vorrats-)SE*

Eine Vorrats-SE oder eine sonst mitbestimmungsfrei gegründete SE kann schließlich durch den direkten Erwerb der Anteile der Tochtergesellschaften von der bisherigen Obergesellschaft als neue Konzernspitze positioniert werden.[1106]

a. *Kein Entziehen von Beteiligungsrechten nach § 43 Satz 1 SEBG durch strukturelle Änderung der mitbestimmungsfrei gegründeten SE*

Der bloße Erwerb der Anteile der Tochtergesellschaften durch eine wirtschaftlich bereits aktivierte SE ist keine strukturelle Änderung der SE. Durch den Anteilserwerb ändert sich die gesellschaftsrechtliche Struktur der SE nicht.

b. *Entziehen von Beteiligungsrechten nach § 43 Satz 1 SEBG durch strukturelle Änderungen der Vorrats-SE*

Erwirbt aber die bislang auf die Verwaltung ihres eigenen Vermögens beschränkte Vorrats-SE die Anteile der Tochtergesellschaften, liegt hierin eine strukturelle Änderung der Vorrats-SE, da sie erstmalig eine wirtschaftliche Tätigkeit aufnimmt. Durch den Erwerb der Anteile an den Tochtergesellschaften werden den Arbeitnehmern der Tochtergesellschaften Beteiligungsrechte im Aufsichtsorgan der Obergesellschaft entzogen. Denn auf die neue Obergesellschaft in der Rechtsform der SE sind die Konzernzurechnungsvorschriften der §§ 5 Abs. 1 MitbestG, 2 Abs. 2 DrittelbG nicht anwendbar. Da die Beteiligungsrechte dieser Arbeitnehmer im Konzern nicht durch Entkonzernierung, sondern gerade durch den Einsatz einer SE als neue Obergesellschaft entfallen, sind sie auch vom Schutzzweck des § 43 SEBG umfasst.[1107]

1106 Hierzu oben, § 2B.II.1.d.

1107 Ausführlich für Art. 11 SE-RL oben, § 4A.II.3; für § 43 SEBG oben, § 6B.I.1.a; in diese Richtung auch *Drinhausen/Keinath*, BB 2011, 2699 (2704).

c. *Folge: Erstverhandlungspflicht nach ermessensreduziertem § 18 Abs. 3 SEBG analog*

Schon die wirtschaftliche Neugründung der Vorrats-SE durch den Anteilserwerb an den Tochtergesellschaften allein löst – ohne Rücksicht auf die zusätzlichen Anforderungen des § 43 Satz 1 SEBG – eine Verhandlungspflicht nach § 18 Abs. 3 SEBG analog aus.[1108] Der Anteilserwerb stellt eine strukturelle Änderung der Vorrats-SE dar, die geeignet ist, Beteiligungsrechte der Arbeitnehmer zu mindern. Hat bei Gründung der Vorrats-SE in teleologischer Reduktion des Art. 12 Abs. 2 SE-VO kein Versuch der Verhandlungen über die Arbeitnehmerbeteiligung stattgefunden, reduziert sich das in § 18 Abs. 3 SEBG eingeräumte Ermessen des SE-Betriebsrats (wenn ein solcher besteht) und der SE-Leitung zur Veranlassung von Neuverhandlungen (besser: Erstverhandlungen[1109]) auf Null. Unerheblich ist, ob in der nunmehr aktivierten SE Arbeitnehmer beschäftigt werden – die Verhandlungen können nach § 18 Abs. 3 Satz 2 auch mit den Arbeitnehmern der Tochtergesellschaften geführt werden.

d. *Missbrauch der Rechtsform der Vorrats-SE nach § 43 Satz 1 und Satz 2 SEBG*

Für die Frage des missbräuchlichen Einsatzes der Vorrats-SE kommt es wiederum auf den objektiv zweckwidrigen Einsatz der SE und die Missbrauchsabsicht der Unternehmensleitungen an.[1110]

Werden durch den Einsatz der Vorrats-SE als neue Konzernspitze bei objektiver Betrachtung wesentliche, von der SE-VO geschützte Vorteile erreicht, spricht dies gegen den zweckwidrigen Einsatz der Vorrats-SE.[1111] Dabei ist eine Gesamtwürdigung aller dem Einsatz der Vorrats-SE voran- und nachgehenden Umstände vorzunehmen. Der bloß ideelle Mehrwert des „europäischen Labels" einer SE als Konzernspitze genügt nicht. Werden durch die Maßnahme auch von der SE-VO geschützte Ziel erreicht, finden zudem die Wertungen des unionsrechtlichen Rechtsrahmens hinsichtlich alternativer Mitbestimmungsvermeidungsmaßnahmen mit gleichem Effekt, vor allem die Reichweite der Niederlassungsfreiheit, zugunsten des zweckmäßigen Einsatzes der SE Berücksichtigung. Ein objektiv zweckwidriger Einsatz der Vorrats-SE ist im Beispielsfall

---

1108 Soeben, § 6B.I.3.a.cc.

1109 Soeben, § 6B.I.3.a.cc.[2].

1110 Ausführlich oben, § 6A.II.2 und § 6B.I.2.c.

1111 Mögliche Gründe für die Wahl einer solchen Transaktionsstruktur zählen *Wollburg/Banerjea*, ZIP 2005, 277 (281) auf.

dann ausgeschlossen. Denn mitbestimmungsfrei gegründete EU-ausländische Gesellschaften mitgliedstaatlicher Rechtsform können bislang und zukünftig auch unter Berücksichtigung der Wertungen des Vorschlags zur Änderung der Richtlinie (EU) 2017/1132 durch die Übernahme von Tochtergesellschaften eines Konzerns im Wege des Share Deals in zulässiger Weise als neue Konzernspitze positioniert werden.[1112] Die hierdurch verursachte Durchbrechung der deutschen Zurechnungsvorschriften im Konzern nach §§ 5 Abs. 1, 2 Abs. 2 DrittelbG wird vom Unionsrecht toleriert.

Werden durch den Einsatz der Vorrats-SE als neue Konzernspitze keine wesentlichen, von der SE-VO geschützte Vorteile erreicht, kommt es dann auf die Missbrauchsabsicht der Unternehmensleitung der Vorrats-SE an. Hätte die bisherige Obergesellschaft eine SE etwa durch formwechselnde Umwandlung gründen könne, spricht dies für den künstlichen Charakter des Einsatzes der konzernexternen Vorrats-SE. Gleiches gilt für eine je nach den Umständen des Einzelfalls gegebene Möglichkeit der Tochtergesellschaften, eine Holding-SE zu gründen.[1113] Durch die Konstruktion des Beispielsfalls wird die Arbeitnehmerbeteiligung auf Ebene der SE vermieden, die bei einer Gründung durch formwechselnde Umwandlung oder einer Holding-Gründung unter Umständen eingerichtet werden müsste.[1114] Wesentliche andere Gründe[1115] für den Einsatz der Vorrats-SE entkräften aber den subjektiven Tatvorwurf.

Erfolgt der Erwerb der Anteile der Tochtergesellschaften durch die Vorrats-SE innerhalb eines Jahres nach ihrer Gründung, wird das Tatbestandsmerkmal des Missbrauchens (widerleglich) vermutet nach § 43 Satz 2 SEBG. Wieder ist zu berücksichtigen, ob die Unternehmensleitungen andere wesentliche Ziele als die bloße Mitbestimmungsbeeinflussung beim Einsatz der Vorrats-SE verfolgten.

1112 Oben, § 2A.II.2. Davon scheinen auch *Wollburg/Banerjea,* ZIP 2005, 277 (281), auszugehen.

1113 Zur Alternative der Gründung einer Holding-SE statt des Erwerb zweier Aktiengesellschaften durch eine von einem Treuhänder gegründete mitbestimmungsfreie NewCo-SE (Daimler-Chrysler-Modell) *Wollburg/Banerjea,* ZIP 2005, 227 (280 f.); *Feldhaus/Vanscheidt,* BB 2008, 2246 (2249).

1114 Ulmer/Habersack/*Henssler,* § 43 SEBG Rn. 10 sieht dagegen im Einsatz einer Vorrats-SE zum Erwerb zweier der Anteile zweier mitbestimmter Tochtergesellschaften ein Vorenthalten von Beteiligungsrechten, weil die Arbeitnehmerbeteiligung auf Ebene der SE vermieden wird, welche im Fall der Holding-Gründung eingerichtet werden müsste.

1115 *Feldhaus/Varenscheidt,* BB 2008, 2246 (2249) zu den möglichen anderen Gründen für den Einsatz einer Vorrats-SE.

e. Rechtsfolge: Verhandlungspflicht nach ermessensreduziertem § 18 Abs. 3 SEBG analog i.V.m. § 242 BGB

Etwaige in der (bisherigen) Vorrats-SE beschäftigte Arbeitnehmer, vor allem aber die Arbeitnehmer der Tochtergesellschaften können im Beispielsfall unter den zusätzlichen Anforderungen des § 43 SEBG auch einen Anspruch auf Durchführung von Verhandlungen nach § 18 Abs. 3 SEBG analog i.V.m. § 242 BGB[1116] gegen den SE-Betriebsrat und die Leitung der SE haben. Da eine Verhandlungspflicht aber bereits nach § 18 Abs. 3 SEBG analog wegen der Aktivierung der Vorrats-SE besteht[1117], ist dieser Anspruch für die Arbeitnehmer ohne praktische Relevanz. Die Unternehmensleitungen und Anteilseigner hingegen können sich im Falle des Verstoßes gegen § 43 Satz 1 SEBG aber zusätzlich der strafrechtlichen Sanktion des § 45 Abs. 1 Nr. 2 SEBG ausgesetzt sehen.

f. Zwischenergebnis

Nur, wenn die Tochtergesellschaften im Konzern durch eine Vorrats-SE erworben werden, kann die hierdurch verursachte Durchbrechung der Konzernzurechnungsvorschriften ohne Entkonzernierung der Tochtergesellschaften einen Verstoß gegen § 43 Satz 1 SEBG begründen. In diesen Fällen besteht aber ohnehin eine Neuverhandlungspflicht nach (ermessensreduziertem) § 18 Abs. 3 SEBG analog. Der Erwerb der Tochtergesellschaften durch eine bereits aktivierte, aber mitbestimmungsfreie SE zur Durchbrechung der Konzernzurechnungsvorschriften begründet keinen Verstoß gegen § 43 SEBG.

II. Errichtung einer SE & Co. KG

1. Bestellung einer (Vorrats-)SE als Komplementärin

Die Zurechnungsvorschrift des § 4 Abs. 1 MitbestG kann durchbrochen und die Mitbestimmung in der Komplementärin einer KG abgeschafft werden, wenn eine Vorrats-SE oder eine anders mitbestimmungsfrei gegründete SE als Komplementärin bestellt wird. Wie eingangs gesehen, kann etwa die (Vorrats-)SE die KG-Anteile der bisherigen Komplementärin von ihren Gesellschaftern (mehrheitlich die Kommanditisten der KG, § 4 Abs. 1 Nr. 1 MitbestG) erwerben oder die bisherige Komplementärin auf die (Vorrats-)SE verschmolzen werden.[1118]

1116 Hierzu oben, § 5B.II.3.a.
1117 Hierzu oben, § 6B.I.3.a.cc.
1118 Oben, § 2B.II.2.a.

a. *Entziehen von Beteiligungsrechten nach § 43 Satz 1 SEBG durch strukturelle Änderungen der mitbestimmungsfrei gegründeten SE*

aa. Erwerb der KG-Anteile der bisherigen Komplementärin

Der bloße Erwerb der KG-Anteile durch eine wirtschaftlich bereits aktivierte SE ist keine strukturelle Änderung der SE. Durch den Anteilserwerb ändert sich die gesellschaftsrechtliche Struktur der SE nicht.

bb. Verschmelzung der bisherigen Komplementärin auf die SE

Anders liegt der Fall, wenn die bisherige, nach § 4 Abs. 1 MitbestG mitbestimmte Komplementärin auf die mitbestimmungsfreie SE verschmolzen wird und die Komplementärbeteiligung auf diesem Weg auf die SE übergeht.[1119] Die Aufnahme der bisherigen Komplementärin im Wege der Verschmelzung ist eine strukturelle Änderung der SE, die im Anwendungsbereich des Tatbestandsmerkmals des Entziehens von Beteiligungsrechten nach § 43 Satz 1 SEBG wiederum berücksichtigungsfähig ist. Durch die Verschmelzung werden, wenn in der bisherigen Komplementärin – wie üblich – keine oder nur wenige Arbeitnehmer vorhanden sind, vor allem den Arbeitnehmern der KG Beteiligungsrechte im Aufsichtsorgan der Komplementärin entzogen. Denn auf die neue Komplementärin in der Rechtsform der SE ist die Zurechnungsvorschrift des § 4 Abs. 1 MitbestG nicht anwendbar. Wie bereits festgestellt, sind auch die kraft der Zurechnungsvorschrift des § 4 Abs. 1 MitbestG vermittelten Beteiligungsrechte der Arbeitnehmer in der KG vom Schutzzweck des Art. 11 SE-RL und damit des § 43 SEBG umfasst.[1120]

cc. Folge: Neuverhandlungsmöglichkeit nach § 18 Abs. 3 Satz 1 SEBG

Wird die nach § 4 Abs. 1 MitbestG mitbestimmte Komplementärin auf die mitbestimmungsfreie SE verschmolzen, können die Voraussetzungen der Neuverhandlungsmöglichkeit nach § 18 Abs. 3 Satz 1 SEBG unabhängig von einer weiteren Missbrauchsprüfung erfüllt sein. Denn in der Verschmelzung liegt eine strukturelle Änderung der SE, die geeignet ist, die Beteiligungsrechte der Arbeitnehmer in der KG zu mindern. Kann die KG als Tochtergesellschaft der neuen Komplementärin qualifiziert werden[1121], ist es auch unerheblich, ob in der nunmehr als Komplementärin eingesetzten SE überhaupt Arbeitnehmer beschäftigt werden – die

---

1119 Hierzu *Winter/Marx/De Decker*, NZA 2016, 334 (335).

1120 Oben, § 4A.III; für § 18 Abs. 3 SEBG a.A. *Sigle* in FS Hommelhoff, 1123 (1128).

1121 Zu den Voraussetzungen oben, § 1B.IV.2.e.

Verhandlungen können nach § 18 Abs. 3 Satz 2 auch mit den Arbeitnehmern der KG als Tochtergesellschaft geführt werden.[1122]

b. Entziehen von Beteiligungsrechten nach § 43 Satz 1 SEBG durch strukturelle Änderungen der Vorrats-SE

aa. Erwerb der KG-Anteile der bisherigen Komplementärin oder Verschmelzung der bisherigen Komplementärin auf die Vorrats-SE

Wird statt einer sonstigen mitbestimmungsfreien SE eine Vorrats-SE eingesetzt, liegt unabhängig davon, ob die Vorrats-SE die KG-Anteile der bisherigen Komplementärin erwirbt oder diese auf die Vorrats-SE verschmolzen wird, in der Aktivierung der Vorrats-SE als neue Komplementärin der KG eine strukturelle Änderung der Vorrats-SE, da sie erstmalig wirtschaftlich tätig wird.[1123] Durch die im Rahmen des § 43 Satz 1 SEBG berücksichtigungsfähige strukturelle Änderung der Vorrats-SE werden den Arbeitnehmern der KG wiederum Beteiligungsrecht entzogen, da auf die neue Komplementärin in der Rechtsform der SE ist die Zurechnungsvorschrift des § 4 Abs. 1 MitbestG nicht anwendbar ist.

bb. Folge: Erstverhandlungspflicht nach ermessensreduziertem § 18 Abs. 3 SEBG analog

Sowohl die wirtschaftliche Neugründung der Vorrats-SE durch den Erwerb der KG-Anteile von der bisherigen Komplementärin als auch durch die Verschmelzung der bisherigen Komplementärin auf die Vorrats-SE löst auch ohne die zusätzlichen Anforderungen des § 43 Satz 1 SEBG eine Verhandlungspflicht nach § 18 Abs. 3 SEBG analog[1124] aus. Der Anteilserwerb stellt eine strukturelle Änderung der Vorrats-SE dar, die geeignet ist, Beteiligungsrechte der Arbeitnehmer zu mindern.[1125]

c. Missbrauch der Rechtsform der SE nach § 43 Satz 1 und Satz 2 SEBG

Für die Frage des missbräuchlichen Einsatzes der (Vorrats-)SE kommt es wiederum auf den objektiv zweckwidrigen Einsatz der (Vorrats-)SE und die Missbrauchsabsicht der Unternehmensleitungen an. Für den Prüfungsmaßstab, insbesondere den Ausgleich der divergierenden Ziele der SE-VO und der SE-RL, kann

---

1122 Ebenso *Winter/Marx/De Decker*, NZA 2016, 334 (337).

1123 Für die Verschmelzung in diese Richtung *Winter/Marx/De Decker*, NZA 2016, 334 (338).

1124 Hierzu oben, § 6B.I.3.a.cc.

1125 Im Ergebnis wohl auch *Winter/Marx/De Decker*, NZA 2016, 334 (337); a.A. *Sigle* in FS Hommelhoff, 1123 (1127 f.).

auf die vorangegangenen Ausführungen hierzu verwiesen werden. Insbesondere spricht gegen den objektiv zweckwidrigen Einsatz der SE, dass das Unionsrecht den Einsatz ausländischer Gesellschaften als Komplementärin außerhalb der Int-VerschmRL und auch unter Berücksichtigung des Vorschlags zur Änderung der Richtlinie (EU) 2017/1132 toleriert.[1126] Werden durch den Einsatz der (Vorrats-) SE aber keine von der SE-VO geschützten wesentlichen Ziele erreicht, kommt es auf die alternativen zulässigen Mitbestimmungsvermeidungsstrategien nicht an. Dann ist zu prüfen, ob die Unternehmensleitungen die Veränderung des Mitbestimmungsstatuts durch die Umstrukturierungsmaßnahme auch beabsichtigten. Erfolgt die Maßnahme innerhalb eines Jahres nach Gründung der (Vorrats-)SE, wird der Missbrauch überdies vermutet nach § 43 Satz 2 SEBG.

d. *Rechtsfolge: Verhandlungspflicht nach ermessensreduziertem § 18 Abs. 3 SEBG analog i.V.m. § 242 BGB*

Etwaige in der (Vorrats-)SE beschäftigte Arbeitnehmer, vor allem aber die Arbeitnehmer der KG können unter den zusätzlichen Anforderungen des § 43 SEBG auch einen Anspruch auf Durchführung von Verhandlungen nach ermessensreduziertem § 18 Abs. 3 SEBG analog i.V.m. § 242 BGB[1127] gegen den SE-Betriebsrat und die Leitung der SE haben. Da eine Erstverhandlungspflicht nach ermessensreduziertem § 18 Abs. 3 SEBG analog bereits bei Aktivierung der Vorrats-SE ohne die zusätzlichen Anforderungen des § 43 SEBG besteht, ist dieser Anspruch für die Arbeitnehmer vor allem beim Einsatz einer sonst mitbestimmungsfrei gegründeten SE als Komplementärin von Relevanz.

e. *Zwischenergebnis*

Wird eine Vorrats-SE durch Erwerb der KG-Anteile der bisherigen Komplementärin oder durch die Verschmelzung der bisherigen Komplementärin auf die Vorrats-SE zur Komplementärin bestellt, kann hierin im Einzelfall ein Verstoß gegen § 43 Satz 1 SEBG liegen. Bei einer sonst mitbestimmungsfrei gegründeten SE kann nur die Aufnahme der bisherigen Komplementärin durch die SE im Wege der Verschmelzung einen Verstoß gegen § 43 Satz 1 SEBG begründen.

2. *Nachfolgende Umstrukturierung der SE & Co. KG zur SE*

Die neue SE & Co. KG kann nachfolgend zur SE umstrukturiert werden. Die KG kann etwa ihr Vermögen im Wege der Einzelübertragung auf die SE übertragen und anschließend aufgelöst werden oder auf die SE verschmolzen werden. Die

---

1126 In diese Richtung auch *Sigle* in FS Hommelhoff, 1123 (1130).
1127 Hierzu oben, § 5B.II.3.a.

Kommanditisten können aber auch aus der KG austreten oder ihre Anteile an der KG an die Komplementärin abtreten (Anwachsung), sodass allein die Komplementärin in der Rechtsform der SE verbleibt und die KG kraft Gesetzes erlischt.[1128] Für ein tatbestandliches Entziehen nach § 43 Satz 1 sind diese Vorgänge nur berücksichtigungsfähig, wenn sie eine strukturelle Änderung der SE begründen. Dies trifft allein für den Fall der Verschmelzung der KG auf die SE zu, da hierin ein gründungsähnlicher Vorgang, der die gesellschaftsrechtliche Verfassung der SE betrifft, liegt. Beteiligungsrechte der Arbeitnehmer der Komplementär-SE oder der KG können durch diesen Vorgang aber nicht beeinflusst werden. Die KG kann als Personengesellschaft selbst schon nicht mitbestimmt sein. Eine gegebenenfalls vorhandene Mitbestimmung im Aufsichtsorgan der SE wird durch die Verschmelzung der KG auf die SE aber nicht beeinflusst. Der bloße Vermögenserwerb im Wege der Einzelrechtsübertragung oder der Erwerb der KG-Anteile der Kommanditisten mit der Folge des Erlöschens der SE berühren die gesellschaftsrechtliche Verfassung der SE nicht und sind deswegen schon keine im Anwendungsbereich des § 43 Satz 1 SEBG berücksichtigungsfähige strukturelle Änderung der SE.

Die Umstrukturierung einer SE & Co. KG zur SE kann selbst einen Verstoß gegen § 43 Satz 1 SEBG damit nicht begründen. Sie kann aber im Rahmen der Prüfung des Tatbestandsmerkmals des Missbrauchens bei der Gesamtbetrachtung aller der Gründung der SE voran- und nachgehenden Umstände berücksichtigt werden.

C. Ergebnis

Die Subsumtion möglicher Umstrukturierungsmaßnahmen einer deutschen mitbestimmten Gesellschaft unter Einsatz einer SE unter die Voraussetzungen des § 43 SEBG zeigt, dass sie im Einzelfall gegen das Missbrauchsverbot verstoßen können. Da das Vorliegen eines tatbestandlichen Missbrauchens aber von den im konkreten Einzelfall festzustellenden anderen Gründen für die Umstrukturierungsmaßnahme und dem Ausgleich der Ziele der SE-VO und der SE-RL abhängt, kann eine abschließende Bewertung der Maßnahmen als rechtsmissbräuchlich nicht vorgenommen werden.

1128 Oben, § 2B.II.2.b.

§ 7 Ergebnisse der Untersuchung

A. Beantwortung der als erheblich identifizierten Interpretationsfragen

1. Ein tatbestandliches Vorenthalten nach Art. 11 SE-RL und § 43 SEBG liegt vor, wenn den Arbeitnehmern Beteiligungsrechte versagt werden. Es kommt darauf an, ob infolge der Gründung der SE das Verwaltungs- bzw. Aufsichtsorgan mit einem geringeren Anteil an Arbeitnehmervertretern zu besetzen ist, als die Arbeitnehmer ohne die Gründung der SE verlangen könnten. Dabei sind auch solche Beteiligungsrechte zu berücksichtigen, die den Arbeitnehmern durch nach der SE-Gründung stattfindende Entwicklungen erst entstanden wären. Die Berücksichtigungsmöglichkeit der Entwicklungen nach Gründung der SE ist zeitlich unbegrenzt. Ein tatbestandliches Vorenthalten von Beteiligungsrechten kann aber nicht durch strukturelle Änderungen der SE und ihre nachträglichen Entwicklungen begründet werden. § 43 Satz 2 SEBG ist in Bezug auf das Tatbestandsmerkmal des Vorenthaltens teleologisch zu reduzieren. Für das tatbestandliche Vorenthalten irrelevant sind zudem Vorgänge vor dem Ende der Verhandlungsphase. Nach alledem kann das bloße Ausnutzen des Konservierungseffekts (mit oder ohne Vorbereitungshandlungen) bei entsprechenden der Gründung der SE nachfolgenden Entwicklungen ein tatbestandliches Vorenthalten sein.
2. Ein tatbestandliches Entziehen nach Art. 11 SE-RL und § 43 SEBG liegt vor, wenn das Verwaltungs- bzw. Aufsichtsorgan der SE nach ihrer Gründung mit einem geringeren Anteil an Arbeitnehmervertretern besetzt ist, als in den Gründungsgesellschaften vor der Gründung der SE. Für den Vorher-Nachher-Vergleich kommt es grundsätzlich auf die Mitbestimmung zum Zeitpunkt des Endes der Verhandlungsphase (Vorher) und der Eintragung der SE (Nachher) an.
3. Ein tatbestandliches Entziehen nach Art. 11 SE-RL und § 43 SEBG liegt aber auch vor, wenn das Verwaltungs- bzw. Aufsichtsorgan der SE oder der von den strukturellen Änderungen betroffenen Gesellschaften nach strukturellen Änderungen der SE mit einem geringeren Anteil an Arbeitnehmervertretern besetzt ist, als vor den strukturellen Änderungen. Strukturelle Änderungen müssen in qualitativer Hinsicht dem Gründungsvorgang einer SE nahekommen und unmittelbaren Einfluss auf die gesellschaftsrechtliche Verfassung der SE haben, auf eine Satzungsänderung der SE kommt es aber nicht an. Die Berücksichtigungsfähigkeit struktureller Änderungen ist in zeitlicher

Hinsicht unbegrenzt. Für das tatbestandliche Entziehen irrelevant hingegen sind Vorgänge vor dem Ende der Verhandlungsphase.

4. Die Interpretation des Begriffs der strukturellen Änderungen im Anwendungsbereich des Art. 11 SE-RL und des § 43 Satz 1 SEBG ist auch für die Interpretation des Begriffs der strukturellen Änderungen in § 43 Satz 2 SEBG und § 18 Abs. 3 Satz 1 SEBG maßgeblich. Jeder Fall des Entziehens von Beteiligungsrechten von Arbeitnehmern durch strukturelle Änderungen der SE nach § 43 Satz 1 SEBG erfüllt die Anforderungen an eine Neuverhandlungsmöglichkeit nach § 18 Abs. 3 Satz 1 SEBG. Nach § 43 Satz 2 SEBG wird das Tatbestandsmerkmal des Missbrauchens des § 43 Satz 1 SEBG vermutet, wenn innerhalb eines Jahres nach Gründung der SE strukturelle Änderungen stattfinden, die bewirken, dass den Arbeitnehmern Beteiligungsrechte entzogen werden, ohne dass von dieser Neuverhandlungsmöglichkeit Gebrauch gemacht wird. Die Vermutung ist widerlegbar. Nach Ablauf eines Jahres kann ein Verstoß gegen § 43 Satz 1 SEBG weiterhin festgestellt werden, das Tatbestandsmerkmal des Missbrauchens wird dann bloß nicht länger vermutet.
5. An die Qualifizierung eines tatbestandlichen Entziehens oder Vorenthaltens von Beteiligungsrechten als missbräuchlichen Einsatz der SE sind zusätzliche Anforderungen zu stellen. Der Einsatz der SE muss zunächst objektiv zweckwidrig sein. Der Einsatz der SE ist objektiv zweckwidrig, wenn er ausschließlich erfolgt, um das Mitbestimmungsstatut der Gründungsgesellschaft negativ zu beeinflussen. Werden durch den Einsatz der SE auch Ziele der SE-VO umgesetzt, kommt es auf einen Ausgleich der Ziele der SE-RL und der SE-VO im Einzelfall an. Im Rahmen einer Gesamtwürdigung sind dabei alle objektiven Umstände des Einzelfalls, auch solche, die dem Einsatz der SE voran- oder nachgehen, zu berücksichtigen. In subjektiver Hinsicht muss es den Unternehmensleitungen darauf ankommen (Absicht), dass den Arbeitnehmern durch den Einsatz der SE Beteiligungsrechte entzogen oder vorenthalten werden. Zum Beweis des subjektiven Tatbestandsmerkmals kann der künstliche Charakter des Einsatzes der SE berücksichtigt werden. Bei der Prüfung des künstlichen Charakters der Maßnahme sind wiederum alle Umstände des Einzelfalls zu berücksichtigen, auch solche, die dem Einsatz der SE voran- oder nachgehen. Voraussetzung ist allerdings, dass ein subjektiver Zusammenhang zwischen den Umständen besteht. Insbesondere Maßnahmen vor Gründung der SE, durch die ein „zementierungswürdiger" Zustand geschaffen wird, können an dieser Stelle Berücksichtigung finden. Der subjektive Tatvorwurf kann entkräftet werden, wenn mit dem Einsatz der SE wesentliche andere Ziele verfolgt werden, die von der SE-VO geschützt werden.
6. Bei der Prüfung eines objektiv zweckwidrigen Einsatzes der SE im Einzelfall ist zu berücksichtigen, ob die prüfungsgegenständliche negative Veränderung

des Mitbestimmungsstatuts der betroffenen Gesellschaft mit einer alternativen Mitbestimmungsvermeidungsmaßnahme in unionsrechtlich zulässiger Weise erzielt werden kann. Ist dies der Fall, spricht das gegen einen zweckwidrigen Einsatz der SE. Auf die Bewertung alternativer Mitbestimmungsvermeidungsstrategien durch mitgliedstaatliches Recht kommt es nicht an. Auch die unionsrechtliche Bewertung alternativer Mitbestimmungsvermeidungsstrategien ist aber nur dann berücksichtigungsfähig, wenn mit dem Einsatz der SE überhaupt von der SE-VO geschützte Ziele erreicht werden.

7. Art. 11 SE-RL und § 43 SEBG schützen auch die Beteiligungsrechte der Arbeitnehmer im Konzern, die zu anderen Gesellschaften als der Gründungsgesellschaft gehören, wenn diese unter Einsatz einer SE beeinflusst werden, ohne dass es zu einer Entkonzernierung der betroffenen Gesellschaften kommt. Vom Schutzzweck des Art. 11 SE-RL und § 43 SEBG ebenfalls umfasst sind die kraft § 4 Abs. 1 MitbestG vermittelten Beteiligungsrechte der Arbeitnehmer einer KG in der Komplementärin.

B. Ergebnisse im Übrigen

1. Bei der Sekundärgründung einer SE-Tochter durch eine bestehende SE ist das Arbeitnehmerbeteiligungsverfahren nach dem SEBG nicht durchzuführen.
2. Die Berücksichtigung der Arbeitnehmer der Tochtergesellschaften der Gründungsgesellschaft für die Anwendbarkeit der Auffangregelung nach § 34 Abs. 1 Nr. 2 lit. a), Nr. 3 lit. b) SEBG ist richtlinienkonform.
3. Die Mitbestimmung nach der Auffangregelung der §§ 34, 35 SEBG richtet sich nach der in den Gründungsgesellschaften tatsächlich praktizierten Mitbestimmung. Sie steht aber unter dem Vorbehalt eines Statusverfahrens nach § 98 AktG zur Kontrolle der rechtmäßigen Besetzung des Aufsichtsorgans in der Gründungsgesellschaft, das auch erst nach Gründung der SE eingeleitet werden kann. Die Kontrolle der Aufsichtsratsbesetzung im Statusverfahren beschränkt sich auf den Zeitpunkt bis zum Ende der Verhandlungsphase.
4. Es sind Neuverhandlungen nach § 18 Abs. 3 SEBG analog durchzuführen, wenn ein Statusverfahren nach § 98 AktG nach Beendigung der Verhandlungsphase erfolgreich durchgeführt und rechtskräftig beendet wurde.
5. Für das Eingreifen des Zementierungseffekts ist auf die gesetzesmäßige Mitbestimmung zum Zeitpunkt des Endes der Verhandlungsphase abzustellen.
6. Die Möglichkeiten, bestehende Mitbestimmung durch mehrstufige Umstrukturierungsmaßnahmen zu vermindern oder abzuschaffen, wurden durch die Einführung der Rechtsform der SE nur in quantitativer Hinsicht

erweitert. Die Möglichkeit, eine bestehende Mitbestimmungsfreiheit festzuschreiben, besteht hingegen ausschließlich im Anwendungsbereich des SEBG und des SCEBG und ist eine qualitative Erweiterung der vorhandenen Mitbestimmungsvermeidungsstrategien.

7. § 43 SEBG ist nicht nur auslegungs-, sondern auch konkretisierungsbedürftig. Sowohl die Auslegung, als auch die Konkretisierung der Vorschrift haben richtlinienkonform zu erfolgen. Die für die richtlinienkonforme Interpretation des § 43 SEBG erforderliche Auslegung und Konkretisierung der Tatbestandsmerkmale der Generalklausel des Art. 11 SE-RL erfolgt unionsrechtsautonom. Insbesondere die Rechtsprechung des EuGH zum unionsrechtlichen Rechtsmissbrauchsverbot ist dabei als Konkretisierungsmaßstab zu berücksichtigen. Bei der Konkretisierung geeigneter Rechtsfolgen eines Verstoßes gegen das Missbrauchsverbot nimmt der Unionsgesetzgeber hingegen unterschiedliche Rechtsfolgen in Kauf, sodass insoweit auf die Wertungen des deutschen Rechtsmissbrauchsinstituts zurückgegriffen werden kann. In jedem Fall sind bei der Interpretation des Art. 11 SE-RL aber das unionsrechtliche Effektivitätsprinzip und der Verhältnismäßigkeitsgrundsatz zu beachten.
8. Art. 11 SE-RL hat konstitutive Wirkung. Sie besteht in der Entscheidung des Richtliniengebers, dass der Einsatz einer SE auch im Anwendungsbereich der Niederlassungsfreiheit missbräuchlich sein kann und sich die rechtliche Bewertung der Zulässigkeit der Einsatzmöglichkeiten der SE vor allem von der Bewertung der Gestaltungsmöglichkeiten zur Mitbestimmungsbeeinflussung unter Einsatz nationaler Rechtsformen unterscheiden kann.
9. Die Strafvorschrift des § 45 Abs. 1 Nr. 2 SEBG verstößt weder gegen den Bestimmtheitsgrundsatz des Art. 103 Abs. 2 GG noch gegen den in Art. 20 Abs. 3 GG verankerten Grundsatz der Unschuldsvermutung.
10. Die Auflistung der Antragsberechtigten in § 45 Abs. 4 Satz 2 SEBG ist abschließend. Insbesondere der einzelne Arbeitnehmer ist nicht antragsberechtigt.
11. Die für die in § 18 Abs. 3 Satz 1 SEBG normierte Neuverhandlungsmöglichkeit erforderliche Minderung von Beteiligungsrechten der Arbeitnehmer kann nicht durch ein Vorenthalten von Beteiligungsrechten infolge struktureller Änderungen der SE begründet werden. Auch deswegen ist § 43 Satz 2 SEBG in Bezug auf die Tatbestandsalternative des Vorenthaltens teleologisch zu reduzieren.
12. Im Falle eines Verstoßes gegen § 43 Satz 1 SEBG durch strukturelle Änderungen der SE besteht eine Neuverhandlungspflicht nach ermessensreduziertem § 18 Abs. 3 Satz 1 SEBG i.V.m. § 242 BGB. Das nach § 18 Abs. 3 Satz 1 SEBG grundsätzlich bestehende Ermessen des SE-Betriebsrats und

der Leitung der SE zur Veranlassung von Neuverhandlungen ist im Fall des missbräuchlichen Einsatzes der SE auf Null zu reduzieren. Die Arbeitnehmer haben einen eigenen Anspruch gegen den SE-Betriebsrat und die Leitung der SE auf Veranlassung der Neuverhandlungen.

13. Im Falle eines Verstoßes gegen § 43 Satz 1 SEBG ohne strukturelle Änderungen, sondern durch die Gründung der SE besteht eine Neuverhandlungspflicht nach ermessensreduziertem § 18 Abs. 3 Satz 1 SEBG analog i.V.m. § 242 BGB. Das nach § 18 Abs. 3 Satz 1 SEBG analog bestehende Ermessen des SE-Betriebsrats und der Leitung der SE zur Veranlassung von Neuverhandlungen ist wiederum auf Null zu reduzieren. Daraus folgt ebenfalls ein eigener Anspruch der Arbeitnehmer gegen den SE-Betriebsrat und die Leitung der SE auf Veranlassung der Neuverhandlungen.
14. Die einzelnen Arbeitnehmer sind antragsbefugt, diesen Anspruch auf Neuverhandlungen nach § 18 Abs. 3 Satz 1 SEBG (analog) i.V.m. § 242 BGB im arbeitsgerichtlichen Beschlussverfahren gegen den SE-Betriebsrat und die Leitung der SE nach § 2a Abs. 1 Nr. 3e, 80 ff. ArbGG geltend zu machen.
15. Ist eine SE mit zukünftigem Sitz in Deutschland noch nicht wirksam errichtet und ein Verstoß gegen § 43 Satz 1 SEBG bereits feststellbar, kann das Registergericht die Eintragung der SE wegen des Verstoßes gegen § 43 Satz 1 SEBG nicht versagen. Das Registergericht prüft die Vorschrift des § 43 SEBG im Eintragungsverfahren nicht. Das Registergericht kann die Eintragung der SE auch dann nicht ablehnen, wenn ein Arbeitsgericht das Vorliegen eines Verstoßes gegen § 43 Satz 1 SEBG durch die beabsichtigte Gründung der SE rechtskräftig festgestellt hat. Das Eintragungsverfahren ist schließlich auch nicht nach § 21 FamFG durch das Registergericht auszusetzen, wenn ein Verfahren über die Feststellung eines Verstoßes gegen § 43 Satz 1 SEBG beim Arbeitsgericht anhängig ist.
16. Eine SE kann wegen eines Verstoßes gegen § 43 Satz 1 SEBG nicht für nichtig erklärt oder aufgelöst werden.
17. Die erstmalige Aufnahme einer wirtschaftlichen Tätigkeit durch eine Vorrats-SE stellt immer eine strukturelle Änderung der Vorrats-SE im Sinne des Art. 11 SE-RL und der §§ 43 SEBG, 18 Abs. 3 Satz 1 SEBG dar.
18. Umstrukturierungsmaßnahmen einer deutschen Gesellschaft unter Einsatz einer SE zur Konservierung einer Mitbestimmungsfreiheit oder einer bestehenden Drittelbeteiligung sowie zur Abschaffung oder Verringerung einer bestehenden Mitbestimmung können im Einzelfall einen Verstoß gegen § 43 SEBG begründen.

Literaturverzeichnis

Annuß, Georg / Kühn, Thomas / Rudolph, Jan / Rupp, Hans-Jürgen, Europäisches Betriebsräte-Gesetz, 2014

Arens, Wolfgang / Düwell, Franz Josef/ Wichert, Handbuch Umstrukturierung und Arbeitsrecht, 2. Auflage 2013

Baldus, Christian / Müller-Graff, Peter-Christian, Die Generalklausel im Europäischen Privatrecht, Zur Leistungsfähigkeit der deutschen Wissenschaft aus romanischer Perspektive, 2006

Ballerstedt, Kurt, Das Mitbestimmungsgesetz zwischen Gesellschafts-, Arbeits- und Unternehmensrecht, ZGR 1977, 133

Bamberger, Heinz Georg / Roth, Herbert / Hau, Wolfgang / Poseck, Roman, Beck'scher Online-Kommentar BGB, 46. Edition, Stand 1.05.2018

Bärmann, Johannes, Europäische Integration im Gesellschaftsrecht, 1970

Baudenbacher, Laura Melusine, Vom gemeineuropäischen zum europäischen Rechtsmissbrauchsverbot, 2015

Bauer, Jobst-Hubertus / Haußmann, Katrin / Krieger, Steffen, Umstrukturierung, Handbuch für die arbeitsrechtliche Praxis, 3. Auflage 2015

Baumbach, Adolf / Hopt, Klaus J., Handelsgesetzbuch, 38. Auflage 2018

Baumbach, Adolf / Hueck, Alfred, Gesetz betreffend die Gesellschaften mit beschränkter Haftung, 21. Auflage 2017

Baumbach, Adolf / Lauterbach, Wolfgang / Albers, Jan / Hartmann, Peter, Zivilprozessordnung, Band 1, 76. Auflage 2018

Bayer, Walter, Die Erosion der deutschen Mitbestimmung, NJW 2016, 1930

Bayer, Wilhelm F., Der Anwendungsbereich des Mitbestimmungsgesetzes, ZGR 1977, 173

Blanke, Thomas, Europäische Aktiengesellschaft ohne Arbeitnehmerbeteiligung?, ZIP 2006, 789

Boecken, Winfried / Düwell, Franz Josef / Diller, Martin / Hanau, Hans, Gesamtes Arbeitsrecht, Band 3, 1. Auflage 2016

Breit, Peter Theodor, Societas Europea (SE) und Societas Cooperativa Europea (SCE), Bewertung der Rechtsgrundlagen und ihrer Auswirkungen aus der Sicht der Arbeitnehmer deutscher Unternehmen, 2010

Callies, Christian / Ruffert, Matthias, EUV/AEUV, Das Verfassungsrecht der Europäischen Union mit Europäischer Grundrechtecharta, 5. Auflage 2016 (zitiert: *Bearbeiter* in Callies/Ruffert, EUV/AEUV)

Canaris, Claus-Wilhelm, Der EuGH als zukünftige privatrechtliche Superrevisionsinstanz?, EuZW 1994, 417

Caspar, Matthias / Schäfer, Carsten, Die Vorrats-SE – Zulässigkeit und wirtschaftliche Neugründung, ZIP 2007, 653

Creifelds, Carl, Rechtswörterbuch, 22. Auflage 2017

Dannecker, Gerhard, Der strafrechtliche Schutz der betriebsverfassungsrechtlichen Organe und ihrer Mitglieder, Festschrift für Wolfgang Gitter zum 65. Geburtstag, 1995 (zitiert: *Dannecker* in FS Gitter), 167

Danwerth, Christopher, Analogie und teleologische Reduktion – zum Verhältnis zweier scheinbar ungleicher Schwestern, ZfPW 2017, 230

Däubler, Wolfgang, Das Arbeitsrecht im neuen Umwandlungsgesetz, RdA 1995, 136

Deilmann, Barbara / Häferer, Katja, Kein Schutz des Status Quo bei der Gründung der dualistischen SE durch Umwandlung, NZA 2017, 607

Dommermuth-Alhäuser, Daniel, Arbeitsrechtsmissbrauch, 2015

Drechsler, Stefan, Grundlagen und Grenzen der richterlichen Rechtsfortbildung, ZJS 2015, 344

Drinhausen, Florian / Keinath, Astrid, Verwendung der SE zur Vermeidung von Arbeitnehmermitbestimmung – Abgrenzung zulässiger Gestaltungen vom Missbrauch gemäß § 43 SEBG, BB 2011, 2699

Drygala, Tim/ von Bressensdorf, Tobias, Gegenwart und Zukunft grenzüberschreitender Verschmelzungen und Spaltungen, NZG 2016, 1161

Ege, Andreas / Grzimek, Philipp / Schwarzfischer, Benjamin, Der Zementierungseffekt bei der Mitbestimmung bei Gründung einer SE und grenzüberschreitender Verschmelzung, DB 2011, 1205

Eidenmüller, Horst / Engert, Andreas / Hornuf, Lars, Vom Wert der Wahlfreiheit: Eine empirische Analyse der Societas Europea als Rechtsformalternative, AG 2009, 845

Emmerich, Volker / Habersack, Mathias, Aktien- und GmbH-Konzernrecht, 8. Auflage 2016

Engisch, Karl, Einführung in das juristische Denken, 11. Auflage 2010

Feldhaus, Heiner / Vanscheidt, Carolin, „Strukturelle Änderungen" der Europäischen Aktiengesellschaft im Lichte von Unternehmenstransaktionen, BB 2008, 2246

Fitting, Karl, Betriebsverfassungsgesetz, 28. Auflage 2016

Fleischer, Holger, Der Rechtsmissbrauch zwischen Gemeineuropäischem Privatrecht und Gemeinschaftsprivatrecht, JZ 2003, 865

Fleischer, Holger, Supranationale Gesellschaften in der Europäischen Union – Prolegomena zu einer Theorie spuranationaler Verbandsformen –, ZHR 174 (2010), 385

Fleischer, Holger / Goette, Wulf, Münchener Kommentar zum Gesetz betreffend die Gesellschaften mit beschränkter Haftung, Band 1, 3. Auflage 2018 (zitiert: MüKoGmbHG/*Bearbeiter*)

Forst, Gerrit, Die Beteiligungsvereinbarung nach § 21 SEBG, 2010

Forst, Gerrit, Die Beteiligung der Arbeitnehmer in der Vorrats-SE, NZG 2009, 687

Franzen, Martin, Privatrechtsangleichung durch die Europäische Gemeinschaft, 1999

Freiherr v. Proff, Maximilian, Die Anwachsung als Gestaltungsmodell bei Personengesellschaften, DStR 2016, 2227

Gangl, Markus / DiPrete, Thomas A., Kausalanalyse durch Matchingverfahren, KZfSS Sonderheft 44/2004 (Methoden der Sozialforschung), 396

Geiger, Rudolf / Khan, Daniel-Erasmus / Kotzur, Markus, EUV/AEUV Kommentar, 6. Auflage 2017

Germelmann, Claas-Hinrich / Matthes, Hans-Christoph /Prütting, Hanns, Arbeitsgerichtsgesetz, 9. Auflage 2017

Geserich, Stephan, Auslegung und Rechtsfortbildung, DStR-Beih 2011, 59

Goette, Wulf /Habersack, Mathias / Kalss, Susanne, Münchener Kommentar zum Aktiengesetz, Band 7, 4. Auflage 2017 (zitiert: MüKoAktG/*Bearbeiter*)

Goette, Wulf /Habersack, Mathias / Kalss, Susanne, Münchener Kommentar zum Aktiengesetz, Band 4, 4. Auflage 2016 (zitiert: MüKoAktG/*Bearbeiter*)

Göldner, Detlef Christopher, Verfassungsprinzip und Privatrechtsnorm in der verfassungskonformen Auslegung und Rechtsfortbildung, 1969

Grabitz, Eberhard / Hilf, Meinhard/ Nettesheim, Martin, Das Recht der Europäischen Union, Band I, 63. Ergänzungslieferung – Stand Dezember 2017

Grabitz, Eberhard / Hilf, Meinhard/ Nettesheim, Martin, Das Recht der Europäischen Union, Band III, 63. Ergänzungslieferung – Stand Dezember 2017

Grabow, Tobias, Auslegung der Auffangregeln zur Mitbestimmung bei der Societas Europeas, BB 2012, 902

Grigoleit, Hans Christoph, Aktiengesetz, 2013

Grigoleit, Hans Christoph, Der Verbraucheracquis und die Entwicklung des Europäischen Privatrechts, AcP 210 (2013), 354

Grobys, Marcel, Das geplante Umsetzungsgesetz zur Beteiligung von Arbeitnehmern in der Europäischen Aktiengesellschaft, NZA 2004, 779

Grobys, Marcel, SE-Betriebsrat und Mitbestimmung in der Europäischen Gesellschaft, NZA 2005, 84

Grundmann, Stefan, „Inter-Instrumental-Interpretation", Systembildung durch Auslegung im Europäischen Unionsrecht, RabelsZ Bd. 75 (2011), 882

Grundmann, Stefan, Europäisches Gesellschaftsrecht, 2. Auflage 2011 (zitiert: Europäisches Gesellschaftsrecht)

Grundmann, Stephan, Die Auslegung des Gemeinschaftsrechts durch den Europäischen Gerichtshof, 1997

Gsell, Beate / Herresthal, Carsten, Vollharmonisierung im Privatrecht, 2009, Einleitung, 1 (zitiert: *Gsell/Herresthal* in Vollharmonisierung)

Gsell, Beate / Schellhase, Hans Martin, Vollharmonisiertes Verbraucherkreditrecht – Ein Vorbild für die weitere europäische Angleichung des Verbrauchervertragsrechts?, JZ 2009, 20

Habersack, Mathias / Drinhausen, Florian, SE-Recht Kommentar, 2. Auflage 2016

Habersack, Mathias, Die Konzernmitbestimmung nach § 5 MitbestG und § 2 DrittelbG, AG 2007, 641

Habersack, Mathias, Grundsatzfragen der Mitbestimmung in SE und SCE sowie bei grenzüberschreitender Verschmelzung, ZHR 171 (2007), 613

Haferkamp, Hans-Peter, Die heutige Rechtsmißbrauchslehre – Ergebnis nationalsozialistischen Rechtsdenkens?, 1995

Hamann, Hanjo, Evidenzbasierte Jurisprudenz, 2014

Haußleiter, Martin, FamFG, Gesetz über das Verfahren in Familiensachen und in den Angelegenheiten der freiwilligen Gerichtsbarkeit, 2. Auflage 2017

Hedemann, Justus Wilhelm, Die Flucht in die Generalklauseln, Eine Gefahr für Recht und Staat, 1933

Henninger, Thomas, Europäisches Privatrecht und Methode, 2009

Henssler, Martin, Die Zukunft der deutschen Unternehmensmitbestimmung im europäischen Rechtsrahmen, ZFA 2018, 174

Henssler, Martin, Erfahrungen und Reformbedarf bei der SE – Mitbestimmungsrechtliche Reformvorschläge, ZHR 173 (2009), 222

Henssler, Martin, Umstrukturierung von mitbestimmten Unternehmen, ZFA 2000, 241

Henssler, Martin/ Strohn, Lutz, Gesellschaftsrecht, 3. Auflage 2016

Herfs-Röttgen, Ebba, Probleme der Arbeitnehmerbeteiligung in der Europäischen Aktiengesellschaft, NZA 2002, 358

Herresthal, Carsten, Die Regelungsdichte von (vollharmonisierenden) Richtlinien und die Konkretisierungskompetenz des EuGH in Gsell, Beate / Herresthal, Carsten, Vollharmonisierung im Privatrecht, 2009, 112 (zitiert: *Herresthal* in Vollharmonisierung)

Hoffmann, Thomas, 40 Jahre Mitbestimmungsgesetz 1976: Schleichende Mitbestimmungserosion in Deutschland, AG Rechts-Report 2016, 167

Höpfner, Clemens, Die systemkonforme Auslegung, 2008

Hörtig, Michael, Gründungs- und Umstrukturierungsmögichkeiten bei der Europäischen Aktiengesellschaft (SE), 2010

Ipsen, Jörn, Richterrecht und Verfassung, 1975

Jäckel, Holger / Tonikidis, Stelios, Der kaufrechtliche Ausbesserungsanspruch, JuS 2013, 302

Jannott, Dirk /Frodermann, Jürgen, Handbuch der Europäischen Aktiengesellschaft - Societas Europeas, 2. Auflage 2014

Junker, Abbo, Europäische Aktiengesellschaft und deutsche Mitbestimmung, ZFA 2005, 1

Kallmeyer, Harald, Europa-AG: Strategische Optionen für deutsche Unternehmen, AG 2003, 197

Kamanabrou, Sudabeh, Rechtsmissbrauch im europäischen Arbeitsrecht, EuZA 2018, 18

Keller, Berndt / Werner, Frank, Arbeitnehmerbeteiligung in der Europäischen Gesellschaft (SE) - Empirische Befunde und (un-)erwartete Konsequenzen, WSI Mitteilungen 2009, 416

Kepper, Katrin, Die mitbestimmte monistische SE deutschen Rechts, 2010

Kieninger, Eva-Maria, Die Vollharmonisierung des Rechts der Allgemeinen Geschäftsbedingungen - eine Utopie?, RabelsZ Bd. 73 (2009), 793

Kindler, Peter, Unternehmensmobilität nach „Polbud“: Der grenzüberschreitende Formwechsel in Gestaltungspraxis und Rechtspolitik, NZG 2018, 1

Klamert, Marcus, Altes und Neues zur Harmonisierung im Binnenmarkt, EuZW 2015, 265

Kleinsorge, Georg, Europäische Gesellschaft und Beteiligungsrechte der Arbeitnehmer, RdA 2002, 343

Klinke, Ulrich, Europäisches Unternehmensrecht und EuGH, ZGR 2002, 163

Köbler, Gerhard, Juristisches Wörterbuch, 16. Auflage 2016

Kolvenbach, Walter, Neue Initiative zur Weiterentwicklung des Europäischen Gesellschaftsrechts?, EuZW 1996, 229

Kolvenbach, Walter, Scheitert die Europa AG an der Mitbestimmung?, NZA 1998, 1323

Kroll-Ludwigs, Kathrin / Ludwigs, Markus, Die richtlinienkonforme Rechtsfortbildung im Gesamtsystem der Richtlinienwirkungen, ZJS 2009, 123

Kruis, Tobias, Der Anwendungsvorrang des EU-Rechts in Theorie und Praxis, 2013

Kübler, Friedrich, Mitbestimungsfeindlicher Missbrauch der Societas Europea?, Festschrift für Thomas Raiser zum 70. Geburtstag am 20. Februar 2005, 2005 (zitiert: *Kübler* in FS Raiser), 247

Lächler, Christoph, Das Konzernrecht der Europäischen Gesellschaft (SE), 2007

Langenscheidt Muret Sanders Großwörterbuch Englisch, Teil 1, Englisch-Deutsch, Neubearbeitung 2010

Langenscheidts Handwörterbuch Französisch, Teil I, Französisch-Deutsch, Neubearbeitung 2001

Larenz, Karl, Methodenlehre der Rechtswissenschaft, 6. Auflage 1991

Larenz, Karl / Canaris, Claus-Wilhelm, Methodenlehre der Rechtswissenschaft, 3. Auflage 1995

Legewie, Joscha, Die Schätzung von kausalen Effekten: Überlegungen zu Methoden der Kausalanalyse anhand von Kontexteffekten in der Schule, KZfSS 2012, 123

Lohse, Eva Julia, Rechtsangleichungsprozesse in der Europäischen Union, 2017

Louven, Christoph, Umsetzung der Verschmelzungsrichtlinie, ZIP 2006, 2021

Löw, Hans-Peter / Stolzenberg, Hendric, Frauenquote, Erzberger und Brexit: Strukturelle Änderungen nach § 18 Abs. 3 SEBG, BB 2017, 245

Lutter, Marcus / Hommelhoff, Peter / Teichmann, Christoph, SE-Kommentar, 2. Auflage 2015 (zitiert: *Bearbeiter* in Lutter/Hommelhoff/Teichmann)

Lutter, Marcus, Der Anwendungsbereich des Mitbestimmungsgesetzes, ZGR 1977, 195

Lutter, Marcus, Europäische Aktiengesellschaft – Rechtsfigur mit Zukunft?, BB 2002, 1

Lutter, Marcus, Umwandlungsgesetz, Band I, 5. Auflage 2014 (zitiert: *Bearbeiter* in Lutter, UmwG)

Lutter, Marcus, Zum Umfang der Bindung durch Richtlinien, Festschrift für Ulrich Everling, Band 1, 1995 (zitiert: *Lutter* in FS Everling), 765

Mader, Daniela, Verfahrensmissbrauch nach Art. 11 SE-RL, Konkretisierung von Tatbestand und Rechtsfolgen einer Generalklausel, 2014

Mader, Peter, Rechtsmißbrauch und unzulässige Rechtsausübung, 1994 (zitiert: Rechtsmißbrauch)

Manz, Gerhard / Mayer, Barbara / Schröder, Albert, Nomos Kommentar Europäische Aktiengesellschaft SE, 2. Auflage 2010 (zitiert: *Bearbeiter* in Manz/Mayer/Schröder)

Martens, Sebastian, Methodenlehre des Unionsrechts, 2013

Maunz, Theodor / Dürig, Günter, Grundgesetz Kommentar Band VI, 81. Ergänzungslieferung - Stand September 2017

Mävers, Gunther, Die Mitbestimmung der Arbeitnehmer in der Europäischen Aktiengesellschaft, 2002

Miesbach, Klaus, Münchener Kommentar zum Strafgesetzbuch, Band 3, 3. Auflage 2017 (zitiert: MüKoStGB/*Bearbeiter*)

Mittwoch, Anne-Christin, Vollharmonisierung und Europäisches Privatrecht, 2013

Möllers, Thomas M.J., Juristische Methodenlehre, 2017

Morgenroth, Sascha /Salzmann, Jörg, Grenzüberschreitende Umwandlungen in der EU und unternehmerische Mitbestimmung, NZA-RR 2013, 449

Müller, Friedrich / Christensen, Ralph, Juristische Methodik Band I, 11. Auflage 2013 (zitiert: Juristische Methodik I)

Müller, Friedrich / Christensen, Ralph, Juristische Methodik Band II, 3. Auflage 2012 (zitiert: Juristische Methodik II)

Müller-Bonanni, Thomas / Müntefering, Michael, Arbeitnehmerbeteiligung bei SE-Gründung und grenzüberschreitender Verschmelzung im Vergleich, BB 2009, 1699

Müller-Glöge, Rudi / Preis, Ulrich / Schmidt, Ingrid, Erfurter Kommentar zum Arbeitsrecht, 18. Auflage 2018 (zitiert: *Bearbeiter* in Erfurter Kommentar)

Nagel, Bernhard / Freis, Gerhild / Kleinsorge, Georg, Beteiligung der Arbeitnehmer im Unternehmen auf der Grundlage des europäischen Rechts, 3. Auflage 2018

Nagel, Bernhard, Strukturelle Änderungen in der SE und Beteiligungsvereinbarung, ZIP 2011, 2047

Neye, Hans-Werner, Die Europäische Aktiengesellschaft, Einführung und Materialiensammlung zum Gesetz zur Einführung der Europäischen Aktiengesellschaft (SEEG), 2005

Oetker, Hartmut, Handelsgesetzbuch, 5. Auflage 2017

Palandt, Otto (Begr.), Bürgerliches Gesetzbuch, 77. Auflage 2018 (zitiert: Palandt/*Bearbeiter*)

Pipkorn, Jörn, Zur Entwicklung des europäischen Gesellschafts- und Unternehmensrechts, ZHR 137 (1973), 35

Prölss, Jürgen, Der Einwand der „unclean hands“ im Bürgerlichen Recht sowie im Wettbewerbs- und Warenzeichenrecht, ZHR 132 (1969), 35

Raif, Alexander / Ginal, Jens, Betriebsübergang bei Verlagerung ins Ausland nach der BAG-Rechtsprechung, GWR 2013, 217

Ramcke, Oliver H., Die Konkretisierung des Missbrauchsverbots der SE zum Schutz von Beteiligungsrechten der Arbeitnehmer, 2015

Rehberg, Markus, Die missbräuchliche Verkürzung der unternehmerischen Mitbestimmung durch die Societas Europea, ZGR 2005, 859

Remien, Oliver, Die Vorlagepflicht bei Auslegung unbestimmter Rechtsbegriffe, RabelsZ Bd. 66, 503

Reich, Norbert, Die Vorlagepflicht auf teilharmonisierten Rechtsgebieten am Beispiel der Richtlinien zum Verbraucherschutz, RabelsZ Bd. 66 (2002), 531

Richardi, Reinhard / Wißmann, Helmut / Wlotzke, Olfried / Oetker, Hartmut, Münchener Handbuch zum Arbeitsrecht, Band 1, 4. Auflage 2018 (zitiert: *Bearbeiter* in MüArbR Bd. 1)

Richardi, Reinhard / Wißmann, Helmut / Wlotzke, Olfried / Oetker, Hartmut, Münchener Handbuch zum Arbeitsrecht, Band 2, 3. Auflage 2009 (zitiert: *Bearbeiter* in MüArbR Bd. 2)

Rieble, Volker / Junker, Abbo, Vereinbarte Mitbestimmung in der SE, 5. ZAAR Kongress, ZAAR Schriftenreihe Band 12, 2008

Rieble, Volker / Klumpp, Steffen / Gistel, Cornelia, Rechtsmißbrauch in der Betriebsverfassung, 2006

Rieble, Volker, Betriebsführungsvertrag als Gestaltungsinstrument, NZA 2010, 1145

Rieble, Volker, Leiharbeitnehmer zählen doch?, NZA 2012, 485

Rieble, Volker, Schutz vor paritätischer Unternehmensmitbestimmung, BB 2006, 2018

Rieble, Volker, Tendenz-SE, AG 2014, 224

Riehm, Thomas, Umsetzungsspielräume der Mitgliedstaaten bei vollharmonisierenden Richtlinien in Gsell, Beate / Herresthal, Carsten, Vollharmonisierung im Privatrecht, 2009, 83 (zitiert: *Riehm* in Vollharmonisierung)

Riesenhuber, Karl, Europäische Methodenlehre, Handbuch für Ausbildung und Praxis, 3. Auflage 2015

Römermann, Volker, Münchener Anwaltshandbuch, GmbH-Recht, 3. Auflage 2014

Roth, Wulf-Henning, Generalklauseln im Europäischen Privatrecht, Festschrift für Ulrich Drobnig zum siebzigsten Geburtstag, 1998 (zitiert: *Roth* in FS Drobnig), 135

Roth, Wulf-Henning, Kompetenzen der EG zur vollharmonisierenden Angleichung des Privatrechts in Gsell, Beate / Herresthal, Carsten, Vollharmonisierung im Privatrecht, 2009, 83 (zitiert: *Roth* in Vollharmonisierung)

Röthel, Anne, Normkonkretisierung im Privatrecht, 2004

Rüdy, Hermann, Der Rechtsmißbrauch, 1934

Rüthers, Bernd / Höfpner, Clemens, Analogieverbot und subjektive Auslegungsmethode, JZ 2005, 21

Säcker, Franz Jürgen / Rixecker, Roland / Oetker, Hartmut / Limperg, Bettina, Münchener Kommentar zum Bürgerlichen Gesetzbuch, Band 1, 7. Auflage 2015 (zitiert: MüKoBGB/*Bearbeiter*)

Säcker, Franz Jürgen / Rixecker, Roland / Oetker, Hartmut / Limperg, Bettina, Münchener Kommentar zum Bürgerlichen Gesetzbuch, Band 2, 7. Auflage 2016 (zitiert: MüKoBGB/*Bearbeiter*)

Sagan, Adam, Missbrauch der Europäischen Aktiengesellschaft, in *Bieder, Marcus / Hartmann, Felix*, Individuelle Freiheit und kollektive Interessenwahrnehmung im deutschen und europäischen Arbeitsrecht, 2012, 171 (zitiert: *Sagan* in Bieder/Hartmann)

Sanders, Pieter, Auf dem Wege zu einer europäischen Aktiengesellschaft, AWD BB 1960, 1

Schaub, Günter, Arbeitsrechtshandbuch, 17. Auflage 2017

Scheifele, Matthias, Die Gründung der Europäischen Aktiengesellschaft (SE), 2004

Schlösser, Jan, Europäische Aktiengesellschaft und deutsches Strafrecht, NZG 2008, 126

Schmidt, Martin, Konkretisierung von Generalklauseln im europäischen Privatrecht (zitiert: Konkretisierung), 2009

Schmitt, Joachim / Hörtnagel, Robert / Stratz, Rolf-Christian, Umwandlungsgesetz, Umwandlungssteuergesetz, 7. Auflage 2016

Schön, Wolfgang, Das Bild des Gesellschafters im Europäischen Gesellschaftsrecht, RabelsZ Bd. 64 (2000), 1

Schön, Wolfgang, Der „Rechtsmissbrauch" im Europäischen Gesellschaftsrecht, Festschrift für Herbert Wiedemann zum 70. Geburtstag, 2002 (zitiert: *Schön* in FS Wiedemann), 1271

Schubert, Claudia, Die Arbeitnehmerbeteiligung bei der Europäischen Gesellschaft ohne Arbeitnehmer, ZESAR 2006, 340

Schünemann, Wolfgang B., Generalklausel und Regelbeispiele, JZ 2005, 271

Schwarze, Jürgen / Becker, Ulrich / Hatje, Armin / Schoo, Johann, EU-Kommentar, 3. Auflage 2012

Seibt, Christoph H., Arbeitnehmerlose Societas Europea, ZIP 2005, 2248

Semler, Johannes / Stengel, Arndt, Umwandlungsgesetz, 4. Auflage 2017

Sigle, Walter, Zur Mitbestimmung bei der SE & Co. KG, Festschrift für Peter Hommelhoff, 2012 (zitiert: *Sigle* in FS Hommelhoff), 1123

Spendel, Günter, Die Kausalitätsformel der Bedingungstheorie für die Handlungsdelikte, 1948

Spindler, Gerald / Stilz, Eberhard, Kommentar zum Aktiengesetz, Band 2, 3. Auflage 2015

Stiegler, Sascha, Entwicklungen im europäischen Gesellschaftsrecht im Jahr 2013, DB 2014, 525

Streinz, Rudolf, EUV/AEUV, Vertrag über die Europäische Union und Vertrag über die Arbeitsweise der Europäischen Union, 2. Auflage 2012

Stürner, Rolf, Jauernig, Bürgerliches Gesetzbuch, 17. Auflage 2018

Teichmann, Arndt, Die Gesetzesumgehung, 1962

Theisen, Manuel René / Wenz, Martin, Die Europäische Aktiengesellschaft, 2. Auflage 2005

Tomasic, Lovro, Effet utile, Die Relativiät teleologischer Argumente im Unionsrecht, 2013

Trittin, Wolfgang / Gilles, Andreas, Mitbestimmungsbeibehaltung nach Umstrukturierung, RdA 2011, 46

Ulmer, Peter / Habersack, Mathias / Henssler, Martin, Mitbestimmungsrecht, 3. Auflage 2012

Von der Groeben, Hans / Schwarze, Jürgen / Hatje, Armin, Europäisches Unionsrecht, 7. Auflage 2015

Von der Höh, Reimund Marc, Die Vorrats-SE als Problem der Gesetzesumgehung und des Rechtsmissbrauchs, 2017

Von Heintschel-Heinegg, Bernd, Münchener Kommentar zum Strafgesetzbuch, Band 2, 3. Auflage 2016 (zitiert: MüKoStGB/*Bearbeiter*)

Von Staudingers, Julius (Begr.), Kommentar zum Bürgerlichen Gesetzbuch mit Einführungsgesetz und Nebengesetzen, Buch 1 Allgemeiner Teil, Einl zum BGB; §§ 1–14; Verschollenheitsgesetz, Neubearbeitung 2018 (zitiert: Staudinger/*Bearbeiter)*

Von Staudingers, Julius (Begr.), Kommentar zum Bürgerlichen Gesetzbuch mit Einführungsgesetz und Nebengesetzen, Buch 1 Allgemeiner Teil, §§ 134–138, Neubearbeitung 2017 (zitiert: Staudinger/*Bearbeiter)*

Von Staudingers, Julius (Begr.), Kommentar zum Bürgerlichen Gesetzbuch mit Einführungsgesetz und Nebengesetzen, Buch 1 Allgemeiner Teil 4b, §§139-163, Neubearbeitung 2015 (zitiert: Staudinger/*Bearbeiter)*

Von Staudingers, Julius (Begr.), Kommentar zum Bürgerlichen Gesetzbuch mit Einführungsgesetz und Nebengesetzen, Buch 2 Recht der Schuldverhältnisse, Einleitung zum Schuldrecht, §§ 241–243 (Treu und Glauben), Neubearbeitung 2015 (zitiert: Staudinger/*Bearbeiter)*

Von Staudingers, Julius (Begr.), Kommentar zum Bürgerlichen Gesetzbuch mit Einführungsgesetz und Nebengesetzen, Buch 3 Sachenrecht, §§ 985–1011 (Eigentum 3), Neubearbeitung 2013 (zitiert: Staudinger/*Bearbeiter)*

Weber, Ralph, Einige Gedanken zur Konkretisierung von Generalklauseln, AcP 192 (1992), 516

Weiss, Susanne / Wöhlert, Helge-Torsten, Societas Europeas – Der Siegeszug des deutschen Mitbestimmungsrechts in Europa?, NZG 2006, 121

Wermke, Matthias / Kunkel-Razum, Kathrin / Scholze-Stubenrecht, Werner, Duden, Das Bedeutungswörterbuch, 4. Auflage 2010

Widmann, Siegfried / Mayer, Dieter, Umwandlungsrecht, Band 4, 171. Ergänzungslieferung – Stand 2018

Widmann, Siegfried / Mayer, Dieter, Umwandlungsrecht, Band 7, 171. Ergänzungslieferung – Stand 2018

Wiese, Günther / Kreutz, Peter / Oetker, Hartmut / Raab, Thomas / Weber, Christoph / Franzen, Martin / Gutzeit, Martin / Jacobs, Matthias, Betriebsverfassungsgesetz, Band II, 10. Auflage 2014 (zitiert: GK-BetrVG/*Bearbeiter*)

Willemsen, Heinz Josef/ Hohenstatt, Klaus-Stefan/ Schweibert, Ulrike/ Seibt, Christoph, Umstrukturierung und Übertragung von Unternehmen, 5. Auflage 2016

Winter, Michael / Marx, Eric / De Decker, Nadine, Mitbestimmungsrechtliche Aspekte in der SE & Co. KG, NZA 2016, 334

Winter, Michael / Marx, Eric / De Decker, Nadine, Von Frankfurt nach Rom – zur Praxis grenzüberschreitender „Hinausformwechsel", DStR 2017, 1664

Wißann, Hellmut, Die Arbeitnehmerbeteiligung in der „deutschen" SE vor Gericht, Festschrift für Reinhard Richardi zum 70. Geburtstag, 2007 (zitiert: *Wißmann* in FS Richardi), 841

Wißmann, Hellmut / Kleinsorge, Georg / Schubert, Claudia, Mitbestimmungsrecht, 5. Auflage 2017 (zitiert: WKS/*Bearbeiter*, Gesetz)

Wlotzke, Otfried / Wißmann, Helmut / Koberski, Wolfgang / Kleinsorge, Georg, Mitbestimmungsrecht Kommentar, 4. Auflage 2011

Wolf, Manfred, Soergel, Bürgerliches Gesetzbuch Band 2, 13. Auflage 1999 (zitiert: Soergel/*Bearbeiter*)

Wollburg, Ralph / Banerjea, Nirmal Robert, Die Reichweite der Mitbestimmung in der Europäischen Gesellschaft, ZIP 2005, 277

Zöllner, Wolfgang / Noack, Ulrich, Kölner Kommentar zum Aktiengesetz, Band 8/1, 3. Auflage 2012 (zitiert: KK-AktG/*Bearbeiter*)

Zöllner, Wolfgang / Noack, Ulrich, Kölner Kommentar zum Aktiengesetz, Band 8/2, 3. Auflage 2010 (zitiert: KK-AktG/*Bearbeiter*)

www.ingramcontent.com/pod-product-compliance
Ingram Content Group UK Ltd.
Pitfield, Milton Keynes, MK11 3LW, UK
UKHW021839290926
8980IPUK00005B/544

9 783631 810484